JN314824

スポーツ
コンディショニング

パフォーマンスを高めるために

ビル・フォーラン著　中村千秋　有賀雅史　山口英裕監訳
Bill Foran

大修館書店

HIGH-PERFORMANCE SPORTS CONDITIONING

by
BILL FORAN

Copyright © 2001 by Human Kinetics, Inc.

Japanese translation rights arranged with Human Kinetics Publishers, Inc. through Japan UNI Agency, Inc., Tokyo.

■ はじめに ■

「HIGH-PERFORMANCE SPORTS CONDITIONING」は2001年に英語版が出版されて以来，米国はもとより，日本においてもアスリートのコンディショニングやパフォーマンスに携わるスペシャリストだけでなく，この分野に興味のある学生によっても原文で読み続けられてきた。2001年当時は，コンディショニングという用語は今日ほど理解されておらず，「アスリートの体調を整えるための何か」，とか，「ストレッチングとマッサージ」程度の理解であったように思う。ところがその後，今日に至るまで2回のオリンピックが開催され，この間に日本のスポーツ界においてコンディショニングは正しく理解されはじめたように感じる。とくにトップレベルのアスリートは，もはや正しいコンディショニングなくしてはパフォーマンスを伸ばしたり維持したりできないことを十分に認識しており，彼らのコンディショニングを管理するスペシャリストの知識・技術，そして人数が格段に増えてきた。

一方で，コンディショニングに関する書籍やスペシャリストの数が増えてきたにもかかわらず，その恩恵を受けていないアスリート（たとえば社会人，大学，高校，中学）もまだまだ多く残っているのが現状である。そのようなアスリートにコンディショニングを啓発し広く普及させるためには，それに適した書籍の出版がもっとも大切であることは疑いがなく，適切な書籍を探していたところであった。そのようななか，原書を読んだ多くの読者から内容の充実さと即戦力ゆえに本書の「日本語での出版」を強く求められていたし，幸いにも助けてくださる多くの協力者にも恵まれたため，本書を翻訳・出版することになった。

本書の特徴は何と言っても「分担執筆者のそうそうたる顔ぶれ」である。それぞれの執筆者は知識・経験ともに北米を代表するコンディショニング・スペシャリストであり，コンディショニング全般をきちんと踏まえたうえで自分たちのスペシャリティを発揮し，アスリートのコンディショニングに長い間貢献してきている。また，彼らは，研究論文や本の執筆，講演なども精力的に行っているので，本書の内容が実に実践的（即戦力）であるだけでなく，同時に示唆的になっているのが特徴的である。したがって読者には，コンディショニングの「How to」のみならず，むしろそれを支える「コンディショニングの基本理念」を文章から読み取り，年齢・性別・種目・レベルにかかわらず，すべてのアスリートやチームにそれを適用していただくよう期待する。

原書で用いられている単位はヤード法であるが，本書では読者が読みやすいようにメートル法でかつきりのよい数値で表記したため，長さや距離は原書のものと若干差があることに注意いただきたい。ただし，距離と時間の関係が厳密な場合（例：40ヤードダッシュ，4.42秒）は原文の単位のままで表記した。

出版から年月が経っても内容がまったく色褪せてない本書の分担翻訳には，日本における各分野でご活躍のスペシャリストにお願いした。翻訳者の皆様および私と一緒に監訳の労を取っていただいた有賀雅史氏と山口英裕氏に心からお礼を申し上げたい。また，出版に至るまで私たちを叱咤激励しながらも辛抱強くお付き合いくださった大修館書店の山川雅弘さんに深くお礼を申し上げる次第である。

2010年5月　中村千秋

目 次
Contents

序文 ファンクショナルトレーニングの有効性 ———————— 1

第1部 スポーツパフォーマンスの基礎を築く ———————— 3

1・しっかりとしたフィットネスの土台作り ················ 4
- スポーツフィットネスの土台 ················ 5
- パフォーマンスの要素 ················ 6
- パフォーマンスの生理学 ················ 10
- トレーニングの基本原則 ················ 11
- ピリオダイゼーション ················ 13
- パフォーマンスストラテジー ················ 16
- まとめ ················ 17

2・ベースライン・スポーツフィットネス テスト ················ 18
- テストモデルの構築 ················ 18
- ベースラインテストの構成 ················ 21
- 機能的な動き ················ 22
- ファンクショナルムーブメントスクリーン ················ 25
- ファンクショナルパフォーマンステスト ················ 41
- スポーツに特有なスキル ················ 44
- データの活用 ················ 44
- まとめ ················ 45

3・パフォーマンス・フレキシビリティ ················ 46
- けがの解剖 ················ 47
- パフォーマンス・フレキシビリティの原則 ················ 48
- スポーツのためのフレキシビリティ ················ 50
- ストレッチング ················ 50
- まとめ ················ 57

4・筋力と筋持久力 ················ 58
- 動きの力学 ················ 58
- 多関節運動と単関節運動 ················ 61
- 期分け（ピリオダイゼーション）とエクササイズの種類 ················ 62

トレーニング方法 …………………………………………………………… 71
　　　プログラムデザイン ………………………………………………………… 76
　　　まとめ ………………………………………………………………………… 77

5・爆発的パワー ………………………………………………………… 79
　　　筋線維のタイプ ……………………………………………………………… 79
　　　トレーニングの漸進性 ……………………………………………………… 80
　　　爆発的パワーのためのトレーニング ……………………………………… 83
　　　スポーツにおけるパワー …………………………………………………… 91
　　　まとめ ………………………………………………………………………… 92

6・クイックネス ………………………………………………………… 93
　　　バイオメカニクス的分析 …………………………………………………… 94
　　　解剖学的・生理学的分析 …………………………………………………… 95
　　　神経筋の側面からの分析 …………………………………………………… 96
　　　生体エネルギー学的分析 …………………………………………………… 97
　　　クイックネスの向上 ………………………………………………………… 97
　　　まとめ ………………………………………………………………………… 113

7・三次元バランスとコアスタビリティ …………………………… 115
　　　筋バランス …………………………………………………………………… 115
　　　動的バランス ………………………………………………………………… 120
　　　コアスタビリティ …………………………………………………………… 122
　　　バランスとコアスタビリティのトレーニングプログラム ……………… 130
　　　まとめ ………………………………………………………………………… 131

8・アジリティとコーディネーション ……………………………… 132
　　　アジリティ …………………………………………………………………… 133
　　　コーディネーション ………………………………………………………… 134
　　　アジリティとコーディネーションの基礎 ………………………………… 137
　　　アジリティプログラムのデザイン ………………………………………… 142
　　　スポーツに特有のドリル …………………………………………………… 151
　　　まとめ ………………………………………………………………………… 157

9・加速とスピード ……………………………………………………… 158
　　加速とスピードに影響を及ぼす要素 ……………………………………… 160
　　テストと評価 ………………………………………………………………… 163
　　スピード向上のためのトレーニングプログラム ………………………… 165
　　まとめ ………………………………………………………………………… 179

10・持久力と有酸素能力 ……………………………………………… 182
　　持久力と有酸素能力とは …………………………………………………… 182
　　トレーニングの原則 ………………………………………………………… 186
　　成功への鍵 …………………………………………………………………… 190
　　持久力と最大有酸素能力を改善する際の問題点 ………………………… 192
　　有酸素能力の測定 …………………………………………………………… 194
　　持久力と効率の測定 ………………………………………………………… 195

第2部　パフォーマンスを向上させるトレーニングプログラム ── 197

11・スポーツに特有のスキルとコンディショニングの連結 ……… 198
　　はじめに ……………………………………………………………………… 198
　　　野球 ………………………………………………………………………… 200
　　　バスケットボール ………………………………………………………… 204
　　　長距離走 …………………………………………………………………… 211
　　　アメリカンフットボール ………………………………………………… 219
　　　ゴルフ ……………………………………………………………………… 223
　　　アイスホッケー …………………………………………………………… 228
　　　サッカー …………………………………………………………………… 234
　　　テニス ……………………………………………………………………… 239
　　　バレーボール ……………………………………………………………… 244

12・ピークパフォーマンスのためのピリオダイゼーション ……… 249
　　年間ピリオダイゼーションプラン ………………………………………… 250
　　運動能力のピリオダイゼーション ………………………………………… 256
　　トレーニングの量と強度のダイナミズム ………………………………… 260
　　総合的なピリオダイゼーションの統合 …………………………………… 262
　　まとめ ………………………………………………………………………… 263

13・ピリオダイゼーションプログラムの作成 ……………… 265
- 野球 ……………………………………… 266
- バスケットボール ……………………… 272
- 長距離走 ………………………………… 276
- アメリカンフットボール ……………… 282
- ゴルフ …………………………………… 287
- アイスホッケー ………………………… 291
- サッカー ………………………………… 297
- テニス …………………………………… 302
- バレーボール …………………………… 306

14・受傷後のパフォーマンス回復 ……………………………… 311
- リハビリテーション後のトレーニングプログラムを構成する要素 …… 312
- フィットネス要素のリハビリテーションプログラムへの応用 ………… 314
- リハビリテーションプログラムのスポーツへの適応 …………………… 315
- 競技復帰におけるファンクショナルプログレッション ………………… 317
- 受傷から競技復帰までの時間的ガイドライン …………………………… 326
- まとめ ……………………………………………………………………… 327

文献 ……………………………………………………………………… 329

索引 ……………………………………………………………………… 336

編者・著者紹介／訳者紹介

序文

ファンクショナルトレーニングの有効性

　過去40年の間にスポーツトレーニングの分野は著しい進歩を遂げてきた。Tudor Bompaのような革新的な研究者によってトレーニングに新しい考えが導入されたことで，コンディショニングがいっそう系統的かつ効果的なものになった。また，Boyd Epleyは指導者としてネブラスカ大学のフットボールチームを文字通りパワフルなチームに仕上げ，チームスポーツにフルタイムのコンディショニングスペシャリストを雇い入れることの有用性を世間に認識させたのみならず，その方法論は他のチームにも広まった。全米ストレングス＆コンディショニング協会（National Strength and Conditioning Association ; NSCA）およびアメリカスポーツ医学会（American College of Sports Medicine ; ACSM）は，この分野がより専門化するにしたがって信頼性と多くの会員を獲得してきた。

　スポーツ現場のみならず研究室からも信頼のある根拠が示されてきたので，スポーツにおける運動処方に専門家が必要であることはもはや疑いようのないところとなった。残された唯一の疑問は「あと，どの程度伸びるのか」というものである。すなわち，アスリートの肉体はすでに限界に近づいているため，生理学的にも解剖学的にももはや伸びる余地はほとんど残されていないと考える者もいる。他方で，近年ますますエルゴジェニック・エイドを利用しやすくなっているので，アスリートのパフォーマンスは今後も伸び続けるであろうと考える者もいる。

　本書「ハイパフォーマンス・スポーツコンディショニング」では，研究者と指導者を織り交ぜることで，これまでとは異なる切り口で未来のコンディショニングである「ファンクショナルトレーニング」にスポットを当てた。これまでのトレーニングでは有酸素性・無酸素性能力の改善および筋力向上や筋肥大にのみその目標が設定されていたが，柔軟性に関してはほとんどあるいはまったく気にとめていなかった。言い換えれば，アスリートは一般的な体力テストで良いスコアを出してきただけにすぎない。もちろんこのことすべてが悪いと言っているのではないが，はたしてどの程度スポーツパフォーマンスの向上に寄与してきたかは疑わしい。

　ファンクショナルトレーニングの有効性とは，すなわち確固たるフィットネスの基礎ができあがった後に，スポーツの特性に合わせて個々のパフォーマンスを向上させるようにコンディショニングプログラムを計画できることにある。有酸素性・無酸素

性トレーニングの強度，時間，頻度は，必要性に合わせて調節できる。また，レジスタンストレーニングの内容を，鍛錬期や試合期の筋のコンディショニングによってスポーツ特有の動きのパターンや負荷に合わせることができる。ストレッチングは，スポーツでもっとも使われる関節，結合組織，筋・腱に特異的に影響を及ぼし，静的で単一面上での柔軟性ではなく，ダイナミックで多面的な可動域をもたらす。さらには，この新しいタイプのトレーニングは，「生まれつきの才能なのでトレーニングでは鍛えられない」と考えられたり，「コンディショニングによっては改善しない」ととらえられていたスポーツパフォーマンスの要素に影響を及ぼす。効果的なファンクショナルトレーニングプログラムによって著しく改善されるのはスピード，アジリティ，コーディネーション，バランス，その他の能力だけでなく，そのために導入するドリルやエクササイズによってスポーツやポジションに特有の動きのパターンやスキルを向上させることもできる。

　本書を読むことによって，ファンクショナルトレーニングが身体に及ぼす影響についてはっきりと感じるようになるであろう。しかし，このトレーニングで忘れてはならない効果として，練習を通してアスリートを常にメンタル的にシャープかつ高いモチベーションで維持できることがあげられる。トレーニングはもはや「罰」として行うものでもなく，実際のスポーツの動きに無関係に行うものでもなくなっている。今日では，あらゆるコンディショニングエクササイズやドリルは，パフォーマンスに直結するようにデザインされている。

　本書の最初のパートでは，ベースラインフィットネスの測定方法や主要なパフォーマンス要素といった，アスレティックコンディショニングの主要な部分について解説している。次のパートでは，効果的なファンクショナルトレーニングプログラムの作成やその応用について，スキルとコンディショニングを改善させるドリルやエクササイズを具体的に示しながら解説している。加えて，ピークパフォーマンスの発揮時期を念頭に置きながら，それらのドリルやエクササイズを組み合わせ・利用していかに年間を通したプログラムを作成するかについても解説している。そして，最終章では，受傷したアスリートのパフォーマンスを受傷前のそれよりもさらに高めるための方法を詳述している。

　ファンクショナルトレーニングは，ウエイトルームとフィールドのギャップを埋めるものである。本書は，長年にわたってこの分野で研究や実践を積んできたすばらしい著者たちが書いている。また，内容は一時的な流行ではなく，パフォーマンスを最大限に向上させるためのコンディショニングに関してこれまでに実証されてきたものである。本書は参考書としても，テキストとしても，またトレーニングの実用書としても有用である。重要なことは，この本の内容を実践し，ファンクショナルトレーニングの有効性を確かめ，そしてパフォーマンスを向上させることである。

第1部
スポーツパフォーマンスの基礎を築く
Developing the Sports Performance Foundation

　スポーツのパフォーマンスを向上させるにあたって，評価しそして鍛える必要のあるもっとも大切なコンディショニングの要素は何か。その答えは，1部を構成している10の章を読むとわかるであろう。

　1章の「フィットネスの土台作り」は，Dr. William Kraemerと　Ana L. Gomezが書いており，しっかりとしたコンディショニング，トレーニングの原則，およびパフォーマンスの生理学について解説している。ここでは，パワー，筋力，スピード，アジリティ，コーディネーション，クイックネス，柔軟性，筋持久力，有酸素性持久力といった9種類の基本的なパフォーマンスの要素について書いている。2章は Gray Cook が「ベースライン・スポーツフィットネステスト」と題して，アスリートのモビリティ，スタビリティ，ファンクショナルパフォーマンスをどのようにスクリーニングするかについて書いている。

　3章の「パフォーマンスフレキシビリティ」では，Nikos Apolostopouslos 自身が開発したマイクロストレッチについて詳述している。このタイプのストレッチは短時間で行うウォームアップに用いるストレッチとは異なり，それ自体が1つのストレッチセッションとなるほどの内容となっている。Steven Scott Plisk は，4章「筋力とスタミナ」において，動きのメカニズムの基礎，力発揮に伴う筋の動員，およびパワーについて説明している。また，彼は，最大筋力，筋持久力，スピードストレングスをいかに改善させるかについても解説している。5章は「爆発的なパワー」と題して，Donald A. Chu が書いているが，ここでは爆発的なパワーを確実に向上させる15種類のプライオメトリックエクササイズを紹介している。

　クイックネスに優れたアスリートは1対1の状況で必ず勝つ。6章の「クイックネス」で Peter Twist は，クイックネスに影響を及ぼす生体力学，解剖・生理学，神経筋，エネルギーの4つの要素をカバーしている。これに加え，彼はクイックネスを改善するための18種類のドリルを紹介している。E. Paul Roetert が書いた7章の「3次元バランスとコアスタビリティ」では，筋力バランス，ダイナミックバランス，コアスタビリティを改善することで，なぜパフォーマンスが向上するかについて解説している。またここでは，28の単関節エクササイズ，多関節エクササイズ，ダイナミックエクササイズ，スタビリティアクササイズを，とくにパフォーマンス発揮時に身体を安定させるためのエクササイズとして紹介している。

　8章の「アジリティとコンディショニング」では，Mark Verstegen と Brandon Marcello が，動きを改善するために必要な2つの基本的な要素について説明している。また彼らは，6のアジリティドリルと，12のスポーツに応用できるスポーツに特有のドリルを紹介している。George Dintiman は9章の「加速とスピード」において，まず加速とスピードを制限している因子について解説し，次に，アスリートの長所と弱点を見つけ出すテストについて述べ，最後に4つのフォームトレーニングドリルと13のスピード改善エクササイズから成るスピード向上のためのトレーニングプログラムについて説明している。10章では，Jack Daniels が「持久力のための有酸素性能力」と題して，有酸素性トレーニングの7つの原則と，有酸素性能力の測定方法に関して解説している。

1 しっかりとした フィットネスの土台作り

Establishing a Solid Fitness Base　William J. Kraemer and Ana L. Gómez

ここ50年の間に，スポーツにおけるコンディショニングには著しい進歩がみられた。1950年，60年代では，アメリカンフットボールやバスケットボールなどのチームスポーツにおいては，単に「プレーすること」でのみコンディションを整えることが一般的であった。さらに，個人スポーツにおいては，1960年代に入っても，年間を通して計画的なトレーニングを取り入れることは一般的ではなかった。たとえば，1948年のオリンピックの長距離ランナーのなかには，大会の半年前になってやっとトレーニングを始めたアスリートがいたほどである。

やがて，アスリートとコーチたちはしっかりとしたコンディショニングこそが高いパフォーマンスを導くことに気づきはじめたが，科学的根拠に基づくことはなかった。すなわち，トレーニング方法や技術は，優勝したアスリートのそれを真似たり，トレーニングジムでのうわさ話などから得られた。また，ボディビル系の雑誌などで紹介されるアスリートのトレーニング技術の記事から得られることが多かった。

すべてのスポーツにおいてレベルが上がることで，トレーニングプログラムの構成要素がより重要になり，コンディショニングに対する興味が増していった。1970年代には，大学とプロの両方において，アメリカンフットボールやバスケットボールなどのメジャースポーツがビジネスの対象となり，どの組織においても，より高いレベルでプレーができ，上位ランキングに入り，そして長い期間けがもなく長いキャリアを積めるアスリートが探し求められた。

1978年のNational Strength Coaches Association（全米ストレングスコーチ協会）の創設により，ストレングス＆コンディショニングコーチという職業に一定の形が与えられた。数年後にはNational Strength and Conditioning Association（NSCA；全米ストレングス＆コンディショニング協会）と名称を変え，その明確な使命の1つがストレングス＆コンディショニングコーチ間の情報交換を促進することと定められた。1970年代では科学的研究のほとんどが心肺機能のコンディショニングに限定されていたので，NSCAはストレングス＆コンディショニングの分野における新しい研究に力を入れた。1980年代後半までは，無酸素性代謝，ストレングストレーニング，そしてスポーツ特性の1つであるクイックネス（アジリティ）などが研究対象となり，ストレングス＆コンディショニングによる"専門的技術"が1つの専門職を確立させ

ていった．今日のトレーニングプログラムを開発する知識は，科学的根拠とテストに基づいたものである．

　1978年にNSCAが最初に掲げた別の使命は，コーチと科学者とのギャップを埋めることであった．医師が自分の患者の病気を治療するのと同じような方法で，コーチは専門家としてトレーニングを処方できるようになった．トレーニング処方の過程には，アスリートの既往歴を調査し，予備テストを行い，到達目標を確定し，個人の必要性に応じたトレーニングプログラムの作成がある．開発しようとするコンディショニングプログラムが有効か否かは科学的根拠に基づいて評価する（Fleck and Kraemer 1997）．評価をクリアしたプログラムはさらなる評価や査定を繰り返し，より機能的になるようにプログラムに修正が加えられる（Kraemer and Fly）．このようにして，ストレングス＆コンディショニングのプログラムは，トータルコンディショニングプログラムを管理する効果的な手段となる．

　ストレングス＆コンディショニングにおけるプロフェッショナルな資格（NSCAのCSCS）の出現により，この職業はコーチングの分野で特異的な実績をあげてきた．CSCSはアスレティックトレーナー，栄養士，理学療法士，チームドクターと並んで，スポーツ現場におけるサポートスタッフの一員として，重要な役割を担ってきた．

　1980年，90年代に入ると，ストレングス＆コンディショニングの分野は研究対象として拡大を続けた．今日では，ほとんどすべての大学やプロレベルのトップアスリートは，年間を通したコンディショニングプログラムを実行している．また，コーチもウエイトルームや，体育館，グラウンドで行える新しいトレーニング方法やトレーニング器具を貪欲に探し求めている．

　1990年代までには，パフォーマンスの改善やけがの防止を目的とした多くの製品が市場に出回ってきた．さらに新しい医薬品，手術方法，治療法などの開発に加え，ウェア，シューズ，用具，そして競技施設の改良も，アスリートのパフォーマンス向上を後押ししてきている．1990年代にはスポーツ栄養学もアスリートのトレーニングプログラムに加わってきた．このようなアスリートをとりまくさまざまな要素の向上が，アスリートのパフォーマンスレベルを一段階上へと押し上げる結果となった．とはいえ，アスリートの身体をトップレベルへと導くのは，依然として運動刺激の質とタイプであることは疑いようがない．

スポーツフィットネスの土台

　スポーツフィットネスの土台を発達させることは，アスリートのパフォーマンスと健康にとって重要である（Hoffman, Sheldahl, and Kraemer 1998）．アスリートの肉体的・精神的な面を扱った幅広いプログラムは成功のためには必須であるので，NSCAは幼少期からの総合的なコンディショニングプログラムを推奨してきた．アスリートに対する幅広いアプローチは，旧ソビエトや東欧圏が採用してきた方法に影響を受けてい

る（Mateyev 1972，Medvedyev 1988）が，ここではアスリートの能力を最大限に引き出すことを目的に，コーチ，医師，スポーツ科学者が1つのチームを組んでいた。1970年代の後半までにアメリカオリンピック委員会は，科学的要素をアスリートのトレーニングに組み込むことを目的に，最初のオリンピックトレーニングセンターをコロラドスプリングスに開設した。1990年代の中盤から後半にかけて，コーチたちはアスリートに対する個別のトレーニングプログラムの重要性を認識し，その開発に力を注ぎ始めた。多くのプロアスリートは，フィットネスの改善だけでなく，けがへの対応，栄養，そしてトレーニングや試合からのリカバリーのために，専属のコンディショニングコーチ，スポーツ心理学者，アスレティックトレーナー，栄養士，さらにマッサージセラピストを雇うようになった。

　土台となるそれぞれの生理学的機能は，アスリートの健康とパフォーマンスの向上にきわめて重要である。コンディショニングプログラムに必須なデータには，エネルギー代謝，既往歴，筋出力などがある（Fleck and Kraemer 1997）。スポーツ医学では，まず医師による徹底的なメディカルチェックが行われるが，傷病の既往歴もトレーニング処方の作成には欠かせない情報である（Hoffman, Sheldahl, and Kraemer 1998）。また，広範囲にわたるテストによってアスリートのフィットネスレベルを測定することで，トレーニングの到達目標，進歩状況，プログラムの有効性を評価することができるのである（Kraemer and Fry 1995）（2章参照）。

パフォーマンスの要素

　さまざまな要素がパフォーマンスに影響を及ぼすと考えられているが，各要素の重要性の程度はスポーツによって著しく異なったり，場合によっては，同じスポーツのなかでも異なるものである（たとえばアメリカンフットボールのラインマンとランニングバック）。パフォーマンスに影響を及ぼす要素として，身体のサイズ，パワー，ストレングス，スピード，アジリティ，コーディネーション，クイックネス，柔軟性，筋持久力，心肺機能などがあげられる。

パワー　Power

　パワーは別名スピードストレングスとも呼ばれ，おそらくパフォーマンスにとってもっとも重要な要素といえる。なぜなら，走り高跳びのように，短時間の内に力を生み出す能力というのが，ほとんどのスポーツにおいてきわめて重要だからである（Newton, Kraemer, and Hakkinen 1999）。パワーの産生を維持できない状態は，疲労状態とみなされる。

　パワーの産生は筋力と密接な関係があるが，高レベルの筋力は別のフィットネス要素として扱われる（Kraemer et al. 1995）。アスリートは1回反復可能な最大重量（1RM）を挙上するのにおよそ0.4秒〜0.5秒かかるが，実際の競技において力を用いるのに使

える時間（たとえばアメフトのブロッキング）はそれ以下である。とはいえ，パワーの改善を目的として0.1秒で最大筋力を発揮させるようなトレーニング方法は，実際のパワー改善には意味がなく，用いられていない。

ストレングス　Strength

最大限の力を産生する能力というのは，すべてのアスリートにとって基本的な能力である。ただし，求められる発揮筋力の大きさはレスラーと長距離ランナーのようにスポーツによって異なる。ストレングスは高い筋力やパワー発揮にとってきわめて重要であるだけでなく，腱や靱帯などの結合組織の発達にも関与する。また，ストレングスの増大は筋肥大を可能にする運動単位ともかかわりがある。3RMから5RMでの複数セットのエクササイズによって，ストレングスの改善およびすべての筋線維タイプが関係する筋肥大がもたらされることがわかっている。しかしながら，このような高強度エクササイズは長期的なトレーニングプログラムで，ピリオダイゼーション（期分け）されなければならない。ストレングスはほとんどすべてのスポーツにとってきわめて重要である。たとえば，長距離走では多量で高強度の運動による組織の破壊をストレングスを向上させることで埋め合わせしなければならないし，レスリングプレーヤーでは最大の力を産生し維持する能力が求められる。

スピード　Speed

スピードの定義はスポーツによって異なるが，競技レベルの向上に伴いスピードも上がってきた（Fry and Kraemer 1991）。前後左右どの方向におけるスピードもほとんどのスポーツで重要である。スピードに素早いストップやスタートを併合すると，アジリティの概念になる。たとえばテニスでは，A地点からB地点まで素早く移動して適切なポジショニングを取ることで優位になるし，サッカーではスピードが高いとゴールの可能性が高くなる。

アジリティ　Agility

直線スピードのみが要求されるスポーツはほとんどないので，ストップ後に素早く方向を変えるといった能力はすべてのスポーツにおいて重要である。テニスプレーヤーはラケットを持った時のアジリティの方が，ラケットを持っていない時より高いというユニークな報告もあり，これは用具の巧妙な操作と運動パターンには密接な関係があることを示している。アメリカンフットボール，ラケットボール，ラクロスや野球などのスポーツも，ボールや使用する用具との共通点があるといえる。したがって，アジリティトレーニングで用具を使うのは，実際の競技特性を考えれば必要不可欠かもしれない。

コーディネーション　Coordination

コーディネーションとは協調性の能力を示すが，神経筋協調能であるとも言い換えら

れる。すなわち，運動単位を無駄なく上手に興奮させて筋を収縮させ，テニスラケットや野球のバットを振るといった一連の制御機能のことであり，ジャンプしてうまくボールをキャッチしたり走りながらシュートできる能力である。また，ゴルフや野球のようなスポーツで球を打つ時に必要な手と目の協調関係もコーディネーションといえる。

クイックネス　Quickness

クイックネスはある刺激に対する反応時間として表すことができるが，刺激の本質はスポーツにおいて非常に興味深いトピックである。アスリートは何に反応するのか。触覚，視覚，あるいはイマジネーションに対して反応するのだろうか。スポーツにおいて刺激にどう反応するかは成功に必要な要素である。正しい反応があってこそ，素早く力を産生するアスリートの能力が発揮できるのである。ただし，ネット際でボレーを打つテニスプレーヤーと，アメリカンフットボールのラインバッカーに求められるクイックネスの能力は異なるものであり，スポーツに見合ったクイックネス改善のトレーニングが必要であろう。

柔軟性　Flexibility

そのスポーツに必要な関節可動域が確保されることは非常に重要である。コーチやアスリートの間では，ウエイトトレーニングによって柔軟性が低下し，「筋肉で固められた」アスリートになってしまうと信じられていた時期もあった。しかし，知識に基づくしっかりとしたトレーニングであれば，たとえ重量を用いたトレーニングであったとしても柔軟性に悪影響を与えることはないことがわかっている。

　アスリートの筋や関節の柔軟性は非常に変化しやすく，女性の方が男性より柔軟性はすぐれている。アスリートそれぞれが，さまざまな動きに対して異なったレベルの柔軟性を持ち得る。そのうえ，柔軟性を最大にすることはけっしてすべてのスポーツに必要なわけではなく，アスリートはそのスポーツに必要な可動域でのみ柔軟性が求められるのである。その良い例がゴルフのスイングである。スポーツにはその動きに必要な筋を最大限に活用するために，いくつかの動きに対する柔軟性が犠牲になる場合もある。体の前面で両肘を重ねる柔軟性が，ベンチプレスで重い重量を挙げる際に必要な大胸筋の発達によって制限されるのはその例である。したがって，スポーツに必要な可動域を制限するような部位に必要以上に筋肉を発達させないよう考慮する必要がある。

　ウエイトトレーニングは柔軟性も向上させることが報告されているが，柔軟性をよりいっそう高めるためには特異的な柔軟性のトレーニングが必要である。一般的に，柔軟性をさらに高める目的でウエイトトレーニングを行う際には，全可動域での動きが求められる。同時に，関節をはさんだ両側の運動を行うことも非常に重要である（Fleck and Kraemer 1997）。柔軟性の改善はいかなるトレーニングプログラムにおいても重要な要素を占めるものである。

ストレッチは多々ある中からいくつかが選ばれて，練習の前後に行われる。ストレッチ効果を増すためには，アクティブウォームアップ（たとえばジョギング）をストレッチの前に行うことが練習の流れにおいては重要である。
　関節内抵抗が動きを制限することもあるが，関節の可動性は柔軟性を高めることで改善される。骨格構造はアスリートによって異なるが，それによって動きが制限されることもある。柔軟性を高めておくことは，受傷後のパフォーマンス回復のためにも効果的である。けがによって萎縮した筋組織は弾力性を失うので，アスリートのパフォーマンスに悪影響を及ぼすと考えられる。柔軟性は長期にわたって筋組織の弾力性を向上させ，アスリートのパフォーマンスを上げることに役立つ。一方，最近の研究で，運動前のストレッチが走り高跳びやアイソキネティック筋力のパフォーマンスを低下さるという結果が報告され，話題になっている。さらなる研究がこの問題を明らかにするために必要であるが，柔軟性のトレーニングが重要であることに変わりはない。

局所的筋持久力　Local Muscular Endurance

　局所的筋持久力は，筋活動を繰り返して実行できる能力と定義されており，走り高跳びのような全身運動から，繰り返し肘を屈曲するような単関節の動きにまで及ぶ。マラソンランナーの脚筋は，局所的筋持久力に関しては高いレベルのフィットネスが備わっていると理解されているが，アスリートのほとんどは比較的高いパワー出力の反復的運動を行う能力に興味を持っている。なぜなら，全体の8割を超えるスポーツでは，高パワー出力を長時間にわたって繰り返し再生する無酸素性能力が重要視されているからである。このような能力を生み出し得る身体を獲得することは，多くのコンディショニングプログラムで焦点とされている。加えて，乳酸が蓄積した筋疲労下においても反復性の短時間運動を続けられる能力も，たとえばレスリングなどでは重要視されている。局所的筋持久力のトレーニングは，トップアスリートのトレーニングプログラムにおいては重要な要素である（Kraemer 1997）。

有酸素性能力および持久力　Cardiovascular Aerobic Capacity and Endurance

　すべてのスポーツにおいて最小限度の有酸素性能力の発達が必要とされている。とはいえ，この概念はすべてのアスリートが有酸素性能力を高めるために長距離走を行う必要があることを示してはいない。それどころか，過度の有酸素性トレーニングが，パワー，スピード，ストレングスの改善率を低下させるという報告もなされている（Fleck and Kraemer 1997, Kraemer et al. 1995）。したがって，スポーツにおける心肺機能のトレーニングプログラムとしては，たとえばアメリカンフットボールであればインターバル走などが選択肢となる。
　有酸素性能力には多数の身体諸機能が関係している（Fleck and Kraemer 1997）。例として，酸素と栄養の運搬，二酸化炭素および筋や他の組織からの代謝産物の除去，腎臓や他の臓器への化合物の運搬，体温調節機能，標的器官へ向けてのホルモンの運

搬などがあげられる．したがって，有酸素性能力の改善は，アスリートの全身的な生理学的機能を高めることにもなる．心肺機能のコンディショニングは，一般的には最大酸素摂取量や運動効率によって評価される．有酸素性トレーニングによって，毛細血管数と筋のミトコンドリア数が増える（Kraemer, Fleck, and Evans 1996）．毛細血管数の増加によって血液が筋線維により多く供給され，酸素や栄養が多く運搬される．また，ミトコンドリア数の増加はエネルギー産生能力の増大を示す．持久力トレーニングは糖質ではなく脂肪を燃料として使う能力，そして乳酸閾値を高める能力を増大させる．

パフォーマンスの生理学

　筋は腱と接合し，さらに腱は骨と接合している．身体運動は特定の様式による筋への神経刺激に始まり，筋収縮による力の発揮，そして最終的には関節の動きへと連なる．運動は，1つの関節しか関与しない単関節運動と，走り高跳びのような複数の関節の動きが関与するより複雑な多関節運動に大別できる．多関節運動における神経筋の制御様式は，単関節のそれとは異なる．したがって，スポーツのトレーニングプログラムに多関節運動を取り入れることで，そのスポーツに特有の神経筋協調能を開発する必要がある（Kraemer, Fleck, and Evans 1996）．

　運動単位（motor unit）とは，1本のα運動ニューロンとそれに支配される筋線維の組（ユニット）である．α運動ニューロンが刺激されると，その運動単位内のすべての筋線維が同時に収縮する．力発揮のコントロールを説明するには「サイズの原則」が有効である（Fleck and Kraemer 1997）．すなわち，ほんの小さな力が必要とされる場合，興奮閾値が低く，支配線維数が少なく，筋線維が細い遅筋線維（タイプⅠ線維）が力の発揮に動員される．一方，より大きな力とパワーが必要とされる場合は興奮閾値が高く，より多くの筋線維を含む，力強くて収縮速度の速い速筋線維（タイプⅡ線維）が動員される．このことは，最大随意収縮においても筋力発揮当初は興奮閾値の低い運動単位が発火し，続いて閾値の高い運動単位が発火することを示している．ただし，この「サイズの原則」は，トップアスリートが短時間で爆発的なパワーを発揮するような場合には例外となり，力発揮の初期段階から閾値の高い運動単位が動員される．したがって，運動単位の動員様式にもスポーツ特性があり，特性に見合った様式を獲得しない限りはそのスポーツの要求に応えることはできない．また，随意的に動員できる運動単位には限りがあり，同時にすべての運動単位を動員することは生理学的に不可能であるとする科学者もいる．このことは生体に備わった「自己防衛機能」であるとも解釈できるが，トレーニングの本質はこの「自己防衛機能」によってもたらされる生理学的な抑制を意識的により多く取り除くことであるともいえる（Kraemer and Koziris 1994）．

　トレーニングプログラムで大切なことはトレーニングで動員される運動単位の様

式である。すなわち，トレーニングで用いられる運動単位の動員様式は実際のスポーツに適応したものになるべきで，あるスポーツに必要とされる多くのスキルに対応するようにプログラムを組む必要がある。もちろん，スポーツそのものをトレーニングプログラムとすれば必要なすべてのスキル要素は充足されるが，それでは生体に対する過負荷の原理が適用できない。では，単純な筋力トレーニングを十分に行った後にスポーツを行えば両方の要素が充足されるのであろうか。しかし，この方法だと，パフォーマンスの要素のうち筋力要素のみを鍛えることとなり，実際のスポーツに直結したトレーニング方法としては稚拙である。他にも単純な運動様式のみを採用したトレーニングプログラムがあるが，それではプライオメトリックス，スピードドリル，パワームーブ，ストレングス，アジリティといったパフォーマンスにとって不可欠な要素の開発がおろそかになる。

　運動に動員される筋線維にはタイプⅠ（遅筋）線維とタイプⅡ（速筋）線維の2種類がある（Kraemer, Fleck, and Evans 1996）が，それぞれに特異的な生理・生化学的特徴を持っている。タイプⅡB線維をトレーニングするとその線維はタイプⅡABに変化し，最終的にはタイプⅡA線維へ変化する。このタイプⅡA線維は，高強度の使用に耐えられるようにタンパク構造が強固で，高エネルギー出力を可能にする酵素の活性が高いのが特徴である（Fleck and Kraemer 1997, Kraemer et al. 1995）。このように，トレーニングによって筋の酵素活性，ミトコンドリア数，毛細血管数，グリコーゲン含量などに変化が現れる（Kraemer, Fleck, and Evans 1996）が，これらの変化は与えられるトレーニングのタイプによって異なってくる。トレーニングに対する筋の生理・生化学的適応を詳説することは本書の内容を逸脱するが，コーチがこれらのことを知っていれば，現在のトレーニング方法によってもたらされるであろう効果の内容についてはっきりとしたビジョンを描くことができる（Kraemer, Duncan and Harman 1998, Kraemer, Fleck, and Evans 1996, Kraemer et al. 1995）。高出力発揮の場合，そのための運動単位は順番に交代で動員されるが，一方，低出力長時間の力発揮では一度にすべての運動単位が動員される。また，エネルギー源が著しく枯渇しない限りは，その運動に適した運動単位が選択的に動員される。たとえば，長距離ランナーの下肢ではタイプⅠ線維が優位に動員されるが，これは長距離走では著しく強い筋力や瞬発的な力の発揮が必要でないことと，タイプⅡ線維の活動による乳酸の産生を最小限に抑えるためであると説明できる。

トレーニングの基本原則

　多くの原則によってコンディショニングはコントロールされる。前述したように，重要な原則の1つは，プログラムはスポーツや個人の特性およびニーズに合わなければならない。コンディショニングを理解する上で重要な役割を担ってきた原則の1つに，SAIDとよばれる「かけられた負荷に対する特異的な適応」という原則がある。これ

らの原則は，スポーツ種目に特有のトレーニングの重要性を指し示しているが，アスリートは遺伝学的・生理学的特徴を合わせ持っている（McCall et al. 1999）。これは，生まれつきの特徴に加えて，遺伝学的な可能性の限界に向けてトレーニングをしたアスリートのみが，オリンピックのマラソンや100m走のスタートラインにつけ，NBAのセンタープレーヤーになれ，そしてオリンピックの重量挙げ競技の会場に上がることができることを指している。パフォーマンスに対する要求が上がるにつれ，肉体的，生理学的，バイオメカニクス的に求められる許容範囲が狭まっていく。たとえば，NBAのセンタープレーヤーには絶対的な身長の高さが必要である。ところが，スポーツのなかには，ポジションにより多様性があるために，成功への許容範囲が非常に大きいものもある。コンディショニングは生まれつきの遺伝学的条件を基に向上していくと考えられるが，15～45％はトレーニングによってもたらされる特徴（たとえば筋線維の太さや心臓の大きさ）に現れるので，エリートアスリートのパフォーマンスは遺伝とトレーニングの双方によってもたらされる。

遺伝的要素がアスリートとしての成功に不可欠だというのは周知の事実であり，優れたアスリートは優れた両親から生まれるといわれている。しかし，スポーツフィットネスはアスリート自身の持つ遺伝学的要因に加えて，どれだけトレーニングを行ったかで決定される。加えて，技術や戦略も試合や競争に勝利する要因でるため，遺伝学的に有利なら必ず勝てるというわけではない。さらに，心理学的・環境的な要因もパフォーマンスの成功に影響を与える。パフォーマンスに影響を及ぼす要因がこのようにたくさんあるなかで，コンディショニングはあらゆるレベルのアスリートに成功をもたらす欠くことのできないものである。

トレーニングの頻度，持続時間，強度などの重要な要素は，ストレングストレーニングからリハビリテーションに至るあらゆるプログラムに含まれる。トレーニングの頻度とは1週間や1日あたりのワークアウトの回数を指している。あるトレーニング期間では，トレーニングの質を上げるために，1回のワークアウトを短くして1日2～3回のワークアウトを行うが，この方法はレジスタンストレーニングでとくによい結果をもたらしている。

レジスタンストレーニングにおける1回のワークアウトとは，エクササイズの種類，順序，セット数，セット間の休息，強度からなる（Fleck and Kraemer 1997, Kraemer and Harman 1998）。とくに，固定されたバランスのよい単純な動きのエクササイズなのか，あるいは補助筋群をより意識させるフリーウエイトを使用したエクササイズなのかといった形態の違いによって筋活動に差が出ることを知っておく必要がある。単関節運動か多関節運動か，アイソメトリックかアイソキネティックか，あるいはコンセントリックかエキセントリックかで効果が異なるが，使用する器具やエクササイズの特性を理解することでバラエティ豊かなエクササイズを効果的なものとすることができる。エクササイズの順序は，疲労の度合いに影響を与えるがゆえに，ワークアウトの質に影響を及ぼす。また，各エクササイズすなわちセット間の休息は，代謝性ストレスの度合いで決定する。短い休息（たとえば1分以内）では高濃度の乳

酸の蓄積が生じるので，乳酸耐性が低いアスリートであれば，次のセットでは軽めの負荷使用を余儀なくされる。次に，セット数は特定のエクササイズの量に影響を与える。前述したように，アスリートはワークアウト中，すべてのトレーニングを同じセット数で行う必要はないのである（Kraemer 1997）。

　エクササイズの強度は，外的抵抗に応じて発生する筋の仕事量と定義される。反復回数の効果については多くの研究（Fleck and Kraemer 1997）がなされてきており，1RMから10RMでの運動でストレングスに関するトレーニング適応は起こるとされている。また，局所的筋持久力は，15RMかそれ以上の軽い負荷において生じる。

　エクササイズの種類，順序，セットと運動間の休息，セット数および抵抗といったトレーニング処方の変数を組合せることによって，無数のタイプのレジスタンスエクササイズを作ることが可能である。オーバーロード（過負荷）をかけ続けながら，オーバートレーニングにならないように上手にプログラムを作成するのはある意味で挑戦といえる（Kraemer and Nindl 1998）。

　オーバーロードはトレーニングが行われ始めた当初からの基本的コンセプトである。古代にミロがふくらはぎの筋を大きくするトレーニングを毎日行っていた時から，日々筋に負荷をかけ続けることがレジスタンストレーニングにおける基本的原則であった。このオーバーロードの概念から必然的に導き出されたのがトレーニングにおけるピリオダイゼーションである。このトレーニングプログラムでは，トレーニングの刺激に加えて休息やリカバリーにバリエーションを与えるのと同時に，全身をトレーニングプログラムに適応させながら段階的にオーバーロードを与える特徴がある。身体の生理学的なシステムがトレーニングに対してポジティブに反応するならば，生理学的能力だけでなくスポーツの技術にもよい影響を及ぼす。ただし，この過程における心理学的発達も見落とせない重要な要素である。

ピリオダイゼーション

　ここ30年において，ピリオダイゼーションはもっとも重要なトレーニング理論の1つとして位置づけられてきた（Fleck and Kraemer 1997, Mateyev 1988, Stone, O'Bryant, and Garhammer 1981）。ピリオダイズ（期分け）されたトレーニングでは，運動（エクササイズ）の強度および量に関して計画的にバリエーションがつけられる。ピリオダイゼーションは一般的にはレジスタンストレーニングに利用されるが，どのようなコンディショニングプログラムにおいても運動の刺激にバリエーションをつけ，同時に休息とリカバリーも加えられるよう計画されるべきである。

　レジスタンストレーニングに用いられるピリオダイゼーションには大筋群と小筋群に適用できるプログラムがある（Polquin and King 1992, Willoughby 1993）ので，コーチはどのピリオダイゼーションプログラムが適正かを吟味する必要がある。基本的な2つのタイプのピリオダイゼーションとして，最大のストレングス発達を目的と

するリニア（線形）とノンリニア（非線形）のプロトコルがある。以下に，ストレングスとパワーの発達を主な目的とするトレーニングプログラムにおけるリニアとノンリニア・ピリオダイゼーションの基本的な違いについて検証してみよう。

リニア・ピリオダイゼーション法

リニア・ピリオダイゼーション法では2～4週間のミクロサイクルにおいて少量のバリエーションを段階的に上げていく。たとえば，4サイクルのリニア・ピリオダイゼーションプログラム（各サイクルが4週間）では次のようになる。

ミクロサイクル1：12 ～15RM　3～5セット
ミクロサイクル2：　8 ～12RM　4～5セット
ミクロサイクル3：　4 ～ 6RM　3～4セット
ミクロサイクル4：　1 ～ 3RM　3～5セット

各サイクルでの反復回数の内容で4週間のミクロサイクルは構成される。16週間プログラムではなおさら，強度は決まった直線で上げられていく。このように強度が直線的に増加されていくので，このプログラムはリニア・ピリオダイゼーション法と呼ばれる。

標準的プログラムでは，初期には高ボリューム・低強度から始まり，徐々にトレーニングプログラムのボリュームを変化させていく。プログラムの強度が上がるにつれ，ボリュームは徐々に減少させるが，アスリートのトレーニング状態が上がるにつれ，ボリュームの減少率は小さくなる。言い換えれば，トレーニングにおいて著しい上達をみせたアスリートは，高重量あるいは超高重量での高ボリュームのミクロサイクルにも耐えうる。

高重量・高ボリュームのトレーニングをあまりに早く発展させすぎないことは重要な注意点である。多すぎ・早すぎによってオーバートレーニング症候群に陥る可能性がある（Kraemer and Nindl 1998）。オーバートレーニング症候群に陥るには著しく過度なトレーニングをしなければならないが，トレーニングにおいて自分自身の向上だけを純粋に追い求めるとくにモチベーションの高いアスリートに限って，一線を越えてしまうことが多々ある（Fry and Kraemer 1997, Kraemer and Nindl 1998）。したがって，全体的なコンディショニングプログラムで行われるほとんどの運動において，ワークアウトに対するストレスを監視することが重要である。全体的プログラムのなかで，お互いのプログラムが影響して効果が打ち消されることがあるのも忘れてはならない。たとえば，長距離走はパワーの発達に影響を与えうる。

ミクロサイクル初期の高ボリュームのトレーニングでは，それ以降のトレーニングに必要な筋力を高めるための筋肥大を生み出す。筋肥大をさせないで筋力を高めるプログラムは，トレーニング開始前の段階で，筋の大きさがある程度大きければうまくいくかもしれない（たとえばローディング，ボリューム，etc）。また，ゴルフでは，技術の向上と逆効果になりうる筋肥大は必要とされない。言い換えれば，筋を大きく

することがすべてのアスリートにとって成功につながるとは言えないのである。プログラムが前進するにつれ，期分けされたプログラムの強度が上がり，より重い負荷が使用されるようになると，神経系の適応が始まって運動単位の動員が高まる。高重量エクササイズでは発火閾値の高い運動単位の動員が必要とされる。サイクル初期からのトレーニングによって筋蛋白を増加させ，運動単位の動員をさらに高める。

　16週間のトレーニングプログラムはメゾサイクルと呼ばれ，いくつかのメゾサイクルトレーニングが集まると1年を通じたトレーニングプログラム，つまりマクロサイクルとなる。ピリオダイゼーションにおけるリニア法の理論上の基礎は，筋肥大に始まり，特定の動きにおいて最適の力を発揮するための神経系機能の向上へと続く。

ノンリニア・ピリオダイゼーション法

　トレーニングにおける刺激に変化を保つためにノンリニア・ピリオダイゼーション法の概念が発達してきた（Polquin and King 1992）。ノンリニア・ピリオダイゼーション法は競技的な要求，あるいはその他の要求が激しい時期に実行されるプログラムである。ノンリニアプログラムは各週内におけるトレーニングプログラムの過程において，強度とボリュームに変化をつけるプログラムであり，トレーニングの強度とボリュームは週内で変動する。たとえば，16週間のメゾサイクル中における1週間のノンリニアプログラムは次のようになる：

　　月曜日：12〜15RM　4セット（または30％ RMのパワー・ワークアウト）
　　水曜日：8〜10RM　4セット
　　金曜日：4〜 6RM　3〜4セット
　　月曜日：1〜 3RM　4〜5セット

　このプログラムには4日のローテーションに1日オフという周期がワークアウトの間に組み込まれる。ノンリニアではトレーニングは週内でかなり激しく変化する。週周期内で強度の範囲は1〜15RMである。リニアプログラムに比べて，変化に富んだこのトレーニング方法はより効果的であると考えられている。

　リニアプログラムとは異なり，ノンリニアプログラムでは筋肥大と筋力を，同じ週内にトレーニングすることになる。したがって，アスリートは16週のメゾサイクル内の同じ7〜10日の期間に，生理学的に異なる2つの目標に向けてトレーニングをすることとなる。この取り組み方は，試合や遠征，あるいは他の理由によってリニア法を用いるのが困難である場合にも用いられる。

　このプログラムでは，異なるプロトコルをローテーションして実施することになる。ワークアアウトは，重度，中程度，軽度，パワートレーニングに分けられ，もしも月曜日のワークアウトができなかった場合，ローテーションの順番を前につめ，月曜日にできなかったワークアウトを次に予定していた曜日にそのまま行う。たとえば，月曜日に予定されていた軽度の12〜15RMのワークアウトができなかったとすると，単純にそのワークアウトをそのまま水曜日に行い，ローテーションの順番は継続する。

この方法だと，トレーニングプログラムにおけるどのワークアウト刺激も逃すことがない。トレーニングを行う週のセット数から構成されるというよりは，このプログラムのメゾサイクルは一定のワークアウト数から構成される（たとえば48）。

　リニアおよびノンリニアプログラムの効果は同じであるように思われるが，両者とも一定の負荷やセット数で行うトレーニングプログラムよりは優れている（Kraemer 1997, Willoughby 1993）。コーチは，筋肥大の要素を最初に，そして筋力・神経系の要素を2番めにというリニアプログラム，あるいはそれら両方の要素を7～10日間の期間で行うノンリニアプログラムの両方で期分けが可能である。成功の鍵はバリエーションである。コーチは十分なバリエーションを提供するために，年間を通じて異なるアプローチを続けるのである。

パフォーマンスストラテジー

　特定のスポーツに向けて，生理学的・心理学的なストラテジーが用いられる。パフォーマンスストラテジーでは，アスリートの特性（たとえば体格，身長，筋線維タイプ，不安レベル）が考慮に入れられる。もちろん，トレーニングに加え，遺伝的に受け継いだものも利用可能なストラテジーの1つである。そして，アスリートがどのようにそれらをパフォーマンスに統合し利用するかが成功の鍵となる。特性のなかには身長のようにトレーニングできないものもあるが，各スポーツには競技特性すなわちゲームや競技のルールといった競技に特有の要素がある。スポーツを分析してみると，ルールの変更によりその成功のための要素に変化が生じてきている。たとえば，腰より下でのブロッキングを禁止したため，アメリカンフットボールでは身長の高いラインマンが有利になった。また，トップレベルの男子100m走のタイムは10秒以下である（Kraemer and Koziris 1994）が，このことによって成功へのストラテジーが明確に見える。たとえば，トップレベルのスプリンターにはタイプⅡ（速筋）の筋線維が必要不可欠であり，100mを10秒で走るアスリートがタイプⅠ（遅筋）の筋線維を高い割合で持っていることはありえないのである。生理学的・心理学的に競技特性に適合する能力をもったアスリートは，すべてのレベルで成功をおさめる。競技がより高いレベルで行われるにつれ，要求されるストラテジーもさらに上がるのである。

　しかしながら，多くのスポーツでは，基礎的技術がしっかりしてさえいればアスリートとして成功する。というのは，ほとんどのスポーツにでは成功のための要素が複雑に絡むので，ストラテジーの要素の1つを使うだけで成功をおさめることもあれば，同じスポーツでも異なる要素を使って成功する場合もある。たとえば，野球において，背が高く，上・下肢ともに大きな筋肉を持ちパワフルであるプレーヤーと，身長は低く，筋肉の量は少ないが，すばらしい敏捷性を持つプレーヤーのいずれもが野球殿堂入りする可能性がある。これは，1人はホームランバッター，もう1人は守備力抜群でヒットをたくさん打つプレーヤーといった異なるストラテジーの要素が野球では

通用するからである。私たちはチームスポーツにおけるトッププレーヤーのパフォーマンスを説明できる要素をやっと理解し始めたばかりである。とはいえ，生理学的・心理学的能力を最大限に発揮するために，どのようなスポーツにおいてもアスリートは基礎的レベルの技術を習得しなければならない（たとえばハードル走において，ハードルを正しく飛び越えることができなければ速く走れても意味がない）。トップレベルでは，パフォーマンスをそのレベルにまで引き上げるための独特のストラテジー，つまりいくつかの特性およびそれらのコンビネーションを開発しなくてはならない。また，さまざまな可能性の統合もトップレベルでは必要とされるので，あるアスリートの成功を予測することは多くのスポーツにおいて難しいのである。

最近のインタビューでTiger Woodsは，ゴルファーがコンディショニングに非常に注目しており，ウエイトトレーニングをトレーニングに取入れ始めていることに言及した。また，ゴルファーはよりよいアスリートとして，トレーニングで得た身体的特性を生かし始めていると述べている。それにもかかわらず，ゴルファーの筋を発達させることに対する意識は，アメリカンフットボールのプレーヤーのそれとはまだまだ差がある。したがって，スポーツ特性および個人に適したトレーニングプログラムがコンディショニングには必ず必要である。もともと非常に発達した身体的・心理的能力持っているアスリートも，その能力をさらに高めパフォーマンスのレベルを上げるためにコンディショニングを用いる。トップレベルでは，けがの予防やけがからの復帰のためにさらに能力を高めることが，成功および長いキャリアを得るために必要である。

まとめ

今日のスポーツに見られるトップレベルのパフォーマンスには，生来の遺伝的特性，完成されたスポーツ技術，心理学的スキル，コンディショニングなどの多くの要素が絡んでいる。超一流となるためにアスリートは，コンディショニングやスポーツ特有の基礎的なフィットネスを高めるなどすべてのストラテジーを用いるべきである。なぜなら，トップパフォーマンスはただ1つの要素だけで発揮できるわけではなく，多くの要素が複合的に絡んで発揮されるものだからである。個人やスポーツに適したストレングス＆コンディショニングのプログラムによってのみ，しっかりとしたフィットネスの土台を築くことができるのである。

2 ベースライン・スポーツフィットネス テスト
Baseline Sports-Fitness Testing
Gray Cook

スポーツパフォーマンスを記録・評価・予測するためにさまざまなテストが行われるが，テストの理念や方法の解釈はさまざまである。ここでは，まず始めにベースラインテスト（基準となるテスト）について解説し，その後，実用的なテストを紹介することとする。MillerとKeane（1997）は，「ベース（base）とはあらゆるものの基礎（foundation）」であり，「ベースライン（baseline）とは質（quality）が正常なレベルにあるか否かを測定し数値化して表したもの」と定義している。言い換えれば，基礎とはあるシステムや構造における必要不可欠な要素であり，質とはそれら要素の卓越性の程度であるといえる。ベースラインテストの結果の多くは時間，距離，力など量的なもので表されるが，テストの目的は，基礎レベルでのスポーツに対する身体的な準備状態から実際の運動能力に至るさまざま要素について明らかにすることである。そのためには，とくに運動能力の要素を明らかにしたい場合，スポーツ特性に関連した内容にする必要がある。近年，スポーツ特有の動きを表す用語として機能（function）が普及し始めている。そこで，基礎，質，あるいは機能という用語を使ってベースラインテストを再構築し，その意図を正確に表すことが重要である。

これまでに行われていたテストはエネルギー供給系やスポーツ特性に重点が置かれていたが，ここではパフォーマンスの要素である機能的な動きや運動をコントロールする能力に注目し，テスト例を紹介する。もちろん読者が新しいテストを考案し，目的に合わせて改良してくれることを願う。

テストモデルの構築

ベースラインテストではスポーツ種目やポジションにかかわらず，次の3つのことを考慮する。

1. 基礎的な動きの質的要素。これには可動域，バランス，ボディコントロール，スタビリティなどがある。
2. 機能的な動きや基礎的なパフォーマンスの量的要素。たとえば時間や距離などによって評価される40mスプリントや垂直跳びの記録などがこの例である。これ

らは一般的な運動能力をみるものであり，スポーツに特有の運動能力をみるものではない。しかし，このような量的な記録によってスポーツの特異性にかかわらず，すべてのアスリートの運動能力が比較できる。

3 スポーツに特有のスキル。これはスポーツやポジションに特有の器用さ，能力，技量のことである。この評価には質的・量的要素を同時に考慮する必要がある。たとえば，ピッチングスキルのテストではスピードガンでスピード（量）を，またストライクゾーンへのコントロールで正確性（質）を測る。

パフォーマンスにおける問題点を素早く見つけ出すために，動きのなかで次の3つのことに注目する。

1 **機能的な動きの質的要素**：可動域，ボディコントロール，バランス，スタビリティ
2 **機能的なパフォーマンスの量的要素**：パワー，スピード，持久力，敏捷性
3 **スポーツに特有のスキル**：スポーツに関連した動き

スポーツに特有のスキルに関しては各スポーツで膨大な量の情報があるため，ここではすべてにあてはまる2つの要素に焦点を当てる。

40ヤードスプリントのタイムが遅いアスリートが2人いるとする。もしも，基礎的な運動能力の質的要素について評価がなされていなければ，両者ともタイムが遅いのでスピードトレーニングが必要だと結論づけられるだろう。しかし質的要素の評価によって，バランス能力やコア（体幹）のスタビリティや柔軟性ではアスリートAが高く，Bは低いことが明らかになったとすれば，両者の問題点は同じではなくなってくる。Aは基礎的な運動能力はあるが，スピードを生み出すためにはそれをうまく使えていないため，彼に必要なのはスピード向上のためのスピードトレーニングである。一方，Bはスピードを向上するのに必要な基礎的な運動能力が劣っているため，彼にスピードトレーニングをしても効果的であるかどうかは疑わしい。したがって両者には次のような処方が出せるであろう。

　A：量的要素を向上させるスピードトレーニングとプライオメトリックトレーニング
　B：質的要素（モビリティとスタビリティ）を向上させるトレーニングをし，しだいにスピードやプライオメトリックトレーニングに発展させていく

一般的には質的ではなく量的要素のみに焦点が当てられがちである。言い換えれば，コンディショニングプログラムの作成でよくみられる間違いは次の2点である。

1 質的要素をほとんど重要視していない
2 動きの質的要素と量的要素を混同している

コーチやトレーニングスタッフがベースラインデータ（質や量の情報）を理解しやすいように作成されたパフォーマンスピラミッドは，何が重要であるかを系統立てて判断し，チームやアスリートのために客観的なアプローチをするのに役立つ。しかし，まず初めにやるべきことは，評価を通じて全体の動きのなかでの弱い部分を見つけ出すことである。

スタッフの役割

機能性や運動能力を追跡記録するのに役立ち，外傷・障害予防に基づくようなデータがアスレティックトレーナーに与えられる。そして，以前に受傷したけがや間違ったトレーニングなどが原因である筋力のアンバランスや柔軟性の欠如のような弱点を確認し，これを評価する。すなわち，アスレティックトレーナーは機能的な動きの質的要素に着目する。

同じデータがコンディショニングスタッフにとっては，トレーニングの優先順位を決め，パフォーマンスの問題を解決することに役立つ。ストレングスコーチは弱点だけでなく，パフォーマンスの基礎にも重点を置かなければならない。そのため，機能的な動きとパフォーマンスに着目することになる。

スポーツに特有のスキルはヘッドコーチやアシスタントコーチの担当である。アスレティックトレーナーやコンディショニングスタッフからのデータを基に，アスリートの弱点がスキルにどのように影響しているかを理解し，見つけ出す。よって，機能的な動きの質的要素やパフォーマンスの量的要素に着目することが，スポーツ特有のスキルのデータを説明するのに役立つ。

ベースラインテストで考慮すべきこと

ベースラインテストのデータは，外傷・障害歴やスポーツに特有のデータ（パフォーマンスとスキル）と同様に扱わなくてはならない。アスレティックトレーナーはリハビリテーションの指針としてテストを用いることができ，ストレングスコーチはデータを参考にして弱点を見つけ，それを補強することができる。コンディショニングやメディカルスタッフにとって，ベースラインテストはけがをしやすいアスリートの発見や，パワー，スピード，スタビリティ，コーディネーション，持久力をチェックするのに役立つ。

ベースラインテストはシーズン前のメディカルチェックとスポーツに特有のテストの間に行うのがよく，一般的な運動能力と身体的な準備状態に着目して実施する。近年のストレングス＆コンディショニングプログラムでは，ベースラインテストが頻繁に行われているが，ウエイトルームやフィールドで行うテストでよい結果を出す者が実際の競技でよいパフォーマンスを出すとはかぎらない。これは，現在のテスト方法が実際のパフォーマンスを予測するのに適していないことを意味している。さらには，テストに基づいた個々のパフォーマンスと，筋力，柔軟性，コーディネーションの欠如などが原因で起こる非接触型のけがの発生との関連性が不明確なことも原因の1つである。また，その原因を代償動作で補ってしまうため，これらの不必要なけがを予測する適切なスクリーニングツールがなく，結果として予防が難しいものになっている（Cook and Athletic Training Services 1998）。

ベースラインテストの構成

ベースラインテストは，機能的な動きの質，機能的パフォーマンスの量，スポーツに特有のスキルの3つで構成される。ハイレベルのスキルを持つアスリートが質的・量的テストで良い結果を出せないことはけっして稀ではない。これはアスリートの弱点をたまたま神経筋の能力がうまく補っているからであり，すべてのアスリートは結局のところ，ある程度の代償動作をしている。シーズンが近づくにつれて，アスリートは機能的な動きや技術（質）ではなく成果や結果（量）に重点をおくようになり，このような状況下では代償動作のパターンが多く，これらは容易には発見できない。そこで，ベースラインテストを継続して行うことで代償動作の原因を見つけ，そしてこの原因によって問題が起きる前にそれを予測し，防ぐことが大切である。

パフォーマンスピラミッド（図2.1）はベースラインテストの構造をレベル別に示している。ここでは野球やソフトボールの投球動作を分析する。

1. まず，肩周辺のモビリティが必要となる。そして，投球動作における体重移動や回旋運動時に身体のバランスを保つために下半身のスタビリティが高くなければならない。
2. 体重移動時にスピードとパワーが加わるとスピードボールを投げることができる。アスリートはキネティックリンクとして知られている殿部から体幹へ，そして体幹から腕へというような力の伝達を覚えていく。
3. 最後にボールコントロールとスキルを学ぶ。これにより正確性が増し，エネルギーが節約できるようになる。

下層レベルの要素が安定することで，1つ上のレベルがしっかりと築かれる。この流れは，脳が動きの情報を処理して優先順位を付けていく過程と同様であり，1つの段階を経て上に進んでいかなければならないということをアスリートに理解させるのに役立つ。

パフォーマンスピラミッドの最下層には基礎的な要素であるモビリティとスタビリティが含まれるが，筋力やコントロール，距離や時間などは補助的なもののためここには含まれない。中間層にはパワー，スピード，アジリティ，持久力などが，上層

スポーツ特有のスキル
スキル（Skill）

機能的なパフォーマンスの量的要素
ファンクション（Function）

機能的な動きの質的要素
ファンデーション（Foundation）

図2.1　下層レベルがいかに上層レベルを安定させるために重要であるかを示しているパフォーマンスピラミッド

にはスキル，動きのタイミング，コーディネーション，ボディコントロール，学習能力などが含まれている。

機能的な動き

機能的な動きにかかわるモビリティとスタビリティは，基礎的な質である。これらは成長過程において自然に備わっていくが，動きやパフォーマンスのみに集中してしまうと失われることもある。

モビリティ

モビリティとは長座体前屈テストなどでみられる筋の柔軟性のことだけではなく，殿部，骨盤，体幹などが機能的に影響を及ぼしながら動くことを意味する。すなわち，ある1つの関節や筋だけでは動きを評価するにあたって十分な情報を得ることができないため，機能的な動きや姿勢における筋の柔軟性や関節の可動域からモビリティを総合的に判断する必要がある。

スタビリティ

スタビリティとはストレングスのことではなく，筋力，コーディネーション，バランス，動きの効率性を通じて成されるボディコントロールのことである。スタビリティは，静的なものと動的なものに分けることができる。静的スタビリティは姿勢やバランスを保ち，動的スタビリティは次のような動きを生み出し，コントロールする。

- モビリティと柔軟性
- ストレングス
- コーディネーション
- 筋持久力
- 有酸素性フィットネス

　効率的な動きを生み出すためには，これら5つの要素が同時に機能しなければならない。たとえばモビリティが正常である場合，神経筋システムは身体のある部位を安定させるために使う筋を選択し，一方では他の部位の動きを生み出す。このような過程は筋収縮のタイミングやコーディネーションによるものであるが，このことによってウエイトルームでの測定結果がよくないアスリートが垂直跳び，メディシンボールスロー（パワー），あるいは40ヤードスプリント（スピード）などですばらしい成績を残すかが説明できる。このようなアスリートは身体のさまざまな部位を使ってパワー，スピード，クイックネスを相乗的に生み出し，最大限の効率性を発揮する。効率的に力を使えない者にとって，ストレングスとは自分の身体ではなく重量を動かす能力にすぎないのである。

モビリティやスタビリティは人間の成長や発達過程において形成される。乳児はモビリティが無限の状態で誕生し，まず体幹を，その後四肢を安定させる方法を身につけていく。動きのコントロールやスタビリティは頭からつま先（頭－尾）へ，体幹から四肢（近位－遠位）に向かって進んでいく。この神経筋システムのシンプルな法則は，ストレングス＆コンディショニングプログラムの基礎となる。

近位部分のスタビリティが，遠位部のモビリティより上位でなければならない

　これは四肢の前に，体幹の筋力を十分にトレーニングする必要があることを意味している。したがって，ベンチプレスは，肩や上肢の筋肥大トレーニングとしてはすばらしいかもしれないが，体幹はあまり鍛えられず，しかも立位や機能的姿勢での上肢の役割を神経筋システムにインプットできない。むしろプッシュアップ（ただし，正しいフォームで行う場合）の方が，体幹を使うという点でより機能的である。さらには，次の法則が加わる。

もしも，モビリティに問題があるならば，それは真のスタビリティを確率する前に改善されなければならない

　したがって，座位や側臥位にて軸を固定して行うトレーニングやテストは，これら両方の法則に反することとなる。通常，スタビリティが疑わしい部分があれば，そこはモビリティが乏しい部分の代償動作をしていると考えられる。膝，腰部，肩は一般的にスタビリティが発達しにくい部位であるが，これらの部位を安定させる前に足関節，股関節，胸椎のモビリティを確立すべきである。モビリティとスタビリティの欠如がほとんどのスポーツ障害の原因であり，筋力，スピード，パワー，持久力などを鍛える前に，モビリティやスタビリティなどの基礎的な要素を高めることに時間を費やすべきである。なぜなら，数え切れないほど多くの不必要なけがが発生するのは，動きの質や技術（正しいフォーム）よりもトレーニングの量（セット数，挙上回数，重量）にばかり重点を置いているからである。スクワットを例にすると，無負荷の状態でしっかりとしたフォームのスクワットができないにもかかわらず，モビリティが低いスクワットでより重い重量をあげようと努力してしまう（図2.2, 2.3）。

　今日のコンディショニングにおける間違いの多くが，完全な可動域がないまま動きのパターンをトレーニングし，これをコントロールしていることである。技術が未熟で足関節や股関節のモビリティが不十分であると，トレーニング期において姿勢を崩し，身体を間違って使うことになる。足関節や股関節のモビリティの欠如は，膝関節や脊柱にストレスを与えるだけでなく，スクワットの動き方自体を脳が間違って覚え，そのために代償動作が起こる。そしてこの代償動作が神経回路にインプットされ，タイミング，コーディネーション，動きの効率に悪影響を及ぼすのである。それゆえ，ベースラインテストによって常に機能的な動きを評価し，潜在的な運動能力を見つけ出す

必要がある。信頼性と妥当性のあるテストを通じて機能的な動きを分析した後に，パフォーマンステストで実際の能力を明らかにする。

　モビリティとスタビリティが乏しい場合は潜在能力も低く，最高のパフォーマンスを発揮することができないだけでなく，練習や競技での受傷の可能性が高くなる。潜在能力は人間の動きの状況を表すものであり，あるパフォーマンスを予測する指標というわけではない。モビリティやスタビリティが乏しいトップアスリートもいるが，このようなケースは年齢が若く，ひとつの競技やポジションに特化している場合が多い。また，そのようなアスリートは別の動きやテクニックの改善を要求されるとうまく対応できない。高度な特異的な動きによってある部分だけが過度に発達して不均衡が生じ，その結果けがの発生率の増加につながるだろう。大きなモビリティと高いスタビリティは動きの質を高めるための最高の要素といえる。

図2.2　モビリティが悪いスクワットの例

図2.3　モビリティが良いスクワットの例

ファンクショナルムーブメントスクリーン

ファンクショナルムーブメントスクリーン（FMS；機能的な動きをチェックするためのスクリーニングテスト）は動きの質を数値化したもので，ベースラインテストでまず要求されるモビリティとスタビリティの評価をする。FMSではモビリティとスタビリティに関する動き－スクワット，ステップ，ランジ，リーチング，ストライド，キック，前後ストレス（プッシング）と回旋ストレス（部分的スタビリティ）に対して体幹を安定させる動きを用いる。これらの動きは経済的で能率がよく，単純で繰り返し行いやすいものである。FMSは得点化できるので，各競技やポジションによってベースライン機能の最低限のレベルや最適なレベルを設定することができ，また継続的に行うことで得点と外傷・障害発生の関係を見出し，予防につなげることも可能である。さらにスタッフ同士でアスリートの機能状態や可能性について話し合う際に，このFMSの結果を参考にすることもできる。

FMSの得点方法

FMSの得点方法は非常にシンプルである。一般的にみられる代償動作なしに動きを行うことができれば3ポイント，いくつかの代償動作を伴いながら動きが行われれば2ポイント，動きを行うことができない場合は1ポイント，そしてテストの際に痛みがある場合は0ポイントで，7種目のテストの満点は21ポイントである。

得点の解釈

各テストで0ポイントの場合は医師やトレーナーによるチェックが必要である。1ポイントは機能的スタビリティやモビリティがないことを示しており，微細な組織損傷，効率性の不足，あるいは技術の欠如などが考えられる。この得点のアスリートは基本的な動きのパターンが欠如しているため，日常生活においてもストレスを感じている可能性がある。メディカルスタッフは仮にアスリートに痛みがないとしても，おかしいと思う部分についての柔軟性や筋力についてとくに評価する。2ポイントの場合にはコンディショニングやストレッチが必要である。アスレティックトレーナーやストレングスコーチなどが協力し合い，問題のある部位の補強やスポーツに特有のトレーニングなどを完全に網羅する。3ポイントを獲得したアスリートは，それぞれの動きに対して最適なモビリティと柔軟性があることを示している。また，トレーニング期でも不均衡が生じていないか定期的にチェックする必要がある。7つのテストのうち5つでは左右差を評価することができるが，もしどちらかの側で低い得点であった場合はその得点を用いる。

7つのFMSテストの他に補助スクリーニングテストが3つあるが，これはFMSで見落しがちな肩や脊柱のチェックをするもので，痛みの有無によって評価する。FMSでは痛みがあった場合に0ポイントとなるが，インピンジメントの補助テスト

が肩のチェックに加えられると，たとえFMSで3ポイントを獲得しても補助テストで痛みがある場合は0ポイントになる。つまり，このテストによって潜在的な肩の障害の可能性をチェックできる。同様に，脊柱の屈曲と伸展の補助テストもそれぞれ体幹のスタビリティテストに加えて行うことができ，非荷重における脊柱の可動域をみることができる（Cook and Athletic Testing Services 1998）。

ディープスクワット　Deep Squat

◻目的
股関節，膝関節，足関節の両側の対称性や機能的モビリティを評価する。また，バーを頭上でキープすることで肩関節と胸椎の両側の対称性や機能的モビリティを評価する。

◻方法
① 肩幅よりやや広めに足を開き，頭より上で肘が90度になるようにバーを持つ。
② 肘を伸展させバーを上に押し上げる。その姿勢からかかとを床につけた状態で，頭と胸を正面に向けたままゆっくりとスクワットポジションに下ろしていき，バーをもっとも高く押し上げる。
③ テストは3回まで行うことができる。
④ 3ポイントを取れないときは，板の上にかかとを乗せて同じ動作を行う。

■ **3ポイント**

- 上半身が下腿と平行か，またはそれより立っている
- 大腿が床と平行か，またはそれより下がっている
- 膝がつま先の上にある
- バーが足首の上にある

■ **2ポイント**

- 上半身が下腿と平行か，またはそれより立っている
- 大腿が床と平行か，またはそれより下がっている
- 膝がつま先の上にない
- バーが足首の上にない

■ **1ポイント**
- 上半身と下腿が平行でない

■ **0ポイント**
- この動作に伴って痛みが発生する

● **評価**

ディープスクワットで必要なのは，クローズドキネティックチェーンでの足関節の背屈，膝関節と股関節の屈曲，胸椎の伸展，肩関節の外転と屈曲である。よい結果が出せない原因は，上半身では肩関節や胸椎のモビリティが乏しいためと考えられ，下半身ではクローズドキネティックチェーンでの足関節，膝関節，股関節のモビリティの低さが考えられる。

　3ポイント獲得できない場合は角度計などを使って再評価し，その原因を見つけ出して記録する。2ポイントのアスリートに多くみられる原因は足関節の背屈制限，あるいは胸椎の伸展制限である。1もしくは0ポイントでは前述の原因に加え，股関節の屈曲に問題がある場合が多い。

ハードルステップ　Hurdle Step

◆ **目的**
股関節，膝関節，足関節の両側の機能的モビリティとスタビリティを評価する。

◆ **方法**
① 足をそろえ，つま先をハードルの真下に置く。
② ハードルを脛骨粗面の高さに合わせ，バーを首の後で肩に乗せる。
③ 後ろ足に体重を乗せ，後脚をまっすぐに伸展させた状態でゆっくりとハードルをまたぎ，かかとを床に軽くつける。
④ ゆっくりと元の状態に戻す。
⑤ テストは3回まで行うことができる。
⑥ 逆足で同じことを行う。

■ **3ポイント**

- 股関節，膝，足関節が一直線で，矢状面上に位置している
- 脊柱の動きがほとんどない
- バーとハードルが平行に位置している

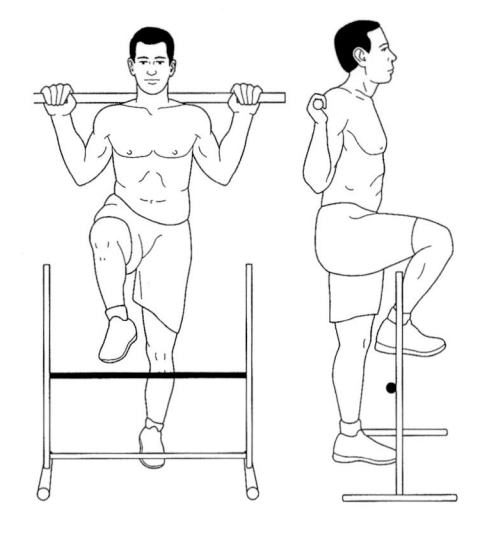

■ **2ポイント**

- 股関節，膝，足関節が一直線上に位置していない
- 脊柱の動きがある

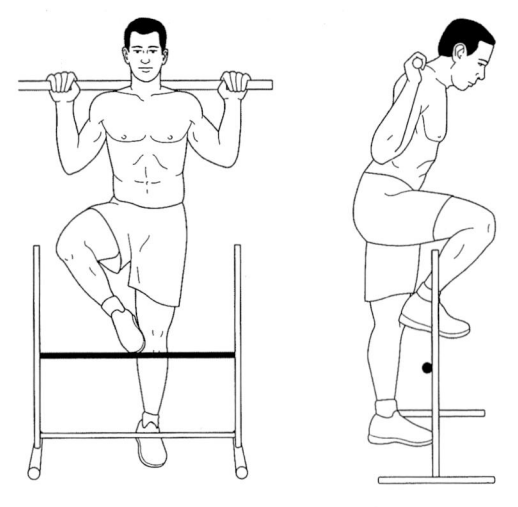

■ **1ポイント**

- ●足がハードルに接触する
- ●身体のバランスが崩れる

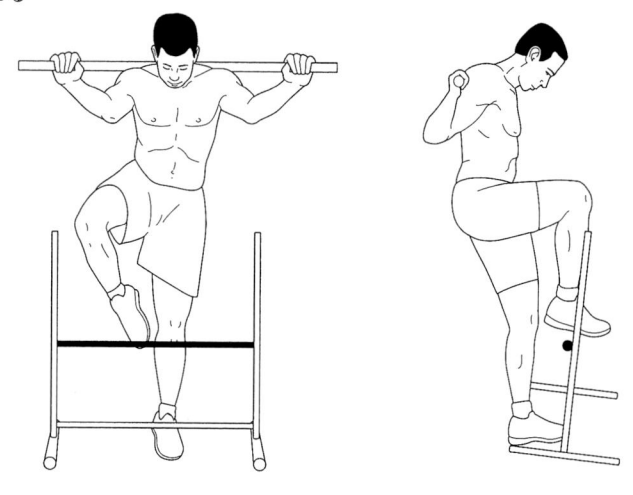

■ **0ポイント**

- ●この動作に伴って痛みが発生する

● **評価**

ハードルステップでは支持脚の足関節，膝関節，股関節のスタビリティとクローズドキネティックチェーンでの股関節の最大伸展が必要とされる。また，遊脚のオープンキネティックチェーンでの足関節の背屈，膝関節，股関節の屈曲のモビリティも必要である。さらに，このテストでは動的なスタビリティが要求されるため，十分なバランス能力がなければならない。よい結果が出せない原因は，単純に支持脚のスタビリティの欠如，もしくは遊脚のモビリティの欠如などが考えられる。ハードルを越えるには支持脚の股関節の伸展位を保ちながら，もう一方の股関節を最大屈曲させなければならないため，両側非対称な股関節のモビリティが要求される。

3ポイントを獲得できない場合は角度計などを使って再評価し，その原因を見つけて記録する。また，トーマステストやケンダルテストなど，股関節の屈筋群の拘縮を評価する整形外科的検査も有効である。2ポイントのアスリートに多くみられる原因は，遊脚側の足関節の背屈制限，あるいは股関節の屈曲制限である。1ポイントもしくは0ポイントでは股関節のモビリティに左右差があり，そのことによって骨盤が前傾している可能性がある。

インラインランジ　In-Line Lunge

◆**目的**

股関節のモビリティとスタビリティ，大腿四頭筋の柔軟性，足関節と膝関節のスタビリティを評価する。

◆**方法**

① メジャーを使って下腿の長さを測る。
② 板の上に立ち，右腕を上，左腕を下にして，バーを背中で保持する。このときバーは頭の後，胸椎，仙骨に触れるようにする。
③ 板上に右足のつま先から①で測った下腿の長さのところにテープを張って印をつける。
④ 左足を踏み出し，かかとをそのテープの上に乗せる。その状態から右膝を板につくまで下ろしていく。このとき両足は一直線上にし，この動作中は常に前を向くようにする。
⑤ テストは3回まで行うことができる。
⑥ 次に逆手，逆足で同じ動作を行う。

■**3ポイント**

- 上半身にほぼ動きがない
- 両足は一直線上で，矢状面上に位置する
- 後の膝がしっかりと板に触れている

■**2ポイント**

- 上半身に動きがある
- 両足が一直線上にない
- 膝を板まで下ろせない

■ 1ポイント
- バランスを保つことができない

■ 0ポイント
- この動作に伴って痛みが発生する

●評価

インラインランジでは，支持脚の足関節，膝関節，股関節のスタビリティとクローズドキネティックチェーンにおける股関節の外転が要求される。また遊脚の股関節の内転，足関節の背屈のモビリティ，大腿直筋の柔軟性も必要とされる。さらには横方向のストレスに対するボディバランスも必要になる。よい結果が出せない原因としてはまず，支持脚か遊脚の股関節のモビリティが不十分であること，次に支持脚側の膝関節と足関節のスタビリティがランジを行うのに十分でないこと，最後に股関節の内転筋の弱さと外転筋の硬さによるアンバランスが挙げられる。

　3ポイントを獲得できない場合は，その原因を見つけ出して記録し，角度計などを使って再評価する。また筋の柔軟性をチェックするためにトーマステストやオーバーテストなどで股関節の屈筋群や外転筋群の拘縮を調べるのも有効である。

ショルダーモビリティ　Shoulder Mobility

◆ **目的**

両肩関節の内旋を伴った内転と，外旋を伴った外転の可動域，正常な肩甲帯のモビリティと胸椎の伸展を評価する。

◆ **方法**

① 手首から中指の先までの長さを測る。
② 親指を手のひらの中に入れ，握りこぶしを作る。そして右腕を上に（肩関節は外転＋外旋），左腕を下にして（肩関節は内転＋内旋），両手を背中でくっつけるようにする。
③ 両手の握りこぶし間の距離を測る。
④ 左右をかえて同様の動作を行う。

■ **3ポイント**

- 両手握りこぶしの距離が①で測った手の長さ以内

■ **2ポイント**

- 両手握りこぶしの距離が手の長さの1.5倍以内

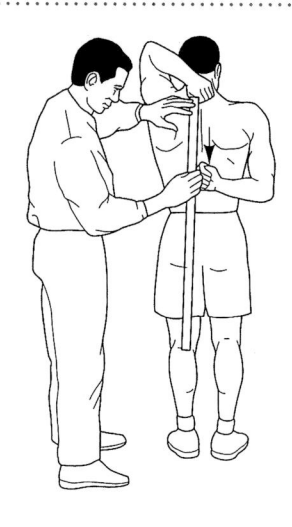

■ 1ポイント

- 両手握りこぶしの距離が手の長さの1.5倍以上

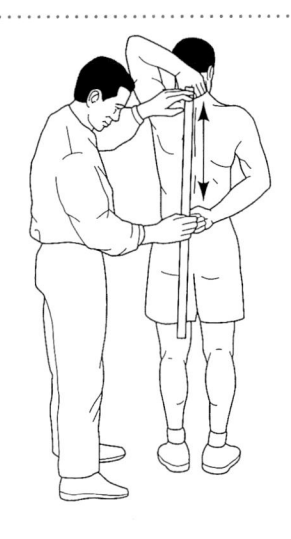

■ 0ポイント

- この動作に伴って痛みが発生する

補助テスト

このテストは，ショルダーモビリティが3ポイントであっても行う。まず右手を反対側の左肩で保持し，右肘を上方に挙げる。もしこの動作で痛みがある，またはこの動作ができない場合はこのテストの得点を0ポイントとし，再度肩の評価を行う。

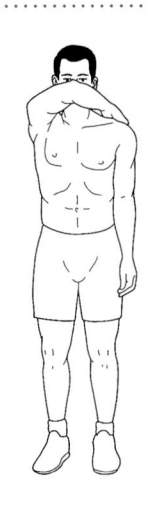

● 評価

ショルダーモビリティでは，両肩関節の内旋を伴った内転と外旋を伴った外転の組み合わせが重要である。また，この動きでは正常な肩甲帯のモビリティと胸椎の伸展を必要とする。よい結果が出せない原因として，たとえばピッチャーであれば，内旋可動域減少の代償として外旋可動域が過度に増していることが知られているが，小胸筋や広背筋の過度の肥大や拘縮が原因で肩が前方へ変位したり背が丸くなる姿勢になったりする。最終的には肩甲帯と胸椎の機能不全が起こり，その結果，肩関節のモビリティが減少し，肩甲帯と胸椎のスタビリティとモビリティも悪くなる。

3ポイントを獲得できない場合は，その原因を見つけ出して記録し，角度計などを使って再評価する。また筋力をチェックするためには小胸筋や広背筋の徒手筋力テストが有効である。2ポイントとなる原因は若干の姿勢の変化や，上腕骨や肩甲骨周囲の筋拘縮である。

アクティブストレートレッグレイズ　Active Straight-Leg Raise

◇目的
骨盤を安定させた状態を保ちながら，ハムストリング，腓腹筋，ヒラメ筋の能動的な柔軟性を評価する。

◇方法
① 腕を体側につけ，手のひらを上にして地面に仰向けに寝る。次に膝の下に板を置く。
② 上前腸骨棘と膝関節（膝蓋骨の中央）の位置を確認する。
③ テストする側の足関節を背屈させ，膝を伸ばしながら上方に上げていく。逆側の膝は常に板に接触させておき，頭と腰部は地面から離さないようにする。
④ 測定側の内果にバーを当てて地面に垂直に垂らす。
⑤ 逆足も同様に行う。

■3ポイント
- バーが下で伸ばしている側（イラストでは左側）の上前腸骨棘と膝関節の中間より近位にある

■2ポイント
- バーが上前腸骨棘と膝関節の中間より遠位にある

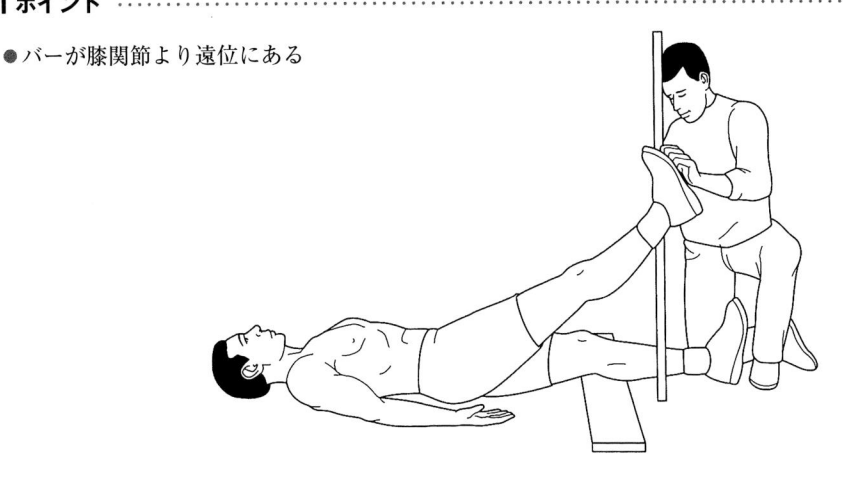

■ **1ポイント**
- バーが膝関節より遠位にある

■ **0ポイント**
- この動作に伴って痛みが発生する

● **評価**

このテストではハムストリングの機能的柔軟性をチェックしている。ここでいう機能的柔軟性とは，トレーニングや試合中に使われる柔軟性のことであり，一般的に測定される受動的な柔軟性とは異なる。また，反対側の股関節モビリティと下腹部の筋のスタビリティも必要とされる。よい結果が出せない原因としてはまず，ハムストリングの柔軟性の欠如がある。次に，反対側の腸腰筋の拘縮とそれに伴う骨盤の前傾による股関節のモビリティの低下が挙げられ，これらの原因の組み合わせによって，左右の股関節の非対称的なモビリティが生まれると考えられる。このテストでは，ハードルステップと同様に股関節のモビリティを明らかにし，さらにハムストリングと腸腰筋の問題を明確にすることができる。長座体前屈テストや90－90伸展挙上テストなどによってハムストリングの柔軟性を，また，トーマステストで腸腰筋の柔軟性をチェックし，3ポイントが取れない原因をみつける。

トランクスタビリティ・プッシュアップ　Trunk-Stability Push-Up

◆目的
上肢の対称的な動きの中での，体幹の矢状面上のスタビリティ，また間接的に肩甲帯のスタビリティを評価する。

◆方法
① 伏臥位になり，両手を顔の横に置いて手のひらを床につける。
② 男性は親指を頭頂部のライン上に合わせ，両膝を完全に伸ばす。女性は親指をあごのライン上に置く。
③ その状態からプッシュアップを1回行う。
④ その状態でプッシュアップができなければ，男性は親指をあごのラインに置き，女性は親指を鎖骨ラインに置いてプッシュアップを行う。

■3ポイント
- 男性：頭のライン上に親指がある状態でプッシュアップが1回できる
- 女性：あごのライン上に親指がある状態でプッシュアップが1回できる

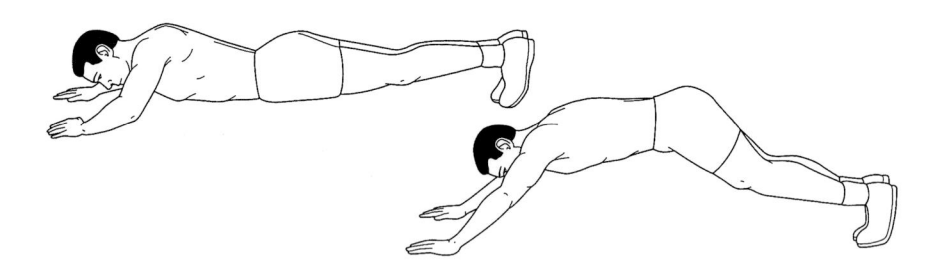

■2ポイント
- 男性：あごのライン上に親指がある状態でプッシュアップが1回できる
- 女性：鎖骨のライン上に親指がある状態でプッシュアップが1回できる

■ **1ポイント**

- 男性：あごのライン上に親指がある状態でプッシュアップができない
- 女性：鎖骨のライン上に親指がある状態でプッシュアップができない

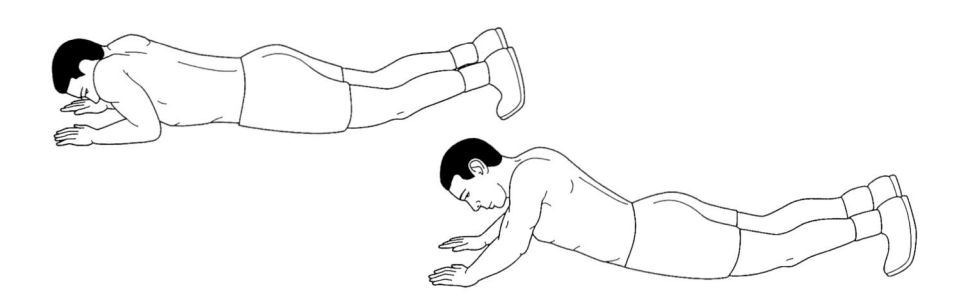

■ **0ポイント**

- この動作に伴って痛みが発生する

補助テスト

この補助テストは3ポイントであった場合でも行う。伏臥位から両肘を伸展させて脊柱を弓なりに伸展させたときに痛みがある場合，トランクスタビリティ・プッシュアップ自体が0ポイントとなる。

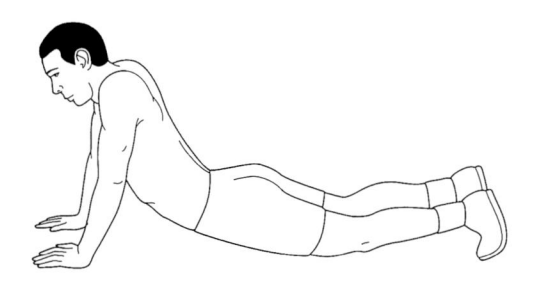

● **評価**

トランクスタビリティ・プッシュアップでは，上肢の動きに対する体幹の矢状面上のスタビリティが要求される。スポーツでみられる機能的な動きには上半身から下半身，もしくは下半身から上半身への力の伝達があり，そこで体幹のスタビリティが必要となる。バスケットボールのリバウンド，バレーボールのブロック，フットボールでのパスブロックなどの動きがこのような力の伝達のよい例である。もし，これらの動きで体幹の十分なスタビリティがなければ運動エネルギーは減衰し，そのことでパフォーマンスが低下し，さらにはけがの可能性が高まるであろう。よい結果が出せない原因は，単純に体幹のスタビリティがないからである。このテストで3ポイントを取れない場合は，腹筋の上部と下部の筋力テストを用いてその原因を明らかにする。

ロータリースタビリティ　Rotary Stability

◆目的
上肢と下肢の動きを組み合わせた際の，体幹の多面的なスタビリティをチェックする。

◆方法
① 膝・股関節・肩関節を90度に曲げ，四つん這いの姿勢をとる。このとき，足関節は底屈させておく。
② 両膝，両手の間に板を通す。
③ 同側の手・足を床から離し，それぞれ板と平行にまっすぐに伸ばして身体全体が一直線になるようにする。体幹も床と平行になるような姿勢をとる。
④ 挙げた手と足を下ろしていき，それぞれの肘と膝をつけるようにする。
⑤ テストは3回まで行うことができる。
⑥ この動作を行えないアスリートは，逆手・逆足（例：右手・左足）で行う。
⑦ 手足を換えて同様の動作を行い，低いほうの得点を記入する。

■3ポイント
- 体幹が板と平行で，肘と膝が一直線になる。かつ，体幹がぶれることなく肘と膝をつけることができる

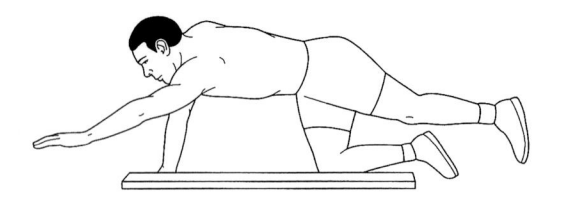

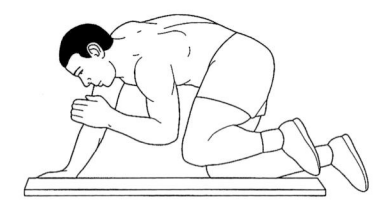

■2ポイント
- 逆手・逆足だと体幹を板と床に平行に保ったまま伸展・屈曲ができる

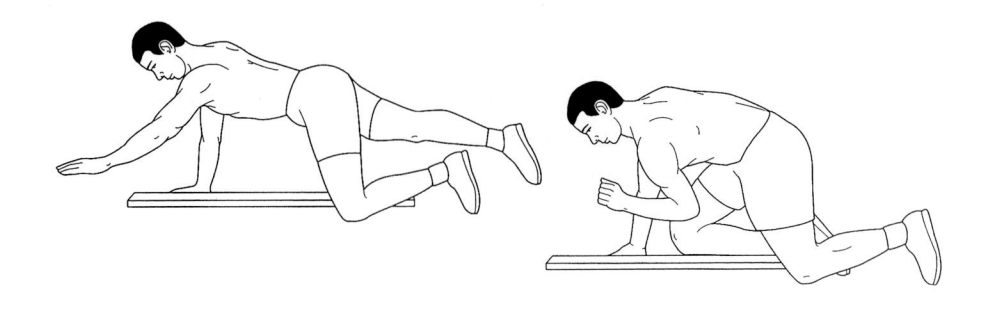

■ **1ポイント**

● 逆手・逆足でもできない

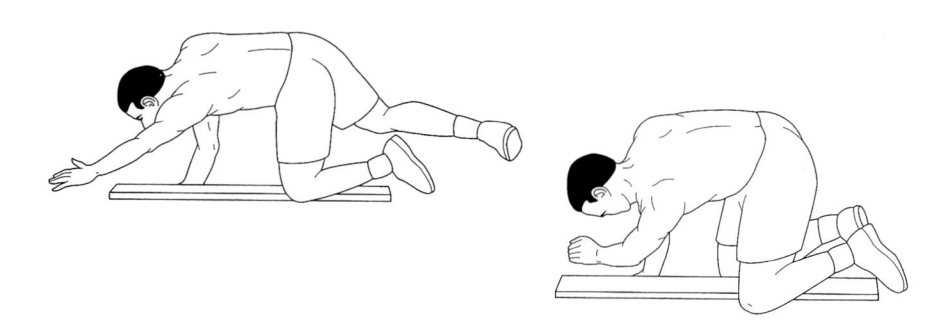

■ **0ポイント**

● この動きで痛みが出る。特に腰椎屈曲時に痛みが発生する。専門家に痛みのか所をチェックしてもらう

補助テスト

3ポイントであった場合でもこの補助テストを行う。四つん這いの姿勢から殿部をかかとに，胸を大腿部につけるよう背中を丸めていく。このとき手はできるだけ前方へ伸ばし，足首は底屈させる。もしも，このときに痛みがある場合は0ポイントとする。

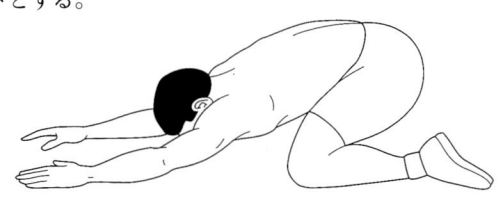

● **評価**

ロータリースタビリティでは，上・下肢の左右非対角の動きに対する矢状面上と水平面上の体幹のスタビリティが要求される。スポーツでみられる機能的な動きには上半身から下半身，もしくは下半身から上半身への力の伝達があり，そこで体幹のスタビリティが必要となる。ランニングやフットボール，陸上競技でのスタートポジションからの爆発的な動きがこのような力の伝達のよい例である。もしも，これらの動きで体幹の十分なスタビリティがなければ運動エネルギーは減衰し，パフォーマンスが低下し，受傷の危険性が高まるであろう。よい結果が出せない原因は，単純に体幹のスタビリティがないからである。3ポイントを取れないときは，腹筋の上部と下部の筋力テストを用いてその原因を明らかにする必要がある。

ファンクショナルムーブメントスクリーン記録紙

名前：＿＿＿＿＿＿＿＿＿＿＿＿＿　学校名：＿＿＿＿＿＿＿＿＿＿＿＿＿
＿＿＿＿＿＿＿＿＿＿＿＿＿＿＿＿＿＿＿＿＿＿＿＿＿＿＿＿＿＿＿＿＿＿
年齢：＿＿＿＿＿　身長：＿＿＿＿＿　体重：＿＿＿＿＿　性別：男・女
住所：＿＿＿＿＿＿＿＿＿＿＿＿＿　電話番号：＿＿＿＿＿＿＿＿＿＿＿
＿＿＿＿＿＿＿＿＿＿＿＿＿＿＿＿＿
スポーツ：＿＿＿＿＿＿＿＿＿＿＿＿＿＿＿＿＿＿
ポジション：＿＿＿＿＿＿＿＿＿＿＿＿＿＿＿＿＿
利き手：右・左　　利き脚：右・左　　利き目：右・左
外傷・障害既往歴：＿＿＿＿＿＿＿＿＿＿＿＿＿＿＿＿＿＿＿＿＿＿＿
＿＿＿＿＿＿＿＿＿＿＿＿＿＿＿＿＿＿＿＿＿＿＿＿＿＿＿＿＿＿＿＿＿＿
＿＿＿＿＿＿＿＿＿＿＿＿＿＿＿＿＿＿＿＿＿＿＿＿＿＿＿＿＿＿＿＿＿＿
＿＿＿＿＿＿＿＿＿＿＿＿＿＿＿＿＿＿＿＿＿＿＿＿＿＿＿＿＿＿＿＿＿＿
＿＿＿＿＿＿＿＿＿＿＿＿＿＿＿＿＿＿＿＿＿＿＿＿＿＿＿＿＿＿＿＿＿＿
＿＿＿＿＿＿＿＿＿＿＿＿＿＿＿＿＿＿＿＿＿＿＿＿＿＿＿＿＿＿＿＿＿＿

以前の得点：＿＿＿＿＿＿＿＿

テストと得点　　　　　　　　　**備考（コメント）**

テスト	得点	備考
ディープスクワット	3　2　1　0	＿＿＿＿＿＿＿＿＿
ハードルステップ	3　2　1　0	＿＿＿＿＿＿＿＿＿
インラインランジ	3　2　1　0	＿＿＿＿＿＿＿＿＿
ショルダーモビリティ	3　2　1　0	＿＿＿＿＿＿＿＿＿
アクティブ・ストレートレッグレイズ	3　2　1　0	＿＿＿＿＿＿＿＿＿
トランクスタビリティ・プッシュアップ	3　2　1　0	＿＿＿＿＿＿＿＿＿
ロータリースタビリティ	3　2　1　0	＿＿＿＿＿＿＿＿＿

合計得点：＿＿＿＿＿＿＿＿

テスト施行者名：＿＿＿＿＿＿＿＿＿＿＿＿＿＿＿＿＿

ファンクショナルパフォーマンステスト

　ファンクショナルパフォーマンスとは，スピードやパワーの要素がかかわるパフォーマンステストによって明らかにできる動きの効率性を表す用語である。そして，テスト結果によって，基礎，機能，スキル（図2.1参照）のそれぞれのギャップを埋めることができる。

　FMSが動きの基礎的な要素を評価する一方，ファンクショナルパフォーマンステストはどのようにパワーを生み，伝達させ，それをコントロールするのかを評価する。パフォーマンステストはスポーツやスキルレベルに関係なく，爆発的で力強い動きのなかでの身体の使い方を数値化するものである。機能的な動きは大きくジャンプ系，スローイング系，ランニング系の3つに分けられる。

　ジャンプ系のテストとしては垂直跳びなど爆発力のテストがあり，次のような特徴を持っている。

- 上半身はプル系（引っぱり系）の動作
- 下半身は伸展動作
- 体幹はエネルギーを上半身から下半身へ伝える
- 体幹の伸展時のスタビリティ
- 下から上へのコーディネーション

　スローイング系のテストではメディシンボール・チェストパスのような推進力のテストが用いられる。特徴は次の通りである。

- 上半身はプッシュ動作
- 下半身はスタビリティ
- 体幹はエネルギーを下半身から上半身へ伝達
- 体幹の屈曲時のスタビリティ
- 下から上へのコーディネーション

　ランニング系のテストには40ヤードスプリントのような移動力のテストがあり，次のような特徴がある。

- 上半身と下半身のカウンタームーブメント
- 上半身から体幹，片脚から逆脚へのエネルギーの伝達
- 体幹の回旋方向へのスタビリティ（ロータリースタビリティ）
- 上半身と下半身の同期的なコーディネーション

　これら3つのテストは運動プログラミング，すなわち脳と身体の相互作用に強く依存するとともに，的確なキネティックリンク（運動連鎖）が求められる。

垂直跳び　Vertical Jump

垂直跳びは一般的に，パワーを評価できる真のテストとされている。なぜならば，重力は誰にでも等しく作用するからである。身体の大きさにかかわらず，バランス，コーディネーション，アジリティのあるアスリートはしっかりと加速し，より高い地点まで跳ぶことができる。跳躍では上半身の役割が重要で，優秀なアスリートとの違いは，力強い腕の動きと体幹の動的なスタビリティを生み出す上半身の能力である。そして，跳躍は下半身より先に上半身と体幹部分が力を貯めるため，上から下へのコーディネーションが要求される。垂直跳びテストはいつでも行うことができて効率的であり，さまざまな標準データを性別，年齢別，競技別に利用できる。また片足での垂直跳びによって左右差を測ることができるが，着地は過度のストレスを避けるため両足で行う。片足垂直跳びでは，左右差が15％以上あってはならない。

メディシンボール・チェストパス　Standing Medicine Ball Chest Pass

このテストでは重力へ抵抗する力ではなく，物体を押し出す力をみる。とはいえ，スポーツに特有の動きで投げる力をみることが目的ではなく，一般的な運動能力と下半身から上半身への力の伝達によるパワーを評価することが目的である。立位（ステップなし）でのメディシンボール・チェストパスはこの条件を満たしている。上半身の力強く激しい動きでボールを押し出す前に，脚と体幹でしっかりと力をため，スタビリティを保たなければならない。体幹伸展時の動的なスタビリティが必要な垂直跳びと異なり，メディシンボール・チェストパスでは体幹の屈曲時の動的なスタビリティが必要である。さらに，身体の大きさに相対的であった垂直跳びに対して，メディシンボール・チェストパスは身体の大きさに関係はない。また，使用するメディシンボールを体重のおよそ2％と規定すれば負荷が相対的になるため，妥当性の高いデータの比較ができる。加えて，同じ姿勢で身体を回旋させて右と左に投げることによって左右差を測ることができ，その際，左右差が15％以上あってはならない。

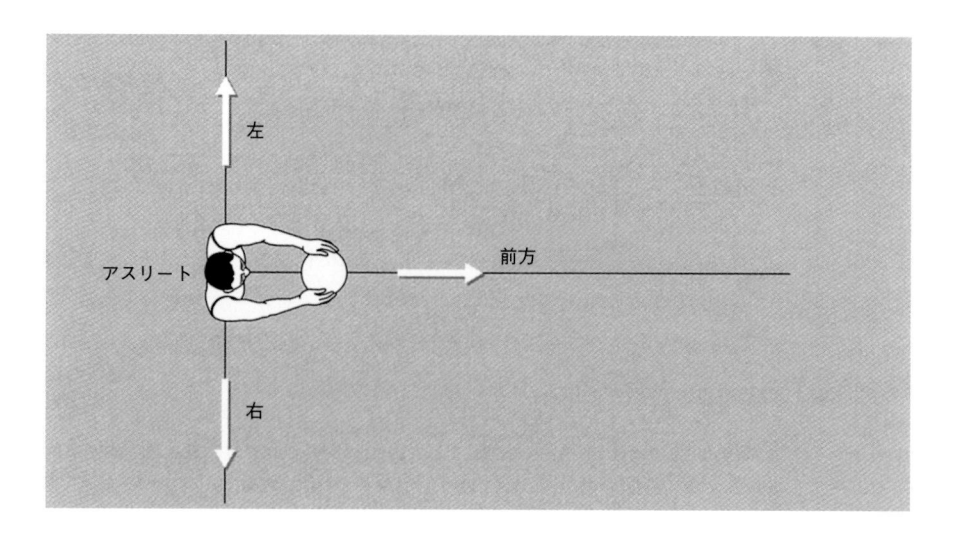

40ヤードスプリント　40-Yard Sprint　（訳注：日本では50m走）

ほとんどのスポーツにおいて直線40ヤードだけを全力疾走する場面はないため，このテストはこれまでは実用性がないと非難されてきた。しかし，多くのスポーツでこのテストが行われ，データが集められてきたため，一般的な運動能力を比較するには適している。さらに，40ヤードスプリントでは，推進力を生み出す下肢のプライオメトリックな力や，ストライド時の股関節と足関節のモビリティ，脚の回転数に影響を与えるコーディネーションを評価できる。また体幹の動的なスタビリティや，片方の足で生み出したパワーを最小限の損失でもう一方へ伝えられる効率性が要求される。よって，40ヤードスプリントは単にスピードを測るのではなく，効率性やコーディネーション，慣性の制御を評価することができる。

　もしも条件が整うならば120ヤードスプリント（訳注：日本では120m走）を行うと，スポーツにおけるスピードを分析することができる。最初の40ヤードではスタート能力と加速能力を，次の40ヤードでは加速するスピードのなかで正しいフォームを保ちながら走る能力を，そして最後の40ヤードでは疲労し始めるなかでの筋持久力をチェックすることができる。このように120ヤードスプリントテストでは敏捷性，スピード，持久力を分析することができる。

その他のファンクショナルパフォーマンステスト

これらの3つのテスト（パワー系2種目，スピード系1種目）には一般的な運動能力を表す基礎的な動きがあり，運動神経やその効率性を評価することができる。また，これらのテストは容易にできるため，年間を通して行うことで運動能力の変化をみることができる。一般的に行われているテストとして，他に無酸素性パワー，アジリティ・ボディコントロール，有酸素性パワーテストがある。

無酸素性パワーテスト：Anaerobic Power Tests

- バスケットボールのラインドリル（屋内スポーツ向け）
- 300mシャトルラン（屋外スポーツ向け）

アジリティ・ボディコントロールテスト：Agility and Body Control Tests

- T-テスト
- エグレン（Edgren）サイドステップ

有酸素性パワーテスト：Aerobic Power Tests

- 3,200m走
- 12分間走
- 3分間踏み台昇降テスト

スポーツに特有なスキル

スキルはスポーツによって異なるが，ほとんどのコーチはスキルの評価やさらにはポジション別の評価を好む。もちろんテストの妥当性と信頼性が高いことが重要である。投手やテニスのサーブの球速をスピードガンで測り，ベースランニングやランニングバックのラッシングスピードを電子時計で測るように，ほとんどのスキルは量的なデータとして評価される。ところが最近はスキルの質的な面も注目され始め，最新の動作解析によってスポーツに特有なスキルがより客観的に分析されるようになった。このようにスキルは質的な数値（正確性，一貫性，順応性など）と量的な数値（時間，距離など）によって分析することができる。

データの活用

集められたデータを基に個別のパフォーマンスピラミッドを作ることができる（図2.4,a-c）。図2.4 a は，基礎であるモビリティとスタビリティおよびスキルは低いが，機能的パフォーマンスは高いことを表している。これは非常によくあるケースで，土台である基礎的な動きの部分がその上層に位置するパフォーマンスとスキルの部分をを十分に支えられていない。パフォーマンスの方がモビリティとスタビリティを上回っていると，けがをする可能性が非常に高い。このようなアスリートはまず，モビリティとスタビリティを高めることから始めなくてはならない。それは基礎である土台を広げるだけでなく，パフォーマンスと効率性の向上にもつながる。

図2.4 b は，ある1つのスポーツやポジションでのスキルは非常に高いが，基礎的な運動能力は低いことを表している。このようなアスリートは技術を磨くために多くの時間を費やしているが，さらに向上するためには基礎や機能的な部分の改善が必要である。

図2.4 c は，土台となるモビリティとスタビリティはしっかりしているが，パフォーマンスやスキルは低いことを表している。このようなアスリートは基礎的な動きの部

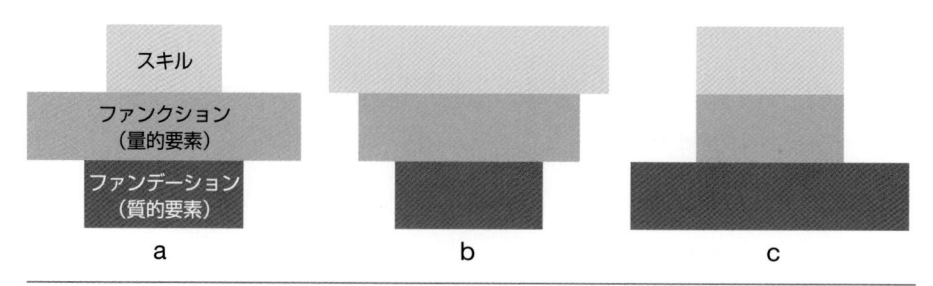

図2.4　さまざまなパフォーマンスピラミッド

分がしっかりしているため，ピリオダイゼーションによるプライオメトリックトレーニングやインターバルトレーニング，スポーツに特有なトレーニングなどのコンディショニングに時間を費やすことができる。

　個人だけでなくチームのパフォーマンスピラミッドを築くことにより，チームの成果を評価できるだけでなく，他のチームや以前のチームとの比較が可能になる。このようにパフォーマンスピラミッドを利用することで，アスレティックトレーナーやストレングスコーチの理念や方法論が確立される。また，このピラミッドによってアスリート個人やチーム全体における弱点に気づくことができる。歴史的にみても，一般的なアスリートと優秀なアスリートの違いは長所ではなく短所の克服に力を注ぐところにある。前者は自分の長所を最大限に活かそうと努力する一方で，短所を無視したり，隠したり，代償しようする。後者は自分の弱点にきちんと直面し，それを克服するためにコンディショニングに取り組む。そうすることによって，アスリートは肉体的にも精神的にも優位な状態で試合に望むことができるようになる。コーチやトレーニングスタッフは，ベースラインテストを用いて彼らの弱点を浮き彫りにし，それを改善させるようなプログラムを組まなければならない。さらに，テストを継続して行うことで，リハビリテーションやコンディショニングの有効性を明らかにすると同時に，潜在的な弱点をも見つけ出すことが可能となる。

まとめ

　科学技術は進歩し続ける一方，人間の動きは物理的，生理学的，生体力学的な法則に永遠に従い続ける。そのため，コンディショニングスタッフは手段ではなく，自分自身の仕事に集中する必要がある。また，用いるテストは常に理論背景がしっかりしており，そこから得られるデータは客観性に優れたものでなくてはならない。

　パフォーマンスピラミッドはアスリートの機能的な長所と短所を示しており，この単純な図形はアスリートやコーチにとってとても有効である。アスリートはしっかりとした基礎ができた後にのみピラミッドの頂点へ到達できるということに常に意識していなければならない。また，この単純なピラミッドによって必要事項の優先順位やベースラインテストによる客観的な進歩の状況が示され，その結果，ハイパフォーマンス・スポーツコンディショニングを向上させることができる。

3 パフォーマンス・フレキシビリティ

Performance Flexibility　　Nikos Apostolopoulos

　ここでは，パフォーマンスの発揮にいかにフレキシビリティ（柔軟性）が重要であるかについて解説する。筋力やスピードその他の運動能力とは異なり，柔軟性は運動に直接的にかかわる要素ではなく，むしろこれを助ける体力要素である。事実，柔軟性は運動の効率を高め，筋の収縮と弛緩のタイミングに関与しながら一連の動きをコーディネートする機能を持っている。加えて，柔軟性は技術の向上やスキルの習得にも関係している。筋，腱，関節の感覚受容器（これらは筋の長さや，緊張，関節角度を知覚する）は，中枢神経系の運動制御システムに情報を提供しており，柔軟性はコーディネーションと技術の発達と感覚受容器の刺激受信機能を高める。

　柔軟性トレーニングは，ウォームアップやウォームダウンの代用としてではなく，それ自体をメインメニューの1つとしてとらえる必要がある。また，柔軟性トレーニングから多大な恩恵を得るためには，このトレーニングを幼少期または10代のうちから一生継続して行うべきである。正しい柔軟性トレーニングは，加齢とともに生じる関節可動域が低下するのを緩和したり遅らせたりすることができる。スポーツの世界では，アスリートとコーチは潜在能力向上のための新しいトレーニング方法を常に模索している。柔軟性の恩恵は，エリート，プロ，あるいはアマチュアにかかわらず，全世代のアスリートと能力にかかわっている。トレーニングの目標は，競技で高いパフォーマンスを発揮することである。競技により近いトレーニングによってアスリートを準備させることで，トレーニングの効果はいっそう高まる。柔軟性の原則を理解することで，個別のストレッチプログラムをデザインするツールを持つことになる。

　トレーニングや試合によって著しい量と強度の運動が身体に負荷を与え，それによって，けがをしたりエネルギーが低下したり，疲労が蓄積する。けがの予防のためには，筋骨格系の機能レベルを健全に維持しなければならない。異なる筋群によって骨格へ対称的なバランスのよい力が加わるようにしなくてはならないが，そのためには，個々の筋力は正しくバランスよくコーディネーションされるべきである。柔軟性の向上は，バランスシステムや筋の回復能力を向上させ，正常な生理的プロセスを維持する鍵となる。筋を適切にコンディションすることは，筋が滑らかに動くために必要である。すなわち，パフォーマンス・フレキシビリティとはバランスのとれたフレキシビリティのことである。

けがの解剖

柔軟性に関連のある解剖学的組織は，筋，腱，靭帯，骨である（図3.1）。筋は弾性が高い収縮性の組織であり，一方，腱と靭帯は弾性が低い非収縮性の組織である。筋細胞は腱線維と接合して筋腱システムを構築しており，起始から停止まで同等の性質であるようにみえるが，実際にはそうではない（Ippolito, Perugia, and Postatacchini 1986）。具体的には，腱は筋よりもよりいっそう強い。言い換えれば，筋の最大抗張力（引っ張る力に対する抵抗力）は約225～232kg/cm^{2}であるのに対して，腱のそれは約25,160～52,677kg/cm^{2}である（Hollinshead and Jenkins, 1981 図3.2）。このことによって，細い腱が太い筋の発揮する張力に耐えることができる。このようなわけで，腱の真ん中が切れることはほとんど起こらない。けがの多くは筋と腱の接合部近くか，腱の骨付着部のいずれかに起こる。

　ストレッチを行った場合，筋が焼けるような感覚や過剰に引っ張られるような感覚を覚えることがあるが，このとき筋は損傷を受けていると考えられる。筋損傷を起こすようなストレッチの種類の例として，アイソメトリック収縮を伴うPNFストレッチがあげられる。ここでいう筋損傷とは，筋腱接合部近くの筋線維に生じる微細断裂のことである。損傷の治癒過程において，この部位にコラーゲンが放出され，それによって瘢痕組織が形成される。瘢痕組織は時間の経過に伴って組織収縮を起こすので，その結果，組織周囲の固さが増す（弾力性が低下する）。このような損傷型の微細断裂は，ウエイトトレーニングや成長による筋肥大の過程で生じるものとは異なり，主

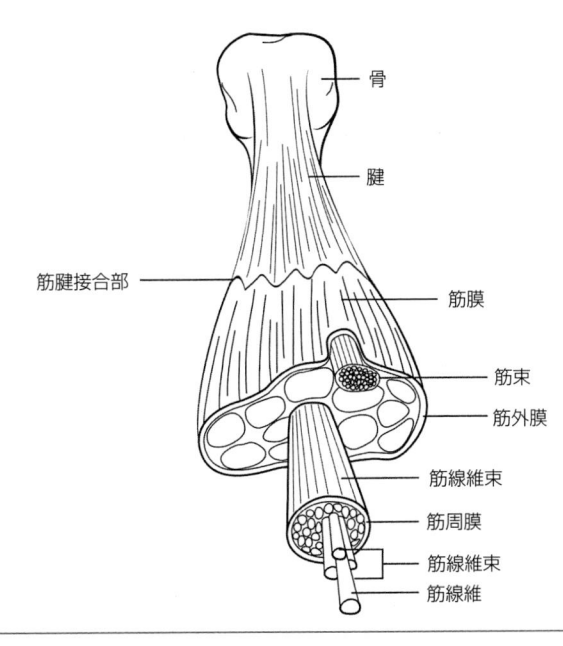

図3.1　筋組織，腱，骨の模式図

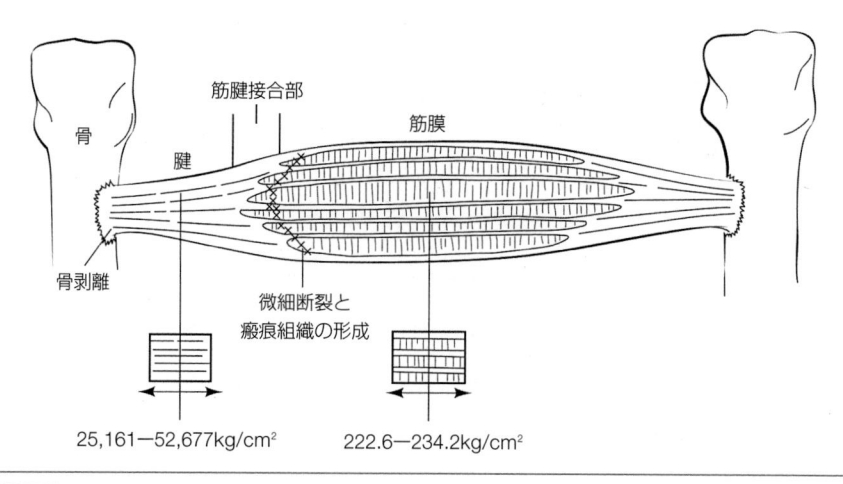

図3.2 筋と腱の張力：損傷に伴う微細断裂と瘢痕組織

として筋腱接合部に生じる。さらに，筋腱接合部では筋腹とは異なって血液供給が乏しく，これは瘢痕組織の形成によっていっそう低下するので，結果としてこの部位に生じた損傷の治癒過程はますます遅くなる。

微細断裂の数とサイズが大きくなると急性損傷に発展するが，これは，ある筋や筋群が，機能が不十分な弱い筋や筋群の代償をしたことが原因で生じる。もしも，急性損傷後に筋骨格系機能の再パターン化を意識的に行わなければ，損傷は慢性化する。痛みの回避動作を継続的に行ったり動きのパターンを不自然に調整し続けたりする（代償運動を続ける）と，たとえば関節可動域の低下が現れてくる。

6～10秒間のアイソメトリック収縮を伴うPNFストレッチでは微細損傷を起こす可能性があると述べたが，柔軟性トレーニングを正しく行うためには腱や靱帯の柔軟性向上および瘢痕組織の分解と筋損傷の発生防止を念頭に置いてトレーニングをデザインすべきである。

パフォーマンス・フレキシビリティの原則

変形や断裂させることなく腱や靱帯などの非収縮性結合組織の弾性を向上させることは可能である。運動にかかわる組織の柔軟性は，関節可動域全体にわたって改善できる。関節の動きは，靱帯，腱，筋の弾性や強さだけでなく，形状と接合関節面によって決定される。もしも，靱帯や腱の弾性が過剰であれば運動能力に悪い影響を及ぼすであろう。

柔軟性トレーニングを正しい行い，筋とそれ以外の軟部組織（靱帯や腱）を適切に維持できれば，柔軟性に余裕が生まれる。この余裕によってパフォーマンスが向上し，組織に過剰な張力がかかることなく運動できるため，伸張された筋の抵抗が減り，結果として受傷の危険性が低くなる。

柔軟性を改善するためには，静的ストレッチとマイクロストレッチ（私が考案した

プログラム）で行った方が，他のストレッチ（他動－自動，動的，補助付やPNF）よりも効果的である。低強度な静的ストレッチとマイクロストレッチによっては，柔軟性に余裕が生まれ，筋力トレーニングによる筋肥大がもたらす悪い影響を抑え，筋の張りが低下する。それによって，血液循環と神経伝導性が向上し，筋緊張が和らぐと同時に適切な張りが生まれ，老廃物（たとえば乳酸など）の除去能力が改善する。

　他のトレーニング形式と同様，パフォーマンス・フレキシビリティ・トレーニングは，正しい頻度，強度，時間で実施されるべきである。表3.1にこれらの原則を示した。

表3.1　パフォーマンス・フレキシビリティ・トレーニングの原則

トレーニングの原則	原則の適用
頻度	1または2回／日
強度	最大ストレッチの30～40％（100％＝痛感）
時間	各ストレッチは約60秒間

頻度

　Tudor Bompaは，柔軟性を向上させるためには，最低1日2回のストレッチを実施するよう提唱している（Bompa 1983）。各筋群を，最低1セッションごとに3回はストレッチしなければならない。また，反復が重要である。乳児期と成人期において，反復によって動作を学び，スキルを向上させる。中枢神経系に刺激が反復して入力されると，刺激は新しい運動パターンに統合され，運動は自動化される。

　柔軟性の改善とともに，知覚能力も向上する。腱と筋の弾性が増すことで，関節の感覚受容器の感受性が向上するため，より多くの情報を処理することが可能となる。すなわち，固有受容器からの情報がより増すことで，刺激に対して正しく反応することができるようになる。

強度

　パフォーマンス・フレキシビリティ・ストレッチは，常に低強度レベル（最大ストレッチの30～40％程度）で行われる。低強度でストレッチすることで，結合組織と筋組織の柔軟性が向上する。この低強度ストレッチは，マイクロストレッチとも言われ，その効果は細胞レベルで生じる。マイクロストレッチによって，筋腱組織の感覚受容器である筋紡錘とゴルジ腱器官の発火頻度が低下する。また，マイクロストレッチは，損傷組織の修復や再生を促し，瘢痕組織の除去を助ける。

　ストレッチでは，伸ばしすぎによる微細損傷や痛感を避けることが大切である。ストレッチによる微細損傷や痛感によって無意識的にその動作を回避しようとする保護的な動きを覚え込んでしまったり，関節可動域の減少がもたらされたりする。

　低強度ストレッチで期待できる効果として，損傷からの回復，筋の張りの減少，腱・靭帯・筋の再生，筋骨格系の再構築があげられる。

時間

最適なストレッチ時間は約60秒である。筋腹から腱までをストレッチするのに通常は約30秒間かかる。したがって，10～15秒間のストレッチでは筋に対しては効果的かもしれないが，関節可動域と柔軟性に多大な影響を及ぼす靭帯，腱，筋膜に対してはそれほどの効果はない。

セラピス・ストレッチセラピー・クリニックでは，90秒間以上ストレッチをした患者は「かえって筋が硬くなる感じがする」と苦情を言うことがある。これは，長時間（60秒以上）の低強度ストレッチによってゴルジ腱器官が働いてしまうことが原因である。この長さのストレッチでは，筋腱ユニットが定常状態を越えて伸張されるためにゴルジ腱器官が反応をし，それによって筋が収縮し微細断裂を起こす原因となる。したがって，60秒以上のストレッチは避けるべきである。

スポーツのためのフレキシビリティ

すべてのアスリートは，パフォーマンス・フレキシビリティプログラムを行うことによって恩恵を受ける。バランスのとれた筋骨格系を持ち，代償運動を回避するならばパフォーマンスが向上する。30％低強度の概念は「痛みなくして前進なし」をモットーとしているアスリートには無縁である。ところが，この強度でのストレッチによって，パワーが改善し，受傷の確率が低下する。

質の高い動作と柔軟性は深い関係にある。アスリートが自ら柔軟性をコントロールできれば，より力強く，より素早く，より表情豊かにパフォーマンスができるであろう。

筋力，スピード，持久力はすべてのスポーツに必要な体力要素である。パフォーマンス・フレキシビリティは，アスリートがそれらの体力要素をいかに効率的に応用できるかを決めるものである。持久力系とパワー系スポーツにおいては，柔軟性は動きの効率を高めるための基本的な要素である。柔軟性は，コンディショニングとコーディネーションの改善を助ける。柔軟性の高いアスリートはより広い可動域で力を発揮できるので，より高いスピードを得ることができる。すなわち，柔軟性は速度を定める要素であり，動きをコントロールする要素でもある。

ストレッチング

スポーツでは実に多くの姿勢変化を観察することができるが，それらすべては基本的には，立位，座位，臥位という3つのカテゴリーに分類される。すべての姿勢は多くの筋と筋群の協調によってもたらされ，正しくデザインされた柔軟性プログラムは，それらの筋の相互作用を促進する。

推奨される柔軟性プログラムは，基本的に2つの原則で構成されている。最初の原則は，前述した頻度，強度，時間であり，次の原則は，安定性，バランス，コントロール（SBC－セラピス・ストレッチセラピー・クリニックで考案された原則）である。この原則では，1つの筋群を分離する姿勢をとり，残りの筋群をリラックスさせるが，そのために，床，壁，いす，その他サポートできる物を利用する。ねらった筋群を分離することによって，全体の代謝率を抑えることができる。これら2つの原則を適用することでマイクロストレッチは促進できる。

　次に示すストレッチは運動学的な観点から選択され，順序立てられている。上半身を先にストレッチし，続いて下半身をストレッチするとストレッチの価値はなくなるので，ストレッチは下半身から始めるべきである。そうすれば，このストレッチの流れが神経系に刻み込まれ，実際の運動に有効に働く。この流れを理解しながらストレッチを行うことで筋の情報伝達が促進される（注：各ストレッチは30％の強度で行う）。

下腿後面のストレッチ

下腿後面がかたいアスリートは，次のように実施する。
① 足を肩幅に開き，しっかりと足底を床につけて座る。
② 7.5～12.5cmの高さの本を床に置く。
③ 本の上に前足部を乗せ，踵を床につけるように下ろす。
④ ふくらはぎが軽くストレッチ感を得る状態で静止する。
⑤ その姿勢を60秒間保つ。次に反対側を同様に行う。
⑥ この繰り返しを3セット行う。

下腿後面がややかたいアスリートは，次のように実施する。
① 壁から30～45cm離れて壁に向かって立つ。両手は壁に添えて支える。
② 足は肩幅に開くと同時に，前後に50cm開く。
③ 前膝を壁に向かってやや曲げ，後膝も同様に曲げる。この時，両足とも踵は床につけたままにする。
④ その姿勢を60秒間保つ。次に反対側を同様に行う。
⑤ この繰り返しを3セット行う。

下腿前面のストレッチ

下腿前面（前脛骨筋）がかたいアスリートは，次のようにストレッチする。
① 椅子に座って脚を組む。組んでいる脚の足首は，支持脚（下側）の膝外側でリラックスさせる。
② 組んでいる脚のつま先をつかむ。
③ そのつま先を自分の方へ引き，前脛骨筋にストレッチ感を感じる。
④ その姿勢を60秒間保つ。次に反対側を同様に行う。
⑤ この繰り返しを3セット行う。

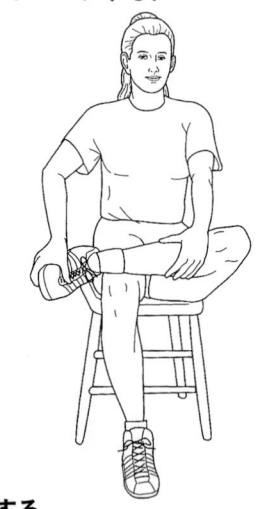

下腿前面がややかたいアスリートは，次のようにストレッチする。
① 床に正座して，踵をしっかりと殿部につける。
② 脚を肩幅に開く。
③ もしもオーバーストレッチな感じがする場合は，殿部とふくらはぎの間にクッションを置く。
④ その姿勢を60秒間保つ。このストレッチを3回繰り返す。
⑤ ストレッチ間の休息は60秒とする。

殿部のストレッチ

殿部のストレッチは次のように実施する。
① 足先が壁を向くように壁の前に仰向けで寝る。頭にはクッションを置く。
② 膝を90度に曲げて，壁に両足底をつける。足は肩幅に開く。
③ 殿部はしっかりと床につける。
④ 一方の足首を引き寄せて他方の脚の膝に乗せる。
⑤ 引き寄せている側の殿部にストレッチ感を感じる。
⑥ その姿勢を60秒間保つ。
⑦ このストレッチを3回繰り返す。
⑧ ストレッチ間の休息は60秒とする。

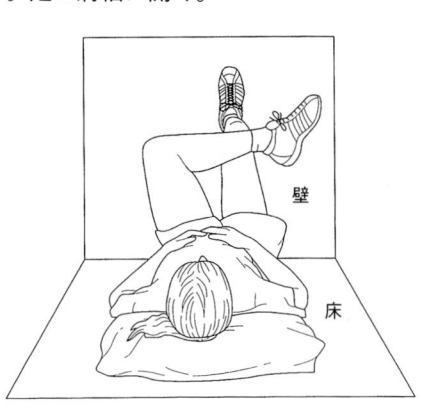

大腿後面のストレッチ

次のように大腿後面をストレッチする。
 ① ドアを開けて，図のように頭部にクッションを置いて仰向けに寝る。
 ② 床に殿部をしっかりとつける。
 ③ 壁に向かって片脚を挙げ，大腿後面をストレッチする。
 ④ 膝後方に痛みを感じる場合は，無理に膝を伸ばさないこと。
 ⑤ 反対側の脚を開いているドア側に投げ出す。その際，投げ出した脚の膝が完全に伸展されないようであれば，膝裏にクッションを置く。
 ⑥ その姿勢を60秒間保つ。次に反対側を同様に行う。
 ⑦ この繰り返しを3セット行う。

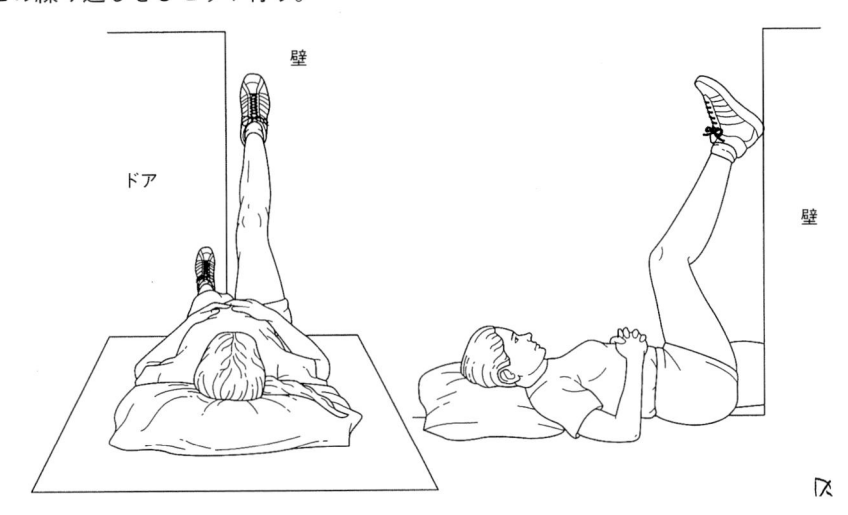

股関節（鼠径部）のストレッチ

股関節（鼠径部）は次のようにストレッチする。
 ① 壁に背を向けて，足底を合わせて座る。
 ② 背筋を伸ばす。
 ③ この時，膝を無理に床につける必要はない。
 ④ 鼠径部にストレッチ感を感じる。
 ⑤ このストレッチを3回繰り返す。
 ⑥ ストレッチ間の休息は60秒とする。

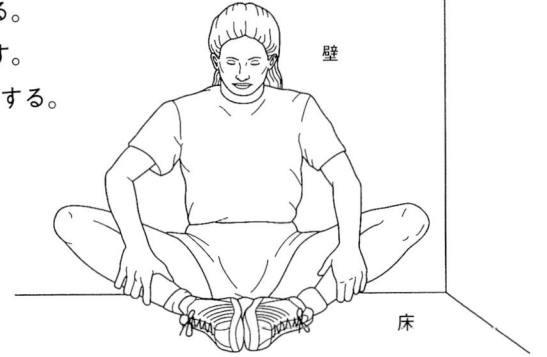

3　パフォーマンス・フレキシビリティ

大腿外側のストレッチ

大腿外側は次のようにストレッチする。
① クッションを頭の下に入れて仰向けに寝る。
② 殿部を床につけて足は肩幅に開く。
③ 片方の膝を曲げて足を他方の膝の上に乗せる。
④ 曲げている脚の股関節を反対側に曲げる。この際に，骨盤を床に対して平行を保つこと。
⑤ 反対側の手を曲げている膝の上に乗せて大腿外側と殿部をストレッチする。ストレッチ感が得られない場合は，ゆっくりと膝を伸ばしている脚のほうへ引っ張る。
⑥ 無理にストレッチをしてはいけない。その姿勢を60秒間保つ。次に反対側を同様に行う。
⑦ この繰り返しを3セット行う。

大腿前面のストレッチ

大腿前面のストレッチは次のように実施する。
① 両足を肩幅に開き両膝を床につける。この時，骨盤は正面に向けたままとし，左右の高さも平行に保つ。
② 片足を体の前に伸ばして足裏を床につける。
③ 前方の膝を90度に曲げて，徐々に上体を立てていく。
④ 後方の大腿前部にストレッチ感を感じる。ストレッチ感が得られない場合は後方の足を後へ伸ばす。
⑤ 背を丸くしたり曲げたりせず，まっすぐに伸ばしておく。
⑥ その姿勢を60秒間保つ。次に反対側を同様に行う。
⑦ この繰り返しを3セット行う。

腰部のストレッチ

腰部のストレッチは次のように実施する。
① 頭の下にクッションを敷いて床に仰向けに寝る。
② 両膝が90度になるまで胸の方へ引き寄せる。
③ 両肩を床につけたまま，曲げた両脚を一緒に左右どちらかにひねる。この時，膝は90度を保つ。
④ その姿勢を60秒間保つ。次に反対側を同様に行う。
⑤ この繰り返しを3セット行う。

腰背部のストレッチ

腰背部は次のようにストレッチする。
① 背をまっすぐに伸ばしたまま長座で座る。片方の膝を曲げて反対側の膝の外側へ足を置く。
② 伸ばしている脚側の肘を曲げている膝の外側に置く。伸ばしている脚側の手は上半身の支えとして地面に置く。
③ 肘で曲げている膝を押しながら上半身をひねる。
④ 同時に首をひねる。
⑤ この姿勢を60秒間保つ。次に反対側を同様に行う。
⑥ この繰り返しを3セット行う。

上背部のストレッチ

上背部のストレッチは次のように行う。

① いすに座ってリラックスする。
② 一方の肘を反対の手で持ってゆっくりと身体の前で交差させ，上背部にストレッチ感を得る。
③ 腰部と上半身はまっすぐに伸ばしたままで保つ。
④ 両足をしっかりと床につける。
⑤ その姿勢を60秒間保つ。次に反対側を同様に行う。
⑥ この繰り返しを3セット行う。

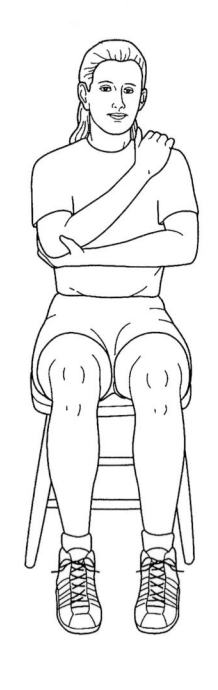

胸と肩前面のストレッチ

胸と肩前面のストレッチは次のように実施する。

① 足を肩幅に開いて，右側にドア枠が位置するように立つ。
② 右腕を肩かあるいはやや低い位置まで外転させる。
③ 右手でドア枠をつかむか手のひらを枠に接地させる。
④ 右の胸部や肩の前面にストレッチ感を感じるまで上半身を左側にひねる。
⑤ その姿勢を60秒間保ち，ゆっくりとその手を離して立位姿勢に戻る。
⑥ 次に，左側も同様に行う。
⑦ この繰り返しを3セット行う。

首のストレッチ

首のストレッチは次のように行う。
① 足を肩幅に開いて椅子に座る。
② 片方の手で椅子の縁をつかむ。
③ 頭，耳，肩が一直線上になる姿勢を保つ。
④ つかんでいる手と逆側に首をゆっくりと曲げる。
⑤ その首をつかんでいる手の側に少し回し，同時に胸の方へ曲げる。
⑥ その姿勢を60秒間保つ。次に反対側を同様に行う。
⑦ この繰り返しを3セット行う。

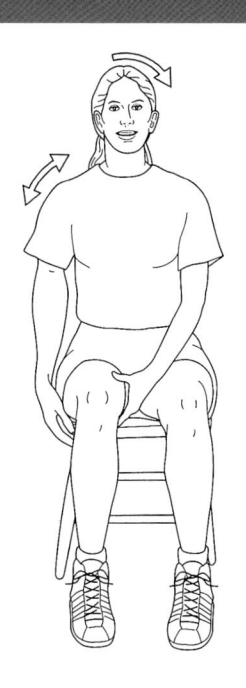

まとめ

　パフォーマンス・フレキシビリティとはバランスのとれたフレキシビリティのことであり，これはマイクロストレッチのテクニックや安定性，バランス，コントロールの原則を通して得られるものである。ここで示した概念を応用することで，コーチやアスリートは効果的な柔軟性プログラムを作成・実行することができる。「30〜40％のストレッチ感」によって筋の微細な損傷やそれに続く瘢痕組織を形成することなく，正しくストレッチすることができる。ストレッチを60秒間保持することによって，結合組織のみならず筋構造全体の再構築が促させる。さらに，ストレッチを反復することで，神経筋システムに新たな回路が作られる。

4 筋力と筋持久力

Muscular Strength and Stamina　　Steven Scott Plisk

　今日，スポーツにおいて筋力と筋持久力が必要であることは広く知られている。筋力と筋持久力の向上は，パフォーマンスの向上や傷害予防に直接関係するにもかかわらず，その影響は間接的であるとか，その役割は小さなものにすぎないと考えている指導者もいる。彼らは，筋力はスピードと関係ないとか，この2つは両立させられないと考えている。しかし，実際には，スピードは爆発的な力を発揮した結果として得られるものである。これは，最適なトレーニング効果を得る上できわめて重要な事実である。

　どのスポーツにおいても，正確な技術を適切なスピードで行うことが目標となる。もちろん，正確性とスピードの関係も重要である。動きの正確性とスピードによって，スポーツパフォーマンスは決定されるといっても過言ではない。そのため，トレーニング種目の選択や期分けを行う際には，ゲームにおいて必要となる協調性，バイオメカニクス，生体エネルギーを基準にすべきである。

　通常，最大筋力やスピードストレングスのトレーニングでは，仕事量を制限し，代謝ストレスを最小限に抑えるようにすべきである。そうすることによって，学習効果・トレーニング効果はもっとも大きくなる。これに対して，筋量を増加（筋肥大）させるトレーニングや，筋持久力のトレーニングでは，疲労に至るまでの仕事量が必要となるため，全体のトレーニング量は多くなる。このような各トレーニングの原則を考えれば，スポーツのトレーニング過程の一部に，筋力に特化したトレーニングを計画し実行すべきであることがわかる。

動きの力学

　力の立ち上がり速度（Rate of Force Development；RFD 力の発揮度とも呼ばれる），力積，ストレッチ−ショートニングサイクル（Stretch − Shortening Cycle；SSC），反応筋力パワーといった基本的な動きの力学の知識と，"持久系"スポーツと"パワー系"スポーツにおけるそれらの役割について理解することが，効果的な筋力トレーニングを行うための前提となる。"持久系"スポーツと"パワー系"スポーツ，いずれの場合

においても有効となる概念としてスピードストレングス（素早く高速で力を立ち上げる能力）が挙げられる。全体を通して言えることは，まずはアスリートの爆発的・反応筋力を評価することが，トレーニングを計画する際の第1歩になるということである。幸いにも，この種のテストは実施や評価が比較的簡単である。

力の立ち上がり速度と力積

ほとんどの動きは短時間で行われるため，RFDが重要となる。たとえば，最大筋力を発揮するには0.6～0.8秒かかるにもかかわらず，ランニングではわずか0.1～0.2秒しかない立脚期の間に力を発揮しなくてはならない。また，自転車，ボート，スケート，水泳における長距離種目では爆発的・バリスティックな動きはほとんどないとはいえ，力を素早く立ち上げ大きな力積（力が加わることで生じる運動量の変化と定義され，力×時間によって求められる，**図4.1**）を獲得する能力がパフォーマンスを決定する。

実際のスポーツにおいては，力の大きさ，方向，立ち上がり速度（RFD）は，いずれも機能的に動くために重要である。RFDは競技で必要とされる特異性の1つである（p.62参照）。したがって，トレーニングの基本的な方針はRFDを改善すること，すなわち力−時間曲線を左上方向に効率よく移動させ，限られた時間（距離）内でより大きな力積を獲得することとなる。RFDの意義はバイオメカニクスに限られたことではない。刺激−タイミング仮説によれば，力−時間関係は運動プログラムの中心的要素であり，運動制御と運動学習において重要なものである。

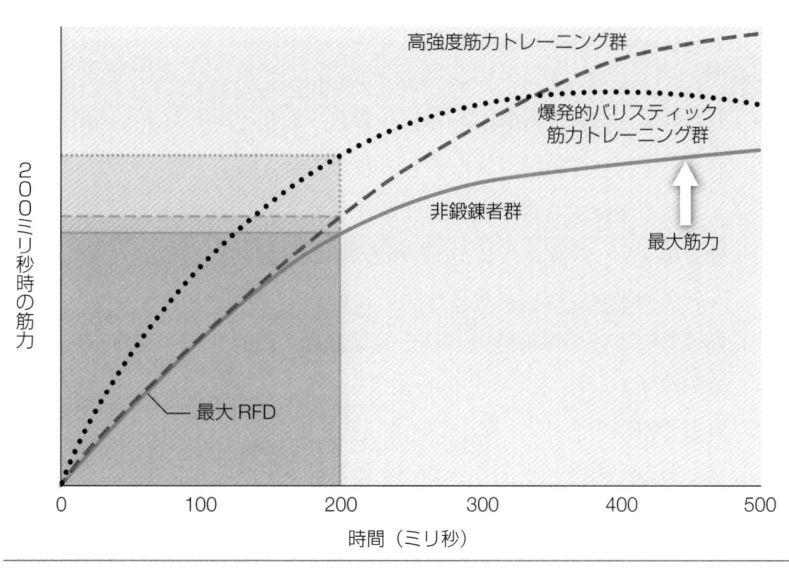

図4.1 等尺性筋力の経時的変化

非鍛錬者群，高重量筋力トレーニング群，爆発的・バリスティックトレーニング群それぞれの最大筋力，力の立ち上がり速度，および200ミリ秒での力を示している。力積は各曲線下の面積であり，RFDを改善することで増加する。

ストレッチ−ショートニングサイクルと反応筋力

多くの機能的な動きは，止まった姿勢から始まったとしても，筋があたかもバネのように働くバリスティックなものである。このような動きのなかで，筋は反動動作中に急激かつ強制的に伸張され，すぐさま反発的・弾性的に短縮する。ストレッチ−ショートニングサイクル（Stretch − Shortening Cycle：SSC）と呼ばれるこの伸張−短縮サイクルを組み合わせた現象は，ランニング，ジャンプ，スピードや方向の急激な変化を伴うスポーツにおいて多くみられる。SSCは，筋腱複合体が本来持っている性質を十分に引き出すだけでなく，運動神経系の反射を引き起こす。競技レベルの高いアスリートでは，SSCの能力は最大筋力とは別の独立した能力で，必ずしも両者のパフォーマンスは一致しない。そのため，SSCを多く伴うスポーツでは，基本的な高重量トレーニングとは別に，段階的にプライオメトリックトレーニングを取り入れていくべきである。

反応筋力は反応時間とは異なる概念である。反応筋力は，SSC中に働くスピードストレングスのことであり，反応的・爆発的トレーニングによって改善される。一方，反応時間は，動きに要す時間や短時間に行われる爆発的運動のパフォーマンスとそれほど関係がなく，また比較的向上させることが難しい。たとえば，エリートスプリンターの聴覚性反応時間は一般的に0.12〜0.18秒であるが，100m走のタイムとは統計的に有意な関係はない。加速能力，スピード持続力，（それほどではないが）最高スピードなど他の要素の方がスプリントタイムとはより関連が高い。ただし，反応時間は素早いタイミング（例：野球のバッティング）や防御型の刺激反応（例：ゴールキーパーの守備）においては，重要なパフォーマンスの規定因子となる。

パワー

パワーとは，単位時間あたりの仕事率，もしくは力と速度の積である。筋腱複合体が筋活動を伴って伸張されながら吸収する最大張力と最大パワーは，筋腱複合体が短縮しながら発揮する張力やパワーよりも大きい（**図4.2**参照）。これを踏まえていない不適切なトレーニングでは，いわゆる非接触型外傷，技術的効率の低下，あるいはトレーニング効果が競技に反映されないといった問題が生じることがある。つまり，SSC動作においては，短縮時のパワー発揮能力の改善に加え，さらに1）伸張局面初期の爆発的なブレーキングで生じる強大なパワーを吸収するのに耐えられるだけの伸張性筋力を獲得すること，2）その後に続く短縮動作に向け素早く切り返すために必要な反応筋力を獲得すること，という2つのトレーニング目標が必要となる。

図4.2は，動きのスピードが負荷の大きさに依存していること，またそのために，どのようなエクササイズにおいても，負荷が高くなるほど動きのスピードや加速度を高める上で筋力の果たす役割が大きくなることを表している。陸上においては，通常，この負荷にあたるのはアスリートの体重である（場合によっては身につけている道具や対戦相手も含まれる）。これに対して，水中の運動では体重負荷はかからないが，

水の抵抗（別の言葉で言えば，流体の抵抗のために費やすエネルギー）を負荷として考えることになる。実際，急激に加速する，急激に減速する，素早く高いスピードを獲得するといった場面で，パワーや素早い力の立ち上がりを必要としないスポーツの例を挙げられるだろうか。これらの能力は，タイプⅡ筋線維（速筋運動単位）の割合に加え，当たり前だが，これを適切に活動させることのできる能力によって決定される。一方，等尺性もしくは低いスピードにおける筋力は，筋断面積（すなわち，並列して活動するサルコメアの数）と関連が高い。もしも固有筋力が限界まで達してしまえば（トレーニングを積んだアスリートでは40～45 N/cm^2），さらなる力とスピードの向上には，とくにタイプⅡ線維における筋肥大が必要となる。

持久系スポーツとパワー系スポーツ

スピードストレングスの重要性は，"パワー系"スポーツ（爆発的なランニング，ジャンプ，スピードや方向の急激な変化を伴うスポーツ）では広く認識されているが，"持久系"スポーツではこの能力の果たす役割が小さいと思われている場合が多い。しかし，力を素早く発揮し，体重を加速させる能力はほとんどすべてのアスリートにとって重要である。"持久系"スポーツの多くも短時間の爆発的パワー発揮の連続であることが多いため，これを単純に最大下の持久的運動と分類するべきではない。それぞれのスポーツ種目におけるスピードストレングスの重要性は，生理学的な要素に基づいて安易に分類するよりも，力学的な観点から疑いの目を持って評価する必要がある。

多関節運動と単関節運動

重りを使った多関節運動のような全身型のエクササイズでは，筋線維に対する効果をはるかに上回る全身的な効果が得られる。このような運動において，筋はそれぞれ別々に働くのではなく，運動を遂行するための機能的な集団として組織的に働く（また，そうなることを目標にするべきである）。これは，パワーリフティングやウエイトリフティング系の運動様式が重視されることや，主に多関節運動がトレーニング種目として用いられている理由の1つである。さらに，こういった運動は，全身のシステムを調整する神経筋系や神経内分泌系を活性化する有効な手段である。単関節運動よりもフリーウエイトを用いた運動をストレングストレーニングプログラムの基本にするべき理由はいくつかある。

1 パワー

重りを速く加速させようと努力するほど，大きなパワーが発揮され，それに見合ったトレーニング効果が得られる。オリンピックスタイルのウエイトリフティングで発揮されるパワーは，これまでに報告されたもののなかでもっとも高く，人間の理論上の限界に近いものである。たとえば，ウエイトリフターは爆発的な

ジャンプとプル，ディップとドライブを0.2～0.3秒で行う。その時に発揮される最大パワーは，デッドリフトやスクワットの4～5倍，ベンチプレスの11～15倍に及ぶ。

2 運動のコーディネーション

巧みな動作を行うことで運動制御の学習効果が得られ，次のコーディネーションに関する能力の改善がもたらされる。

- 共同と分離
- 反応，リズム，バランス
- 連結と変換

3 全身的な効果

積極的に重りを持ち上げることで，ホルモン分泌の増加，ホルモン受容体の増加と活性化が起こり，全身の筋量増加や筋力増強が促進される。これらに関しては定まったガイドラインがなく，いずれの反応に対しても理想的なトレーニング負荷というものは存在しないようである。しかし，適切なトレーニング戦略を立て，基礎的な適応のメカニズムを引き出すように努める必要がある。

- 中程度の重量を高回数反復して挙上することや，高強度の持久的運動を行うことで，ソマトトロピンの反応を最大限引き出すようにする
- 反復回数を少なくして高重量を用い，短時間（少ない回数）最大努力をすることで，テストステロンの反応を最大限引き出すようにする

トレーニングマシンでは大きな効果は得られない。ヒップスレッドやケーブルプーリーといった有用なトレーニングマシンもある。しかし，多関節のフリーウエイトトレーニングには，カム装置，てこ装置，直線的負荷といったものでは絶対に及ばない利点がある。多関節のフリーウエイトトレーニングでは，機能的な筋力が要求されるため（さらに改善されることで），競技力や爆発的能力の改善に効率よくつながるのである。

期分け（ピリオダイゼーション）とエクササイズの種類

特異性の原則に基づくと，トレーニングの内容はスポーツで要求される動きに一致するように選択・期分けされるべきである。トレーニングは，見た目だけでなく，（力やパワーの大きさを含め）バイオメカニクス的にゲーム中の動きに特異的であるべきである。そのため，最大筋力に達するまでのスピードや時間（つまり力積，図4.1），筋力発揮の動態（つまりパワー，図4.2）が，爆発的な運動種目においてとくに重要な基準となる。その他に，動きの大きさや方向，主に筋力を発揮する部位，筋の活動様式といったものが実際には検討される。この考え方は運動学習における特異性の原則に似たところがあり，習得・記憶・移転に関する感覚−運動処理過程，ならびに文脈

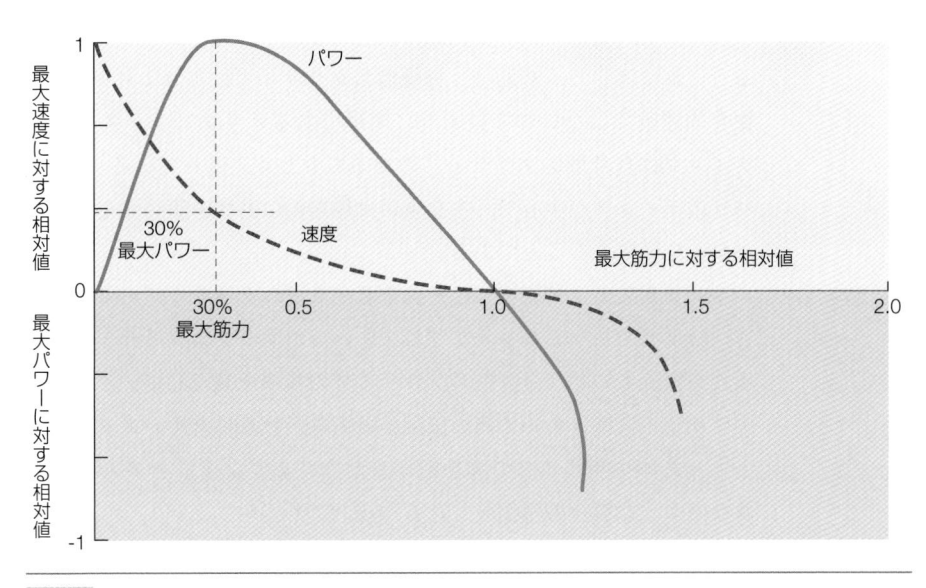

図4.2 力と速度によって決定されるパワーの発揮（短縮性筋活動）と吸収（伸張性筋活動）

最大短縮性パワーは，力と速度がそれぞれ最大値の30％までで生じる。より大きな力とより大きなパワーは爆発的な伸張性活動時に生じる。

（コンテクスト）効果を考慮している。たしかに，これらは当たり前のことだが，しっかりとその重要性を認識する必要がある。なぜなら，これらをトレーニングに盛り込むことができないと，トレーニングが試合のパフォーマンスにつながらないものになってしまうためである。

エクササイズの分類

ベーシックエクササイズは正攻法なエクササイズである。したがって，1つひとつの筋を別々に鍛えるような補助エクササイズを，ベーシックエクササイズの代替種目や補強種目として行う必要はほとんどない。ただし，これは遵守しなくてはならない規則というわけではないので，別の項ではいくつか有用なエクササイズが示されている。重要なのは，長期的に変化に富んだトレーニングを行おうと，できるだけ多くの種目を取り入れるよりも，むしろ限られた機能的エクササイズのトレーニング量を調整しながら行っていくことの方が適切である。p.65～p.69に一般的にスポーツトレーニングとして用いることが可能なエクササイズを示している。

ストレングストレーニングの種目は，概ね次の3つに分類することができる。

1 全身型エクササイズ：多関節，重量負荷あり
　　　　　　（例：オリンピックリフティング，スクワット，デッドリフト）
2 補助型エクササイズ：多関節，重量負荷なし
　　　　　　（例：上半身のプレス／プルエクササイズ）
3 分離型エクササイズ：単関節，重量負荷なし

全身型エクササイズは本質的に機能的な動きであり，もっとも劇的な効果が得られる。これに対して，補助型，分離型エクササイズはこれより効果が小さく，総合的・複合的運動ではないので技術的に簡単であるオリンピックスタイルのウエイトリフティングは全身型エクササイズのなかでもとくに優れている。このエクササイズは，バリスティックが中心で，主な狙いは爆発的に力積を獲得すること，すなわち爆発的パワーを発揮することである。

　ランジとステップアップはそれぞれ全身型エクササイズの基準を満たしている。一方，ヒップスレッドやレッグプレスといったマシンエクササイズは，同じような筋の出力を伴うものの，全身型エクササイズの基準を満たしているとはいえない。マシンエクササイズはきわめて高い強度の負荷をかける場合や，スクワットやデッドリフトといったエクササイズで脚を鍛えるために必要な重量をアスリートの体幹が支えきれないような場合の選択肢となる（p.67参照）。

　懸垂，プルアップ，ディップ，腕立て伏せやそれに関連するエクササイズは，多関節，重量負荷運動と考えられ，全身型エクササイズに分類される。しかし，これらのエクササイズは前述した典型的な上半身のエクササイズほど強調されないことが多い。さらに，これらのエクササイズは，通常，他の全身型のエクササイズと異なる筋の出力や負荷を伴うため，同じグループに分類されていないことがある。しかし，たいていの場合，これらの種目から得られる効果の方が，典型的な上半身のエクササイズから得られる効果よりも大きいものである。

　ほかにも例を示すことはできるが，この分類はエクササイズを良いとか悪いとかといった形で分けることを目的にしているわけではない。エクササイズの選択や期分けを合理的に行うための基準を設けることが目的である。プログラムに関するすべてのことについて，好みではなく，この基準を指針として欲しい。力強さを証明することよりも，いかにトレーニング効果を得るかが大切であるということを認識することがもっとも重要なことかもしれない。トレーニングの基本方針・目標は，もっとも効果的な動きを選択し，もっとも効果的な方法でそれを実施していくことである。

ウエイトリフティングのバリエーション

適切な力学に従ってエクササイズを行うことは不可欠である。しかし，必ずしもリフティング種目をそのままの形で行う必要はなく，一連の動きをより単純なものに分割・変更してもよい。

ただし，どのような場合でも，次の安全ガイドラインに従うべきである。

1. 衝撃緩衝性のあるバンパープレートを用いること。プラットフォームは縦横が約2.4×2.4 mの広さで，緩みがなく，その範囲内に人や物がないこと。エクササイズの邪魔になるようなものを身につけないこと。
2. 挙上重量よりも，とくに姿勢と素早さを中心に，常に技術を優先すること。
3. 失敗した時のための準備・練習をしておくこと。バーをコントロールできなくなった場合や，挙上しきれなかった場合は，何があっても素早くバーベルの下から離れ，バーベルを落とさなくてはいけない。バーベルが落ちていくのを止めようとしてはいけない。

- バーベルを避ける際は，バーベルが落ちていく時のモーメントを利用する。グリップを握ったまま落ちていくバーベルを押して身体をバーベルから離すようにする。
- プレートのある横方向ではなく，前後方向に避ける。

パワークリーン

床から挙上するのか，ハングポジションから挙上するのか，バーベルをキャッチするのか，キャッチしないのか，といった違いはトレーニング効果にそれほど影響しない。実際に，初心者にこれらのエクササイズを指導する際に，まずハングポジションからのハイプル（バーベルを膝より下に下げないで運動を開始し，最後にキャッチ動作を行わない）が行われ，これを習得したら，床からのパワープル，ハングクリーンと進めていき，最終的にパワークリーンを行う，という段階的な方法もある。

スナッチ

パワークリーンの指導過程はスナッチの指導にも応用することができる。いずれのエクササイズにおいても，"パワーポジション"をとり，股関節と脚を使ってバーベルを持ち上げ，プラットフォームから足が離れるくらい爆発的にジャンプ動作とプル動作を行うことがエクササイズの成功につながる。

ジャーク

繰り返しになるが，キャッチの際にスプリット動作（足を前後に開く）を行うかどうかによるトレーニング効果の違いはほとんどない。挙上動作の基礎を習得したアスリートが，スプリット動作を用いることでパラレルスタンスよりも低い姿勢でバーベルを支持する能力を改善することができる（パラレルスタンスのフルオーバーヘッドスクワット姿勢をとることができるだけの可動性がない場合）。このエクササイズの指導を進めていく上では，ジャークを行う前に，プッシュプレスもしくはプッシュジャークを行う。いずれのエクササイズにおいても，ディップ動作（約15〜20cm，もしくは身長の10％の深さ），"パワーポジション"でのドライブ，股関節と脚を使ったバーベルの挙上，およびプラットフォームから足が浮くのに十分な爆発的なジャンプ動作とプッシュ動作がエクササイズの成功・失敗の鍵を握る。

a *b* *c* *d*

パワーリフティングのバリエーション

ここでは，伝統的なスクワットとデッドリフトを安全に効率よく行う上で，考えておかなければならないことについて解説する。2つのエクササイズは全体的に似たものなので，指針のほとんどは両方のエクササイズに当てはまる。なお，ここでは技術のチェックリストを示しているのであって，動き全体を説明しているわけではない。

スクワットとデッドリフト

スクワットやデッドリフトが適切な可動域で行われれば，体幹が過度に前傾したり，強い痛み（力を出した際の不快感とは異なる）を感じたりするようなことはない。多くのアスリートは，一般的に用いられているパラレルの深さで，高重量を用いてこのエクササイズを行うことができるが，なかにはそれができないアスリートもいる。パワーリフティングやウエイトリフティングを専門としないアスリートは，最適なトレーニング効果を得るためにいくつか考えなくてはいけないことがある。

1つめは，柔軟性が機能的な動きを行うための大前提であるということである。能動的可動性や受動的可動性というのは，単純か複雑かに関係なく，すべての技能や技術の本質にかかわるものである。3章で触れたように，アスリートは柔軟性を最適なレベルまで改善すべきである。なぜなら，機能的筋力というのは動作の範囲全体を通して発揮されるものであるため，また，神経筋系は爆発的に一度伸ばされてから短縮する場合にもっとも大きなパワーを発揮し，もっとも運動効率がよくなるためである。

2つめは，しゃがみ込むことのできる深さは使用している重量によって異なるということである。限界の重量でパラレルの深さまでしゃがむことができないアスリートであっても，限界よりも軽い重量を使う場合やウォームアップでは，パラレルの深さまでしゃがむことができる（禁忌がなければ，通常はパラレルの深さま

でしゃがむべきである）。つまり，高重量を用いて定められた深さまでしゃがむことができなかったとしても，それは必ずしもそのエクササイズができないということを意味しているわけではないのである。

3つめは，股関節を重心線上に維持し膝を前に出す，踵を浮かすといった，通常とは異なる不自然な動作でトレーニングを行っても，逆効果でけがにつながる危険性もあるということである。もっとも安定しバランスの取れた姿勢というのは，パワフルかつ安定性の高い股関節が重心より後方に位置し，負荷の大部分を支持・挙上している状態，さらにこのとき"フルフット"といって足裏全面が床に接し，踵から前足部まで均等に荷重している状態である。

4つめはもっとも大切で，エクササイズの名前にとらわれる必要はなく，どのような動きをしようとするかが重要であるということである。機能性を高めるためには，正しいフォームでエクササイズを行うことが必要である。多関節運動では，"パワーゾーン"（股関節）をもっとも大きな力が出る位置にコントロールすることで，多くの組織に負荷をかけることが可能になる。股関節のトルクを最大にするためには，てこの作用と姿勢の限界まで身体を曲げ，股関節を重心よりもできるだけ後方に下げた姿勢をとる必要がある。そのため，スクワットやデッドリフトの深さというのは，その姿勢をとった時の結果でしかない。最適なトレーニング効果を得るために重要なのは，最適な深さまで股関節を後方へ引きながらしゃがむことであり，必ずしも決められた角度まで大腿部を倒していくことではない。

スクワット

アスリートの体型によっては，大腿部の中央の線がパラレル姿勢よりも高く，股関節と膝関節が90度かそれ以下になったあたりで最大トルクが現れることがある。また，スクワットにおいては，バーを担ぐ位置の影響も考えなくてはならない。もちろん，個人の体形と構造にもよるが，パワーリフターが用いるローバーポジションでバーベルを担ぐことによって，ウエイトリフターが用いるハイバーポジションよりも股関節を後方に遠ざけることが可能となる。

　まとめると，重量を支え，持ち上げる努力の程度は，しゃがむ深さが深くなるほど明らかに大きくなる。ただし，ある点を越えると，トルクが増加するというよりもむしろ利用できるてこが不利になるため，今度は腱へのストレス（応力ーひずみ関係）が問題になってくる。とはいえ，パラレルスクワットをやめて，ハーフスクワットを用いるべきだと言いたいわけではない。ハーフスクワットは，体の構造や柔軟性の問題から安全にパラレルの姿勢をとれないアスリートにとっては効果的なエクササイズである。重要なのは何十年も前にパワーリフティング競技の判定のために設けられた"しゃがみ込む深さの基準"が，常に適切であるとは限らないということである。どのような場合も個人の"最大可動域"でエクササイズを行うことの方が，単純化された絶対的基準（大腿部が床と平行）に従ってエクササイズを行うことよりも大切である。

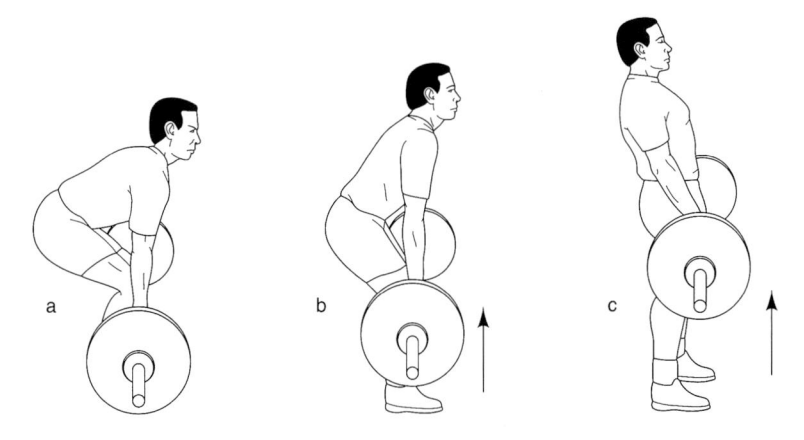

デッドリフト

代替エクササイズ

重量挙げのアスリートは例外として，トレーニングを多く積んだアスリートでは体幹が支えることのできない重さまで強靭な股関節や脚によって挙上できるようになるかもしれないが，これは賢明な努力とはいえない。とはいえ，これは高重量の全身型エクササイズを行うべきではないという意味ではない。たしかに，丈夫な体幹を作るもっとも効果的な方法の1つは，下肢が動かないよう固定された状態で体の一部を動かし体幹に負荷をかける方法である。さらに，体幹筋力が弱いといわゆる腰痛を引き起こすことが多い。しかし，人間の脊柱はもともと四足歩行をしていた時代に橋のよ

うに設計されたものが，二足歩行になって塔のように立ち上がったものであるということを忘れてはならない。そのため，さらなる筋力レベルを獲得しようとするときは，その限界とそれに合ったトレーニングの選択肢を考えなくてはならない。

　前述した全身型エクササイズは相互に代替することが可能であることから，これらのエクササイズを地面に立って行うエクササイズの仲間として考えることを勧めたい。重りを肩に担ぐのか，腕からぶらさげるのかといったことは大した差ではない。スクワットの代わりに一般的なデッドリフトを行った結果，より重い重量でスクワットができるようになったとしても，2つのエクササイズは動作が似ているので当然の結果であろう。また，ボトムポジションから良い姿勢を維持してデッドリフトを行うことができなければ，バーベルをブロック（デッドリフトの場合）もしくはラック（スクワットの場合）の上にセットして，直立した状態からしゃがむようにするのが適切な方法かもしれない。この方法によって，どちらのエクササイズでも最適なトレーニング効果を得る上でもっとも重要となる部分を同時に習得することができる。

　非常に重い重量でスクワットやデッドリフトを行おうとすると，多くのアスリートは腰を平らに保つことができなくなる。そのため，股関節や脚を限界までトレーニングするためには，体幹に負荷がかからないようにするか，もしくは体幹を補助しなくてはならない。そのための選択肢の1つは，ランジやステップアップなど，体幹に強い負荷のかからない他の全身型エクササイズを導入することである。別のやり方としては，グルートハムレイズ，ルーマニアンデッドリフト，スティフレッグドデッドリフト，トランクリバースエクステンションといった股関節や体幹を補強するエクササイズを，体幹に負担のかかる主要エクササイズとは重ならないようにプログラムに入れるというものが挙げられる。さらに付加的な選択肢として，バーベルを用いたエクササイズは軽めで行い，ヒップスレッド，レッグプレス，その他のトレーニングマシンを用いて体幹を補助した状態で高重量を用いてトレーニングを行うという選択肢もある。個々の目的に応じ，さまざまな選択肢の長所・短所をよく考える必要がある。

エクササイズのバランス

　体がアンバランスだと，ゲームでのパフォーマンスが低下したり，整形外科的外傷・障害につながったりする。そのため，適切なプログラムというのは，すべての主要な筋群の活動を含んでいるプログラムである。ある動作の反対方向への動作が行われず拮抗筋群が発達しなかった場合，一方向への筋力が大きく向上したとしても，ほとんど（もしくはまったく）機能の改善につながらないということもあり得る。

　プログラムがスポーツ特性に則したフリーウエイトエクササイズで構成されている場合は（少なくとも下半身については），パワー発揮や負荷のかけ方に関する，上記のような概念が考慮されるべきである。実用的な基準としては，"押す"／伸展エクササイズとともに"引く"／屈曲エクササイズを一緒に行うのがよい。これによってすべての運動面上で両方向均等にエクササイズが行われる。下肢のトレーニングでは，グルートハムレイズ，アブドミナルトランクフレクションなどさまざまな分離型エク

ササイズが全身型エクササイズの過不足を補ってくれる。上半身のトレーニングでは，このようなエクササイズを行う必要性がさらに高くなる。肩まわりは可動性が高いこと，慣習的に行われてきたプレス系エクササイズの影響を打ち消す必要があることがその理由である。そこで，さまざまな角度のウエイトスタック式のケーブルマシンエクササイズや，さまざまなフリーボディーエクササイズといったものが効果的となる。

トレーニング方法

表4.1は，さまざまなタイプの専門的（特殊）筋力に対するトレーニング方法を分類

表4.1 専門的（特殊）能力の古典的なトレーニング法

目的	方法	強度	動作スピード	量	密度
最大筋力	低回数（短時間）の最大筋力発揮	75-100%	ゆっくり 爆発的	95～100%で15～25回／セッション 90～95%で20～40回／セッション 75～80%で70～110回／セッション 難易度の低い動作　8+α回 難易度の高い動作　3+α回	セット間の休息時間 最大（8分以内）
	反復的な最大下筋力発揮（筋肥大）セッション間	80-90%	ゆっくり 爆発的	1種目5～10セット 各セット疲労にいたるまで反復	セット間の回復時間 1～4分 24-48時間
	コンビネーション法				
筋持久力	長時間インターバル	30-40%	活発に持続的	1種目3～6セット 20～30回／セット	セット間の休息時間 5分以内
	高強度インターバル	50-60%	爆発的	1種目3～6セット 20～45秒／セット （回数を用いるのは不適切）	セット間の休息時間 1～3分
スピードストレングス	最大下の素早い（OR加勢的）筋力発揮（パワー，RFD）	30-85%	最も爆発的	1種目3～7セット 85%で1～3回 80～85%で3～5回 70～80%で5～8回 ～70%で8～15回	セット間の休息時間 2～8分 毎日のセッション
	反復的バリスティック筋力発揮（SSC）		最も爆発的		
	コントラスト法		最も爆発的		

出典：Aján and Baraga 1988; Fleck and Kraemer 1987; Hartmonn and Tunnemann 1989; Lyttle 1994; Schmidtbleicher 19850; Siff ond Verkhoshansky 1999; Stone ond O'Bryant 1987; Zatsiorsky 1992.

したものである。この分類は非常に実用的であると同時に，一部重なる部分もある。ある1つの方法に偏ったりせず，バランスよく組み合わせることが，これらの方法を用いる上で重要となる。

最大筋力

最大筋力を向上させるための最適な方法には，最大努力で低反復回数（もしくは短時間）行う方法と，最大下努力で高反復回数行う方法の2つがある。

最大努力－低反復回数（短時間）法

最大努力で低反復回数（もしくは短時間）行う方法は，筋内と筋間の協調性を改善し，神経筋系における抑制を最小化する。この方法では，比較的閾値の低い運動単位も動員されるが，周波数とインパルスの同期が最大となった放電によって，閾値の高い（すぐに疲労してしまう）運動単位も動員されることになる。これはトレーニングレベルの高いアスリートには有効な方法であるが，通常，初心者には適さない方法である。この方法は，RFDと高重量を加速させる能力を改善するが，筋肥大への効果は小さい（場合によっては有効なこともある）。

最大下努力－高反復回数法

最大下努力で高反復回数行う方法は，通常，中程度の強度で"最大回数"繰り返すというものである。この方法は，トレーニングレベルの高いアスリートにとっては基礎筋力や筋量を維持するのに効果的であり，初心者にとってはそれらをさらに向上させるのにも効果的である。この方法は高強度持久力の改善にも有効だが，その効果は筋肥大からは独立した弱いものである。この方法は，どちらかと言うと運動単位の数を増やすことを目的としており，（少なくとも高いレベルのアスリートにおいては）RFDや高重量を加速させる能力を改善しようとするものではない。また，トレーニング量が多くなるため，トレーニングレベルの高いアスリートにおいては，この方法を用いることに制限を設けるべきである。

筋持久力

長時間インターバルは低強度・持続的運動における持久力を，高強度インターバルは短い高強度運動における持久力を，それぞれ改善することを目的としている。いずれの方法もそうだが，とくに長時間インターバルを用いる場合は，トレーニングの量が比較的多くなる。高強度インターバルは，一見，反復的な最大下筋力発揮に似た方法のようであるが，この方法は筋肥大効果を狙ったものではなく，10章で解説するような代謝系コンディショニングの1つの方法であるととらえられる。

スピードストレングス

スピードストレングスは，反応的・バリスティックな筋力発揮，最大下での素早い筋力発揮，これら互いの効果を高めるコントラスト法などによって改善される。

反応的-バリスティック筋力発揮

前述したように，SSCを含むバネのような動きというのは，多くのスポーツに見られる特徴である。バリスティックなプライオメトリックドリルは，反応的-爆発的筋力（p.58「動きの力学」，5章参照）を強化することを目的としており，神経筋系における反射による増強効果と，筋腱複合体における弾性エネルギーの利用という2つの現象が効果的に引き出される。トレーニングに対する急性の効果は，機械的効率の上昇と，ありとあらゆる"実際的な効果"（例：パワー，力積など）である。一方，長期的な効果は，筋のスティフネスの増加と運動神経活動の増加である。SSCの一般的な分類の概念は次に示す通りである。

- **長反応**：接地時間が0.25秒以上で角度変化が大きい（例：スプリントのスタートと加速局面，スクワット，反動ジャンプ）
- **短反応**：接地時間が0.25秒以下で角度変化が小さい（例：スプリントのトップスピード付近，走り高跳び，走り幅跳び）

この概念は，それぞれの競技の専門的パフォーマンスを改善するためのプライオメトリックドリルを選択するのに役立つものである。たとえば，長反応エクササイズは，とくにスプリントのスタートと最初の加速にもっとも効果的なのに対し，短反応エクササイズはトップスピードのパフォーマンスにつながるかもしれない。

最大下での加速的筋力発揮

オリンピックスタイルのリフティング，プライオメトリクス，その他の反応的・バリスティックな筋力発揮といった瞬間的な運動だけが，スピードストレングスを向上させる唯一の方法ではない。しかし，バリスティックでない運動における加速能力やRFDの役割は，軽視されたり無視されたりすることがよくある。これらの能力は，とくにアスリートにとっては重要なものであり，基本である全身的エクササイズを行う場合でも力発揮の基盤となるものである。実際，表4.1に示したトレーニング方法のほとんどは，爆発的動作で行うよう留意するべきものである。力というものの基本的性質について理解することや，それを実際の運動や運動負荷に当てはめて考えることは簡単なことである。

反応的・バリスティックな力発揮は，物理の原則から考えて，最大下での素早い筋力発揮であると推察される。力は質量と加速度の積（$F = m \times a$）である。つまり，簡単に言うと，力が対象となる物体に与える作用と加速度は比例するので，どのような重さの負荷であっても最大努力で力を発揮し，負荷を加速させなくてはならないことになる。前述したように，機能的な動作をうまく行うには，ほとんどの場合，素早い筋力発揮が必要とされる。伝統的な筋力トレーニングを含め，バリスティックでない運動であっても例外ではない。どんな場合であっても，ある動作の可動域というのは加速の軌跡ととらえることができる。バリスティックな運動とそうでない運動で唯一違うのは，スティッキングポイントを含め，全可動域を通してバリスティックに物体を投げ出すように加速するかどうかにつきる。

この原則は，動きのない状態では力が働いておらず，何か動きのある場合にのみ力が働いていることを示しているかのようにとらえられる。しかし，必ずしもそうではない。常に重力が加速度（約9.8 m/S²）を生んでいるため，たとえば100 kgのバーベルを静止して保持するためには，約980 Nの力を鉛直方向へ発揮し続ける必要がある。このことは当たり前のようだが，この機能的意義を理解できない（もしくは理解しない）ことが原因となってナンセンスなトレーニング方法を用いていることが多い。これはすべての動作の基本原理である。どんな動作も本質的には，加速度と力を有する重力に逆らうものであるということを踏まえると，まず考えなくてはならないのは「何が（どんな重さの物が）動かされているのか。どのくらいの速さで動かされているのか。」ということになる。

　対象となる物体を正確な軌道で限られた時間内に加速させて最大の力積を生み出すことで，最大のトレーニング効果を得るべきである。オリンピックスタイルのウエイトリフティングが残像が残るほど高速で行われる競技であるのに対し，パワーリフティングは低速で行われる競技である。これらの運動がトレーニングとして行われようと，競技として行われようと，重要なポイントは同じである。それは，最大筋力と最大の運動神経活動（個々のアスリートの能力における最大値）は，"パワーポジション"や"スティッキングポイント"を通して負荷を最大限加速させた場合にのみ生じるという点である。重い重量よりも軽い重量の方が素早く動かせることや，バリスティックな運動とそうでない運動があるということは置いておいて，これには次に示すような2つの意味合いがある。

1 爆発的に動こうとする意志の方が，実際に発揮されたスピードよりも重要である。最大随意努力（どんなに重い重量でも，できる限り加速させようと努力すること）によって，神経筋活動が最大化され，それに見合ったトレーニング効果が得られる。筋力発揮や神経筋活動が最大でない場合（重量を能力の限界まで加速していない場合），トレーニングとして意味のない，能力の改善や生産性のないものになってしまう。

2 力の立ち上がり速度，力の方向，力の大きさは，どれも同じように重要である（また，いずれもトレーニング効果が期待できる）。動作全体を通じて均等にこれらを発揮・調整しつづけるよりも，ある局面で短時間に力を発揮・調整することの方が重要である。アスリートやコーチのなかには，RFDはバリスティックな運動に関連するもので，重りを放り投げるようにしない基本エクササイズには関係がないと思っている人がいるが，この考え方は修正する必要がある。

　速いスピードで動くことだけが，速筋線維を活動させ，トレーニングする唯一の方法ではない。運動単位には階層があり，発揮するパワーが増加するにつれて段階的に動員されていく。筋の力−速度関係を考えると，神経筋系が運動に貢献する筋の数だけでなく，活動する運動単位の数を増やすことは不思議なことではない。また，発揮される筋力は動員される運動単位の数だけでなく，協調性や同期化によっても影響される。この過程を決定している神経筋系の高次中枢も，筋線維と同じように可塑性が

ある。この適応は筋活動の高さ（重りを最大努力で持ち上げようとしたか）によって決まる。実際，適応による組織のリモデリングとは，単なる細胞の修復過程ではなく，神経情報に適応して組織を一段格上げするような反応かもしれない（例：速筋の運動神経を遅筋線維に移植すると，筋線維の特性は入れ替わる）。

　実際には，さまざまな強度や量のトレーニングを推奨することができる。もしも，挙上時に加速を気にせず，単に重さと回数のことだけを頭においてトレーニングをしているなら，こういった選択肢がないと，ストレングストレーニングプログラムの有効性に限界が生じてしまう。また，バーベルが動いているときは自動的に最大筋活動が生じているとか，各セットの最後の1回が効果的である，といった誤った認識があるかもしれない。極端にトレーニングの質にこだわるというわけではなく，すべてのトレーニングを実施する余裕がないためにポイントを絞ってトレーニングをするようなアスリートにとって，これらの間違いは大きな痛手となる。たとえ挙上重量や挙上回数が減ってしまったとしても，毎回スティッキングポイントも全力で加速し，発揮筋力と神経筋活動を最大にするというのが正解なのである。

　最大下での素早い筋力発揮のことを，「非常に軽い重量を用いて挙上・下降の全可動域にわたって加速させる（"スピードレップス"）方法」と誤解しているようだが，このようなやり方では効果は得られないであろう。なぜなら，バーベルを加速させる時よりも，自分の体を守るためにバーベルを減速させる時の方が，発揮される筋力やパワーが大きいためである。筋のエキセントリック収縮は機能的な動きには含まれているものだが，トレーニングとして行う場合は，動作の最終局面で行うブレーキングではなく，コントロールされた"ネガティブ"動作（バリスティックでない運動などにおいて）や反動動作（バリスティックな運動などにおいて）として行うのが適切である。

　実際のトレーニングの場面では，てこ比と重量の関係によってバーベルを挙上・コントロールするのがもっとも難しくなるスティッキングポイントにおいていかにバーベルを加速するかを考えることが重要となる。スクワットやデッドリフトを例にとると，パラレルの姿勢より約30度高いところがスティッキングポイントにあたる。多くの多関節エクササイズにおいて，全可動域に占めるスティッキングポイントの角度の割合は小さい。しかし，疲労まで反復する方法や1RM法においては，素早く動かそうとしているにもかかわらず，そこを通過するために要す時間は長くなる（おそらく最大で動作全体の1/3～1/2）。エクササイズにおいて最大努力が不可欠なのはスティッキングポイントだけであることから，最大筋力はスティッキングポイント付近でのみ発揮され，それ以外の範囲で発揮される筋力は最大筋力よりも低いと考えてほぼ間違いないだろう。

　これと関連して，短時間の素早い筋力発揮というのは，多くの人が思っているよりも利用価値が高く，意図的にゆっくり行うトレーニング方法だけにとらわれる必要はない。スクワットやデッドリフトを最大下の重量で素早く行うやり方の例を次に示す（このやり方は他の多関節エクササイズにも応用することができる）。

1️⃣ コントロールされたスピードで最適なところまでしゃがむ。ただし，自由落下のようにはしゃがまないこと。

2️⃣ そのまますぐに切り返して加速し，スティッキングポイントも良いフォームでできるだけ力強く通過する。

3️⃣ 最終の立位姿勢近くでは勢い余ってバーベルが肩や手から離れてないように気をつけてスピードを落とす。

どうしてもバーの上昇スピードを抑えられない場合は，次の2つのことを考慮するとよい。

- スティッキングポイントを過ぎても重量を加速し続けているので，後半1/3〜1/2の範囲の発揮筋力を調節し，バーがバウンドしないようにする必要がある。
- 使用している重量が軽すぎるので，爆発的に投げ飛ばすことを目的とした機材を用いてバリスティックなエクササイズを行う方がよいかもしれない。

非常に重い重量をゆっくりと挙上しているときにフォームが少し崩れることはあるが，力積やパワーを獲得するために技術を犠牲にする必要はない。ギアをファーストかセカンド以上にすると技術的な正確性を失ってしまうようであれば，走る，跳ぶ，投げるといった単純な基礎運動も行うことができないだろう。だからといって，バーベルとダンベルを使うなと言いいたいわけではない。ここで言いたいことは，ベーシックエクササイズを正確に行えるだけの常識とコーディネーションがあるなら誰でも，本当は最大下の素早い筋力発揮であっても正確なフォームや技術をコントロールし続けられるはずだ，ということである。むしろ，正確なフォームで行うことでバーベルが滑り落ちそうになるスティッキングポイント前後がしっくりくるようになる。

コントラスト法

このやり方は，1回のトレーニングセッションにおいて，先に行うエクササイズの効果を使って，後に行うエクササイズの効果を高めようとするものである。その1例が，"複合"爆発的・反応筋力発揮である。爆発的－反応筋力を発揮するエクササイズに，神経筋系を活性化させるための短時間（低回数）の最大筋力発揮を補助的に加え，交互に繰り返すものである。この高度なやり方は，急性の残存効果を利用しようとするもので，同じような繰り返し型のトレーニング形式は他にもたくさんある。長期的に負荷のかけ方を変化させると，その効果が蓄積され後になって効果が現れてきて，より適応反応が促進する。この方法は最適なインターバルを設定し，疲労を最小限に抑えた状態で行うべきである。なお，通常，これは初心者には適さない方法である。

プログラムデザイン

アスリートのパフォーマンスを最適化するためには，適切な原則（12，13章参照）にしたがってトレーニングを計画・実行しなければならない。とくに筋力強化に関して

は，次のことを意識して行ってほしい．

- **スピード**：パワーや力積を最大化するために，負荷を加速させ，高いスピードを達成しようとする意志
- **エクササイズの順番**：エクササイズの各セットを行う順番
- **密度**：各セットもしくは1回のトレーニングセッションで行うトレーニングの量
- **頻度**：ある期間（例：1日，1週間）に行うトレーニングセッションの数
- **強度**：1回の動きの努力度（通常は負荷の大きさだが，より正確に言えば，発揮される力積やパワーの大きさである）
- **回復**：セット間のインターバルの時間
- **反復**：特定の重量の挙上や動作技術の実行回数
- **シリーズ**：セットと回復インターバルの集合
- **セット**：回数の集合
- **量**：あるトレーニングセッションやあるトレーニング期間に行われたトレーニングの量（通常は反復回数で表されるが，より正確に言えば，抵抗の大きさと1回の反復距離の積である）

これらの変数はトレーニングを定量化するのに役立ち，たいていの場合，スピード，アジリティ，スピード持続力のトレーニングにも直接応用することが可能である．しかし，実際のトレーニングで有用なものにするためには，動きの力学を考慮した質的なガイドラインと合わせることと，トレーニングの目的に合わせた計画的な変更が必要となる．

まとめ

専門的なストレングストレーニングは，アスリートに計り知れない潜在的な能力を授け，パフォーマンス改善の余地を与えるとともに，傷害のリスクを最小限に抑える．そのためにトレーニングを原則にそって計画し，実施することが重要となる．これには，最大筋力，スピードストレングス，筋持久力に関する生理学的，バイオメカニクス的知識が必要になる．

結論として，次のような点を実践することを勧める．

1. 爆発的な筋力発揮がスポーツのためのストレングストレーニングの基本となる．機能的な筋力というのは，とくにスポーツでは，加速，力発揮時間，スピードといった観点から議論される．この点を考慮していないトレーニング戦略は，根本的に効果の期待できないものである．加速度的に動かし，素早く高速で力発揮をすることが勝負の分かれ目になる．

2. もっともトレーニング効果が大きい基本動作を強調する．動きのコントロール，方向づけ，そして安定化が容易でないトレーニング方法を活用しよう．筋は（分

離して働くというより）運動を遂行するための機能的な集団として組織的に働き，キネティックチェーンにおける力伝達の役割を果たさなければならない。多関節のフリーウエイトエクササイズはこの点で優れている。

3 スポーツ特異性を考慮してプログラムのシミュレーションを行う。ゲームにおいて必要なコーディネーション，バイオメカニクス，生体エネルギーに基づいてトレーニング内容を選択し，期分けを行う。

4 特異性とバリエーションのバランスを考える。さまざまなエクササイズを盛り込むよりも，ベーシックエクササイズに絞ってプログラムの一貫性を保つようにする。トレーニング効果に基づいてトレーニング負荷を3～4週サイクルで変動させてプログラムにバリエーションをつけ，刺激に慣れてしまうのを避ける。

5 努力の量ではなく，努力の質が重要である。トレーニング効果を得るために十分な量のトレーニングを行うことは必要だが，限界を超えると，努力度（努力の質）の低下，回復力や適応力の低下が起きてトレーニング効果が小さくなってしまう。適応と疲労の程度は，ある点を境に逆転する。概して，決められた量で，努力の質を最大まで高めてトレーニングを行うことが最適なトレーニング効果を生むことにつながる。

6 努力と回復は相互依存の関係にある。トレーニングの強度，頻度，量は相互に関連しており，どれか1つだけを変えることはできない。これらはまとめて調整しなくてはならないが，そうすることによって自動的によい計画ができ上がってしまう。アスリートが回復し適応していくトレーニングプログラムこそが，唯一の優良なプログラムである。

7 トレーニングは手段であって，目的ではない。パフォーマンスの潜在的能力や技能を改善することがトレーニングを行う目的である。コーディネーションを伴ったパワー，柔軟性，アジリティ，スピード，持久力というのは，どれも競技力の1つの要素にすぎない。どれもトレーニングで改善することができるが，競技力の一部にすぎないため，アスリートはこれらを総合的にトレーニングしなくてはならない。これらの要素のなかに，他の要素と関連せず独立しているものや，他の要素よりもより重要といえるものなどない。筋ではなく，競技力を鍛える。

8 正確にエクササイズを行うことがスポーツトレーニングの基本で，もっとも大切なことである。資格を持つストレングス＆コンディショニングコーチの職務には，どうやって正確にエクササイズを行うかということについて学ぶことも含まれる。回数やセット数を数えるだけなら，誰にでもできる。コーチングやティーチングのさまざまな視点から，アスリートのやっていることや，やり方に注意を注がなくてはならない。ただ何回やったか数えるだけではダメだ。よいトレーニングを行うには，よいコーチングが必要である。もしよいコーチングが伴わなければ，本来期待されるストレングストレーニングプログラムの効果よりも，はるかに小さな効果しか得られずに終わってしまう。

5 爆発的パワー

Explosive Power   Donald A. Chu

パワーを算出するために使われるすべての数式は，動きの質を表すパワーが時間の関数であることを示している。パワーは仕事×時間，力×距離×時間，あるいは力×速度（距離×時間）で求められる。したがって，一般的にスポーツにおけるパワーを改善するためには，理想的な動きやスポーツ特有の動きにおけるスピードを改善しようと試みる。

スピードはスポーツで成功するためには重要である。速く走る，高くジャンプする，速く遠くへ投げるなどの能力は，力を素早く発揮し伝える能力と関係している。すべてのアスリートは最高を求めているが，これらの能力を発達させるには時間がかかることと，そうするために適切な方法を選ばなければならないことを理解する必要がある。体力的に優れているアスリートでさえ，もしもゲームで頂点に立ちたいのならば自身の能力をさらに発達させ，磨きをかけなければならない。ここでは，この目標達成のための方法について説明する。

スピードの増加に伴って軟部組織へのストレスが増大するので，組織の損傷発生が増える。筋が損傷するとストレスを吸収する能力や，ストレスから回復する能力が影響を受ける。パワーに関する用語である爆発的・反応的・素早いなどは，自分自身の身体や物の慣性力に対抗して動作を起こすことを示している。これを行うために，アスリートは静止状態を維持しようとする静止状態の身体が持つニュートンの慣性の法則を打ち破らねばならない。効率的にかつ繰り返し慣性に打ち勝つために，アスリートはトレーニングのストレスとそれによる軟部組織の損傷について考える必要がある。「鍛えるためにトレーニングする」というコーチングの決まり文句はまさに真実である。コーチとアスリートは，パワートレーニングがケーキ自体ではなくケーキのデコレーションであることに気づかなければならない。したがって，パワートレーニングは，競技力養成プログラムにおける最終段階で実施するものである。

筋線維のタイプ

遺伝子学によって，スピード改善の可能性を推定できる。速筋線維（タイプⅡ線維）

が多くを占める筋肉を持つ者は，遅筋線維（タイプⅠ線維）を主として占める筋肉を持つ者よりも，より素早く力を発揮する訓練によってスピードをいっそう改善できる可能性が高い。遺伝子の可能性を最大限にするために，タイプⅡ線維の3つのサブタイプ（Ⅱa,Ⅱab,Ⅱb）は，いずれもパワー改善のためのトレーニングによって速筋線維として機能するようになることを理解すべきである。

筋線維はタイプⅠ，Ⅱa，Ⅱab，Ⅱbの順序で発火するので，これらすべての筋線維を動員するためには外部抵抗に打ち勝つ努力が必要である。そして，ウエイトトレーニング，プライオメトリクス，スピードトレーニングの順で最大限の力を発揮できるようにトレーニングをすることがパワー養成のために重要である。

トレーニングの漸進性

爆発的なパワー動作を実際に行っていくための能力は，次に示すような体力要素を漸進的に養成しなければならない。

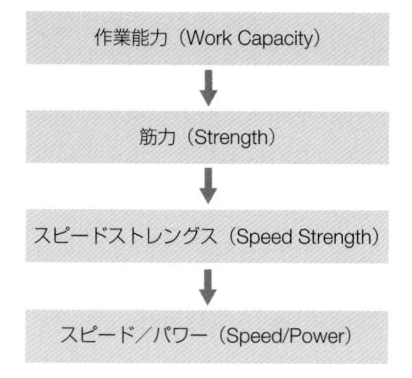

```
作業能力（Work Capacity）
      ↓
   筋力（Strength）
      ↓
スピードストレングス（Speed Strength）
      ↓
スピード／パワー（Speed/Power）
```

作業能力を高めるトレーニング

トレーニングによってもっとも基礎的に改善すべき体力要素は"作業能力"である。これは"鍛えるためのトレーニング期間"，もしくは準備期としてとらえることができる。若いアスリート（11〜13歳），あるいはトレーニングをしていないアスリートではこの期間を8〜12週間とする。この期間は，①コアストレングス，②関節可動性，③筋持久力，④無酸素能力，⑤身体組成，⑥有酸素能力といった身体的能力の質を改善させることから成り立っている。

- コアストレングスとは，体幹と同様に関節を安定させる能力のことであり，パワー発達能力の土台である。身体は「ひとかたまり」であるべきだが，コアストレングスによってこの能力が改善される。
- 関節可動性とは関節の動く程度を示しており，筋の柔軟性と結合組織の伸張性に依存している。

- 筋持久力とは一定の時間内において持続的に高いレベルの筋力を発揮するための能力である。
- 無酸素能力とは最大またはそれに近い力を短い時間（90秒以下）繰り返すことができる能力である。
- 身体組成とは運動するに当たっての身体効率を示している。作業能力を高めるこの段階でのトレーニングは脂肪量と筋量の関係に影響を及ぼす。
- パワー系のアスリートはトレーニングの中心に有酸素トレーニング取り入れることはしないが，有酸素能力はエクササイズやトレーニング後の回復能力にとって重要である。むしろそれはウォームアップかクールダウンで取り入れる補助的なエクササイズによって養成される。また，オフシーズンのトレーニングで有酸素システムを養成することもできる。

ストレングストレーニング

筋力の改善は，爆発的な能力を持つアスリートになるために仕事量の改善に次いで取り組むべき体力要素である。筋力は多くの要素からなり，単に筋緊張が発達するといった単純なことではなく非常に複雑である。改善すべき筋力の内容には次のようなものがある。

- 最大筋力は1回で発揮できる最大の筋力を示し，たとえば，挙上できる重量の最大値で表される。
- 相対筋力は体重1kgあたりに発揮できる筋力を表す。
- 静的な筋力はある姿勢を安定させたり固定させたりする能力である。
- 伸張性収縮の筋力は筋が伸張されながら発揮する力である。伸張性収縮による筋力発揮はジャンプ，カット，方向転換のようなパワーを必要とする動作にとって重要である。

スピードーストレングス・トレーニング

次の段階で改善すべき体力要素は，パワーの基礎であるスピードのある筋力を競技特性に適用することであるが，この段階のトレーニングはアスリートにはあまり馴染みがない。ウエイトルームでのトレーニングをフィールドへ応用するために，アスリートは考え方を変えなければならない。トレーニングで改善させる要素は，①筋力発揮の立ち上がり，②爆発的な筋力発揮，③反応－弾性筋力発揮の能力である。

- 筋力発揮の立ち上がりを改善するとは，最大筋力が発揮できるまでの時間を可能な限り短くすることである。
- 爆発的な筋力発揮を改善するとは，力発揮の効率を高めることである。
- 反応－弾性筋力は伸張性収縮と短縮性収縮の組み合わせで発揮される筋力である。それは，伸張性収縮から急激に短縮性収縮へと収縮様式が変換されるわずか0.25秒以内の短時間で発揮される力である。

この段階のエクササイズはさらにダイナミックで特殊なものになっている。もしもアスリートが最大筋力発揮だけを目的にトレーニングをするならば，そのアスリートは大きな筋力を発揮することはできるが，力の発揮速度に変化をもたらすことはできない。すなわち，このアスリートはウエイトルームの中では大きな筋力を発揮できるが，フィールドでの動きにおいては同じ力は発揮できないであろう。

これはトレーニングすることによって体が大きくなったり筋力が強くなったりしたとしても，実際のプレーにおいて改善されるものが何ひとつないことや，過去に多くのコーチがレジスタンストレーニングに批判的であったことからも伺うことができる。

トレーニングはSAIDの原則（与えられた刺激に対してのみ特異的に適応するというトレーニングの特異性の原則）にもっと意識を向けることから始めなければならない。すなわち，トレーニングはより力学的に効率のよいスピードを重視したものにすべきである。トレーニングドリルやエクササイズは，そのスポーツ種目特有の要求やそのスポーツ自体の動きに密接に関連させなくてはならない。メディシンボールとプライオメトリックドリルはSAIDの原則に基づいて考え出されたトレーニングであり，ある種のスポーツに対して特異的に有効なトレーニングの1例である。

スピードトレーニングとパワートレーニング

最高のパフォーマンスを獲得したいアスリートにとって，最終的なトレーニングはスピードトレーニングである。この形態のトレーニングの目的は身体の一部分あるいは全身をできるだけ短い時間で動かすための能力を獲得することである。スピードを改善させる要素は次の通りである。

- 加速度の増大
- 絶対的速度（到達可能な最大速度）の増大
- スピード持続力−パフォーマンスの著しい減速に耐えて動きの高い質を発揮する努力を繰り返す能力
- 特殊スピード（陸上トラックやフィールドあるいはコートにおける特殊な動きでのスピード）の増大

爆発的パワーを得るための道のりはアスリート自らが予測した期間より長くなるかもしれない。なぜならば，アスリートの特性や日々の活動がこのタイプのトレーニングの効果に影響を及ぼすためである。性別，年齢，トレーニングのバックグラウンド，遺伝，スポーツ活動などすべてが影響を及ぼす。トップアスリートと評価されるまでに学ぶべきことは，爆発的な力発揮を要求されるアスリートにとっては，常に簡単なことではない。アスリートは体力要素を向上させることで成功するためには，まず忍耐力を学ばねばならない。しっかりとした筋力の基礎，適切な指導，そして注意深い計画と多くの要素なしでは成功はおぼつかない。

爆発的パワーのためのトレーニング

　準備期間すなわち"鍛えるためのトレーニング"期間を経て，次のトレーニングプログラムに適したエクササイズを検討する際に，「漸進（progression）」という重要な用語を忘れてはいけない。あるトレーニング期間で行うエクササイズはあくまでも全トレーニングの一部であることを意識してほしい。トレーニングサイクルによってエクササイズの量と質が決定される。トレーニングプログラムの作成にあたっては，ウエイト，プライオメトリクス，スピードの要素すべてを1日のプログラムに組み込む方法が好きである。それは，神経系はそれぞれのタイプのエクササイズを行った後でいっそう覚醒するという事実に基づいている。これによって，アスリートは各エクササイズの長所を最大限に恩恵を受けることができる。とはいえ，これは3つすべてのタイプのエクササイズを常に大量に負荷することを意味しているのではない。たとえば，スピードという1つの要素でトレーニングの量が増加したり質が強調されたり時は，プライオメトリクスやウエイトのような他の要素の運動量は減少させる必要がある。そうすることで，オーバートレーニングや過度な疲労を予防できる。

　爆発的パワー獲得のためのトレーニングに関する私の考えは，クリーン，スナッチ，プッシュプレス，ジャンプスクワットのような多関節運動でありかつ爆発的なウエイトリフティングに着目することによってもっとも発達するというものである。これらのタイプのエクササイズの目的は，最大あるいは最大下の負荷に対し最大努力で力を立ち上げることをアスリートに教えることである。

　アスリートはこれらのエクササイズにおいて適切な技術を学び，トレーニングプログラムのなかでそれらを応用できることを学ぶが，次のステップはプライオメトリックトレーニングを加えることである。プライオメトリックトレーニングは，短時間に最大の力を発揮させるようにアスリートの筋出力システムを訓練するためのトレーニングである。

　プライオメトリックトレーニングはけっして多量に行うエクササイズではなく，爆発的な筋収縮を獲得するために動きの質を要求するエクササイズである。エクササイズは初速度，加速，絶対的速度の要素を持つ運動で構成され，その動きは自然な動きが基本となっている。したがって，プライオメトリクスの動きはスポーツ特有の動きや技術に直接応用することができる。

　爆発的なアスリートを育成する過程の最終段階で必要な構成要素はスピードトレーニングである。コートやフィールドでのパフォーマンスのために，コーチとトレーナーはあらゆるアスリートの能力改善に重要なスプリントトレーニングを与える。スプリントトレーニングは，これまでは心肺機能のコンディショニングを目的として行われてきた。しかし，実際には，スプリントトレーニングは神経筋システムの発達を目的として行われるべきである。スプリントトレーニングの量は，1回のトレーニングで合計300〜600mを越える必要はない。

　ウエイト，プライオメトリクス，スプリントが持つスピードトレーニングのさまざま

な要素を統合したトレーニング方法は「コンプレックストレーニング」として知られている。これはパワーとスピードを改善するためにごく短期間に行うが，能力改善プログラムの大黒柱となるわけではない。コンプレックストレーニングをあまりに長期間にわたって実施すると，アスリートはオーバートレーニングに陥るので，4～6週間が効果的なトレーニング期間である。エクササイズに変化を持たせることで，アスリートはピリオダイゼーションやトレーニング計画でピークパフォーマンスを引き出すことができる。

タックジャンプ

◆ 意識すべき部位
ふくらはぎ，大腿，股関節

◆ 動作
① 肩幅の広さに足を広げ，腰を曲げないでまっすぐに立つ。
② その場でジャンプし，できるだけ膝が胸に近づくようにする。そして，膝の高さが頂点にあるときに両手で膝を抱え，次いで床に着地する。着地時には上体はしっかりと立てておく。
③ 着地と同時にできるかぎり短時間に再びジャンプする。あらかじめ決められた回数をジャンプする。

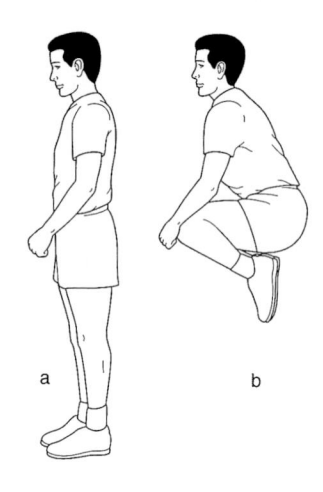

◆ キーポイント
滞空時間が長くなるように努力すべきである。ジャンプは爆発的に開始し，素早く膝を胸につけるような動作に結びつける。これはランニングやスプリントにおける立脚期に重要な股関節の屈曲速度を向上させる。

バックワード・メディシンボールスロー

◆ 意識すべき部位
ふくらはぎ，大腿，股関節，腰部，肩

◆ 動作
① 体の前でメディシンボールを持ち，肩幅の広さで立つ。
② スクワットポジションで脚の間にボールを降ろし，股関節と大腿を使って爆発的に立ち上がりながら頭上から後方へメディシンボールを投げつける。

◆ キーポイント
各スローは最大の努力で行うようにする。もしも後方の壁に向ってボールを投げつけるのであれば，壁

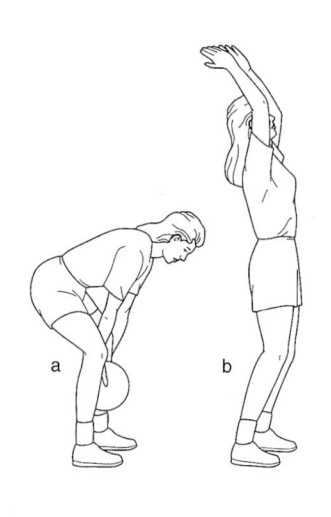

にできるだけ強くボールを当てるように試みる。動作はけっして腰だけで行わないようにし，常に股関節を使い，膝を曲げて行うべきである。

オーバーヘッド・メディシンボールスロー

◈ 意識すべき部位
ふくらはぎ，大腿，股関節，腹筋群，肩

◈ 動作
① メディシンボールを頭上で保持し，肩幅の広さで立つ。
② 片足を前に出しながら，頭上後方にボールを持っていく。
③ 上体を伸展させ，前に踏み込んだ足底が接地すると同時に，脚，股関節，腹部，そして胸と腕で力を発揮し，爆発的にボールを前方に投げつける。
④ 爆発的な力発揮のためには腕や上半身だけでなく，体全体（とくに下肢からの力）を使って前方にボールを投げる。

◈ キーポイント
指導上の重要なポイントの1つは，身体各部位で発揮する力を最終的に1か所に集結させることを意識づけすることであり，このドリルはそのためのよい機会である。アスリートは最大の力を発揮するために地面に対して強く踏み込まなければならない。また，ボールを力強くかつ遠くへ投げつけるために，力を（下肢で）素早く発揮し，キネティックチェーンを介して最終的に手からボールが放たれるように意識しなくてはならない。

ラージアンプリチュード・スクワットジャンプ

◈ 意識すべき部位
ふくらはぎ，大腿，股関節

◈ 動作
① 頭の後で手を組んで，大腿が床と平行になるスクワット姿勢を取る。
② 最大下の力を発揮して膝と股関節を伸展することで前方に爆発的にジャンプし，膝を30～40度屈曲させて着地する。そして，再び大腿が床と平行になるスクワット姿勢になるまで腰を下ろす。
③ この直後に再び前方へジャンプする。

◈ キーポイント
アスリートはよく弾むボールが地面を弾んでいるイメージを持つとよい。また，すべてのジャンプは離地と接地の両方の動作がコントロールされていなくてはならない。

ウェーブ・スクワットジャンプ

◻ **意識すべき部位**

ふくらはぎ，大腿，股関節，肩

◻ **動作**

① 1 RMの60％より軽いバーベルを肩に担いで肩幅の広さで立つ。

② バーが肩から離れないように，3回の前方ジャンプをしだいに最大ジャンプへつなげるように行う。

③ 3回目は全身を伸展させてできるだけ素早く爆発的にジャンプする。

◻ **キーポイント**

エクササイズ中はバーベルが身体から放れないように肩で保持する。最大の効果を得るために，ジャンプは最大化でしかも漸進的に行うべきである。

スタンディング・ロングジャンプ

◻ **意識すべき部位**

ふくらはぎ，大腿，股関節，肩

◻ **動作**

① 肩幅に足を広げて立つ。

② 腕を後方に振りながら膝を屈曲させ，次の瞬間反動作用を利用して爆発的に前方に遠くへジャンプする。この時，腕は前方へ大きく振る。

◻ **キーポイント**

着地ではエキセントリックな筋収縮によって着地の衝撃を緩和させるために，膝と股関節を屈曲させるように指導する。着地はあくまでもコントロールされるべきで，けっして「ドスン」と着地したり，着地後にふらついたりしてはいけない。

ハードルジャンプ

◻ **意識すべき部位**

ふくらはぎ，大腿，股関節，肩

◻ **動作順序**

① 3〜5台のハードルを約1 m間隔で並べる。最初のハードルの前に肩幅の広さで立つ。

② 両足一緒にハードルを前向きで飛び越える。動作は股関節と膝から起こる。ジャンプ時には上体は垂直に保ち，左右に振れないようにバランスを保つ。高さを得るために両腕を鋭く振る。バランスを崩さずに用意したハードルを連続して跳び越す。

◻ **キーポイント**

ハードル間での着地時間をできるだけ短くする。楽にハードルをクリアできるようになってきたら，より高いより高いハードルを準備する。ジャンプ中の姿勢やバランスが崩れるようであれば，ハードルの高さを低く設定する。

ロングバーチカル・ハードルジャンプ

◻ **意識すべき部位**

ふくらはぎ，大腿，股関節，肩

◻ **動作**

① 5～6台のハードルを約2mの間隔で設置する。最初のハードルから約2m手前に肩幅の広さで立つ。
② ハードルの手前約45cmのところまで通常の立ち幅跳びを行い，着事直後に上方へジャンプしてハードルを越える。
③ 着地後は1，2の手順を繰り返して，セットされた数のハードルをクリアする。

チェンジオブディレクション・ハードルジャンプ

◻ **意識すべき部位**

ふくらはぎ，大腿，股関節

◻ **動作**

① ハードルをジグザグ，四角形，あるいは六角形になるように設置する。
② たとえば，四角形の周りを3周するといった決め事にそってジャンプをする。

◻ **バリエーション**

応用としては，制限時間を設けてジャンプする。

スタンディング・トリプルジャンプ（立ち三段跳び）

◻ **意識すべき部位**

ふくらはぎ，大腿，股関節，肩

◻ **動作**

① 肩幅に足を開いて立つ。
② 初めのジャンプは爆発的に両足で行い，左右どちらかの足で着地する（ホップ）。
③ 次に，腕の振りを使って連続的に片足でジャンプし，反対の足で着地する（ステップ）。
④ さらに連続的に片足でジャンプし，最終的に両足で着地する（ジャンプ）。

5　爆発的パワー

◆ **バリエーション**

この応用ドリルとしては，ロッカーステップを使用して最初の1歩（ホップ）を片脚ジャンプで開始するようにする。

◆ **キーポイント**

上半身に力が入りすぎないようにリラックスさせて力強く腕を振る。ジャンプ中に上半身をまっすぐに立て，左右に振れないようにバランスをとること。

シングルレッグバウンド（片足バウンディング）

◆ **意識すべき部位**

ふくらはぎ，大腿，股関節

◆ **動作**

① 20～30mの距離を左右どちらかの脚で連続してバウンディングして移動する。スタートラインまで少し助走をつけて第1歩をバウンディングすると推進力が得やすい。

② 各バウンディングの幅は2～4mを目標にする。着地の瞬間に足底でできるだけ強く地面を叩くようにしてバウンディングを繰り返す。バウンディングは垂直方向ではなく，スピードを保持するために水平方向に行う。設定距離を進むのに必要なバウンディングの回数を記録しておく。

③ 設定距離をバウンディングし終えたら完全に回復させるために歩いてリカバリーを行う。

◆ **キーポイント**

上半身に力が入りすぎないようにリラックスさせて力強く腕を振る。バウンディング中に上半身をまっすぐに立て，左右に振れないようにバランスをとること。

アルタネートバウンド（バウンディング）

◆ **意識すべき部位**

ふくらはぎ，大腿，股関節，肩関節

◪ **動作**

① このドリルの設定距離は30mから始め，徐々に100mまで延ばす。

② 各バウンディングの距離は2〜4mとなる。着地の瞬間に足底でできるだけ強く地面を叩くようにして左右の足で交互にバウンディングを繰り返す。

③ 腕の振りはアスリートの技術レベルによって左右交互でも両方同時に行ってもよい。設定距離を進むのに必要なバウンディングの回数を記録しておく。

◪ **キーポイント**

バウンディングでは地面に対して蹴り出す力を強調する。離地後では滞空時間を長くするように意識する。最終目標は，バウンディング毎のストライドパターンが滑らかで，身体全体が浮くような軌道を描く上品で見た目が楽そうな動作の獲得である。

コンビネーションバウンド

◪ **意識すべき部位**

ふくらはぎ，大腿，股関節，肩関節

◪ **動作**

① コンビネーションバウンドでの設定距離は40〜60mである。

② バウンディングにダブルホップ相を含む以外はアルタネートバウンドとほぼ同様である。

③ バウンディングは右－右－左足パターン，続いて左－左－右足パターンで行い，設定距離の間はこの繰り返しでバウンディングを続ける。

◪ **キーポイント**

左－左－右のパターンが終了後，すぐに着地した足（右）で次の右－右－左パターンをホップで始められるようにする。バウンド系のドリルは動作スキルが複雑なので，完成度を高めるには時間がかかる。したがって，初めは優雅に見えなくても，心配せずに時間と努力を繰り返すことで技術は上達する。

リピート・リムジャンプ

◪ **意識すべき部位**

ふくらはぎ，大腿，股関節

◆ 動作
① 足を肩幅の広さにして，目標のやや手前に立つ。目標は壁につけられた印やネット，あるいはバスケットを使用してもよい。たとえば，バレーボールのブロック能力を改善するためには，ネットが目標になり，顔の横で手のひらをネットに向けてジャンプの準備をする。
② 合図と同時に目標に狙いをつけて，目標に触れるように垂直跳びを連続して行う。
③ このドリルでは過度な疲労を避けるためと最大努力を維持するために，ジャンプ回数は6回以下とする。

◆ キーポイント
ジャンプ時の膝の角度を20～25度より深くすべきである。接地時では膝が内側に入らないように注意する。また，接地後にできるだけ素早くジャンプするように指導する。

デプスジャンプ

◆ 意識すべき部位
ふくらはぎ，大腿，股関節

◆ 動作
① 決められた高さのボックスの端に膝を少し曲げて立つ。
② ボックスの端から地面に降り（飛び降りる必要はない），接地した際の衝撃を利用して反動的に垂直方向へできるだけ高くジャンプする。この時，着地の衝撃を吸収しないように注意し，ジャンプ毎に最大努力で爆発的にジャンプする。

◆ キーポイント
圧倒されてしまうような高いボックスを初めから使用する必要はない。もしもアスリートが接地後に素早く垂直方向へジャンプできないようであればこのエクササイズの効果はない。垂直方向のスピードを改善させるためには，初心者であれば30～45cmの高さのボックスを使用すると効果的である。

スポーツにおけるパワー

　Tudor Bompaはスポーツ活動のパワーを"アサイクリック（非循環式）acyclic"（陸上のフィールド競技の跳躍や投てき種目）と"サイクリック（循環式）cyclic"（スプリント，スピードスケート，サイクリング）に分けて説明している。これら2つの異なるパワー形態ではトレーニングプログラムにおける優先事項が異なる。

　アサイクリック型スポーツのアスリートは，競技中に単発で発揮する最大努力に関心がある。アスリートは1回の競技で何回かの試技を行うであろうが，たいていは試技の間に十分な回復時間がある。陸上競技の走り高跳びや体操の跳馬はその代表例であるが，このような競技種目では力と加速が主要な優先事項となる。そして，最大筋力の向上は常にトレーニング目標とされるべきだが，動作のスピードはさらに重要である。したがって，トレーニングでは軽い負荷と素早い動作の組み合わせで行われるべきである。これらの競技で成功するためにはパワーの改善が必須である。パワーが要求される主なアサイクリック型スポーツにはつぎのようなものがある。

- 砲丸投げ，円盤投げ，ハンマー投げ，やり投げ
- アメリカンフットボールのライン
- オリンピックのウエイトリフティング
- 走り高跳び，走り幅跳び，三段跳び
- 体操競技
- バレーボール
- 飛び込み

　アサイクリック型スポーツとは異なり，サイクリック型スポーツでは動作を頻繁に繰り返すことを要求される。フットボールのランニングバックがその例である。スタートダッシュでは筋力と加速が必要であるが，第1クオーターと同様のスピードを第4クオーターでも求められる。Bompaは，筋力強化期において，軽負荷（1RMの30～50%）を用いたダイナミックな動きのエクササイズを，セット間の休息時間を長く（5分）設定するタイプのトレーニングを推奨している。彼はまた，競技時に使用する筋肉のコントラクション－リラクセーション(収縮－弛緩)の方法をアスリートに習得させるために，リラクセーションテクニックの使用を提唱している。パワーの必要なサイクリック型スポーツは次の通りである。

- ダウンヒルスキー
- スピードスケート
- ラグビー
- ボクシング
- 水球
- アイスホッケー
- 短距離走
- バスケットボール
- ラクロス
- 自転車競技

- 短水路の水泳
- ボート
- フィギュアスケート
- フェンシング
- 格闘技
- サッカー
- シンクロナイズドスイミング
- フットボールの高い技術が求められるポジション

　必要とされるパワーの形態はスポーツで異なるので，パワー改善のためのエクササイズを1種目のエクササイズあるいは1つの方法だけで行うのが効果的であるとは言えない。特異性の原則に基づいてパワートレーニングプログラムを立案することが効果的であり，とくに競技期においてはそうである。ストレングス＆コンディショニングスペシャリストによって管理され，かつニーズ分析に合ったプログラムを確実に実施することが重要である。

　アスリートの特性，競技時間，ポジション，身体組成，四肢長，技術レベルはいずれも評価が難しい要素である。しかし，体力的基質としてのパワーがあらゆるポーツのあらゆる競技レベルにおいて必要とされ要素であることは間違いない。

まとめ

　スポーツにおけるパワー発揮能力は，神経筋システムを動員していかに短時間で最大筋力を発揮できるかによって決まる。また，パワーもしくはそれを発揮する能力は，発揮過程を構成する複数の要素の内容で決まる。すなわち，発揮できる最大値は，発揮過程にかかわる複数の要素のうちもっとも弱い要素が制限因子となって決定される。そのため，爆発的な力発揮を養成するにあたっては，競技力改善にかかわるすべての要素を考慮することが重要である。

　オリンピックリフト（クリーンやスナッチ）のような爆発的なリフティングは，パワー改善のための基礎の1つである。筋力だけでは爆発的な動作を行うことはできないので，アスリートはスピードを伴った筋力発揮の方法を習得しなくてはならない。オリンピックリフトは爆発的パワーを改善するためのスピード特性と動作特性の両方を兼ね備えている。

　プライオメトリックエクササイズは，パワーを改善させるための基礎トレーニングの1つである。このエクササイズは，一般的および専門的体力両方の要素の改善に利用できる。プライオメトリクスでは，トレーニング量（回数）は多くすべきではなく，むしろ動作の質に留意すべきである。

　最後に，スピード改善のためのエクササイズは，トレーニング方法としてだけでなく爆発的パワーが改善しているか否かを評価する指標としても利用できる。とくに，走スピードの向上はトレーニングが効果的であったことを示す指標であり，身体がより反応的になったことを示すものである。

6 クイックネス

Lightning Quickness

Peter Twist

　クイックネスは車のギアでいう第1速のスピードと考えるのがよい。3・4・5速のスピードは直線的に走る時の最大速度を得るために使われる。ところで，ほとんどの場合，攻撃や守備において相手よりも優位に立てるかどうかは，相手よりも素早く，正確に動き出すことができるかどうかにかかっている。

　有名なスターアスリートと，プロではあるが無名なアスリートの最大の違いは，間違いなくクイックネスである。ゲームの流れを変えたプレーを分析すると，そのほとんどは爆発的な動きによってもたらされている。1対1の局面のあるチームスポーツや，認識－反応－爆発的動きのある個人スポーツでは，もっともクイックネスの高いアスリートが常にゲームを支配することになるだろう。

　素早くパスを受けるポジションに移動する，敵を見方から引き離す，敵をブロックするというように，チームスポーツにおいては味方と協力してプレーしなくてはならない。ボールがターンオーバーされたり，敵がゴールに向かってカッティングをしてきたりして攻撃や守備が変化した時に対応できるよう，どのアスリートも次に起こるプレーを予測して，ポジションを調整している。こういったプレーを行う上でもっとも必要な能力がクイックネスである。

　クイックネスが高いことで，小柄なアスリートは大きなアスリートと肩を並べて戦うことができ，大柄なアスリートはプレーの幅を広げることができる。どんなアスリートにも複雑な動きを爆発的に行うスキルは必要である。両手をまっすぐ横に広げた範囲でクイックネスは発揮されることが多い。シュート，パス，セービング，スパイク，ラリー，リバウンド，フェイスオフ，スローイン，ハンドオフといったプレーはすべて，クイックネスがその成功・失敗の鍵を握っている。また，若いアスリートが判断，ポジショニング，カバーリングを練習しても，クイックネスが低ければ，それが原因となってプレーがうまくいかない。

　クイックネスはボディチェック，タックル，ブロックといった動きにおいても重要である。まずアスリートは，目の前のプレーを認識し，それに反応して素早く正しい姿勢をとらなくてはならない。そして，重心を落とし，瞬時にターゲットに向かって突進して敵を倒す。

バイオメカニクス的分析

　体重移動は，スポーツにおけるクイックネスという枠組みに含まれる動きである。バイオメカニクス的な観点から考えると，100m走はスポーツで求められる加速を説明するのに適した運動ではない。直線的なスプリントをトレーニングするのは，生体エネルギー（コンディショニング）の観点からはある程度は意味があるかもしれない。しかし，戦い方を考えながら動き，プレーを予測し，防具をつけて協調的に動き，技術を発揮しながら，同時にストップ＆スタート，横への動き，後方への動き，ターンやピボットが要求されるスポーツにおいては，直線的なトレーニングは有効ではない。スポーツにおけるクイックネスで力学的に必要となるのは多方向への動きであり，さらに重要なのは伸張性のパワー，動的バランス，固有受容覚，そしてバランスのとれた柔軟性である。

　クイックネスは爆発的なスタートと表現されることがよくあるが，その他のさまざまな状況にも当てはまる。よく見られる動きとして，クロスオーバーステップの最初の1歩を爆発的に踏み出す動作がある。たとえば，ボールに反応して止まった状態から爆発的に脚を交差し，交差した内側の脚で地面を蹴り，足をついてバックハンドストロークでサーブを返すといったような動きが実際のゲームでも見られる。ディフェンダーが相手の攻撃を阻止するためには，まず高速で動いている自分自身の動きをごくわずかな距離で瞬時に停止し，さらに横へ爆発的に動いて敵を止める必要がある。同じように，攻撃側のプレーヤーはディフェンダーを振り切るため，カット，ターン，ジグザグステップなどを駆使しなくてはならない。

　このように，クイックネスはスポーツスキル，個人のプレー，チームのシステムに影響を与える。バックペダル，カッティングからのパワーシャッフル，転倒を避けるための前方へのジャンプといったバイオメカニクス的な素早い調節の連続によって個々のプレーは成り立っている。

　ほとんどのチームのシステムがダイナミックなものであるため，ゲームに特異的なクイックネスもまたスピードを素早く切り替えるために必要となる。たとえば，全速力で走っているプレーヤーの動きは予測しやすいので，ディフェンダーにとって守りやすいものである。ディフェンダーは同じスピード，正しいポジショニング，適切な体の向きを維持していればそれでよい。しかし，攻撃側のプレーヤーが瞬時にスピードを調節し，減速と加速を素早く切り替えられるような場合は，ディフェンダーにとって認識－反応が容易なことでなくなる。速く動いているところから素早くスピードを変えるのが，ディフェンダーを引き離すのに効果的なフェイントのかけ方である。ギアを4速から2速に落とし，再びいっきに5速に上げるような動きは，攻撃側のもっとも効果的な武器となる。

　クイックネス動作は，パワーポジション，アスレティックポジション，準備姿勢を保ち，垂直方向より水平方向に移動するように，足を地面に接地させておく。最初の

2～3歩に要す時間のうち，85％（もしくはそれ以上）は片足支持の状態である。また，方向転換は片方の足だけで行われるか，もしくは片方の足からもう一方の足へ体重移動することによって行われる。クイックネスには多様な種類がある。たとえば，前方・後方・側方へのストップ動作，前方・後方・側方へのスタート動作（側方の場合は，クロスオーバーステップも含む），側方への動き・カッティング・ターン・スピンへの反応，バックペダル，クロスオーバー，ランジ動作，意図的に倒れる動作（シュートをブロックしたり，ボールに飛び込んだり）といったものが挙げられる。これらの動作にはそれぞれ特有の力学的な特性がある。また，パス，投球，シュートなどの多くのスポーツスキルでは，効率的な回転動作のクイックネスも必要となる。

解剖学的・生理学的分析

スポーツでもっともよく見られる動きの1つであるストップ&スタートでは，爆発的な力を発揮するための体のシステムが効果的に利用される。クイックネスを解剖学と筋生理学の観点から検討する場合，筋紡錘や筋腱移行部に存在する感覚受容器について検討しなくてはならない。さらに，直列弾性要素，筋の伸張反射，錘内（筋）線維も強力な力発揮へ貢献している。

ストップ動作では，筋が伸張性収縮を伴って事前伸張されるので，筋張力が上昇する。事前伸張によって貯蔵された弾性（位置）エネルギーが短縮局面で利用されると，短縮局面の主働筋の短縮スピードが上昇し，より爆発的なスタート動作を行うことが可能になる。この爆発的力発揮のための戦略の鍵となるのは，伸張速度と接地から切り返しまでの時間（をできるだけ短くすること）である。プライオメトリクスに関するほとんどの本のなかで，この動作は償却局面と定義されている。償却という言葉はクイックネスの改善よりも不動産関係の用語として普段使われており，プライオメトリクスに関する新たな理論ではないかと誤解を与えかねないので，こういった不適切な用語は使わないようにしよう。私たちはこの動きを単純に反動動作と呼ぶことにする。

ストップ動作では，脚に弾性エネルギーが蓄積される。そのとき，筋が伸張（ストレッチ）されることでエネルギーが吸収され，ストップ動作がコントロールされる。反動動作の時間が長い場合，つまり動作を素早く切り返すための筋力やパワーが十分でないために，ストップ動作がゆっくりになったり，深い位置で止まったりしてしまう場合は，弾性エネルギーが熱となって消失してしまう。反対に，反動動作の時間が短い場合は，弾性エネルギーの貢献によって短縮性収縮がより爆発的に行われる。そのため，クイックネスのトレーニングの主な目標の1つは，伸張局面と短縮局面の間で動作が止まる時間（カップリングタイム）をなくすこと，現実的に言えば最小限にすることである。ストップ&スタートの改善を目標にしたドリルでは，クイックネスの改善に必要不可欠な条件である，反動動作を素早く行うこととカップリングタイムを最小限にすることが常に求められる。

筋の伸張反射は，筋紡錘の中の"ストレッチ（伸張）受容器"によって生じる。筋は主に錘外（筋）線維といって，収縮したり，伸張されたりしながら張力を発揮して動きを生み出していく線維によって構成されている。同時に，筋には錘内（筋）線維といって，錘外（筋）線維の防御機構として筋が伸ばされる長さとスピードをフィードバックする働きを持った線維も存在する。錘外（筋）線維が伸張されると，錘内（筋）線維も同時に伸張される。伸張速度が速い場合，錘内（筋）線維の感覚神経から脊髄に直接そのことが伝達される。そうすると，脊髄から伸張された筋に対しては短縮性収縮を行うように命令が送られ，反対に拮抗筋に対しては活動を抑制する命令が送られる。

　素早いストップ動作では，大腿四頭筋は伸張され，筋にはエキセントリックな負荷がかかる。これによって，弾性エネルギーが生み出され，また錘内（筋）線維の感覚受容器が伸張速度を感知して脊髄に直接そのことを伝達することで防御反応的な短縮性収縮が生じる。伸張されるスピードが遅い場合は，伸張を感知する受容器から脊髄に何も伝達されないため伸張反射が起こらず，弾性エネルギーも生まれない。同じように，ストップ動作とスタート動作の間の動作が止まる時間を最小限にするだけの筋力がない場合，弾性エネルギーは熱となって消失し，受容器から信号は送られなくなってしまう。したがって，反動動作のスピードは素早くなければならない。カップリングタイムが短いことで，爆発的収縮を促す命令が出されたり，弾性エネルギーを運動エネルギーとして利用したりすることが可能になる。急に止まり，素早く減速する筋力があると，反動動作の時間だけでなく，さらにA地点からB地点に移動するのに要す絶対的な時間も短縮する。ストップ動作を改善することがクイックネスを向上させる上で鍵を握っている。

　爆発的なクイックネスを獲得するために最初にアスリートに指導するべきは，スタート動作ではなく，むしろいかに効率よくストップするかである。ブレーキングの能力を改善するとともに，関節と筋の受容器を刺激するようなドリルを使うようにする。ストップ＆スタート動作，伸張−短縮回路（ストレッチ−ショートニングサイクル），反動動作，重心の移動によって短時間内に大きな力を発揮することが可能となる。

神経筋の側面からの分析

　クイックネスを改善するために，トレーニングは神経筋系に焦点を当てなくてはならない。トレーニングドリルは，筋がより素早く発火するように，また脳が特定の高速動作パターンを繰り返し練習するように，科学的根拠に基づいて組み立てられなければならない。神経系をトレーニングすることで，複雑で爆発的な動作パターンが蓄積されていく。こういったトレーニングの効果は，過負荷による身体的な適応ではなく，完璧な技術を伴った爆発的で正確な動作パターンを繰り返すことによる神経筋系の適応である。この種のトレーニングは筋をより素早く活動させる脳の機能を向上させる。神経系のトレーニングには，運動神経の発火頻度の増加，速筋線維の選択的動員・

最大動員数の増加，より素早い反応，より爆発的な力発揮といった効果がある。

　正しい順序で，適切な筋を活動させ，思い描いた通りの動きをするためには，神経生理学的な同調が必要となる。これはごく当然のことだが，スポーツに特異的なクイックネスに貢献している筋の多くは比較的小さく（内・外旋筋，内・外転筋），それほど強力ではないため爆発的には収縮しない。しかし，これらの小さい筋群が同調して機能することによってのみ，思った通りの動きを思った通りのスピードで行うことができるのである。

生体エネルギー学的分析

　乳酸が蓄積したりしてパフォーマンスが低下した時は，神経生理学的な同調が最適な状態の時よりも乱れる。そのため，生体エネルギー学的観点からいうと，クイックネスはアデノシン3リン酸（ATP）エネルギー系を用いた場合に改善される。したがって，クイックネスのトレーニングはそれに沿って計画される。しかし，実際のゲームでは，すでに疲労した状態で爆発的に動かなければいけないことがよくある。ゲームの終わり，延長戦，ロスタイムなど，疲労した状態であっても，優秀なアスリートは，なお運動単位を動員・調節して爆発的なパフォーマンスを発揮し続けることができる。このずば抜けた能力もトレーニングによって得られるものである。

クイックネスの向上

　クイックネスのトレーニングを行っていくにあたり，指導者はまずアスリートの評価を行い，次にクイックネスの前提となる基礎を築いていかなくてはならない。年代や競技レベルにかかわらず，クイックネスのドリルや技術を動的ウォームアップやアジリテドリルに含めてしまおう。こうすることで，アスリートはいつも通りのスピードでクイックネスの技術を理解し，練習することができる。また，コーチにとっては，アスリートの技術向上を妨げている筋力，柔軟性，バランスの悪さが何なのかを見抜くためのよい機会になる。

　この段階で，アスリートがクイックネストレーニングを行うだけの準備ができているかどうかは，簡単なパフォーマンステストで確かめることができる。ラテラル・ストップ＆スタートドリルを行わせた時に，両足が同じタイミングで接地していないだろうか。ドリルを行った時に毎回の足跡が一致せず，接地位置が毎回ずれていないだろうか。このテストをクリアできないアスリートはクイックネスの基礎を作るためにもっと時間をかけなくてはならない。

　指導者はクイックネスをスキルとして教え，トレーニングさせなければならない。クイックネスは遺伝的な才能だとか，普通の無酸素・耐乳酸インターバルトレーニン

グやその他の練習・ドリルを通して改善されるものと考えてはならない．ほとんどのコーチはクイックネストレーニングをサーキットトレーニングに含めてしまい，プライオメトリックドリルとスーパーセット法のように組み合わせて次々と繰り返してしまう．疲労した状態でゆっくりと不完全な技術でトレーニングを行っても，筋を素早く活動させる能力を向上させることはできない．クイックネスのトレーニングでは，量ではなく，質を重視しなくてはならない．十分な回復をとった後に，数秒間フルスピードで動こうとすることがクイックネスの改善には必要である．

驚くべきことに，無酸素性のスピードやパワーが必要な種目のプロのヘッドコーチのなかにも，いまだにコンディショニングや強化の主な方法として持久的有酸素性トレーニングを（しばしば，それのみを）強調する人がいる．反復的・持久的有酸素性トレーニングは，言ってしまえば，ゆっくりとした動きのなかで筋を動員する練習であり，筋が素早く収縮する能力を低下させてしまう．過度の有酸素性トレーニングでは遅筋線維が選択的に動員され，パフォーマンスの低下，スキル改善の抑制，爆発的なクイックネス改善の抑制が生じる．速いスピードで動く無酸素性コンディショニングによって，クイックネスの向上を引き立てるようにしよう．

クイックネスを高めるため，アスリートの体は引き締まっていなくてはならない．過剰な体脂肪は力発揮には貢献せず，負荷を増やしてしまうだけである．すべての素早い動きで動作の起点となり，動力を供給する下肢とスピードセンター（つまり体のコア：腹筋，腰部筋，内転筋，外転筋，股関節回旋筋，股関節屈筋，股関節伸展筋，殿筋）を優先して身体的発達を促すべきである．スピードセンターと下肢で筋肥大が起こると，重心の位置が下がることにもなる．下肢ではなく，上半身で過度の筋肥大が起こると，重心の位置が上がり，動的バランスが低下する，コーナーリングが下手になる，競技の技術が変化する，最初の一歩のクイックネスが低下する，多方向への動きのコントロールが難しくなる，といった問題が生じてくる．

クイックネスのトレーニングを行う上での基礎ができていないアスリートがクイックフット（素早いステップ）ドリルを行っていることがあまりに多い．コーチなどアスリートを指導するような立場の人のなかには，自分が時代の最先端を行っていて，"最新の"ドリルを使ってアスリートを指導していると思い込んでいる人がいる．同じように，フィットネスをバックグラウンドにしたパーソナルトレーナーなかには，全身的・スポーツに特異的な競技力向上プログラムに関する知識と経験がないために，決まりきったリスクの高いプライオメトリックドリルをいつも繰り返すような人が多い．

クイックネスのトレーニングを行うための基礎として，まず始めにコーディネーション，動的バランス，アジリティ，均衡のとれたバランス，固有受容覚，競技の技術といった動作の効率にかかわる要素がしっかりしていなくてはならない．さらに，強力な下肢とコアの筋力，低い重心，無酸素性のコンディショニングも，爆発的なクイックネスドリルを進めていく前段階として必要となる．クイックネスの前段階となる基礎（プレクイックネス・ファンデーション）を固めていくにあたっては，均衡のとれた柔軟性がもっとも重要な意味を持つ．基礎を固める段階が終わって，クイック

ネスを強化する段階に入ると，私はプログラムの半分をクイックフットドリル，もう半分をマイクロストレッチ（micro-Stretching®）に当てる。この2つを組み合わせて実施することで，パフォーマンスを向上させる上で高い可能性を秘めたプログラムとなる。マイクロストレッチ（3章参照）を用いることで，柔軟性がより向上するだけでなく，とくに重要なスピードセンターの均衡のとれた柔軟性を獲得することができる。均衡のとれた柔軟性はクイックフットドリルだけでなく，直接的にクイックネスに影響を与える。全身の筋が連鎖して機能するため，またクイックネスがバイオメカニクス的に完璧であることが求められるスキルであるため，筋のバランスが悪いと爆発的に技術を発揮することができない。筋力であっても柔軟性であっても，筋のバランスがひどく悪い場合は，動的バランスが悪くなり，それを反映してクイックネスもすべての方向で低下する。

　たとえば，大腿四頭筋と股関節回旋筋の筋力と柔軟性が，右側よりも左側の方が高いアイスホッケーのディフェンダーがいたとしよう。そのプレーヤーは左に体重を乗せることが多く，リンクの上でディフェンスしている時も，左足により多くの体重を乗せていると考えられる。そのような状態だと，相手フォワードプレーヤーのコースを塞ぐために急に左方向にカットを切らなくてはいけない場面で，爆発的に左に動く前の段階ですでに決定的な遅れが生じてしまう。なぜなら，そのプレーヤーが左方向に地面を蹴るためには，その前に一度体重を右足に移動する必要があるためである。このわずかな遅れが，1対1の対決の場面における敗北につながる。右側がタイトな場合，ストライドとパワーも制限され，さらなる問題も起きる。右股関節回旋筋の柔軟性が足りないと，後ろ向きに滑っているところから右脚を開いて前向きにターンする動作が制限されるため，弱点を増やすことになる。ターンの角度が小さいと守備範囲が制限されてしまうのだ。

　99パーセント以上のアスリートがストレッチを正しく行っていない。私はNikos Apostolopoulos氏と，爆発的なスキルを改善するためのストレッチについて研究を行ってきた。アスリートを対象にして，マイクロストレッチを定期的に行い，それ以外のトレーニング（ストレングストレーニングやスピードトレーニングなど）は何も行わないグループを設計した。マイクロストレッチを実施する前に，パワー・スピード・クイックネス・アジリティを測定した。スピードセンターの柔軟性と，体の右側と左側・拮抗筋間（反対の働きをする筋間）の柔軟性のバランス（均衡）を改善するマイクロストレッチを実施し，その後に同様の測定を行った。

　まだ分析の途中ではあるが，結果は驚くべきものであった。柔軟性のトレーニングしか行っていないにもかかわらず，競技技術が改善する，コンタクトが強くなる，スタートが素早くなる，可動性が増す，といったパフォーマンス改善の傾向が見られた。パフォーマンス改善の鍵は，いつ・どうやってストレッチをするかである。クイックネスのトレーニングでは筋紡錘や筋腱移行部の受容器を刺激するが，マイクロストレッチでは，逆にそれらの活動を抑制する。マイクロストレッチへ考え方を変えることで，クイックネスと爆発的なスポーツ動作におけるパフォーマンスの変化が約束さ

れるだろう。重要なのは，まず基礎を作ること，そして爆発的な競技パフォーマンスを改善するためのクイックネスドリルを用いながら，均衡のとれた柔軟性を獲得することである。

ストップ動作とスタート動作

クイックネスのトレーニングでは，最初にストップ動作のトレーニングを行う。外傷がもっとも発生しやすいのは，加速局面ではなく，素早い方向転換を行う際に必要となる減速動作とストップ動作を行っている局面である。こういった外傷は，指導技術からトレーニングまですべてを含め，スタート動作に焦点を当てたコーチングが原因となって生じている。ストップ動作のトレーニングでは，伸張性筋力，ストップ＆ホールド，ストップ＆バランス，片足ストップ，横方向へのストップ，不安定面上でのストップといった動きを改善する。

ラテラル・クロスオーバー・ストップ＆スタート（p.103参照）のように全力でストップ＆スタートを行うクイックネスドリルも，ストップ動作を改善するために素早く正しい動きで行うようにする必要がある。まず伸張局面から短縮局面へ切り返す間の止まっている時間を最小限にするようにし，その後に，1歩で加速するようにするところからトレーニングを進めていこう。

スタート局面では，アスリートに対して足が地面から"跳ね上がる（pop）"ようにと指示し，ステップの素早さを向上させよう。その際，つま先で跳ね上がるようにし，接地時間はできるだけ短くなるようにする。

上半身のクイックネスも忘れてはいけない。ストレングストレーニングを行う際，どんなに「爆発的に‼」と意識しても，結局，バーベルが浮き上がらないように動作終盤に向けてスピードを落としていかなければならない。この問題を解決し，回旋動作の素早さなど，スピードセンターのクイックネスを向上させる上で，メディシンボールが役に立つ。メディシンボールは上半身のパワーをクイックネスへとつなぐ架け橋となってくれるものである。メディシンボールを使うことで，立った状態で，可動域全体を通して爆発的に体を捻ることが可能となり，より実践的な動作パターンでトレーニングを行うことができるようになる。私の場合は，アイスホッケープレーヤーのトレーニングのためにリンクの上でスケートシューズを履いた状態でメディシンボールを用いることもある。メディシンボールを用いた上半身のトレーニングでも，クイックフットドリルの原則，すなわち素早く反動動作を行い，カップリングタイムを最小限にするようにしてトレーニングを行う。

ゲームやトレーニングでは軽く膝を曲げ，腰を落とし，常に準備姿勢をとり続けるべきである。加速動作を行う前に準備姿勢をとっていないと，実際に加速動作を行う前に，準備姿勢をとるための余計な動きが必要になって決定的な遅れが生じてしまう。

神経筋が疲労するところまで，最大努力でトレーニングを行うべきである。クイックネスを獲得するために神経筋系をトレーニングする上では，最後まで動きが素早く，正確である必要がある。反対に，神経筋が疲れてしまうと，遅く，技術的に不正確な

動きになってしまい，結局，"間違った動きをゆっくりと練習するようなドリル"になってしまう。純粋なクイックネスを向上させるために，最初の頃はドリルを5秒以内に制限する。クイックネスが改善したら，制限を15秒まで延長する。長めのインターバルを挟み，十分休息をとって，次のドリルを疲れ切った状態で始めないようにする。

　クイックネスのトレーニングを組み立てていく上で重要な時間の設定は，個人によって調節しなければならない。体力レベルの低いアスリートは，体力レベル向上のために，補助的なコンディショニングを行ったり，身体的な負荷をかけたりする必要があるかもしれない。しかし，ことクイックネスのトレーニングに関しては，運動時間を短くし，休息時間を長くする必要がある。

　スポーツの専門化の早熟化が進んでいるなか，若いアスリートが競技力の基礎を築いたり，さまざまな動的な動作パターンで体を連動する経験をさせたりするためにはさまざまなクイックネスドリルを行わせる必要がある。若いアスリートに競技に特異的なドリルだけを行わせるようなことをしてはならない。

実際の総合的クイックネスドリル

　ある1つのドリルの段階を上げていく方法としては，設定された時間内の接地回数を増やす，横への移動距離を増やす，動きを複雑にする，制限時間を短くする，チューブでアシストして限界以上のスピードで動く，パートナーを作って競争の要素を入れる（相手と競いながらドリルを行うか，計測を行って結果を記録する）といったものがある。さらに段階を上げるには視覚刺激を用いる。フットボールプレーヤーであれば，テニスボールをキャッチするような一般的なドリルや，複雑な動きをしながらパスを受けるような競技に特異的なドリルがこれに含まれる。ただし，これらのドリルも，どこへ向かって動くのか，いつボールが来るのかといったことがわかっているという点は，その前の段階のドリルから変わっていない。

　そこで，次の段階として，さまざまな動きをしている時にランダムなタイミングで視覚・聴覚刺激が加わるドリルがある。例として，アスリートの前に落とされたボールが1度バウンドして再度地面に落ちる前にキャッチするよう爆発的に捕りに行くというドリルがある。指導者が方向を指示してもよい。これらが認識－反応－爆発的動きの運動パターンのドリルである。

　これまでのクイックネスのトレーニングでは，長い休息時間を設けて素早く動くのに理想的な状況を作り，爆発的な動作を短時間行うことが推奨されている。しかし，ゲームではそれよりも厳しい状況でクイックネスが必要とされる。つまり，ピリオドの後半，ゲームの終盤，ロスタイム，長時間の持久的運動を行った後に，爆発的なクイックネスが必要となる可能性がある。そのため，ある程度クイックネスが改善した後の最終的な目標は，コーディネーションや爆発的なクイックネスを疲労した状態でも発揮できるようにすることとなる。一流アスリートはただ素早いだけではない。勝利のためには，極度に疲労の溜まった状態でも運動単位を動員し，爆発的で複雑な動きを協調的に行うことができるようにしなくてはならない。これがゲームに特異的な

クイックネスである。ゲームに特異的なクイックネスを改善するために，クイックネスドリルを制限時間の15秒を超えて続けたり，疲労した状態でクイックネスドリルを行ったりして，クイックネス持久力を改善する。再度クイックネスを改善したくなったら，クイックネスそのものの改善に適した設定に戻せばよい。

　コーチは練習の最後に無酸素性コンディショニングを設定することが多い。次のゲームへ向けた対策として，無酸素性コンディショニングのかわりに，練習の最後にオーバースピードクイックネスのドリルを練習に入れることにより，疲れていることや体が動かない状態で練習したことよりも，むしろ爆発的に動いたことが記憶される。

　競技パフォーマンスを向上させるためのもう1つのヒントは，競技練習以外のクイックネスドリルにスポーツスキルの要素を含めたり，競技練習にクイックネストレーニングの要素を含めたりすることである。こうすることで，クイックネスの改善がさらにゲームのパフォーマンスにつながりやすくなる。

　クイックネスのトレーニングに，パックを運んだり，ボールをドリブルしたりするといった競技スキルを加える場合も，クイックネスを低下させてはならない。優れたアスリートなら，ゆっくりと競技スキルを発揮することができるはずである。さらに優れたアスリートになるためには，競技スキルを素早く加速しながら行うことができるようにならなければならない。さらに，安定した状態であろうと，不安定な状態であろうと，さまざまな方向へ最大の素早さで，場合によってはコンタクトの圧力に耐えながら，スキルを発揮することができなくてはいけない。

　上のレベルに上がろうとアスリートが挑戦した結果として生じた失敗については，コーチはそれを許すべきである。多くのアスリートは，ステップのスピード，技術，動きのパターンを，自分ができると思っているレベルや安易にできるレベルにとどめてしまう。アスリートならば，それまでの自分の限界を打ち破ろうとしなくてはならない。効率よく動き，新たなレベルでスキルをコントロールできるようになるまで，倒れたり，ハードルを倒したり，ボールを落としたり，バランスを崩したりといった失敗が続くだろう。パフォーマンスを改善していく過程で短期的なパフォーマンスの低下は避けて通ることができないことである。そのため，意欲的に能力を高めようとしているアスリートを絶対にしかってはならない。むしろ，自分自身，さらにはチームを変えようと積極果敢に努力して失敗しているアスリートを成功へ導くことでアスリートのモチベーションを上げることができる。

　クイックネスドリルは，代わりとなるエクササイズがない，競技に近い，ダイナミックなエクササイズである。すぐに結果が出る，といった理由から広く認められているトレーニングでもある。クイックネスドリルは競技パフォーマンスへつながることもわかっている。各スポーツのプレーやゲームの特徴をできるだけ多くのドリルに入れよう。また，子どもたちの双方向型ゲームを観察し，何がおもしろいのか考えてみよう。そして，その要素をドリルに加えてみよう。チームメイトと競争して盛り上がると，運動強度が上がる一方，楽しさも出てくるようになる。競争に楽しい要素が加わることで，最大の努力，最高の結果，最大の喜びがもたらされる。

オーバースピード・ストッピング

◆目的
ストップ動作のクイックネス，ストップ動作をコントロールする能力，最適なスタート動作（動き出し）の準備姿勢をとるためのバランス能力の改善。

◆方法
① トレーニングの準備として，台から飛び降りる練習を行う。45cm程度の高さの台を用いて，はじめは両足，次に片足で着地する。
② 水平方向のスピードをコントロールして，オーバースピードの状態を作るため，チューブや下り坂をドリルに用いる。
③ 45度に設定された台を使って横方向のストップ動作を行う。横方向のストップ動作は，片足で行うが，内側と外側両方の脚で練習するべきである。

◆キーポイント
素早く，バランスをとって止まり，その状態を保つことを強調する。目標は，素早く，しっかりと止まることである。

ラテラル・クロスオーバー・ストップ&スタート

◆目的
反動動作のスピードの改善とカップリングタイムの短縮，片足でのスタート&ストップ動作とクロスオーバーステップを練習すること。

◆方法

```
         左0  右0
    右3 | 左2  右1
  左4 右5 | 左6
       右9 | 左8  右7
```

① 地面に描いた直線の右側に立つ（左0，右0）。
② 右足に体重を移動し，片足で立つ（右1）。
③ 左足に踏みかえる（左2）。
④ 内側の足（左足）を越えるように外側の足（右足）を交差させて，直線を越えたところにしっかりと足をつく（右3）。
⑤ 左足を地面にしっかりついて，ブレーキをかける（左4）。
⑥ 右足を内側について（右5）から，それを越えるように外側の足（左足）を交差させて，直線を越えたところにしっかりと足をつく（左6）。
⑦ このような直線をまたいだクロスオーバーステップを後方もしくは前方へ向かって続ける。いずれの場合も，ブレーキ動作は外側の足で行う。

◆キーポイント
バリエーションAとして，足を直線の近くにつく方法がある。この方法は，地面から跳ね上がるように足を浮かし，接地時間を最小限にしてカップリングタイムを短縮することに重点を置いている。バリエーションBとして，交差した足を直線から離れたところにつく方法がある。この方法では，ブレーキ動作やストップ動作に重点が置かれ，素早い反動動作を維持することが強調される。コーチは，地面に印を

つけることで横方向の歩幅を調整することができる。また，1セットの時間内に何回線を越えるか目標を設けることでペースをコントロールすることができる。

アンクル・チュービング・シャドウゲーム

◆目的
ストップする反応とストップ動作のクイックネス，ストップ＆スタート動作，横方向のクイックネス，フェイントのかけ方の改善。

◆方法
① 2人組みを作り，両足関節にチューブを装着した（短いチューブで左右の足関節を結んだ）状態で約30cm離れて向かい合って立つ。
② 片方のアスリートが攻撃側となって，もう片方の守備側のアスリートを振り切ろうとする。攻撃側は限られた範囲内で左右にのみ動いてよい。前後に動いたり，ターンをしたりしてはいけない。ステップはラテラルシャッフル（横方向）のみとする。
③ 守備側は，常に攻撃側のアスリートの目の前に位置し続けられるようにする。守備側は，ラテラルシャッフルでストップ＆スタートを行い，攻撃側のアスリートの方向転換に反応して動く。

◆キーポイント
つま先に体重を乗せ，腰を落とし，良い準備姿勢を維持する。このドリルは，すぐに疲労が蓄積するので，運動時間を短くし，他のドリルよりも長めの休息時間を確保するようにしよう。

ダブルT・ストップ＆スタート・ハードルレース

◆目的
クイックフット（素早いステップ），反応，ストップ＆スタート動作，カッティングの改善。

◆方法
① スタートラインとゴールラインを描き，その間にランニングラインを描く。ランニングラインと交差するように4つのマイクロハードル（ランニングラインの両側に2個ずつ）を2列並べよう。
② スタートライン（A1）に準備姿勢で構え，スタートの合図とともに爆発的にランニングライン上を走り出す。

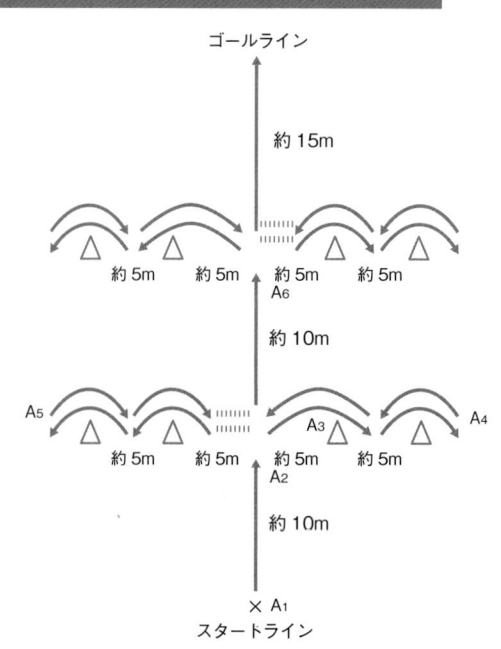

③最初のハードルの列（A2）の1歩手前で，声もしくは手の合図で，アスリートに左右どちらか指示する。アスリートはその方向にターンして前向きに走ってハードルを越えていく（A3）。

④指示された側の2つのハードルを素早く越えたら，同じハードルを今度はラテラルシャッフルで戻り，ターンをして，反対側の2つのハードルを前向きに走って越えいく（A5）。

⑤端まで行ったら，再びラテラルシャッフルでランニングラインまで戻り，次のハードルの列まで走る（A6）。

⑥2つめのハードルの列の1歩手前で，もう一度，方向の指示もしくは合図を与える。

⑦同じ運動を繰り返し，ゴールラインまで走りきる。

◆ キーポイント

毎回スタートからゴールまでのタイムを計測し，トレーニング効果を把握したり，ベストタイムをチームメイトと競わせたりしよう。

アラウンド・スルー・オーバーレース

◆ 目的

クイックフット（素早いステップ），多方向の動き，方向転換の改善。

◆ 方法

①コーンもしくはマイクロハードルを6つ，まっすぐに並べる。

②コースのどこか1つの角に立つ。アラウンド，スルー，オーバーのいずれも常に1つの方向を向いて，できるだけ素早く行う。

③笛が鳴ったら，ラテラルシャッフルで一列に並んだコーンの端まで行き，コーンの後ろまで後ろ向きに走る。そして，最初のコーンのところまでラテラルシャッフルで戻り，前向きに走ってスタート地点に戻る。そのまま，これを反対回りでも行う（アラウンド）。

④2番めのサーキットでは，最初のコーン（の後ろ）まで後ろ向きに走り，最初のコーンと2番めのコーンの間は前向きに切り返して走り，2番めと3番めのコーンの間は再び後ろ向きに切り返して走る。これをラインの最後まで続け，同じようにしてスタート地点まで戻る（スルー）。

⑤3番めのサーキットでは，横方向へのクロスオーバーステップでコーンを越えていって，最後のコーンの外側で止まって，再びクロスオーバーステップでスタート地点まで戻ってくる。このとき，足は毎回コーンとコーンの間につくようにしなければならない。

◆ キーポイント

すべての方向転換をより素早く行うことが重要である。方向転換の時に余計なステップを踏んではならない。しっかり足をつき，カッティングをし，爆発的に動くだけである。

アラウンド（周回）

スルー（通過）

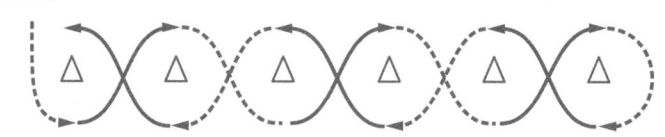

オーバー（踏み越え）

| ||||||| ラテラルシャッフル　　----　後ろ向き
――　は前向きのスプリント　……　クロスオーバーステップ

バックワード・トゥ・フォワード・トランジション

◆**目的**

後ろから前に向き直る際の，素早さと効率の改善。

◆**方法**

① 7つのコーンでコースを作る。その際，後ろ向きに4歩下がり，さらに角度をつけて4.5m～9m走ることができるよう十分な間隔を設けてコーンを並べる。

② 後ろ方向にまっすぐ，バックペダルで素早く4歩下がる。

③ 後ろに下がりながら，スピードを落とすことなく，前向きにターンして次のコーンまでダッシュする。

④ 止まることなく後ろ向きにターンし，もう一度4歩バックペダルを行う。

⑤ コースの最後までこれを繰り返し続ける。

◆**キーポイント**

苦手な向きのターンを集中的に練習するために，たとえば，左側へのターンが苦手ならば，2つめ以降のコーンを左側に並べて，同じ方向のターンを繰り返し練習できるようにする。左右を同じように練習するならば，コーンを左右交互に並べる。難易度を上げるなら，コーンの配置をバラバラにしてしまって，バックペダルを行いながら，後ろを見てコーンの位置を確認しないと，次に左右どちら向きにターンしてよいかわからないようにしてしまえばよい。

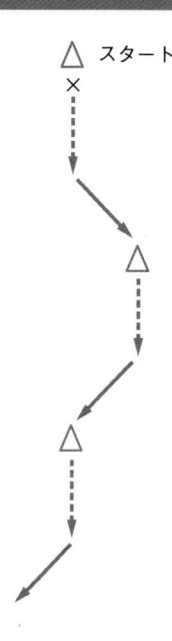

ジグザグカッティング

◆ **目的**

横へのカッティングを伴う素早く爆発的なスプリントの改善。急激に止まって反対方向へ爆発的に再び走り出す能力の改善。

◆ **方法**

① 縦と横の距離を変えながら7つのコーンをジグザグに並べる。このとき，コーンとコーンの間の距離は3m程度とする。

② 1つめのコーンに向かって走り，その少し前で足をしっかりついてブレーキをかけ，そこから次のコーンに向かって爆発的に走り出す。

③ この動作を繰り返し，最後まで走り切る。

◆ **バリエーション**

各コーンを回るように変えてみよう。次のコーンを置く位置によって，カッティングを行うか，コーナーを回るようになるか違ってくる。また，このドリルは後ろ向きや，横へのパワーシャッフルで行ってもよい。

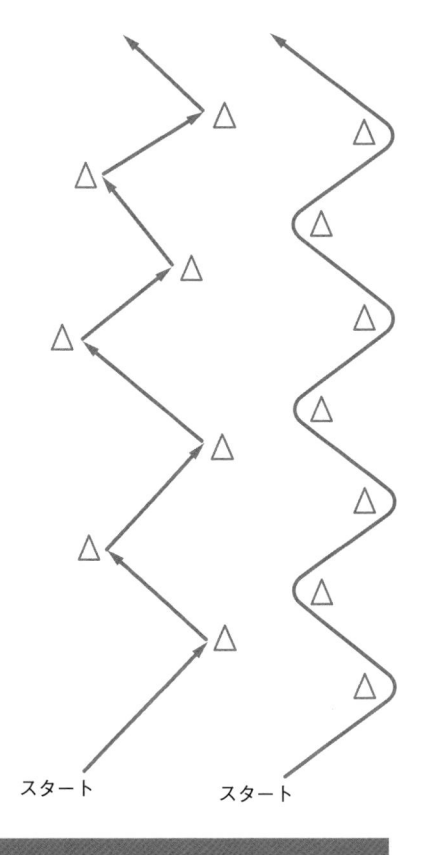

シングルレッグ・タオル・タグ

◆ **目的**

片足でのクイックネス，バランス，反応スキルの改善。

◆ **方法**

① ドリルを行う範囲がわかるように，はっきりと小さめの範囲を描く。

② アスリートの中から1/6を追っ手にして，2/6を"鬼"にする。残り半分のアスリートは休み。

③ フラッグ・フットボールのように，鬼はシャツにタオルを引っ掛ける。

④ 笛が鳴ったら，追っ手は鬼のタオルを奪いに行き，鬼はタオルを奪われないようにする。その際，アスリートは片足だけで移動する。

⑤ 追っ手にタオルを取られた鬼は，追っ手へと変わり，今度は一緒になってタオルを取りに行く。

⑥ 鬼の目標は，タオルをつけて最後の1人になることである。

⑦ このゲームは反対の脚でも行う。

◆ キーポイント

このドリルを行う場合，事前に接触ありか，接触なしかを決めておく。グループ毎に競わせる場合，タオルを失ったアスリートは追っ手になるのではなく失格とし，すべてのタオルが奪われるまで続ける。追っ手がタオルをすべて奪うのに要した時間を計測し，6つのグループがそれぞれすべてのタオルを奪うのに要した時間を競わせてもよい。このドリルは両足で行ってもよい。

フォロー・ザ・リーダー

◆ 目的

多方向へのクイックネス，認識－反応能力，コーディネーション，可動性の改善。

◆ 手順方法

① 2人組，もしくは4人程度の小さなグループに分ける。
② 笛が鳴ったら，リーダーは爆発的に動き出す準備をする。
③ その他のメンバーは，リーダーの約2m後ろに立つ。
④ 笛が鳴ったら，リーダーは他のメンバーから逃げ，振り切ろうとする。
⑤ 他のメンバーはリーダーの動きや動作パターンを真似して走り（スポーツによっては，滑り）できるだけ近くについていこうとする。

◆ キーポイント

リーダーは，前方向，後ろ方向，ストップ＆スタート，カッティング，仰向けに寝る，転がるなど想像力を働かせてさまざまな動きをするようにする。立った状態の動きに限定するのかどうかをはっきりと決めておこう。他のメンバーはリーダーの走ったコースをショートカットしてはいけない。他のメンバーは動きだけでなく，動きのコースも真似しなければならない。

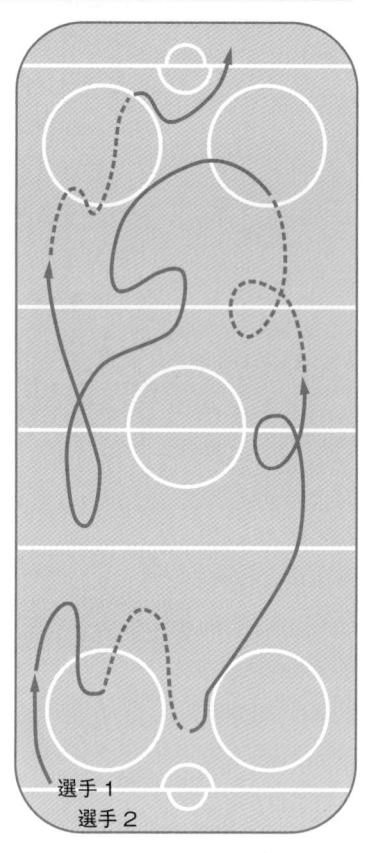

選手1
選手2

カオス・エンドゾーン・テニスボール・チャレンジ

◆ 目的

多方向へのクイックネス，認識－反応－爆発的動作の能力，ストップ＆スタート動作の改善。

◆ 方法

① 6人のチームを2組作り，バスケットボールコートの1/4の範囲内に，両チームともバレーボールの様に3人ずつ2列になって並ぶ。

② 各チームの陣地は，センターライン，サイドライン，ゴールの奥の壁に囲まれた範囲とする。
③ 各アスリートが1つずつボールを持った状態から開始する。
④ 開始の笛が鳴ったら，各アスリートはボールを相手の陣地のなかに放り投げる。そうすると，ボールは相手の陣地に広く散らばる。
⑤ 自陣に投げ込まれたボールを追いかけて拾いに行き，それを相手側に投げ返すようにする。投げ込まれたボールに爆発的に向かって行くことができるように，顔を上げて準備しておかなくてはならない。コーチは，開始から終了までの時間を20秒～3分の間でバリエーションをつけるようにする。
⑥ 目標は，終了の笛が鳴った時点で相手チームよりも自陣の中にあるボールが少ないことである。

◆ **バリエーション**

開始の笛が鳴ったときに最初に各アスリートが投げるボールの数を2つにする。こうすることで，アスリートは，自陣に投げ込まれたボールを，一瞬たりとも休むことなく，追いかけ回し続けなくてはならなくなる。

インプレイス・ランジジャンプ

◆ **目的**

脚と股関節のパワー，収縮速度，1歩のスピード，動的柔軟性の改善。

◆ **方法**

① 足を肩幅に広げて立つ。
② 左脚を踏み出して，膝関節が足の上で（つま先を越えてはならない）90度になるようにフルランジのポジションをとる。
③ その場でジャンプして空中で両脚を入れ替え，右脚を同じようにランジポジションにして着地する。そのとき，左脚は体の後方で伸ばしておく。
④ 着地の衝撃を吸収し，素早くジャンプして，再び脚を入れ替え，最初の姿勢で着地する。
⑤ 一連の動きを素早く5～15回繰り返す。

◆ **キーポイント**

腰を低く下げたままで脚を前後に入れ替えるようにしよう。また，できるだけ高く跳び，滞空時間を長くするようなバリエーションにも挑戦してみよう。

ラテラル・アングルド・ボックスシャッフル

◆ **目的**

クイックフット（素早いステップ）と横方向への動きの改善。

◆ **方法**

① 両足で板の部分の中央に立つ。
② 左足をボックスの左側にしっかりとつく。

③ 左足でボックスの左側を蹴り（左1），きわめて短時間で右足，左足の順に板の部分に接地してすぐに足を浮かす（右2，左3）。
④ ボックスの右側に右足で接地し（右4），ブレーキをかけて素早く反対方向に蹴り出す。
⑤ きわめて短時間で左足，右足の順に板の部分に接地する。できるだけ素早く接地し，そしてすぐに足を浮かす（左5，右6）。
⑥ ボックスの左側に左足で接地し（左7），ブレーキをかけて素早く反対方向に蹴り出す。
⑦ 一連の動きを1セットの時間内で繰り返す。

◆キーポイント

このドリルはきわめて素早いステップを行ってこそ意味があるので，総接地回数を数えて，トレーニングの経過を観察していくのは困難である。ボックスの片側に何回足をついたか数える（たとえば，ボックスの右側に何回足をついたか数える）のが現実的な方法である。このドリルは，膝を曲げ，腰を落とした姿勢で，つま先を上げて行わなくてはならない。股関節外転筋を刺激するために，横に足を着くときは，斜めのボックスの上半分の高さに足を着くべきである。

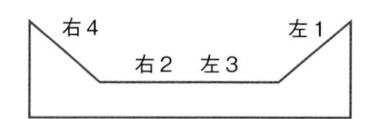

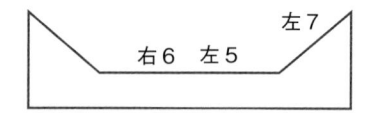

```
右4           左1          左7
   右2  左3       右6  左5
```

ローデプス・ドロップ&カット

◆目的
横への最初の1歩を爆発的なものにすること。

◆方法
① 約30cm～約40cmの高さの台の上に立つ。
② 台から踏み出し，着地した際の衝撃を吸収する。さらに，合図に反応して，指示された左右どちらかの方向に素早く3～4歩カッティングを行う。

◆キーポイント
パフォーマンスの改善に合わせて，方向を指

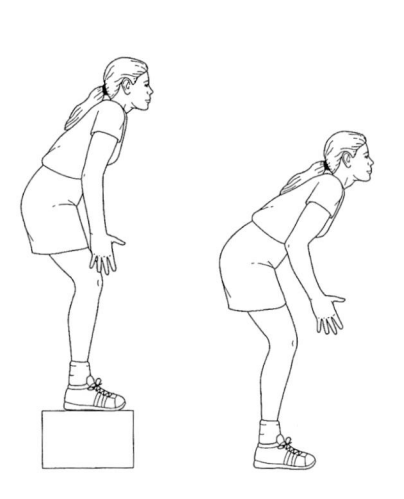

示するタイミングを遅らせるようにすることで，認識－反応に要することのできる時間を短く制限することができる。このドリルは，台から後ろに向かって踏み出し，後ろ向きで着地して，指示に従い片方の足を外側に開いて前向きに踏み出して3〜4歩走るようにしてもよい。台から前方踏み出し，着地した後にクロスオーバーステップをして走り始めるバリエーションもある。

レット・ゴー

◆目的
1歩のパワー，動きながらスピードを変化（上昇）させる能力，ギアを変える能力の改善。神経筋を刺激すること。

◆方法
① 抵抗となるハーネス，ベルト，パラシュートなどを装着した状態から始める。
② 笛が鳴ったら，（抵抗のかかった状態で）全力で，素早く力強い足取りで走る。
③ 5歩か6歩走ったところで抵抗をなくし，「ゴー！」と声をかけて走り出させる。
④ 抵抗をなくすと，走動作がより力強くなり，脚の回転率が上がる。

◆キーポイント
足の引き上げは全力で力強く行うが，「ゴー！」の合図を聞くまでは蹴る動作は最大努力よりも少し弱くするように指導しなくてはならない。抵抗から解放される局面で，合図を聞いてからは全力で地面を蹴って加速していく。これは動きのなかでスピードを上げる神経系の命令を訓練するのに役立つ。

Zボール21

◆目的
認識－反応－爆発的動作の能力と多方向へのクイックネスの改善。

◆方法
① バスケットボールコート半面やテニスコート程度のゲームの範囲を決める。
② 2人組みを作り，どこに跳ねるか予測がつかないZボールを使って競い合う。
③ 片方のプレーヤーが相手の目の高さからボールを落とす。
④ その際，ボールを投げ上げるようにしてはならない。
⑤ キャッチする側のプレーヤーは，相手がボールを落とすまで手を大腿部よりも低くしていなければならない。

⑥ キャッチする側は，地面から跳ねたボールをキャッチするようにする。
⑦ 跳ねたボールをうまくキャッチできた場合は，キャッチする側にボールが跳ねた分だけポイントが与えられる。たとえば，3回跳ねたボールをキャッチした場合は，3ポイントが与えられる。ボールが跳ねなかった場合，ボールが途中で跳ねなくなった（そして転がり始めた）場合，キャッチするプレーヤーがボールを落とした場合は，ポイントが与えられない。
⑧ 片方の点数が21点に達するまで，ボールを落とすのとキャッチするのを交代しながら続ける。
⑨ 最初にボールを落とした方のプレーヤーが，最後にボールをキャッチする側になるようにする。つまり，最初にボールを落としたプレーヤーAが18対21で負けていたら，もう一度キャッチに挑戦し同点にするチャンスが与えられる。2点以上の差をつけないと勝利とならない。

◻ **キーポイント**

常に低く構え，足を動かし続けて，地面を跳ね回るボールを追いかけることが重要である。このドリルは，きわめて高いクイックネス，アジリティ，競技力を必要とする。

エンドゾーン・メディシンボールプット

◻ **目的**

上半身の爆発的能力（脚・スピードセンターの爆発的能力，また全身の機能が連鎖しているという点を踏まえれば全身の爆発的能力も含む）の改善。

◻ **手順方法**

① ドリルを行う場所の中心から同じ距離に2つエンドゾーンを描く。
② 2人のアスリートが競い合う。
③ 先攻は，相手のエンドゾーンに向かって爆発的にチェストパスをするように，ボールを腕を伸ばして保持した状態から素早く胸に向かって引き付け，さらに押し出すようにして投げる。
④ 相手のアスリートは，ボールが落ちたところから，もう一方のエンドゾーンに向かって爆発的にチェストパスを行う。
⑤ 相手を後退させるようにして，相手のエンドゾーンの中にボールを投げ入れることができるまで交互に投げ続ける。

◻ **キーポイント**

脚を使って全身で爆発的に投げるようにする。大きなパワーを出すため，1回投げたら1回休む。そのアスリートにとってエンドゾーンに到達するのがどれだけ大変かにもよるが，たとえば5点までというように目標点数を設定しておく。

リアクト&スプリント・テニスボール・ドロップ

◆ **目的**

最初の1歩を爆発的にすること。

◆ **方法**

① コーチが，両手にテニスボールを握り，両手を横に伸ばして肩より約15cm高い位置でテニスボールを保持する。

② プレーヤーには，一定の距離をとった場所でコーチと正対させ，軽く膝を曲げ，つま先に体重を乗せて爆発的に動き出せるように準備させておく。

③ 片方のボールを落とす。

④ ボールが手を離れた瞬間，それに反応してボールをキャッチしにいく。1回のバウンドでキャッチするようにする。

⑤ コーチの正面に構えたところだけでなく，コーチの横に構えたところ（左右両方とも）や，コーチに背を向けて構えたところからも，それぞれ同じ回数を行う。

⑥ プレーヤーが直接コーチの方を見ていない場合は，ボールが落ちる時に「落ちた」と声で教えるようにしよう。プレーヤーはそれに反応して股関節を素早く回旋させ，ターンして走り出し，落ちたボールの方へカッティングを行う。

⑦ 「左」とか「右」というふうに，ターンする方向を命令してもよい。落ちたボールの方向，反対方向のいずれでもよい。反対方向の場合は，ターンして後ろにカッティングしなくてはいけなくなる。

◆ **キーポイント**

プレーヤーの能力が目で見てわかるので，このドリルを実施した場合は，すぐに1歩めのクイックネスの改善がみられる。このドリルを用いることで，プレーヤーを次のレベルに上げることができる。さらなる挑戦を望むプレーヤーには，それぞれの能力に合わせて走る距離やボールを落とす高さを調節する。

まとめ

適切な動きを相手よりも素早く始める能力は，攻撃戦術・守備戦術の根幹を支えるものである。

クイックネスを改善する最初のステップは，基礎を作ることである。鍵を握る要素は，競技能力（バランス，コーディネーション，固有受容覚），間欠的無酸素性スプリントによるコンディショニング（ゆっくりとした持久的有酸素性トレーニングだけではない），筋力（多関節クローズドキネティックチェーンと，スクワットやランジを用いた片足エクササイズ），均衡のとれた柔軟性（マイクロストレッチを通して得られる）である。

　100m走のような加速のしかたは，スポーツにおけるクイックネスの改善とはほとんど関連がない。スポーツにおけるクイックネスに要求される力学的な特徴は，多方向であることに加え，素早く方向転換することが強調されていることである。どんなアスリートのプレーも素早いバイオメカニクス的な調整の連続と，ストップ＆スタート動作で成り立っており，これがゲームを変えるプレーを起こす鍵となる。

　ストップ動作は，スタート動作の鍵を握っている。運動の絶対的な時間を短縮するため，ディフェンダーを振り切るため，さらに素早いスタート動作を支える筋の生理学的特性を引き出すためには，より素早くかつ正しくストップする必要がある。

　トレーニングの主な目的がクイックネス持久力の向上でないかぎり，サーキット形式のプライオメトリクスとクイックフット（素早い足さばきの）エクササイズを行ってはならない。爆発的なクイックネスを改善する上で，ドリルとドリルの間の十分な回復時間は絶対に欠くことができない。身体的に疲労するトレーニングが，クイックネスを効果的に改善するものだと勘違いしてはいけない。クイックネスドリルは最大神経活動を刺激するように作られたもので，筋が正しい順番で素早く活動するように命令することを神経系に覚えさせたり，スポーツの動きや技術を複製したりする。すべてのスポーツのスキルが神経筋の適応を伴うように，クイックネスにも完璧な練習というのが必要になる。

　遊びと競争の要素を加えた多方向の認識－反応－爆発的動きの運動パターンのドリルはアスリートに受け入れられやすく，クイックネスを改善させるものである。能力を高めるため，これまでの心地よい範囲を超えてスピードを上げで動作を行うように叱咤激励する。クイックネスを改善していく上で避けて通ることのできない冒険や失敗を支えていく。

　認識－反応－爆発的動きの運動パターンがある個人スポーツだけでなく，1対1の局面のあるチームスポーツにおいても，もっともクイックネスの高いアスリートが常にゲームを支配しているものである。きわめて素早いクイックネスは学習して獲得するスキルである。スポーツ技術，個人の戦略，チームのシステムがうまくいくかどうかがクイックネスにかかっていることから，クイックネス自体がスポーツパフォーマンスを支えるもっとも重要なスキルなのである。

7 三次元バランスとコアスタビリティ

3-D Balance and Core Stability

E. Paul Roetert

バランスに優れたアスリートの動きはよくコーディネートされ，かつよくコントロールされている。実際，フットボールやホッケーをしているときにバランスを維持し続けるのは明らかに難しい。空気抵抗，摩擦，重力などがバランスの維持に影響を及ぼす。スタビリティ（安定性）とは，これらの外力にいかに抵抗したりコントロールしたりするかということである。競技に特異的なトレーニングをより効果的でかつ十分に実施することによって，バランスに優れ，スタビリティの高いスポーツパフォーマンスを発揮できるであろう。

ここで紹介するエクササイズは，①筋バランス，②動的バランス，③コアスタビリティといった3つの領域に特化したものである。ところが，バランスの領域をこのように分けたとしても，これらの間には密接な関係がある。筋バランスでは，ほとんどの競技におおいて基礎となる筋力について述べる。動的バランスでは，試合またはトレーニングにおける重心のコントロールに役立つエクササイズに着目する。さらにコアスタビリティでは体幹筋のトレーニングを取り上げるが，これはスポーツの動きにおいて求められる体幹の屈曲・伸展動作に加え，回旋動作も考慮に入れたものである。また，三次元アプローチとは，身体の上下・前後・左右のすべて，すなわち全方向の動きでトレーニングを行うことである。このタイプのトレーニングは，筋バランスだけではなく，すべてのスポーツ活動中におけるスタビリティをも確保する。

筋バランス

筋を最適にトレーニングするためには，柔軟性，筋力，筋持久力，パワー，スピードについて考慮し，これらすべての要素をトレーニングプログラムに組み込むようにする。野球，テニス，槍投げなどのスポーツでは，利き側が非利き側より発達する。またランニング，サッカー，サイクリングなどは，上肢よりも下肢が強調されるスポーツである。ある特定の動作パターンや筋活動が繰り返されると，フットボールのオフェンス・ラインマンのように身体の前面がとくに発達したり，反対にボート競技のアスリートのように身体の後面がとくに発達したりする。しかし，すべての競技のアスリー

トにとって，身体の前面と後面，利き側と非利き側，そして上半身と下半身すべてを考慮に入れた包括的な筋のトレーニングプログラムが有効であり，このプログラムこそが三次元的な筋バランスを作り上げる。包括的なトレーニングプログラムは，単関節エクササイズだけではなく多関節エクササイズも含んでおり，競技特有の動作やコーディネーションの改善に役立ち，傷害を予防し，そして何よりもパフォーマンスを向上させる。

単関節エクササイズ

単関節エクササイズは，その呼び方のとおり，ある1つの関節周囲の筋群を鍛えるもので，後に続くより活発な運動のために身体を準備させるという重要な目的を担っている。さらにこのエクササイズは，特定の筋または筋群を分離して鍛えることができるため，筋バランスを微調整することができる。この種のエクササイズは比較的時間がかるが，筋または筋群を個別に意識して鍛えることができるので非常に有効である。

レッグエクステンション

◆ **目的**

大腿四頭筋の強化。

◆ **方法**

① レッグエクステンションマシンに座り，膝とマシンの回転軸を合わせるように座席を調節する（可能であれば）。膝はおよそ90度に屈曲させ，パッドは下腿遠位にセットする。
② 膝か完全に伸展するまで動かすが，過伸展させてはならない。
③ スタート位置までゆっくりと膝を曲げて戻す。

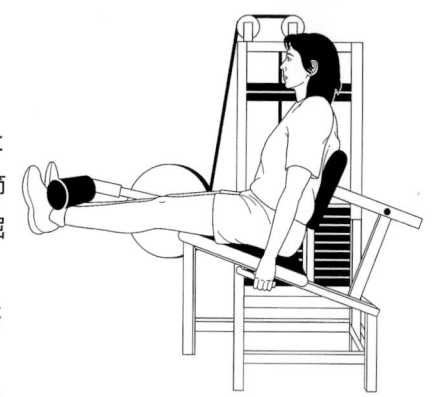

ハムストリングカール

◆ **目的**

ハムストリングの強化。

◆ **方法**

① マシンにうつ伏せになり，パッドを下腿遠位にセットする。スタートポジションで膝が過伸展しないように注意する。
② 殿部に向かって，ゆっくりと膝を曲げていく。
③ スタート位置までゆっくりと膝を伸展させて戻す。

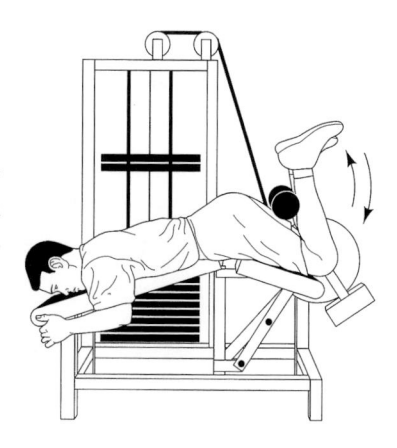

バンド・レッグアブダクション・アダクション

▶目的
側方へのシャッフル動作などで用いられる股関節外転筋群や前後へのステップ動作に用いられる内転筋群の発達。

▶方法
① チューブの一方の端を柱など支持が可能なものに，もう一方を足首に巻く。

② 柱から，片腕の長さぐらい離れて立つ。

③ 股関節の外転（アブダクション）を行うには，支持足でバランスをとりながら，運動脚を正中線から離れていく方向に動かす。この時，骨盤が垂直軸・矢状軸・前額軸のいずれでも回旋しないように固定しておくこと。

④ 股関節外転位にて少なくとも2秒間保持してから，スタート位置までゆっくりと戻す。

⑤ 股関節の内転（アダクション）では，エクサイズ脚をあらかじめやや外転位に保持した位置から，支持脚でバランスをとりながら，脚が正中線をわずかに通り越すまで内転させる。過度に内転させると骨盤が回旋し始めるので注意すること。

⑥ この場合も内転位を少なくとも2秒間保持してから，スタート位置までゆっくりと戻す。

多関節エクササイズ

ほとんどのスポーツでは複合的な動きが要求される。そのため，できるかぎりトレーニングは競技に特異的な方法で実施されるべきである。たとえば，スクワットやランジのような多関節エクササイズは，通常は単関節エクササイズに比べ，限られたトレーニング時間を最大限に生かすために効果的である。多関節エクササイズは個々の関節の動きを独立させて行うものではない。また，このエクササイズはゆっくりコントロールされた動きで行われるため，傷害の可能性を大きく低減させる。加えて，これらは後述する動的バランスエクササイズのための，優れた準備的なエクササイズでもある。

スクワット

▶目的
大殿筋，大腿四頭筋，ハムストリング，脊柱起立筋，ふくらはぎの筋群の強化と，筋バランスの調整。

▶方法（4章のスクワットとデッドリフトを参照）
① 足を肩幅に開き，つま先をやや外側に向けて立つ。バーベルを首の後ろで担ぐ。

② 大腿が地面と平行になるまで，ゆっくりと，コントロールしながら膝を曲げ，腰を下ろしていく。その間，胸を張り，背中をまっすぐにし，視線は前方に向けたままにする。ウエイトは足の後部に向かって降ろすようにし，膝は足背の上に位置するようにする（膝をつま先より前に出さない）。膝に問題があるか，

または既往歴がある場合は，膝の屈曲角を45度から60度程度に制限する。
③ 姿勢を維持したままで，スタート位置まで戻る。

◆ **バリエーション**

負荷としてダンベルを両手に保持したり，メディシンボールを首の後ろに両手で支えた状態で実施することも可能。

ランジ

◆ **目的**

下肢と体幹の筋群のトレーニング。

◆ **方法**

① 足を約15～20cm程度開き，バーベルを首の後ろで担いだ姿勢で立つ (a)。
② 一方の足を大きく前に踏み出し，大腿が床と平行になるまで腰を下ろす (b)。
③ 足をスタート位置まで戻す。このとき細かく（何歩か）ステップをして戻してもよい。
④ 動作中，視線をまっすぐ前方に向けて体幹をまっすぐして胸を張った状態を保つ。
⑤ 左右交互に動作を行う。

a   b

◆ **バリエーション**

① クロスオーバー・ランジ：踏み出す足をまっすぐ前方に踏み出すかわりに45度対角線方向に踏み出す（左足の場合は，右側に交差する方向に動かす）。スタート位置に戻ったら，次は反対足を対角に踏み出す。これを左右交互に行う。
② サイド・ランジ：右足を右横に踏み出し，スクワットの姿勢まで腰を落とす。スタート位置に戻ったら，次は左足を左に踏み出す。これを左右交互に行う。膝に問題がある場合は，膝にかかるストレスを軽減するため，膝の屈曲角を35～40度程度に制限する。
③ ダンベル（メディシンボール）・ランジ：ダンベルを両手に持つか，メディシンボールを首の後ろで支えてランジを行う。

ステップアップ

◆ 目的
大腿四頭筋，大殿筋，ふくらはぎの筋群の強化と，筋バランスの調整。

◆ 方法
① バーベルを首の後ろで担いだ姿勢で立つ。
② 約30～50cmの高さのボックスを用いて，両足交互にボックスに上り，次にボックスから下りる。

◆ バリエーション
ボックスに上るときに，足を前方向だけでなく，横あるいは対角方向にステップして上るという変化を加える。メディシンボールを首の後ろに両手で支えるか，ダンベルを両手で保持して実施する。

レッグプレス

◆ 目的
大殿筋，大腿四頭筋，ハムストリング，ふくらはぎの筋群の強化と，筋バランスの調整。

◆ 方法
① マシンに横たわり，膝関節が90度屈曲位になるよう座席を調整する（a）。足はおおよそ肩幅の広さに置く。
② 股関節と膝関節を同時に伸展させプラットフォームを押していく。ただし膝を完全伸展位でロックしてはいけない。
③ スタート位置まで戻す。

a b

◆ バリエーション
各脚の強化のために，片脚でエクササイズを行ってもよい。もう1つのバリエーションは，約3～4kgのメディシンボールを膝の間に挟み，それを締め付けながらエクササイズを行う。

プッシュプレス

◇ **目的**

上腕二頭筋，上腕三頭筋，三角筋，脊柱起立筋，大殿筋，大腿四頭筋，ハムストリング，ふくらはぎの筋群の強化と，筋バランスの調整。

◇ **方法**

① 足をおおよそ肩幅に開いて立ち，膝関節と股関節をわずかに屈曲させる。
② バーベルを順手（手のひらが前方を向く）で握り，肩の位置で保持する。
③ スクワットのように膝を曲げてから爆発的に伸展させ，バーをいっきに頭上に差し上げ，その後，スタート位置まで戻す。

◇ **バリエーション**

バンドかチューブを用いてこのエクササイズを行う。バンドやチューブの一方を肩幅に開いた足で踏んで固定し，片方を肩の高さでバーベルのように保持する。スクワット姿勢からいっきに股関節と膝関節を伸展させ，同時にバンドやチューブを頭上へ押し上げる。

動的バランス

ソフトボールのショートのプレーヤーが地面のボールを処理する，バスケットボールプレーヤーがマンツーマンディフェンスでプレーする，サッカープレーヤーがディフェンス数名をかわしてドリブルする，ホッケープレーヤーがトップスピードで方向転換する，その時には非常に高いレベルのフットワークと良好なバランスが要求される。動いているときに身体を常にコントロール下に置く能力を動的バランスと呼ぶ。図7.1のように，足を肩幅より広げて立つだけで，アスリートはもっとも安定した支持土台を得るだろう。もちろん，これは競技中に常に可能なことではない。ほぼ完全に身体をバランスさせることができる範囲に重心を位置するようコントロールすることが鍵である。通常，女性は男性よりやや重心が低い位置にある。

重心を支持土台の間に位置させることで，アスリートはより容易に方向転換を行うことができる。さらに，重心を落とすことで安定性が高まる。ほとんどすべてのスポーツにおける優秀なアスリートは重心をコントロールすることに非常に優れ，そのため動的バランスが優れている。

図7.1 安定した支持土台があれば容易に方向転換ができる

いくつかのスポーツでは，動きの上手下手は重心のコントロールとバランス能力にかかっている。そのようなスポーツにおいてバランスを崩すことは，競技に負けることを意味している。以下のスポーツはこのカテゴリーに分類される。

- サイクリング
- 柔道
- ダイビング
- スキー
- フェンシング
- スピードスケート
- フィギュアスケート
- ウエイトリフティング
- 体操
- レスリング

　また，別のスポーツにおいては，動いている物体（ボールやパックなど）あるいはチームメイトとの関係のなかで，動作中にバランスを保持することが求められる。次に示すスポーツには似かよった動きのパターンがある。

- 野球（ソフトボール）
- フットボール
- バスケットボール
- サッカー
- アイスホッケー
- テニス
- フィールドホッケー
- バレーボール

　次に紹介するエクササイズは，アスリートの重心コントロールを向上させることに役立ち，結果として動的バランスを向上させる。

ストークスタンド

◆目的
重心コントロールの促進。

◆方法
① 一方の足の足首を持ったまま，膝をやや曲げたまま片足で立つ。曲げた膝と立脚足はまっすぐ向いていること。
② この姿勢を30秒間保持し，次に他方の足で同様に行う。

コーンジャンプ

◆目的
両足の筋力向上。

◆方法
① 3つのコーンを約2足長分離して一直線に並べる。
② 両足で前方に跳び，それらのコーンを跳び越していく。それぞれのジャンプにおいて，着地後すぐに地面をはじくようにして次のジャンプへと移行する。ジャンプや着地で上体がふらつかないように安定させること。
③ エクササイズに慣れてきたら，コーン間の距離を伸ばしていく。

◆ バリエーション

横方向にホップしたり，ジャンプの方向を変えたりすることでこのドリルに変化をつけることができる。また片足ジャンプが上級の方法として挙げられる。このドリルを実施するためには，脚筋力とバランスが適切なレベルに達していなければならない。

ライン・ホップ

◆ 目的

片足の筋力向上。

◆ 方法

① 2本のラインテープを，約90cm離して床に貼る。
② テープで作ったラインからラインへ，横方向に片足でホッピングする。この左右への反復ホッピングは可能なかぎり軽快に行う。
③ 1セットを約30秒間行い，15秒間の休息をはさみ5セット行う。

◆ バリエーション

横方向にホッピングしながら，前方へと移動していく。また別の方法として，それぞれのホップの着地時に膝をより深く曲げた状態で1秒間保持する。

ヘキサゴン

◆ 目的

身体が一定の方向を向いている状態で，後方，前方，側方へ方向変換する際のクイックネスを測定できる（これは試合において対戦相手側を常に向いていることをシミュレートしている）。

方向変換時に身体を素早く安定させる能力をテストできる（次のジャンプを行う前に，身体は安定していなければならない）。

◆ 方法

① マスキングテープまたはチョークを使い，床に六角形のラインを作る（辺の長さは約60cm，角度は120度）。
② 六角形の中心に立ち，テストの間は同じ方向を向いているようにする。
③ ストップウォッチで時間を計測する係が「用意…始め！」と指示を出したら，前方のテープを跳び越え，そこから素早く六角形の中心に戻る。
④ 前方を向いたまま，続けて隣の辺を跳び越え，素早く中心に戻る。
⑤ これをすべての辺で行い，最終的に中心へ戻ってくるまでのタイムを計測する。

コアスタビリティ

投げる動作や打つ動作を含んでいるほとんどのスポーツは，上肢または用具を最大限

に加速させるために，段階的かつ有効に力を伝達することが求められる。この力の伝達は，多くの場合，下肢と上肢がどれだけうまく連動されているかによっている。体幹を強化することで，アスリートは下肢から体幹を通して上肢あるいは用具に力を伝達することができる安定した機能を得ることができる。下肢から上肢へと伝えられた力の総和が，ボールまたは用具を加速させるが，これは運動連鎖と呼ばれる力の伝達経路である。このような力の伝達が，パフォーマンスに対して決定的な要因となるスポーツは次の通りである。

- 野球（ソフトボール）
- ゴルフ
- バスケットボール
- 槍投げ
- 円盤投げ
- 砲丸投げ
- フットボール
- テニス

　一定の動きを継続的に反復するようなスポーツにおいては，身体の各部位を適切な位置に調整するために体幹の強さが求められる。次に示しているのは，左右のバランスがパフォーマンスに決定的な影響を及ぼすスポーツである。

- 自転車
- スキー
- ボート
- スピードスケート
- ランニング
- 水泳

　トレーニングが綿密に管理されていない場合，特定の筋群のオーバートレーニングは問題を引き起こすことがある。トレーニングプログラムは，トレーニング内容の変化や適切な休息時間をとることなどを含む，適切なピリオダイゼーションの原則に基づいているべきである。さらに，筋バランスのトレーニングも見すごしてはならない。
　ほとんどのスポーツは，適切な姿勢と特異的な動きのために強い体幹を必要とする。強い体幹（腹直筋）は，多くの動きと上肢と下肢を協調させるための土台となる。そのため，腹部の筋群による屈曲，腰背部の筋群による伸展，腹斜筋による回旋，およびそれらすべての方向で同時に体幹部をトレーニングすることで適切な姿勢を保持とスタビリティを高めることができる。とはいえ，体幹の筋群が単独で活動することはないので，あくまでも下半身の筋群によって強固な土台が形成されることで段階的な力の伝達が可能になる。その結果として，適切なコアスタビリティが得られるのである。

クランチ

◆ 目的

多くの競技活動に必要とされる体幹前面の筋力向上。

◆ 方法

① 仰臥位で膝を曲げ，足の裏全体を床につける。
② 腕は肘を張るようにして頭の後ろで組むか，胸の上で交差するように置く。
③ 腹部の筋群が完全に収縮するように，頭と肩も含めて巻き上げるように上半身を床から起き上がらせる。
④ 次に肩甲骨が床に着くまで上半身を下げていく。この動作を繰り返す。

チェストプレス

◆ 目的

体幹前面，大胸筋，小胸筋，前鋸筋，上腕三頭筋，三角筋前部の強化。

◆ 方法

① 腕を体幹から90度外転させダンベルを両手に保持した状態で，ベンチに仰向けに横になる。
② 腕を天井に向かって伸ばしていく。このとき手首は常に肘の真上に位置させる。伸展した肘をロックさせてはならない。
③ 腕を伸ばしたら，さらに背中を丸めて（肩甲骨を外転させて）腕をさらに上へ突き上げるようにする。この追加の動作によって肩甲骨の動きに関与する前鋸筋が使われる。

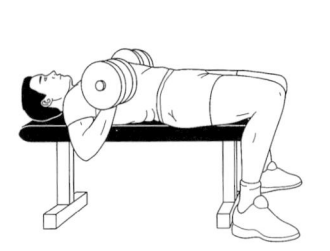

リバースシットアップ

◆ 目的

腹直筋を全可動域で活動させる。股関節屈筋である腸腰筋もわずかに関与する。

◆ 方法

① 仰臥位で膝を曲げ，足の裏全体を床につける。また上体を安定させるため，腕は両側の床についておく。
② 腰を床に押しつけ，腹筋に力を入れることにより骨盤を後傾させる。エクササイズを通してこの「腹筋に力を入れて骨盤を後傾させた姿勢」を保持すること。

③両脚を胸に向かってゆっくりと持ち上げ，それから床へと戻す。エクササイズの間，膝の屈曲角度は同じに保つようにする。

ヒップレイズ

◆ **目的**

腹直筋の強化。

◆ **方法**

① 仰臥位で股関節を90度屈曲させ，脚をまっすぐ上に伸ばした姿勢をとる。腕と手は，上体を安定させるために両側の床についておくか，腰の下（殿部の上）に敷いてサポートする。
② 腹部を屈曲させ，つま先が天井に向かうように殿部を床から持ち上げる。
③ コントロールしながらゆっくりと床に戻す。この動作を繰り返す。

30度レッグレイズ

◆ **目的**

脊椎を安定させるための，腹直筋下部または腹壁下部の強化。

◆ **方法**

① 仰臥位をとり，手を腰の下（殿部の上）に敷いて，脚はつま先を上に向けて完全に伸ばしておく。
② 両足を約30度ゆっくりと持ち上げる。
③ 次にゆっくりと両足を床につく直前まで戻すが，けっして床につけてはならない（動作中に筋群が休まないようにするため）。

シットアップ・ウィズ・レッグレイズ

◆ **目的**

腹直筋と腸腰筋の発達。

◆ **方法**

① 仰臥位で股関節と膝関節を90度曲る。手は肘を張るようにして頭の後ろで組む。
② 胸を大腿（膝）に接触させるように，身体を持ち上げていく。このとき手で頭を引いてきてはいけない。

シーテッドロウ

◆ **目的**

菱形筋，僧帽筋，三角筋後部，上腕二頭筋の発達。

◆ **方法**

① バンドかチューブ，あるいはシーテッドロウマシンのグリップを握り，膝は曲げた状態で座る。

② 上体は後方に引かないように直立を保ったままで，ハンドルを腹部上部に引き寄せる。このとき，肘は体側を通過させる。

③ ゆっくりとスタート位置まで戻す。この動作を繰り返す。

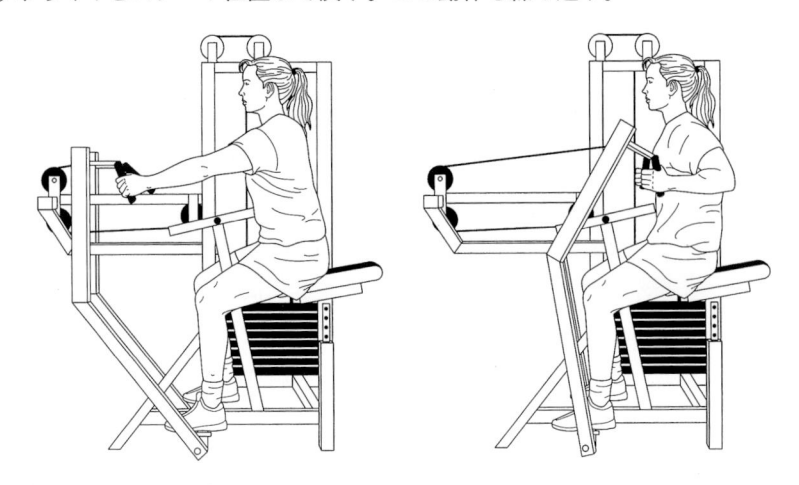

スーパーマン

◆ **目的**

脊柱起立筋を鍛えることによるオーバーユースや慢性腰痛の予防。

◆ **方法**

① 腹臥位をとり，両腕を頭上にまっすぐ伸ばす。

② 両腕と両脚を同時にゆっくりと持ち上げる。

③ この姿勢を1秒から5秒間保持し，その後スタート位置までゆっくりと戻す。

◆ **バリエーション**

右腕－左脚を同時に持ち上げ，次に左腕－右脚を同時に持ち上げるという交互のパターンで行う。

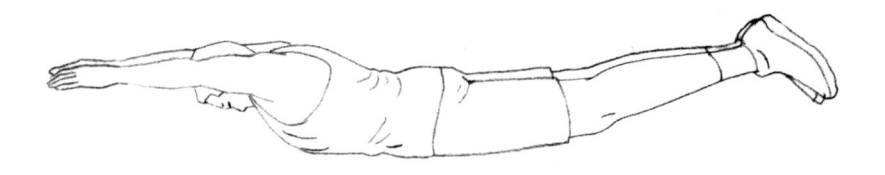

ハイパーエクステンション

◆ **目的**

テニスやバレーボールのサービスやオーバーヘッドスローといった動作において腰部が力を緩和したり発揮したりする脊柱起立筋の強化。

◆ **方法**

① テーブル上で腹臥位になり，上体をテーブルの端から出す。
② 手は肘を張るようにして頭の後ろで組み，パートナーは下肢を押さえておく。
③ 上体を屈曲させた姿勢から開始し，身体が一直線かやや伸展するまで，あるいは背部が緊張するまで上体を伸展させていく。
④ 次に上体を約30度まで再び屈曲させるか，あるいは腰部が丸まる直前まで屈曲させる。腰部が丸まっているにもかかわらず，さらに上体を屈曲させることは避けるべきである。

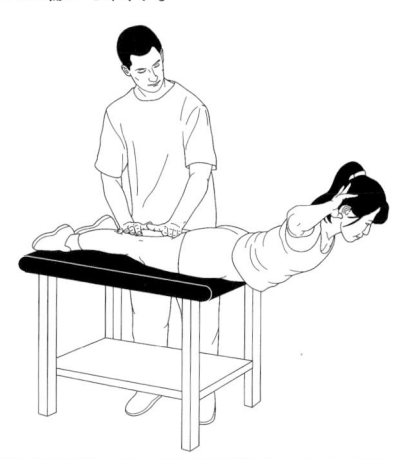

リバース・ハイパーエクステンション

◆ **目的**

背部の障害および慢性の腰痛を予防するための脊柱起立筋群の強化。

◆ **方法**

① テーブル上で腹臥位になり，腰部から下をテーブルの端から出す。
② ハイパーエクステンションの要領で，両脚をそろえてゆっくりと上げ下げする。

ロシアンツイスト

◆ **目的**

腹斜筋を使用することによる体幹回旋の促進。

◆ **方法**

① 座位にて足の裏全体を床につけ，膝を曲げて上体を45度後ろに傾ける。
② 腕を床と平行になるよう正面に伸ばす。このときウエイトを保持することで，より負荷をかけることができる。
③ 腕が上体に対して90度になるまで，体幹を回旋させていく。
④ 次に，回旋した体幹と腕を正面へ戻し，今度は反対側へ体幹を回旋させる。これを繰り返す。

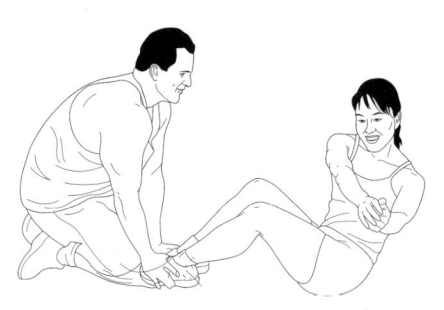

クロスオーバー・クランチ

◇ **目的**

体幹の回旋で使われる内腹斜筋および外腹斜筋の強化。

◇ **方法**

① 仰臥位で一方の脚の膝を曲げて足を床につけ，反対側の脚も膝を曲げて足首を他方の脚の膝に乗せる。

② 手は肘を張るようにして頭の後ろで組む。

③ 組んでいる脚と反対側の肘が，組んでいる脚の膝に向かうように，上体を巻くように対角に上げていく。このとき頭を手で前に引っ張ってはならない。

④ このエクササイズは反対側でも行う。

シーテッドトランクサークル

◇ **目的**

ベーシックな腹部エクササイズよりもさらに体幹全体を強化する。

◇ **方法**

① 座位にて足を床から約15cm挙げ，上体を後ろに45度傾けた状態でバランスをとる。手は肘を張るようにして頭の後ろで組む。

② 左右の膝を交互に屈曲させて胸に近づける。このとき，自転車をこぐように脚を回転させる。なお，エクササイズ中は足を床につけないようにする。

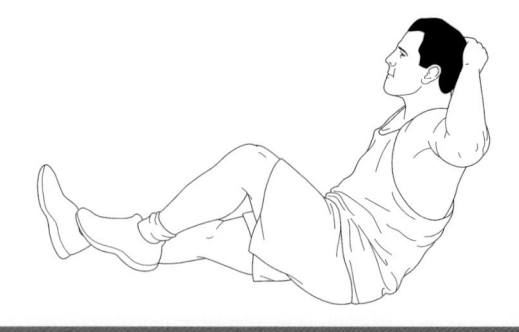

サイドレイズ

◇ **目的**

腹直筋，脊柱起立筋，前鋸筋，腹横筋，腹斜筋，大殿筋といった体幹と下背部の筋群の強化。

◇ **方法**
① 腕を体側につけて側臥位になる。
② パートナーは脚を押さえる。もしパートナーがいない場合は，足底を壁などにしっかりとつけておく。
③ 上体を床から持ち上げ，2秒間そのポジションを保持し，床に戻す。持ち上げる段階では，上腕骨頭（三角筋中部）が天井に向かうようにイメージする。
④ 反対側でも同様に実施する。

ヒップローテーション

◇ **目的**
腹直筋，腹斜筋，腸腰筋の強化。

◇ **方法**
① 仰臥位で股関節と膝関節をやや屈曲させる。腕と手は身体を安定させるために横に広げる。
② 殿部と体幹部を，膝が床につくまで回旋させる。
③ 次に膝を揃えた状態で，反対側の床につくまで逆方向に回旋させていく。両方への動作で1回の完全な回旋となる。

ウッドチョップ

◇ **目的**
体幹回旋のための腹斜筋および腹直筋の発達。

◇ **方法**
① パートナーから約2.4〜3m離れて立ち，横向きに構えて約2〜3kgのメディシンボールを肩の高さに両手で保持する。
② 体幹を回旋させながらボールを横方向（わずかに下に方向）にパートナーへ投げる。パートナーがキャッチして戻すときには同様の投げ方で行う。
③ パートナーからのボールをキャッチし，再びパートナーに投げ戻す動作はできるだけ早く行うようにする。
④ 両側で同じ回数を実施する。

バランスとコアスタビリティのトレーニングプログラム

多くのスポーツにおいて，アスリートは段階的に力を発生させる必要がある。そのため筋をその段階に従ってトレーニングしない理由があるだろうか。トレーニングプログラムを計画するときには，体幹の筋群は"らせん階段（スパイラル・ステアケース）"のようであると考えるとよい。脚からトレーニングを開始し，次に殿部，コア（屈曲，伸展，回旋），そして最後に上肢といった具合である。この方法によるトレーニングでは，トレーニングに変化を与えるために異なるエクササイズを一定のサイクルで用いることができる。筋群間のバランスを改善し，力の伝達経路に従って筋をトレーニングすることが目的であることに留意してほしい。この"らせん階段モデル"を次の2つのサンプルプログラムに示す。

スパイラル・ステアケース・トレーニングプログラムA

- スクワット
- ハムストリングカール
- レッグエクステンション
- レッグアブダクション・アダクション
- クランチ
- スーパーマン
- シーテッド・トランクサークル
- チェストプレス
- シーテッドロウ

スパイラル・ステアケース・トレーニングプログラムB

- ランジ
- ステップアップ
- 30度レッグレイズ
- ハイパーエクステンション
- ヒップローテーション
- リバース・シットアップ
- リバース・ハイパーエクステンション
- ロシアンツイスト
- ウッドチョップ

まとめ

スポーツや身体活動を理解するために多くの異なる手法が取られる。ここでは，トレーニングの必要性や動きのパターンを理解することでスポーツを分類してみた。さまざまなスポーツにおける筋活動を観察すると特定のスキルが類似していることに気がつくので，似たようなトレーニング方法を採用することができる。動きのパターンだけではなくトレーニングすべき筋群についても他のスポーツときわめて似ているので，この点において同じカテゴリーに分類できるスポーツもあれば，1つのカテゴリーだけには収まらないスポーツもある。

コアスタビリティとバランスはすべてのスポーツと身体活動におけるパフォーマンスに決定的な影響を及ぼす。あるスポーツでは動きづくりのため，また別のスポーツでは力を発揮するため，さらに別のスポーツでは均整をとるためによいバランスが要求される。コアスタビリティやバランスを改善することは重要であるが，ここで解説したすべてのエクササイズを毎日行うことはできない。したがって，パフォーマンスの向上と傷害予防のために，スポーツやシーズンそして個々の体力レベルによってエクササイズを慎重に選択する必要がある。必須のエクササイズを含んだ適切なトレーニングプログラムによって，競技における成功と傷害のリスク低減が実現できる。

8 アジリティとコーディネーション
Agility and Coordination　Mark Verstegen and Brandon Marcello

　Michael Jordanは，1998年のNBAファイナル，残り4秒でボールを持っていた。ショーの始まりだ。Michael Jordanは，3点シュートを打つ準備をしている。彼の眼は，相手ディフェンダーの位置をすべて把握している。ウィンクをすると，想像もつかないような動きでフェイントをした。相手ディフェンダーは，まんまと彼の術中にはまった。最初のステップでディフェンダーを瞬時に抜き去り，しなやかに「サッ」と止まった。その瞬間，彼は体をスピンして垂直にジャンプしたと同時に，空中で一瞬静止した。とても安定した姿勢でゲームのウィニング・ショットを放った瞬間であった。またもや，Michael Jordanと彼のチームメートに，チャンピオンシップタイトルをもたらした瞬間である。この一連の動きは，"コーディネートされた動き"の典型であり，すべてのスポーツの真髄でもある。この連続動作を分解して解説すると，1冊の本ができ上がるであろう。

　アジリティとコーディネーションは，ブロックを積むようなものである。すなわち，スポーツを構成する基礎であり，アスリートが自分たちのパフォーマンスを発揮するための道具でもある。Tiger Woodsがスムースでパワフルにゴルフスイングをする。Mike Powellが，腕と脚をダイナミックに，そして優美に同期させて自身の肉体を8m95cm先の彼方に運んでいく。または，Terrell Davisは，狭い空間ですばらしいバランスを保ちながら敵を欺き，3人のディフェンスのタックルを避ける。コーチと観客は，しばしばコーディネーションとアジリティで彼がトップアスリートかそうでないかを見極める。高いレベルでのコーディネーションとアジリティ能力を必要としないスポーツを探してみてほしい。おそらく見つけることはできないであろう。

　すばらしいコーディネーションとアジリティの発達と習得は，とても刺激的なことである。これらはすべてのスポーツの境界線を越える。すばらしいコーディネーションとアジリティによって通常考えられているよりも，より多くの能力とスキルを改善させることができる。「バスケットボールのフリースローのような特殊なスキルを改善するために何時間も練習に費やすべきだ」というコーチの要求を誰もが文句なく受け入れる。コーチは，野球，ゴルフ，テニスのようなスポーツにおいてこの方法を用いて成功している。ボールやクラブやラケットを握っている手と指の相互作用による影響を気にかけ，そして調整することによってパフォーマンスの向上を予測する。

両腕を上から下へ動かすことは，地面と脚の動きにも相互作用を及ぼす。「動く」，「止まる」，「スタート」，「スピン」，「着地」などの「基本的な動き」においてもっとも効率のよい方法を習得することが必要である。これまでは，歩いたり走ったりといったスキルを向上させるのに時間を費やす必要はないとされてきた。しかし，ここで紹介する知識を利用して最適なスキルを習得すれば，より高いパフォーマンスを発揮できるようになるであろう。

　「動き」は，一般的には運動能力を表している。先天的に高いスキルを持つアスリートは，多くのスポーツですばらしい動きが可能である。どうしたら他人よりも運動能力が発揮できるかという明確な答えはない。「先天的」か「後天的か」という昔からの論争に戻ってしまうのである。生物学上の両親からの遺伝的特徴も，環境と同様に利益・不利益をもたらす。しかしながら，遺伝的潜在能力を最大限発揮したアスリートにいまだかつて会ったことはない。

　ここでの目的は，いかにしてもっとも効率のよい動きを獲得習得できるかについて考え，潜在能力を最大限に発揮する方法を提供することである。基本的な動きとスポーツに特有な動きを連動させながら競技パフォーマンス向上のための方法を示すこととする。

アジリティ

　アジリティは簡単には定義できない。アジリティとは，すべての身体的能力を結集した結果である（図8.1）。コーディネーション・システムと統合しながら，アジリティによって刺激に反応し，素早く効率よい動きを作りだし，適切な方向へ動き，そして方向転換や急停止の準備をすることができる。さらには，プレーを速く円滑に行い，効率的に素早く止まったり反復できたりするようになる。

　アジリティにはいくつかのタイプがある。

- フェイントや回避のような方向転換
- ジャンプや跳び越え動作のような垂直方向への転換
- テニス，スカッシュ，ホッケーなどで使われる身体の一部分を使っての素早い動きのコントロール

　高レベルなアジリティを持つアスリートは，競技において優位に立つことができる。高度なアジリティは，けがの発生率を低下させ，パフォーマンスを向上させる。また，フェイントによって相手を抜き去ることができるだけでなく，パックやボールのような物体に対する高い調整力を発揮することもできる。

　このことは，コンピューターシステムと比較できる。両者は，大きなパワーと潜在能力を持っているが，適切なソフトウェアの入っていないコンピュータが正しく作動

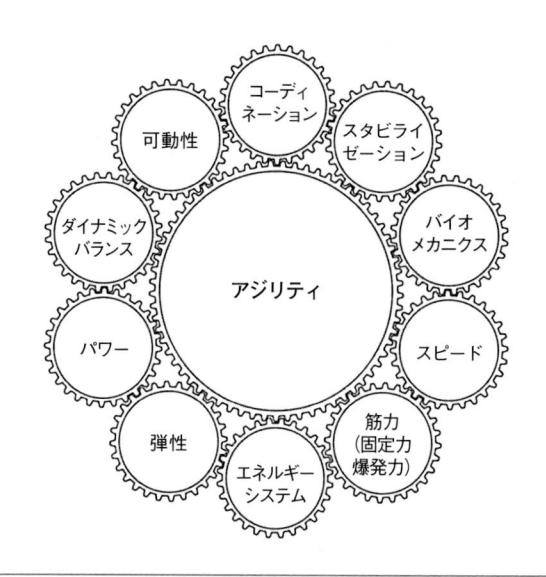

図8.1 アジリティと身体能力の関係

しないのと同じように，アジリティ抜きでは大きなパワーや潜在能力を有効に使用できないため，限られたパフォーマンスしか発揮できない。アジリティを改善するためには，コーディネーションとスキルという2つの重要な要素が必要である。コーディネーションの役割は刺激に対応して正しい動きを作り出すことで，一方，スキルの役割は，一般的な動きからスポーツ特有の動きまで効率的かつ効果的に他の能力と調和させることである。あらゆる動きは最小限の時間とエネルギーで作り出されるべきである。アスリートが高度なアジリティを習得することに苦労する場合，それは通常，図8.1で示しているさまざまな要素のいずれかが欠落あるいは不足していることが原因である。

コーディネーション

Taber's医学事典（Thomas 1993）では，コーディネーションは「多くの筋が一緒に作用して，ある一定の動きを作り出すために働く能力」と定義されている。運動科学の分野では，コーディネーションは，目標とする動きを達成するために必要な2つ以上の動きのパターンをまとめる能力として理解されている。コーディネーションには，感覚入力への反応，学習したスキルからの適切なプログラム選択，そして最終的な動きの実行というプロセスが関与する。さまざまな情報は，予測評価・調節のために脳へ送られるが，情報の伝達は1000分の1秒の速さで起こる。

動作学習の過程は，次の4つの段階に分けられる。

1 筋収縮とそれに伴う動きは，感覚受容器を刺激する。

2 感覚受容器は，情報処理装置として働く中枢神経系（CNS）へ情報を送る。
3 CNSは，この情報を処理・実行・調節・改善する。
4 CNSは，運動経路を伝って筋へ情報を送り返す。

　外的または内的な刺激は，前記のいずれのレベルの過程においてもその結果に影響を及ぼすので，動作学習の研究がいかに興味深いものであるかがわかる。
　運動学習の過程はスキルの習得に始まり，その習得されたスキルを熟達させる系統的な変化である。スキルの学習は複雑なので完全には理解されていないが，いくつかの重要なことについては明らかにされてきた（図8.2）。

- **刺激認識**：情報は外的経路と内的経路を通じて受け取られる。外的経路は外的刺激からの情報を伝達し，一方，内的経路は実行中の動きからCNSへ中継された情報を伝達する。ここでいう情報とは，運動感覚，触覚，前庭，視覚，聴覚からなる五感の1つまたはそれ以上の感覚から発信される情報のことである。
- **反応選択**：入力情報はこの段階で処理され，すでに習得している運動プログラムへアクセスされる。そして，得られた情報にもっとも適する運動プログラムが選択される。
- **反応プログラミング**：状況にもっとも適した運動プログラムの実行と同時に，選択された運動プログラムの照会を行う。この動作プログラムは，CNSから適切な筋へ刺激を送り，正しい動きの誘導と同期化をもたらし，その結果，スムースな動きが生じる。フィードバックされた動きの情報と理想的な動きとの比較は，このすべての過程において行われる。
- **フィードバック**：運動過程全般において，いくつかのフィードバックが行われる。筋は筋出力と筋の長さを，固有受容器と運動感覚は関節と身体の位置を，視覚と聴覚は周囲の環境情報をそれぞれフィードバックする。これらの情報は実際のパフォーマンスと理想のパフォーマンスとの比較に使われ，その誤差を修正する処理（理想的なパフォーマンスを阻害する動きの抑制）が行われる。

　フィードバックシステムを用いてアスリートはさまざまな動きを試し，ミスをし，修正し，成功することから運動を学習する。この課程において何が有効で何が有効でないかを発見し，何が良いか，何が悪いか，何を試したかを判断し，よりよい成果を積み重ねながら向上することを覚える。
　コーチがアスリートを育成し始めた瞬間から，運動プログラム，スキル，そして癖などが構築され始め，これらは将来のあらゆるパフォーマンスの基礎となる。脳は，これらを「記憶痕跡；エングラム」と呼ばれる記憶パターンを作ることによって学ぶ。この記憶痕跡は，十分な練習を行った際に脳に焼きつく運動プログラムである。注意すべきことは，このプログラムは，焼き付いたものの質によって有益にも無益にもなりうることである。
　昔から言われている「練習がパーフェクトに近づく唯一の道である」はすべてが正

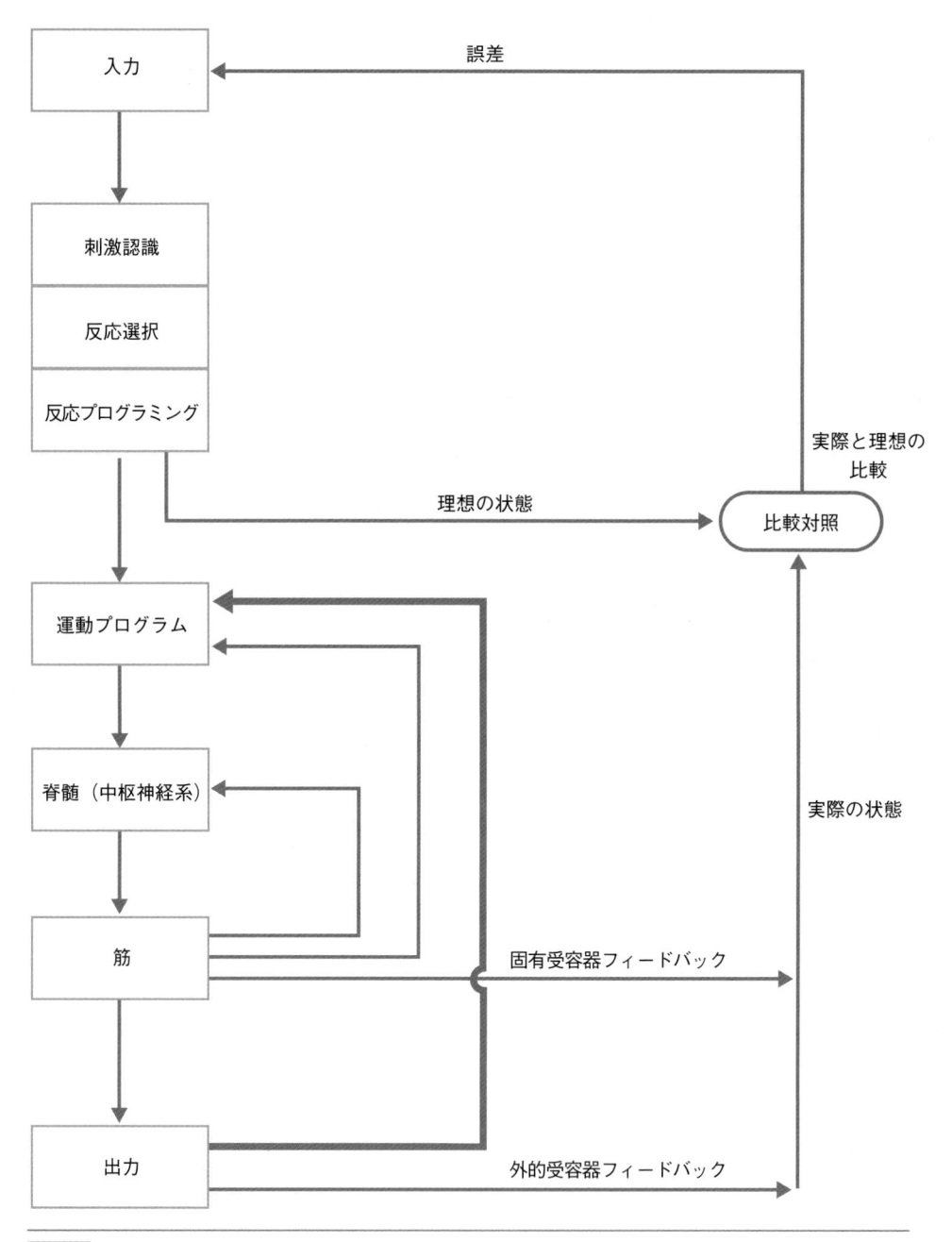

図8.2 動作学習の過程

しいわけではない。もっと正確に言うと「完璧な練習によってのみパーフェクトが生まれる」である。動きの準備段階から筋力強化，さらにはエネルギーシステムの改善まで，練習はすべてパーフェクトでなければならない。非効率的な癖（動き）は，けがのリスクを増大させ，競技で成功する可能性を奪ってしまう。残念ながら，いったん不適切な運動プログラムを習得したならば，パフォーマンスを改善するためには多

大なる時間と労力をかけ，すでに習得したよくない運動プログラムを抑制し，新たに効果的な運動プログラムを作り上げる必要がある。そうすることでのみ，正しい武器（より質の高い成果を最小限の労力で行う方法）を手に入れることができる。

コーディネーションの改善過程には，次のような3つの主要な段階がある。

- **粗削りのコーディネーション**：この段階では新しい動きを学習するため，すべての動きを意識しながら行う必要がある。また，この段階では視覚と聴覚からの情報に大きく依存する。なぜならば，他の感覚器は未だ高度に正確な情報を送る準備ができていないからである。有用な感覚器の体系は，学習段階が進むにつれて変化，逆転する。
- **繊細なコーディネーション**：この段階では動きの感覚などが内在化し，コーチからの指示は別として，視覚や聴覚にあまり頼らなくなる。そして，深部感覚受容器，固有受容器，前庭器などの受容器をより使うようになる。フィードバック回路のメカニズムによってスキルを洗練させる一方，好ましくない動きを抑制し，最終的に効率のよいスキルを習得する。
- **さらに繊細なコーディネーション**：運動学習の最終段階では余計な動作は完全に排除され，一定の動きを効果的にどのような状況においても実行できるように，自動化された運動プログラムの統合がなされる。

このコーディネーション改善過程においては動きの効率をどのように向上させていくかを学習する。効率性の向上は，筋内と筋間のコーディネーション向上によってもたらされる。筋内のコーディネーションは，多数の運動単位を統合することで得られる。また，筋間のコーディネーションとは，複数の異なる筋の間で行われる協同作用のことである。体重負荷漸増法，重量負荷運動法，補助運動法などによって，それらの能力は改善される。

アジリティとコーディネーションの基礎

ほとんどのスポーツにおいて一般的な動きのスキルは求められるが，他人よりも抜きん出るためには，スポーツに特有の動きを習得する必要がある。

バランスと支持面

バランス－質量中心（center of body mass）を支持面上に保持する能力－は，運動学習の見地から長く重要視されてきた。バランスはスキルの基本的要素であり，とくにアジリティにおいて重要である（バランスの発達は7章を参照）。

いくつかの専門用語を定義づけすることで，バランスがいかに運動能力に貢献しているかをより正確に議論をすることができる。質量中心は，仮定の身体バランス点であり，女性は身長の55%，男性は身長の57%の高さにおおよそ位置している（Hay and Reid 1988)。質量中心の位置は姿勢や動きに関係なく体内で不変であり，身長，性別，体型などがそれに影響を及ぼす。

　静止した直立姿勢では，質量中心は常に重心 (center of gravity) と同じ位置にある。質量中心と重心の違いは，質量中心の位置は不変であるのに対して，重心は動きによって移動する，すなわち重心は体内でその位置を移動するだけでなく，スポーツでは体外へも移動する。この重心の質量中心からの移動（変位）が動きを生み出す。

　バランスは伝統的にスタティック（静的）とダイナミック（動的）バランスの2つに分類される。スタティックバランスは，インナーゾーンバランスとも呼ばれ，同じ場所に直立する間は静止に要求される複雑なフィードバックシステムと神経筋活動が活発となる。一方，ダイナミックバランスはアウターゾーンバランスとも呼ばれ，バランスを失うことなく，インナーゾーンの外側にどれだけ遠く離れられるかを示している。また，バランスのコントロールを失う点をバランス閾値と呼ぶ。

　スポーツはダイナミックバランスの最たるもので，運動中，常に質量中心を支持面上に維持させる能力が求められる。バランスによってすべての関節は正しく位置づけられ，動的力学チェーン（連鎖）全体の安定が力を増減させて動作を生み出すという，バランスの重大な役割について考えることにする。本質的にダイナミックバランスとは，バランス閾値を巧みに操ることであり，バランス閾値ギリギリまでを使って流れるような動きを生み出す。スポーツはその性質上，さまざまな地面（床面）や相手などの多様な環境条件下でより過酷な挑戦をアスリートに求める。バランスがアジリティとパフォーマンスに決定的な影響を及ぼすことは明らかである。質量中心がどこに位置するにしろ，アスリートにとって支持面上に重心を戻すことが重要である。重心位置をコントロールすることにより，コートやフィールドにおいて効率よく目的を達する動きへと踏み出すことができる。

　しっかりとした支持面によって動きのための正しい姿勢を決めることができる。正しい姿勢とは，体幹に対する足首，膝，そして腰の正しい配置を示している（図8.3）。これらの身体各部位によってとられる調和のとれた角度によってバランス閾値を容易に操作することができる。支持面上での正しい姿勢によって身体重心と地面の間で大きなてこ力を利用できるため，容易に減速，加速，カッティング，ジャンプができる。このことは，相手のアスリートや障害物などによって支持面に外力が加えられたとき，よりいっそう重要度が増す。あらゆるスポーツにおいて，機動力のあるアスリートは，完璧な正しい姿勢を使っている。Michael Jordanがディフェンスをし，素晴らしい動きでバスケットに向かうときはやや内股になっている。これはジョーダンが理想的な正しい姿勢を利用している証拠で，そのためにストップ，スタート，方向転換を瞬時に行うことができるのである。

図8.3 正しい姿勢によってバランス閾値を容易に操作でき，素早いスピードの変化や方向転換ができる

姿勢

　正しい姿勢は良いパフォーマンスにとって不可欠であり，体幹がまっすぐであることが条件である。正しい姿勢には高いコアスタビリティが不可欠であるが，コアスタビリティは腹斜筋，腹直筋，脊柱起立筋，その他の筋群の協調的な筋収縮によってもたらされ，骨盤と胸部を安定させる。スタビリティはドローイング，すなわち腹式呼吸で腹部を引っ込める（へそを背骨に触れさせようとする）ことで得られる。これにより胸・腹腔内圧が高まり，脚や腰，体幹，腕はこの安定した土台を基により効率的に力を伝えることが可能となり，バランスも向上する。

　パフォーマンス発揮は情報の処理能力に依存するが，とくに視覚からの情報は重要である。コアスタビリティは頭部の安定した土台となるので，目からの情報をフィードバックシステムに安定的に取り入れていくためには不可欠である。信頼性の高い情報を得る能力はけがのリスクを軽減し，ハイレベルなパフォーマンスを発揮するためには非常に重要である。

　ひとたび体幹が安定すれば，適切なスタンスというものはスポーツや状況によって異なる。静止からのスタートでは，尻を後ろにして腰を若干前傾することによって，肩と胸はちょうど膝の前に出る。膝は足部にまっすぐに乗り，体重は足底アーチの前方から母指球にかかる。体幹は，下腿と平行になるべきである。はじめのうち，この姿勢では違和感があるかもしれないが，時間が経つにつれて，バランスよくパワフルな姿勢であると感じるようになり，地面に対して前傾した角度を作れるようになるであろう（7章参照）。

地面と足の相互作用

　地面と足の相互作用は，野球における投手と手，ゴルファーにおける握り方とクラブの相互作用と同様に重要である。完璧なスキル取得のためには膨大な時間を費やす。しかし，この間に足がどのように地面に接地しているかを考えているだろうか。事実，多くのスポーツで，足と地面の相互作用を向上させることで，専門的なスキル取得に時間を費やすよりも，大きなパフォーマンスの向上が期待できる。

　下腿三頭筋はキネティックチェーンのなかでたった14％のパワーしか使われていないが，チェーンのなかで脚，殿部，体幹，腕といった大筋群の作用を活性化するものである。アジリティドリル，練習，試合のいずれにおいても，足首の背屈動作は避けられないし，このつま先上げ姿勢は膝が上がる毎に自動的に行われる。この姿勢は，再加速のために地面をけるための準備姿勢である。かかとの下で鉛筆をスライドさせることは可能かもしれないが，全体重をほんのつま先に載せることは不可能である。プレーヤーがつま先でカットやジャンプやランをしたら，足関節，股関節屈筋，あるいはハムストリングスに慢性的な障害が発生するであろうし，パフォーマンスが下がる。なぜなら，つま先だけで地面からの反力を有効に使うことはできないからである。

　横へのスライドやカットをする際には，次に行きたい方向に対してつま先を直角方向に向けておくべきである。バスケットボールプレーヤーが，前足のつま先を進行方向へまっすぐに向けてすり足で動くことはよくある。しかし，これはけっして効果的な動き方であるとはいえない。むしろ，後ろ足で押し出し，前足のつま先を次の進行方向に対して直角にしておくことで，次の動作で前足に荷重してカットすることが可能となる。荷重ポイントは，とくに母指球の上である。前足を背屈させ，後ろ足で押し出す。これを，ダイナミックな動きからの方向転換でも行う。

地面（床）反力

　地面（床）反力は，足から地面（床）へ伝達したエネルギーと同等のエネルギーを反対方向に足が再び受け取ることを意味しており，これによって身体が推進され思い通りの方向に動くことができる。また，この動きによって相反性の脊髄反射が生じ，屈曲動作をしている反対の脚では伸展が生じる。このとき，筋の弾性特性が運動効率とパフォーマンスを向上させる。

　脚を高く挙げることが，多方向への動きのパフォーマンスを高めるとは限らない。むしろ肝腎なのは，足関節を背屈して膝を上げ，再加速する準備をして行きたい方向に押し出すことである。そして，背屈した状態で地面を力強くたたく際には，連続してリズミカルに，硬く，そしてタップする感じで行う。タップ音が静かであれば地面に十分な力を伝達していない証拠であり，そのような場合はつま先で走ろうとしているのかもしれない。もしもそうだとすれば，地面からの反力を最大限利用するために技術を改善する必要がある。

反応

反応は，適切なスタンスと体重配分および行きたい方向へ正しい姿勢をとることで改善するであろう。よく考えられた動き作りのプログラムによって向上したコーディネーション能力も反応を改善するであろう。また，反応は，視覚，聴覚，技術，戦術予想を取り入れた練習をすることで格段に改善する。

加速と減速

加速は，正しい姿勢，荷重，理想的な下腿角度（以下ポジティブアングル），腕と脚の激しい回転によって決まる（9章参照）。一方，減速は，筋力と技術に関連する。減速は不意なさまざまなレベルにおいてカットとストップ時に起きるが，ここでは"曲げること"が重要な要素である。

第1歩のクイックネス

第1歩のクイックネスは，スタンス，反応，次に進むべき方向がわかっていることに依存する。正しい角度を持ったバランスのよいスタンスによって行きたい方向へ推進できる。アスリートが間違ったステップをしないように常に確認すること。行きたい方向（前後・左右）如何にかかわらず，最初の1歩は，下腿をポジティブアングルにして足を地面に叩きつけて推進する。殿部から前方で最初の1歩を地面に叩きつけると距離が長くなるために動きが遅くなることに注意してほしい。スタートの第1歩は，短い距離で素早く反応させ，重心よりもやや後方で地面をたたくようにする（6章参照）。

カッティング

カッティング，すなわち方向転換は，さまざまな動きの最中に素早い減速と再加速を必要とする。カッティングでは同じ動きで一方向から別の方向へ方向転換したり，異なる動きで方向転換したりする。

クロスオーバー

クロスオーバーは，即座の反応が要求されていないときに，横方向から後方または前方へ方向転換する際に用いられ，短時間で多くの距離をカバーすることができる。また，スピードに乗っている際の方向転換にも使われるクロスオーバーでは後ろ脚は回転軸の中心近くを通って前脚の前方を交差する。この動きでは，片足あるいは両足で地面を蹴る。

ドロップステップ

ドロップステップは，クロスオーバーで対角上を前を向いて走るような動き，または背走からターンして走る方向転換効果との過渡期のステップである。足の外側を押しながら，足の内側へ落として，パワーを地面に伝えるように積極的に脚を押し出す。

バックペダル

バックペダルは準備動作であり，攻撃しているアスリートのマーク，カッティング，直線的な動きへの方向転換で使われる。

これらのスキルを習得した後，これらすべてを駆使して，あらかじめ決められた動きに対応できるようになるべきである。

アジリティプログラムのデザイン

ドリルとは，すばらしいスキルが持つ特異的な面を抜き出してデザインされたエクササイズのことである。今日，ドリルがいかにスピード，アジリティ，クイックネスを改善するために有用であるかが理解されないまま，単純にドリルが実行されている。多くのコーチは，これらのドリルを分析したりゴールを設定したりしないまま，ただ単にドリルを繰り返しているにすぎない。

期待する能力（可動性，バイオメカニクス，筋力，エネルギーシステムなど）を改善するためにドリルがどの程度役に立っているかを分析する必要がある。ドリルは，一定のスキル，動き，アスリート，スポーツ，ポジションによって，一般的ドリル，特殊ドリル，特異的ドリルに分類される。

アスリートを評価する方法

トレーニングプログラムを改善したりその効果を最大限にするためには，アスリートを評価する必要がある。各ドリルは，動きのプログラム化，神経（神経筋）システム，エネルギーシステムなどに効果が期待できるが，パフォーマンスを改善するためには各ドリルの有効性と関連性を計算することが重要である。そして，それをアスリートの要求に照らし合わせるようにする。

次のような項目によって，アスリートを評価できる。

- 発育・発達（年齢，スキル，その他）のレベルはどの程度か。
- 現在の動きの様子はどうか。
- 制限要因は何か。コーディネーションなのか，身体能力（動きや筋力など）なのか，あるいはそれらのコンビネーションなのか。2章で説明したテストを参照のこと。

ワークアウトプランの構成

ワークアウトのプランを作成することはとても楽しい。なぜならば，これはあらゆる運動能力の制限因子を克服するために行うからである。多くの方法がパフォーマンス改善に用いられ，どの方法でもより速く，より敏捷になるために役立つ。しかし，適

切で正しい要素をもっとも効率よく組み合わせて採用することでのみ最高のパフォーマンスが得られる。実際に，ワークアウトプランは，コーチングにおける科学的側面と芸術的側面の両面を持ち合わせている。身体のどの部分も完全には独立していないことを思い出してほしい。すべてのエクササイズやドリルは，動きのプログラミング，神経系，代謝系，その他の機能に効果を及ぼす。エクササイズやドリルの内容や重要性そして目的を理解することは，正しいエクササイズの選択とプログラムの成功のために大切である。

ドリルとエクササイズは，アスリートがゴールに到達するための道具である。ただし，ドリルが正しく選択され，処方され，実行され，スキルが習得された場合に限って，パワフルな道具となる。したがって，ワークアウトにおいてコーチは次のことを実行すべきである。

- 各セッションにおいて，特定のゴールを設定する。
- すべての試技，セット，ドリル，スキルを完璧に実行する。
- 質（正しく行うことと正しい強度の設定）は，量（ただ何となくやっている）よりもはるかに重要である。
- 複雑なスキルの前に単純なスキルを行う。
- より上級（特殊，特異的）スキルに移行する前に，基本的（一般的）なスキルを習得する。
- 動きの制限因子を単発的な方法で改善させようとするのではなく，システマテックに改善させる。
- 視覚的，聴覚的に正確なフィードバックを行い，感覚入力を利用する。
- 頻度重視ストライド（素早い反応，クイックネス，調整力，減速など）と大きさ重視ストライド（短・長，パワーなど）を用いる。
- スタートは"のびあがり"であり，ストップは"かがみ込み"である。

各ワークアウトは，準備運動，バイオメカニクス，神経系，コーディネーションドリルの基本的要素を含むべきである。

準備運動

準備運動では，深部体温の上昇，動的な筋の伸張，神経系・固有受容器・固定筋（スタビライザー）の活性化，動作認識，日々の重要な運動プログラムに含まれる技術の確認を行う。

基本的には，準備運動では実際のプレーと類似した動きでウォームアップする。また，ハイパフォーマンスのために関節の最大可動域を準備運動で得ておく。したがって，ここでのエクササイズは正しい姿勢，コアスタビリティ，バランス，コーディネーション，関節可動域すべてを念頭に置いて行われる。準備運動は，次に示す順序（低レベル運動，体温上昇から高強度で特異的なダイナミック運動，トレーニングやゲームの準備）で3つのカテゴリーに分けられる。

1 ウォームアップ：スプリンターのジョギング，サイドステップ，キャリオカ，ウィーブ，スピン，動作認識をさせる軽ゲームのような基本的な動きから始める。

2 関節可動性：伸展・屈曲・回旋などの可動性を増加させる。ドリルによって積極的に動いた後に自然とリラックスする。そして，徐々に筋を伸張させてより動的柔軟性を習得する。たとえば，ドロップランジやサイドランジが代表的な種目である（p.118参照）。

- 伏臥位または仰臥位でのエクササイズ（ヒップクロスオーバー，レッグオーバー，スコーピオン）
- 立位でのエクササイズ（立位での体幹回旋と対角パターン）
- ムービング（前方・後方・横方へのハンドウオーク，ドロップランジ，オーバー・アンダーハードル）

3 動的柔軟性：動的柔軟性のためには，歩行，マーチ，スキップ，ランへと進む。これらは歩幅の小さいものからゆっくりと始めて，徐々に大きくしていく。動的柔軟性には2つの構成要素（一般的要素と特異的要素）が存在する。一般的要素は，すべての動きや身体部位に対応できる柔軟性であり，一方，特異的要素はある動きやゲームにのみ必要な柔軟性である。

バイオメカニクス運動

これは，すべてのドリルやエクササイズの必須の要素（足関節の背屈，ポジティブアングル，腕，姿勢，コア，地面反力）であり，パフォーマンスの各要素においてフィードバックされながら調整・習得される。この時点でウォームアップは完了し，日々のゴールにむけたプランが実行に移される。初心者であるほど，この部分を全体のワークアウトのなかで多くの時間をかける必要がある。

神経系とストレッチーショートニングサイクル

神経系のドリルは筋の弾性特性を改善するためだけに使うのではなく，運動学習とワークアウト全体を理解するためにも利用する。使用するドリルは，トレーニングセッションのゴールや現在のレベル（初級，中級，上級）によって選択する（表8.1）。

1 急反応ドリル：ハイスピード・低出力による高い神経筋協調能が求められる。たとえて言うならば，ミシンの針のような素早い四肢の動きが求められる。急反応エクササイズによってさまざまなタイプのコーディネーションが改善され，動きのスキルから高レベルなプライオメトリックスまでの基盤がつくられる。急反応ドリルの例としては，オーバーラインジャンプ，ホップ，コーディネーションパターン（p.104〜p.113参照），ラダードリルがある。

2 短反応ドリル：スピードは急反応ほど速くはないが，出力はやや高くなる。たとえば，硬質ゴムボールが地面に当たったときのリバウンドである。すなわち，「バネのようになる」ことが求められる。これらのドリルでは，接地時間を最小限（エキセントリックからコンセントリック収縮への転換）にする。完璧にこのドリルを実行することで，いっそう"弾性"な動きが得られる。短反応ドリルの例としては，タックジャンプ（p.84参照），リアクティブ・ステップアップ（p.113参照），ローデプスジャンプ（p.90参照）などがある。

表8.1 段階的なプライオメトリック系ドリル

	素早い	短い	長い	とても長い
上半身の動作				
押す	ランニングまたは座位 腕ふりを早く ウォールチェストパス	パートナーとチェストパス パンチパス＆スロー 横方向動作のチェストパス	メディシンボールチェストパス	
投げる	カフドリブル ウォーキングウォールドリブル ボディブレード	オーバーヘッドパス	垂直飛び	
回転	ローテショナルツイスト	ショートボールルーティーン	メディシンボールドリル ・チョッピング ・スイングパス ・回転パワースロー ・回転オーバーヘッドパス	
下半身の動作				
垂直	うさぎ跳び 縄跳び	縄跳び パゴスティック タックジャンプ 障害物飛び デプスジャンプ 片足タックジャンプ	ボックスへジャンプ 垂直飛び パワースキップ ディップ＆ドライブステップアップ スクワットジャンプ パワーステップアップ スプリットジャンプ ハイデプスジャンプ	垂直メディシンボールスロー 抵抗付き垂直飛び 反応ジャンプ
直線	縄跳び ラダードリル オーバザラインドリル クイックスキップ、ジャンプ、ホップ その場ラン ボックスラン 背走または前方ジャンピンジャック	アンクルスキップ バウンスアンドゴー ジャンプオーバーローオブストラクト バウンディング タックジャンプ デプスジャンプ ボックスバウンド	パワースキップ メディシンボールスロー＆チェイス スタンディングロングジャンプ スタンディングトリプルジャンプ マルチプルロングジャンプ メディシンボールニーパンチ クロスオーバーディップ＆ドライブ クロスオーバーパワーステップアップ クロスオーバーパワースキップ	
横	ラテラルラダードリル ラテラルオーバーザラインドリル ラテラルバウンス	ラテラルクイックバウンド ラテラルボックスラン ラテラルデプスジャンプ ラテラルボックスジャンプ（スプリントへ） ラテラルジャンプオーバーローオブストラクル ラテラルクイックホップ	ラテラルバウンド ラテラルスクワットジャンプ ラテラルディップ＆ドライブ ラテラルホップ ラテラルハイデプスジャンプ	レジステッドラテラルバウンド
多方向	ラダー オーバーザラインドリル ローテーショナルジャンピングジャック ローテショナルパゴスティックワーク	スピンジャンプ レッグエクスターナルローテーショナルジャンプ パートナーメディシンボール（交互） 8の字投げ メディシンボールローテーショナルスロー レッグエクスターナルローテーションホップ	メディシンボールドリル ・チョッピング ・スイングパス ・回転パワースロー ・回転オーバーヘッドパス スピン付きデプスジャンプ	

注意：各カテゴリー内のエクリサイズは，初心者用からより高度なものへと順序立ててリストアップされている。また，ドリルには5～7章で詳しく説明しているものもある。

3 長反応ドリル：出力がさらに高くなり，最大の出力効率が求められる。これはポーゴー（1本棒にバネをつけた竹馬に似た遊具）に乗ってスプリングを完全に圧縮し，すぐさま空中に飛び出すのによく似ている。長反応エクササイズは，爆発的な最大収縮をする前に，関節可動域全体を通じて筋を収縮させることによりスピードストレングスを発達させる。長反応ドリルの例としては，スクワットジャンプ（p.85～p.86参照）とスプリットジャンプがある。

4 超長反応ドリル：長反応ドリルに比べてスピードはやや落ちるものの，さらに高い出力と出力効率が求められる。このタイプのドリルは，スピードと爆発的筋力が混合したものであり，負荷抵抗ジャンプ，メディシンボール投げ，そしてさまざまな重量での伝統的なウエイトリフティング（p.65～p.67参照）がエクササイズとして挙げられる。

ムーブメントドリル

ムーブメントドリルは，パフォーマンスを制限している因子を克服するためのものであるが，次に示す段階的な方法にしたがって効果的に行うべきである。

1 閉眼，裸足，負荷，不安定面などを用いたクローズドスキル（動きの内容があらかじめ決められている）。

2 ボール，手などによる指示に従って動くオープンスキルで，次のランダムアジリティへの発展形。

3 単純な刺激から複合的な刺激に段階的に反応するランダムアジリティ

クローズドスキル

動きがあらかじめ決められたクローズドスキルでは，何を正確にするべきかが明らかである。ここでのドリルによって運動学習の初期段階におけるコントロールされた環境での動きを習得できる。ドリルは量，休息，負荷を変化させることで段階的に漸進させる。クローズドスキルでの動きを習得できたら，次は，拍手，手による指示のような外的刺激に反応するオープンスキルへ，さらには相手の動きに反応するランダムアジリティへと移行する。

■コンプレックストレーニング

コンプレックスとは，ジャンプやランニングをベースに，高いレベルの神経筋活動をもたらすトレーニング刺激を組み合わせるという意味である。生理的な影響は，運動単位の加重と同期を改善する高重量ウエイトトレーニング，負荷抵抗ラン，ジャンプ，スロー，プライオメトリックスによる高い要求の結果，現れる。このような神経筋機能の変化は2～5分間持続するが，これを最大限に引き出すためには2つの方法がある。1つは，短い動きを7～10秒間まで延長し，休息はあらかじめ決められた長さでとる。もう1つは，エクササイズが過酷である場合は2～5分間の休息を取ってもよい。経験的にはさまざまなタイプや深さの刺激でパフォーマンスを数時間高めることがわかっている。それまでのパフォーマンスを越えるためには，2～3回関連したエクササイズを行い，続けて1～2回自由な動きのエクササイズを行う。

■レジステッドトレーニング

レジステッド（負荷抵抗）トレーニングによって，次のような恩恵がもたらされる。

- 運動単位の加重と同期によってコーディネーションが改善される。
- 特異的なコーディネーションによってストライド長が増加する。
- 視覚や聴覚に頼らないで動きの学習ができる。
- バイオメカニクスが向上する。

標準的な負荷抵抗はある動きにおける1RMの5～15％の強度である。これによって，特定のスキル改善が促進されるが，新しい運動スキルを習得することはできない。とはいえ，より高い負荷抵抗を用いてドリルを行う方が効果的である。たとえば，腰にハーネスとゴムバンドを装着して，ゴムの張力を利用したドリルで右足によるカッティングを行う際には，腰を落として足関節を背屈し，ポジティブアングルにて母指球に荷重して正しく行う必要がある。同様に，スレッド（重いソリ）を引いたり，押したり，上り坂を走ることで加速の感覚を教える際にもレジステッドトレーニングは利用できる。これらのエクササイズは十分に前傾姿勢を取り，体幹と骨盤を安定させるよう指導する。負荷抵抗をかけてエクササイズをするにあたっては，使用する製品の安全ガイドラインに必ず従うこと。

■アシステッドトレーニング

アシステッド（補助付）トレーニングは，パフォーマンスが高いゆえに今以上パフォーマンスを改善する余地があまりの残されていない場合に有効な手段となる。補助の程度は，補助なしでのパフォーマンスの5～15％を超えないように注意が必要である。なすべきことは補助を利用して動くのではなく，補助に頼らないでむしろ補助を上回るように動くことである。たとえば，補助であるゴムチューブに前方から引っ張られながら走る際には，ゴムチューブに頼るのではなく，むしろチューブの引っ張りを越えるスピードで走るようにする。もしも補助を使うことでフォームが崩れるようであれば補助が強すぎるので，補助の程度を低く調整する。アシステッドトレーニングの例としては，3～5％勾配の坂下でのランニングや，前に挙げたゴムチューブで牽引しながらのランニングがある。

オープンスキル

オープンスキルは，感覚入力システムによって受けた外的刺激に反応するためのスキルである。ランダムアジリティ（ボール，相手，障害物へ反応するアジリティ）を含むオープンスキルは，ほとんどのスポーツで成功を収めるための必須スキルである。ゲームに備えるために，混乱した環境を作り出し，そのスポーツに特有の動きを行ってスポーツをシミュレートする。手による指示で方向転換するような単純な外的刺激からランダムアジリティのトレーニングを開始するとよい。次に，このようなランダムアジリティにアシステッドトレーニングやレジステッドトレーニングの手法を加える。もっともすばらしいランダムアジリティは「鬼ごっこ（タグ）」ゲーム；ミラータグ，シャーク・イン・ザ・タンクタグ，フリーズタグなどである。このタイプのゲー

ムでは，アスリートがそれまでに何を学んだのかであるとか，ランダムかつ競争的な環境で何をするのかを見定めることもできる。すなわち，自分たちがこれまでにやってきたことが，成功であったかあるいは失敗であったかがはっきりとゲームを通して示されることになる。

次に紹介するドリルは，クローズドスキル（コンプレックストレーニング，レジステッドトレーニング，アシステッドトレーニング）からオープンスキルあるいはランダムスキルへと段階を踏んで示されている。

ラテラルウェーブ

◆目的
方向転換，ダイナミックバランス，ポジティブアングル，接地面と足の相互作用について習得させ，筋の弾性力を発達させる。

◆方法
3～6m離れた2点を横方向に動く。次のように行う。
① 上体はまっすぐに起こして固定し，肩と骨盤は平行を保つ。
② 外側の足でカットし，急激に他方向に押し戻す。
③ これを繰り返す。

◆バリエーション
初心者はカッティング技術を習得し，徐々に量とスピードを増していく。中級者は，ゴムバンドを腰に巻いてこれを抵抗として同じドリルを行う。ドリルをランダムにするために外的刺激を加えたり，抵抗や補助を利用して負荷を増やす。

クロスオーバー

◆目的
クロスオーバーステップを習得させ，減速に必要なダイナミックバランスと筋の弾性力を発達させる。

◆方法
クロスオーバーステップで3～6m離れた2点に置いたコーン間を移動する。
① 上体はまっすぐに起こして固定し，肩と骨盤は平行を保つ。
② 体幹をひねりながら左脚を右脚前方でクロスさせ，右足で地面を押して右側に移動する。
③ 減速では下腿角度はポジティブアングルとし，肩と骨盤は平行を保つ。
④ 反対方向へ同様の方法で移動する。

◆バリエーション
最初は歩行スピードでこのドリルを始め，最終的には全力で正しく行う。負荷抵抗や補助を用いることで動きの学習を高め，減速能力を向上させる。外的刺激に反応して全方向に移動させることで，ランダムドリルにできる。

コーンホイール

目的
左右，前後，ドロップステップ，その他のさまざまなスキルをランダムに使えるようになる。

方法
① 直径3～5mの円をコーンで作る。
② ある動きを選択して初めのコーンから次のコーンへ移動し，別の動きを用いて次のコーンへ移る。

バリエーション
負荷抵抗や補助を加えたり，コーン間の動きの選択を工夫することで上級のドリルにできる。コーンエリア内でパートナーがランダムにボールを投げたり転がしたりして，それをキャッチさせることを連続して行わせる。

ボールドロップ

目的
スタンス，反応，ワンステップでの加速と反対方向へのアジリティを向上させる。

方法
① 母指球に体重を乗せて直立し，前に伸ばした手にボールを持っているパートナーの正面から4m以上離れる。
② パートナーがボールを手から離すと同時に，爆発的に最初のステップを出す。このとき，加速するために力強く腕を後ろに振る。
③ ボールが2回バウンドしないうちにキャッチする。
④ キャッチに成功したら，パートナーは1m後方に移動する。

バリエーション
パートナーに向かって横または後向きで立ち，そこからボールをキャッチするために方向転換をし，爆発的なスタートを切る。パートナーは，ボールを離す瞬間に声を出す。さまざまなスタートポジションで行ったり，複数個のボールを同時に落としてこれをキャッチすることでドリルにバリエーションが生まれる。

鬼ごっこ

目的
バランスをとった状態から加速・減速し，ランダムな条件にも反応できるようにする。

方法
① 10m四方（初心者）または15m四方（上級者）を設置して，対角上の角にそれぞれプレーヤーを2列に並ばせる。片方は「鬼」で，もう一方は「逃げる組」とする。
② 最初の「鬼」1名が，「逃げる組」1名にかけ寄り，減速してバランスをとりな

がら「逃げ組」1名を捕まえようとする。「逃げ組」1名は捕まらないように逃げる。

③「鬼」に捕まったり，反対側の角に達したら，次の組に交代する。

◆ **バリエーション**

「逃げ組」が「鬼」に対して後ろを向いておき，「鬼」がエリアの半分まで来たら合図を出し，それに反応して「逃げ組」が逃げ出す。

シャーク・イン・ザ・タンクタグ（サメから逃げろ）

◆ **目的**

すでにプログラムされているドリルをランダムに選び適応する。

◆ **方法**

① 20×50m程度のプレーエリアを作る。

② 1～5人の「サメ」を決める。それ以外のすべてを「小魚」にする。「サメ」は「小魚」を捕まえようとする。

③「サメ」がすべての「小魚」を捕まえるまでの時間を計る。

④ 動きやアジリティの良し悪し観察する。早々と「サメ」に捕まってしまった「小魚」にはゲームが終わるまでの間，コア，バランス，スタビリティ，ストレングス，コンディショニングなどのエクササイズを"ご褒美の餌"として与える。

◆ **バリエーション**

「サメ」と「小魚」の割合を1：10まで上げたり，プレーエリアの大きさを拡大・縮小する。また，解凍ゲーム（「サメ」に一度捕まえられた「小魚」に別の「小魚」が触れると解凍されて生き返る）としても，戦術や多大なエネルギーが必要となり，同時に高いレベルのスキルが求められる。

プログラムの実行にあたって

ドリルを紹介する際には，ドリルの名前，目的，方法，キーポイント，そしてそのドリルがどのように役立つのかを伝える必要がある。また，キーワードや実演またはビデオによって口頭だけでなく視覚的な情報も与える。しかし，アスリートが学ぶ最善の方法は，感覚による入力であり，それは口頭や視覚での学習を越えるところにある（Brisson & Alain 1996）。練習で重要なことは，運動を自動化させるために必要なスキルを向上させる機会を与えることであり，言い換えれば，やったり感じたりしながら動きを覚えさせることである。

スピードを改善させるのと同様にアジリティを改善するためにドリルを利用すべきである。また，ドリルは疲れていないときにきちんと処方された順番で，しかも十分な休息をとりながら行う。能力が高くなったら，疲労した状態で同じドリルを行わせれば，競技と同様の状態を作り出せる。

個々のスキルを習得したら，次はこれらのスキルを連動させるクローズドドリルで用いた漸進性の原則を適用し，ある運動プログラムから次のプログラムへと効果的に

移行させる．いったんこれらのさまざま運動プログラムが統合されたなら，さらにランダム（オープン）ドリルへと進める．習得できた運動プログラムがどの程度のものかは，ランダムドリルを行わせればはっきりと見えてくる．すなわち，個々のパターンを習得したアスリートのみがさまざまな動きを効果的に楽々とこなすことができる．そうでない者へは，運動中あるいは運動直後に修正点について伝えるようにする．

初心者から上級者へと向上するにあたって，次に示すガイドラインに従う．

- **初心者**：ドリルは練習の最初に，処方された順番通りに行う．正しい技術で行う方がスピードを出して行うよりも重要である．ここでのゴールは基本の確立である．
- **中級者**：処方された順番で行い，段階的に強度，頻度，量を調整する．また，ドリルは練習前や練習中に行う．
- **上級者**：ドリルの順序，強度，頻度，量などはランダムに設定する．また，練習の前，中，後で行う．

トレーニングの一般的な準備期におけるゴールは，コンディショニングの基盤を確立することである．そのためには，動きづくりのための運動に多くの時間を費やして一般的なスキルから特殊なスキルを習得させる．低レベルの短・長反応ドリルと同様に，さまざまな急反応ドリルを利用して，地面に対して正しく足を接地する方法を教える．

一般的な準備期の上には特別な準備期を積み上げる．ここではあらかじめ準備されたメニューに沿って特殊なスキルを習得させるが，レジステッドトレーニングやアシステッドトレーニング等を自由に取り入れて処方にバリエーションをつける．ただし，現在処方された動きを完全にマスターするまでは次の段階へは進むべきではない．急・短・長反応ドリルの難易度や強度を漸増することで，足首，膝，殿部，コアなどにかかるエキセントリックな負荷に耐えうる能力が開発される．

さまざまな特殊なスキルをさまざまな条件下で行うことができるようになったら，次は特殊なスキルを連動させる段階となる．ここでは，あらかじめ準備されたランダムドリルを連動させた動きを習得することに集中すべきである．

以上，あらかじめ準備された特殊なドリルやそれらを連動させた動きを習得できたら，次はこのスキルをスポーツに特有の動きにつなげる段階である．ここでは，スピードを徐々に上げていくが，より重要なのは動きの効率を向上させるということである．スポーツに特有の動きがスキルに取り込まれたとき，ランダム（オープン）スキルによってより複雑で強度が高いスキルも完璧にこなせるようになる．

スポーツに特有のドリル

ここではスポーツに必要な動きを作り出すために，特殊な運動プログラムをいかに連動するかについて，各スポーツごとに解説する．各動きを連結させる能力は，エリー

トレベルの競技においてはもっとも重要である。なぜならば，さまざまな動きを連動させることができるアスリートは，素早い最初のステップやジャンプやカットが可能になる。

スポーツに特有なドリルのなかで，ランダム（オープン）な環境で特殊なスキルと特異的なスキルを連動させる。明らかに，これらのスキルの連動をこの環境下で無意識に行うことができるならば，試合中に反応するために必要なスキルをマスターしているといえる。

アメリカンフットボール

アメリカンフットボールでは，ポジションごとに要求される基本スキルが異なる。ここではポジションを単純にオフェンスとディフェンスに分け，それぞれを3つのグループに分けることができる。

1. ライン：オフェンスラインマンとディフェンスラインマン，ディフェンスエンド
2. コンボ：ラインバッカー，ストロングセーフティ，タイトエンド，フルバック
3. スキルポジション：ランニングバック，ワイドレシーバー，ディフェンスバック，クォーターバック

■ライン

ディフェンスエンドは爆発的な動きと加速スキルで弧を描きながら走り，さらにバランスの立て直しと方向調整のアジリティで機敏なクォーターバックやかけ回るランニングバックを追い回すことが求められる。

オフェンスとディフェンスのラインマンは，バランス能力に長けている必要がある。オフェンスラインマンはランプレーのために爆発的な力を発揮し，バランスを取りながらディフェンスラインマンをブロックする。同時に，相手のブロックを外して別のラインマンをブロックするために，ただちにバランスを復活しなければならない。殿部を支持面上で低く維持し，相手の動きに素早く反応するために常に両足は地面に接地させておく必要がある。このような動きができれば受傷の可能性も低くなるであろう。

ラインマンに動きのスキルを教えることはきわめて重要である。オフェンスとディフェンスラインマンは，スキルトレーニングから最大の恩恵を得るであろう。

■コンボ

コンボポジションのプレーヤーはラインマンを相手にするために，パワーと大きさが必要であると同時に，スキルレベルの高いプレーヤーも相手にするので高いスキルも必要である。このポジションのプレーヤーは，筋肥大，筋力，そして高度にコーディネートされた動きのすべてを得るためにトレーニングする必要がある。タイトエンドとフルバックはブロッキングスキルが必要であるが，加えてスキルポジションにとってとても重要な動きのスキル（減速，パワーカット，スピン，スピードカット）も求められる。ラインバッカーは，爆発的な最初の1歩のクイックネスのため，ラテラルスキルと基本スキルを習得しておく必要がある。また，ドロップステップで腰を

開き，クロスオーバーを用いて後方をカバーするスキルも求められる。クロスオーバーステップは，ラテラルスキルと基本スキルを連動させるためにも有効である。

■ **スキルポジション**

スキルポジションのプレーヤーでは，フィールドをより広くカバーし，オープンフィールドでの動きがより頻繁である。ワイドレシーバーではあらかじめプログラム（クローズド）ドリルを習得すれば，それを相手の動きや自分のプレーのなかで選択して使える。また，プレーヤーは内側の膝角度を90度以内にしてスピードカットできなければならず，加えて外側の膝角度を90度以上でパワーカットして方向転換するスキルを身につけておく必要がある。また，バックペダル，ドロップ，クロスオーバーなどに連動する基本的なスキルも必要である。さらに，減速，ドロップステップ，回転軸近くに足を保つといったスキルプログラムもこのグループのプレーにとっては効果的であり，このためのドリルはスピンのスキルに移行するために使うことができる。プレーヤーは一般的なスキルと特殊なスキルを習得した後に，さまざまなタグゲームや試合におけるランダムな動きのなかでこれらのスキルを応用できる。スキルポジションのプレーヤーではスピード，弾性力，そして筋力の習得が長期的なゴール設定となる。

テニス

テニスにおける動きのスキルは，この種目で成功するために重要であると同時に，しばしば，ショット選択に関与し，究極的にはポイントに関与する。ダイナミックバランスは，テニスでは動きのなかだけでなく，ラケットがボールに当たる直前においても必要な能力である。さらに，バランスを回復させる能力も同様に重要である。テニスの動きは，クローズプロキシミティ，ワイドボールリカバリー，ボレーベースラインの3つの主要な区域ごとに分類できる。

　クローズプロキシミティは，オフェンシブポジションの約4m四方以内の区域であり，通常はほとんどのショットが打たれるセンターマーク付近のエリアである。ここでの重要なスキルは，オフェンスやディフェンスでのフォアハンドやバックハンドストロークで，完璧なバランスで動くためのラテラルスキルと基本スキルである。テニスにおける基本的なスタンスは，横方向への動きを保証するためのものである。

　ワイドボールリカバリーは，ダブルスのアレー（ダブルス用の横に広いコートエリア）あるいはアレーをさらに越えたエリアを示す。ここでの重要なスキルは卓越したバランスとポジティブアングルで，これに連動したシングルクロスオーバーステップや横方向・基本スライドも要求される。この基本を守ることでいかなるショットも打つことができる。

　ボレーベースラインでは360度の方向に反応可能な多方向スタンスが基本である。ポジティブアングルから第1歩を踏み出し，その後3～5歩の爆発的な加速ステップに連動し，そして減速と同時に横方向や基本（スプリットステップ）の動きに連動す

る．この間は，腰を低く保つ必要があるが，これによってボレーを打つことができるだけでなく，ボレー後にもよいスタンスになり，次への動きに反応することができる．

野球とソフトボール

野球とソフトボールにはさまざまなポジションがあり，守備側では内野手，外野手，捕手，投手に区分される．

内野手の動きは，効果的なスタンスを基本に，パワフルファーストステップ，クロスオーバー，減速，および起き上がりのスキルに連動している．

外野手は視覚刺激に頼って正しい動き（ファーストクイックステップ，クロスオーバー，ドロップステップ）を選択する必要がある．また，ドロップステップ，クロスオーバーラン，加速，そして絶対的スピードが必要とされる．これらの動きをスムースに連動させることで外野手のパフォーマンスは向上する．

捕手は捕球姿勢からの反応が要求される．正しいポジションからの反応ではもっぱらコンセントリックな筋収縮に頼るので，弾性エネルギーは利用できないし，素早い反応でブロックスキルを使わなければならない．また，さまざまな姿勢から投げたり，クロスオーバーステップ，加速，減速を行うことができなければならない．このようなスキルは閉眼で行ったり上方を向いて行うことでアジリティを向上させることができる．

投手は，フィールド内だけでなくフィールド外でも特別な注意が要求される．ピッチング後のポジションからの特異的な動きのスキルを発達させるべきである．ピッチング後に全身を減速させながらも，バランスを保ちつつ急激に加速したりクロスオーバーをする能力が求められる．練習をすればバランスを崩したままでボールを投げることがなくなるので，受傷の確率も低下する．

強いて言えば，野球とソフトボールではさまざまなことが共通している．打席から素早く走り出て出塁率を増加させるための動きは，捻りに始まり，後方や前方への加速へと連動してる．ソフトボールではベースを利用し，最初の1歩を踏み出して加速するドリルを通じて盗塁スキルを向上させることができる．一方，野球においてはベースを利用しないので，正しいスタンスによって盗塁パフォーマンスを向上させる訓練をする．滑り戻って，徐々に右足を左のインステップ方向に開いて，両脚でポジティブアングルを向上することによってできる．背は平らに保って若干前傾し，体重の70％を前足部にかけて，腕は体の前に垂らしてリラックスさせる．盗塁の始めでは，加速のためのクロスオーバーと連動させて右肘を後へ引く．ランニング中は「バック，バック，バック」と積極的に両腕と両脚を後方へ動かすべきである．野球とソフトボールのベースランニングでは，ベースを回る際に体を傾け，ストライドパターンで走る練習をするべきである．また，反対回りのベースランも練習すべきである．

サッカー

忘れてならないことは，サッカーにおいては動きこそがもっとも重要ということである。スキルの高いプレーヤーはより長くボールに触ることができるが，ゲームにおける平均的なボール接触時間はゲーム時間の2％以下であることを覚えていてほしい。サッカーで求められる動きはポジションによって異なり，これはゴールからの距離で分類することができる。

ゴールキーパーは，とくにスタンス，あらゆるポジションからの反応，クロスオーバーステップからジャンプ，ダイブ，着地，タンブル（とんぼ返り），そして修正された基本的スタンスで常に全方向，垂直と水平ジャンプを含めて反応できるようにする。

フルバックは，ラテラルスキルと基本スキルに連動した加速と減速を練習することで，相手の動きに適切に反応できるようになる。また，連動したスキルをドリルでよりいっそう高めるには，ドリルでは相手をつけて行うとよい。サッカーではどのポジションにも言えるが，とくにフルバックはSスタイルのランドリルが効果的である。

フォワードはどのポジションにもまして広い範囲をカバーするので，多くの異なるスキルを養うべきである。相手から進路妨害をされながらもトップスピードで走るトレーニングが効果的である。したがって，ドリルでは，素早く動きながらもさまざまな課題をこなすようにする。また，足を素早く回転させるタイプのドリルもサッカープレーヤーにとってはパフォーマンスを向上させる。

バスケットボール

バスケットボールで要求される動きはポジションによって異なるが，今では大型のプレーヤーが動きのスキルを身につけてきているので，はっきりと区別をつけにくくなっている。バスケットボールにおける主要な動きは，垂直方向ではなく，横方向である。ディフェンスのプレーヤーは，ラテラルスキルと基本スキルを習得すべきである。とくに，両足のつま先を開くのではなくまっすぐにし，前脚を引いてくるのではなく後脚を前へ押し出すことで，後方へ移動する訓練が必要である。また，常に重心を支持面上で維持してバランスを取ることで，相手の動きに素早く反応することが可能となる（上手なオフェンスはディフェンスプレーヤーの両足がそろう瞬間を見逃さない）。カットやクロスオーバーの後に素早く基本スタンスに戻るスキルを連動させるべきである。

オフェンスプレーヤーは，効果的に素早く最初の1歩を踏み出すために，ポジティブアングルを常に心がけてスタンスを取ることが大切である。この基本的なスタンスから加速，減速，ジャンプ，スピンを連動させるようにする。

自転車競技

自転車競技において，高いアジリティとコーディネーションは不可欠な条件である。コーディネーションがあれば，スムースで効率的なペダリングができる。6時から1

時の位置までつま先とかかとを引いて脚を動かすという特殊なコーディネーションをプログラム化する必要がある。また，アジリティによって，路面の凹凸や他プレーヤーとの接触からバランスを一定に保つことを学ぶ。コアスタビリティは，進路変更中でもバランスを保ちながら効果的なペダリングを続けるために大切である。レベルの高いサイクリストは，事故によるけがのリスクを減少させるために，回り方と転び方を練習しておくべきである。

バレーボール

バレーボールは，アジリティの要素で構成されているスポーツである。守備では，ブロッカーは横方向への動きのための基本スタンスを向上させるように訓練しなければならない。また，クロスオーバーからジャンプへ連動させるスキルも必要である。このような横方向への動きからジャンプへと転換する際に，慣性力を感じながらそれをうまく利用することを覚える必要がある。バックコートのプレーヤーはよいスタンス，すなわちポジティブアングルを維持し，膝と股関節を屈曲させて重心を前にかけ，レシーブに備える姿勢を習得すべきである。

　攻撃では，セッターはあらゆるスキルの習得とそれらを連動させる能力が求められる。外側アタッカーは身のこなしが著しくよくなければならない。すなわち，爆発的な加速ステップとその後の減速を行い，さらには減速のエネルギーをポジティブアングルとコア・スタビライズのために利用しながら，次のジャンプに備えたスタンスをとる必要がある。アタックのためにジャンプして体が空中にあるときは，安定したコアによって空中姿勢が保たれるだけでなく，力強いスパイクが生まれ，さらにはネットに触れることなく着地ができる。

ゴルフ

ゴルフでは，完全なスイングのために求められるキネティックリンク（運動連鎖）を最大限に活用するために高いコーディネーションが求められる。バランスとスタビリティは，ゴルフのスイングにおいて大きな役割を果たしている。ゴルファーは，地面（床）反力を体幹の回旋運動へ変換するために重心を支持面上に維持することでバランスを保つ。また，下肢からのエネルギーを伸張反射の効果を最大限に生かす形で体幹と肩へ伝え，全身をコイルのように使うスキルが求められる。クラブのヘッドスピードは，バランスを保持しながら体幹を加速させる能力に依存している。したがって，ゴルファーはすばらしい運動感覚を持っており，感覚フィードバックを効果的に利用できるアスリートである。

体操競技

体操競技は，一般的なドリルと特殊なドリルを習得して連動させ，賞賛の対象となる完璧な動きを作り出すスポーツである。体操競技では，バランスはアジリティのなかで役立っていると考えられる。また，運動感覚はよく発達した感覚フィードバック系

によって促進されるが，感覚は視覚や聴覚からのフィードバックには依存しない。

陸上競技とクロスカントリー

陸上競技とクロスカントリーは，パフォーマンスが計測（時間や距離）で表されるスポーツで，非常に特殊な運動スキルが求められるスポーツでもある。これらの競技ではアジリティが求められる程度も種目によって異なるが，おそらく回転や素早い減速が求められる投擲種目でもっとも高いアジリティが求められる。アジリティドリルは，コーディネーションおよび筋力と柔軟性のバランスを向上させるために，ジャンパーやランナーの練習を補完する目的で行われる。

レスリング

レスリングではアジリティの役割はとても大きい。この闘争的なスポーツは，バランスとてこの原理を利用して相手のバランスを崩すことを目的としている。

まとめ

卓越した動きのスキルは卓越したアスリートを生み出すが，それは動きそのものがスポーツだからである。アスリートはすばらしい動きができるように生まれついているが，それに加え，動きをさらに改善させるための努力ができるようにもできている。とはいえ，最終目標への到達は，アスリートしだいである。動きのスキルは学習可能であること，そして，何をどのように学ぶかによって将来のあり方が決定される。スキルを求めることによってのみ成功が約束される。完璧な練習によって多くの感覚フィードバック系が発達することで，ピークパフォーマンスが得られる。感覚フィードバック系の発達はトライアル＆エラーによって急速に進む。したがって，言葉や聴覚ではなく運動感覚など他の感覚によって，効果的にスキルを習得してほしい。一般的または特殊なスキルを習得することで，パフォーマンスが向上するだけでなく，受傷の可能性が低下する。加えて，そのスポーツ種目やポジションに特有の動きができるようになる。

　バランスの本質を知り，これをコントロールすることがアジリティの基本である。コアスタビリティ，可動性，スピード，弾性力，パワー，筋力，エネルギーシステム，コーディネーションをすべて改善させる必要がある。それによって，動きのスキルが著しく向上し，究極の勝利を達成する戦いに耐えうる能力が得られる。指導，学習，進歩，チャレンジというエキサイティングな過程を楽しみ，偉大な「凄い動きのできるアスリート」になってほしい。

9 加速とスピード

Acceleration and Speed　　George Blough Dintiman

　ほとんどのスポーツでは，静止状態か，あるいは若干動いている姿勢からスタートし，そして可能な限り短時間で最大スピードに到達するように動く。これがいわゆる「加速」または「速度変化率」と言われるものである。最高スピードはアスリートが加速できる限界であり，動きの最速到達点である。アスリートは最高スピードをできるだけ長く保とうとし，疲労や摩擦や空気抵抗による減速を最小限に抑えようとする。

　加速の程度は，アスリートによってさまざまである。Carl Lewisは，100m走において70m地点でもまだ加速をしていた。彼の100m前半の加速の程度は他のアスリートに比べて小さいものであったが，彼はより長く加速を続け，残り20mで他のアスリートを抜くことができた。また，もっとゆっくりと加速を続けて後半で最高スピードに到達したアスリートもいる。走スピードは短距離走の記録から計算で割り出すことができる。たとえば，現在の200m走の世界記録（19.30秒）から算出した平均の走スピードは時速38.6kmである。20mごとに区切ったスプリットの記録からは，世界クラスのスプリンターでは20mを1.6秒で走り，これは時速44.6kmに相当すると計算される。

　スポーツは，多種多様なスタートとストップ，そして方向転換で構成されている。ゲーム中の平均スピードが高スピードよりかなり低くても驚くことではない。ほとんどの世界クラスのスプリンターは最高スピードに60m付近で到達する。野球での3塁打，陸上競技での100mか200m走，あるいはアメリカン・フットボール，ラグビー，サッカー，ラクロスのロングランは60mに近いか，それをやや越える程度の距離である。一般的には，スポーツでの「スピード」は最高スピードに到達するための加速としてとらえられている。

　何十年もの間，加速とスピードはアスリートが得ることのできるもっとも重要な要素であるとされてきた。懐疑的な人は，スピードは神から与えられた生まれつきの素質で，トレーニングの種類や量で変えることはできないと信じている。1912年以来，100m走の世界記録は10.6秒（Donald Lippincott：米国）から2009年に樹立された9.58秒（Usain Bolt：ジャマイカ）へと1.02秒短縮された。また，200m走の世界記録は，1951年に樹立された20.6秒（Andy Standfield：米国）から2009年の19.32秒（Usain Bolt：ジャマイカ）へと1.30秒しか短縮されていない。女子の100mと200m走の世界記録は，100mで1.3秒（9％），200mで2.26秒（9％）短縮されているが，いずれも

1988年にJoynerが樹立したものである。

　これらの記録向上に新しいトレーニング方法や新しい用具（スターティングブロック，全天候型トラック，ハイテク・シューズ）が貢献したか否かを明らかにするのは難しい。もちろん1977年1月1日以来，計測方法が手動から電動に変更されたので，それ以前の記録を除外してこのことを検討すべきである。

　依然としてコーチは「速い」アスリートを勧誘しているが，今日ではすべてのアスリートがスピードを向上させることができることを理解している。また，コーチはオリンピックレベルのスプリンターでは加速とスピードを今以上に劇的に向上させることが難しいと気づいている。なぜならば，アスリートはその潜在能力の限界にかなり近づいているので，これ以上伸びる余地がないからである。これに対して，ほとんどの高校生や大学生では，わずか8週間のうちに40m走で約0.8秒短縮できる潜在能力を持っている。

　以上，誰でもが加速とスピードを向上させることができるとわかってはいるが，正しいトレーニングテクニックが用いられないかぎり，アスリートの潜在能力が最大限に引き出されることはない。

　数十年も前に，ここで紹介されているトレーニングプログラムを遂行することで筋線維タイプ（速筋と中間筋）が変化することを生理学者が確認している。1970年代初頭以来，研究者は，正しいトレーニングによって，短い距離でのストライド率（歩／秒），ストライド幅（重複歩），スピードが向上することを明らかにしてきた。これらの研究成果によって，それまではフォームと無酸素能力の改善に集中していたトレーニングの方法が，ストライド率やストライド幅を向上させる全体的なアプローチへと移ってきた。

　反応時間すなわち刺激に対する応答（陸上競技でのピストルへの反応，アメリカン・フットボールでのセンターのスナップや相手の動きへの反応，野球での打撃，テニスでのストローク，アイスホッケー・ラクロス・ラグビー・サッカーでの相手をかわす動き）を除けば，3つの要素だけが加速とスピードの改善に直接的に影響を及ぼす。

1 ストライド幅を低下させることなく，速いステップを踏む（ストライド率の増加）
2 ストライド率を低下させることなく，ストライド幅を増加させる
3 正しいバイオメカニクス（フォーム）を利用する

　4つめの要素と考えられる無酸素性持久力（スピード持続力）は，長いスプリント走の終盤で減速しないようにすることと，短いスプリント走を同じスピードで繰り返し行う能力以外では加速とスピードには直接影響を及ぼさない。

　ここでは，さまざまなスポーツに特有の加速とスピードを向上させる4つの要素に効果的なトレーニングプログラムを解説する。

加速とスピードに影響を及ぼす要素

いかなる肉体もスプリントのためにパーフェクトにデザインされてはいない。なぜならば、体型、身長、体重、脚長などに多くのバリエーションがあるからである。今日のオリンピックレベルのスプリンターは、30～50年前に比べて、体重は少し重く身長も少し高いが、形態的にはほとんど変わらない。このように、形態は速いスプリンターの決定条件ではない。これは、背が低いアスリートではストライドが短い分、回転数が早く、背が高いアスリートではその反対のことが生じるからである。

一方、いくつかの生理学的な要素、たとえば、速筋・遅筋線維の割合、体脂肪率、年齢、性、無酸素性持久力は加速とスピードに影響を及ぼす。

筋線維

3つのタイプの筋線維が人体には存在する。

- **遅筋（タイプⅠ）線維**：遅筋はエネルギー産生を酸素に頼っている（有酸素）。遅筋は力の発揮速度は遅くパワーも小さいが、疲労しにくい（耐疲労性）。そのため、酸素消費能力に優れている反面、素早い筋出力や無酸素パワーを発揮する能力は劣っている。
- **速筋（タイプⅡa）線維**：中間タイプの筋線維で、無酸素と有酸素能力の両方を兼ね備えている。筋の出力スピードはやや速く、耐疲労性、単縮時間、パワー出力、有酸素パワー、無酸素パワーはいずれも遅筋と速筋の中間の特性を持つ。
- **速筋（タイプⅡb）線維**：エネルギー産生をほとんど酸素に依存していない（無酸素）。そのため、筋の収縮スピードが速くパワーも大きいが、その反面、疲労しやすい。

速筋線維の割合が高い筋は、素早く収縮し筋出力も高い。このような筋線維組成を持って生まれたアスリートは優秀なスプリンターになる可能性があるが、反対に遅筋

表9.1 スピード系と持久系アスリートにおける速筋線維の割合

スポーツの種類	男性	女性
スピード優位の種目		
スプリンター（100または200m）	48－80,%	72－75%
アイスホッケー	44－62%	―
砲丸投げ，円盤投げ	50－88%	45－52%
持久性優位の種目		
クロスカントリースキー	25－45%	25－50%
自転車競技	25－50%	35－65%
中距離走（800m）	40－64%	25－55%
一般人	25－62%	25－72%

線維が優位であれば，クロスカントリーやマラソンのようなや高い有酸素能力が要求されるスポーツに適している。筋線維組成の遺伝的特性は男女間で差はない。遅筋線維が速筋線維に変わるのではと論議されてきたが，最新の知見では長期にわたる高強度トレーニングによって，遅筋線維の速筋線維化が生じるとされている。

正しい種類の高強度（高負荷）トレーニングでは，速筋線維が多く動員（利用）されるので，結果として加速とスピードが向上する。「速くなるためには速いトレーニングをする」が加速とスピードを向上させるための鍵であるが，実は速筋線維の動員にかかわる要素はスピードではなく強度である。

表9.1では，スピード系と持久系のアスリートにおける速筋線維と遅筋線維の割合を比較している。ヒラメ筋のような主に姿勢保持に関与する筋では遅筋線維が優位であり，一方，大腿四頭筋のような大きな動きにかかわる筋は，ジョグからスプリントまでをカバーする必要があるので，両方のタイプの筋線維が混合している。

体脂肪

スプリンターの体脂肪率は，男性で体重の6～10%，女性で12～17%が望ましい。個人によるが，男性でも女性でも体脂肪率があまりにも低すぎるのは健康にとってよくない。反対に，体脂肪率が高すぎると加速とスピードにマイナスの影響を及ぼす。

年齢

年齢はすべての競技でパフォーマンスに影響を及ぼす。1912～1999年までの陸上競技100m走男子世界記録保持者41人の平均年齢は23歳であった。また，この間の21人の女性では24.5歳であった。Barnes Ewell（30歳：米国），E. McDonald Bailey（31歳：英国），Carl Lewis（30歳：米国）の3アスリートのみが30歳を超えて世界記録を樹立している。一方，女性では，Fanny Blankers-Koen（オランダ）とShirley Strickland（豪州）が，30歳で樹立している。故Florence Griffith Joyner（米国）は，29歳の時に1998年のソウルオリンピックで100m走と200m走の両方で世界記録を樹立した。

世界の陸上競技界では，スプリンターは高額の契約料や賞金を得るために，長期間にわたって現役生活を続けるようになってきた。その結果，Carl Lewisらは30歳代に入ってもスピードを維持していたが，このようなことはそれまでにはなかった。トレーニングを止めたり，筋力やパワーが衰えたり，あるいは体脂肪量が増えるといったことがないかぎり，25～35歳にかけて急激にスピードが減少する生理学的な理由は見あたらない。

性別

性別は，スプリントでは重要な要素である。男子100m走の世界記録は，女子のそれよりも0.91秒早い。1980年代の研究によると，男子オリンピックアスリートのストライド率が約5.00歩／秒であったのに対し，女子では4.48歩／秒であった。これからも，

高いストライド率とストライド幅の長い男子は明らかに優位であることがわかる。このように，ホルモンや解剖学的な差異が加速とスピードに影響しているとはいえ，近年では女性アスリートも適切なトレーニングを行って筋力とパワーを向上させているので，100mと200mの両方においては，女性の方が男性よりも記録の向上率が高い。

スピード持続力

スピード持続力（無酸素性エネルギー）は，少なくともスプリントの前半ではストライド率やストライド幅に影響を及ぼさない。しかし，スプリントの後半での減速率，最高速度到達までの加速のペース，反復ダッシュでの平均速度を決定する要素ではある。言い換えると，スピード持続力に乏しいアスリートは，疲労のためにハイレベルでの反復加速やダッシュを続けることができない。理想的には1本めのダッシュも5本めのダッシュも同じパフォーマンスが出せることであるが，スピード持続力が落ちるために現実には不可能である。

　無酸素性代謝は，循環と心肺機能がエネルギー需要に対応するまでの間，素早いエネルギーを供給する必要に迫られるタイプのエクササイズで発生する。時間が6秒以下のダッシュでは，エネルギー産生はほとんどすべてリン酸系に依存している。また，6〜9秒間の激運動では乳酸系に頼っている。短時間の高強度エクササイズでは，エネルギーの産生はリン酸化合物であるアデノシン3リン酸（ATP）とクレアチンリン酸（CP）の分解，および糖（グリコーゲンやグルコース）がピルビン酸を経て乳酸へ分解される解糖に依存している。スプリントは常に無酸素状態で行われるため，骨格筋は短時間しか収縮できない。もしも，エネルギー需要量が供給能力を越える場合は，解糖によってできたピルビン酸が乳酸へと化学的に還元される。この過程（無酸素性の糖分解）は酸素が不足している状況下で働き，高エネルギーリン酸化合物を再合成して筋収縮が持続できるようにエネルギーを供給する。ただし，8秒間の全力スプリントによってこの過程で産生されるエネルギーは枯渇する。

　この時点（コンディショニングができていない場合はもっと早い段階）で乳酸蓄積によってスピードが遅くなり始める。高い乳酸耐性，多くのエネルギー源貯蔵量，素早いエネルギー産生能力は，無酸素性のフィットネス，年齢，栄養などの要素が関係している。

メカニクス

だれもがまったく同じ走り方をするわけではないが，誰にでも適用できる適切な走メカニクスは存在する。腕振り，上体の傾き，脚の接地，オーバーストライドやアンダーストライド，緊張などを修正することで加速とスピードを向上させることができる。

テストと評価

どんなスポーツにおいても，加速とスピードを向上するためのプログラムを作る前には，個人の長所や短所，そして制限因子を明らかにする必要がある。そうすることで，アスリートが陥りやすい罠である「長所ばかりに目がいって，短所を改善しない」を避けることができる。詳細については2章で解説しているが，加速とスピードのための重要なテストについて，簡単に説明する。

スプリントスピード

ストライド幅も計測できる120ヤードダッシュ（40 – 80ヤード間でタイムを計測）では，ストライド率と加速も求められる。高速度カメラがある場合を除いて，ストライド率は40 – 80ヤード間のタイムとストライド幅を使って算出する。加速は，0 – 40ヤードと40 – 80ヤードでのタイム差が0.7秒以内であれば計算できる。

スピード持続力

スピード持続力は120ヤードダッシュでの40 – 80ヤードと80 – 120ヤードのタイム差を比べることで求められる。また，40ヤードダッシュを6〜10回繰り返すテストでも求められる。この場合のダッシュ間の休息時間は，アメリカン・フットボールであればハドルの長さ（25〜30秒）で設定すれば，スポーツの特性に合わせたスピード持続力がわかる。全米スピード＆エクスプロージョン協会（NASE）によって示されたこれら2つのテストの標準値は，120ヤードダッシュでは0.2秒以内，繰り返しテストでは最高タイムと最低タイムの差が0.4秒以内となっている。このテストは，手動でも電動でも行うことができる。

ストライド幅

ストライド幅は，20ヤードの直線を自然に走るだけで，高速度カメラを使わないでも簡単に計測することができる。これは，左右の足跡の間隔を測るだけの簡単な計測である。この長さを次の式（理想的なストライド幅のガイドライン）を使ってトップスプリンターと比較できる。

 男性スプリンター 1.14 × 身長（inch 表示）（± 4 inch）
        1.24 × 身長（16歳以下の場合）
        1.265 × 身長
 女性スプリンター 1.15 × 身長
        2.16 × 脚長

この方程式によって，コーチはアンダーストライドなのかオーバーストライドなのかを見極め，アスリートが理想的なストライド幅を見つける手助けをすべきである。

筋力

フリーウエイトでのスクワットか（ノーチラス社製の）レッグプレスマシンで1RMを測定し，体重あたりの筋力を求める。体重1kgあたりの筋力が1：2.5または1：3以上であれば，加速とスピードを向上させるには理想的である。

爆発力

立三段跳び，垂直とび，両脚または片脚20mレッグホップによってスピード向上の可能性と，スプリントに必要な速筋線維の比率を推測することができる。

筋バランス

スプリントの主働筋は，膝と股関節の伸展筋群および足関節の底屈筋群である。左と右，抗筋と拮抗筋，上半身と下半身の筋力やパワーのバランス，体重あたりの筋力に関する情報は有益である。前述したが，すでに十分強い部分をさらに鍛え，本当は鍛えることが必要な弱い部分を見逃していたのでは，スピードと加速を改善することはできない。

アンバランスは一般的には膝の伸展筋群と屈曲筋群にみられるとされているが，より大きなアンバランスが足関節の底屈筋群と背屈筋群の間に見つかることもある。大腿四頭筋とハムストリングのような拮抗する筋群におけるアンバランスは，パフォーマンスを制限する因子となりうる。実際，ハムストリングの筋力が弱いことはスプリンターにとっては致命的で，ハムストリングの筋力は少なくても大腿四頭筋の70～90％は必要である。また，最低70％はないと受傷の可能性が高くなる。理想的には，レッグエクステンション（大腿四頭筋）とレッグカール（ハムストリング）の筋力は同じであるべきである。しかし，あらゆる世代のアスリートにおいて，大腿四頭筋の筋力はハムストリングスよりもより強いのが一般的である。NASE主催のスピードキャンプに参加した1,625人の中学生・高校生のアメリカンフットボールプレーヤーにおけるレッグカールの平均値は，レッグエクステンションの値の50％以下であった。

柔軟性

柔軟性は関節に特異的なものなので，ある１つのテストでは関節可動域（ROM）を正確に測定することはできないし，ましてやすべての関節のROMを測定することは現実的ではない。加えて，いくつかの関節の柔軟性は，加速とスピードには重要ではない。柔軟性の評価は足関節の底屈と背屈，肩関節，ハムストリングにおいて重要である（訳注：股関節の柔軟性評価も重要である）。

身体組成

水中体重法で計測する以外で，体脂肪をもっとも正確で実用的に計測する方法は，スキンフォールド（キャリパー）法である。この方法で最低４か所の脂肪厚を計測すると

正確な数値が得られる。人によって体重が異なるので，上半身（上腕背部，上腕前部，肩甲骨下部，腸骨上部，腹筋）と下半身（殿部，大腿部）を計測してもよい。

スピード向上のためのトレーニングプログラム

スピード向上のためのトレーニングプログラムはほとんどのスポーツに共通している。しかし，各プログラムでのエクササイズ，回数，セット数，休息時間，距離や時間はスポーツごとの特徴にあわせて調整すべきである。また，個人のテスト結果に基づいたメニューが要求されるトレーニングもあり得る。

加速とスピード向上のためのトレーニングを構成するにあたっては，ピリオダイゼーション（期分け）の原則を適用するよう心がける。期分けにあたってはあらかじめ大切なゲームでピークパフォーマンスが発揮できるようにする。ピリオダイゼーションの詳細については，12章と13章を参照すること。

機能的筋力とパワー

表9.2に示している機能的筋力とパワープログラムの目的は，加速とスピードの向上を確実なものにし，スポーツに必要な組織(tissue)レベルでの強さを獲得するための強固な基盤を構築することである。6～8週間に期分けされたウエイトトレーニングは，筋力，スピード，持久力の改善に重点を置くとともに，脚，腰背部，肩，胸，腕，体幹と首を鍛えるために最大筋力の60％負荷から始める一般的なエクササイズから成り立っている。オリンピックリフト（表9.3）は2回めの4週間マイクロサイクルで加えられる。ここでは，重い重量を最大筋収縮で低回数挙上し，セット間の休息では完全な回復を得るようにする。加速とスピードのための鍵となるエクササイズを次に示す。4章にはこれらのエクササイズの具体的な方法を説明している。

- オリンピックリフト：クリーン（バーベル，ダンベル），ジャーク（バーベル，ダンベル，マシンラック），スナッチ（バーベル，ダンベル）。オリンピックリフト（表9.3）で用いるプログラムでは，強度の幅は広く取るものの最大筋力に近い負荷まで上げ，休息を最大限とることで疲労を完全に抜く。
- 脚と腰背部：デッドリフト，カーフレイズ，フロントスクワット，レッグエクステンション，レッグカール。
- 肩と腕：インクラインプレス，ベンチプレス，ダンベル・アームカール，ラットレイズ，ラット・プルダウン，フライ，ダンベルを持ってのスプリント動作。
- ハムストリング：オリンピックリフトとレッグカール。この部位は軽視されがちなので，ハムストリングに特異的に効果のあるエクササイズを各ワークアウトに含めるべきである。

ゲーム前の筋力トレーニングでは，ダンベルを持ってのスプリント動作，レッグプレス・マシンでのキックバック（スタート姿勢で），ニーリフト，プルダウン，およびスタート・加速・中間走のフォームが取れるマシンウエイトを採用する。

表9.2 上級者向けの機能的筋力とパワー向上のためのプログラム

エクササイズ	月	火	水	木	金
ウオームアップと柔軟性	○	○	○	○	○
パワー					
クリーン、パワー	M		M		
スナッチ、パワー		M		H	
ラックジャーク	H		M		L
脚、腰部					
プル、クリーン	M		L		H
デッドリフト	H		M		
スクワット	L		M		H
スクワット、フロント					M
肩、胸、腕					
ベンチプレス	H		M		
インクラインプレス		M		H	
ローイング			M		L
フライ（仰臥位）			L		M
体幹、腹部					
ハイパーエクステンション		3×10（60%）		3×10（70%）	
シットアップ（膝屈曲位）	3×25	3×25（60%）		3×25（70%）	
首					
パートナーネック（4方向）	3×8-12		3×8-12		3×8-12

低強度（L）	中強度（M）	高強度（H）
60% 1×5	60% 1×5	60% 1×5
65% 1×5	70% 1×5	75% 1×5
70% 1×5	68% 1×5	85% 1×5

表9.3 加速とスピードの向上のためのオリンピックリフト

月曜日	水曜日
ウオームアップ	ウオームアップ
クリーン	ジャーク
セット　3～6セット	セット　3～6
回数　3～5	回数　3～5
%RM 66～100%	%RM 66～100%
休息　セット間1.5～5分	休息　セット間1.5～5分
ジャーク	クリーン
セット　3～6	セット　3～6
回数　3～5	回数　3～5
%RM 66～100%	%RM 66～100%
休息　セット間1.5～5分	休息　セット間1.5～5分

プライオメトリックトレーニング

プライオメトリックエクササイズとしては，ジャンプ，ホップ，バウンディングが下半身のために，スイング，クイック・プッシュオフ，キャッチング・スローイング（メディシンボール，砲丸，砂袋），アームスイング，プーリースローが上半身のために考案されている。これらのエクササイズは，スプリントに関与する筋力とパワーの向上にとって重要である。プライオメトリックトレーニングは，1972年オリンピック100m走（10.14秒）の金メダリストであるValeri Borzov（旧ソ連）の成功に貢献した。彼の100mのタイムは14歳での13.0秒から20歳での10.0秒へと伸びている。

表9.4では，プライオメトリックエクササイズが強度別にグループ分けされ，ピークパフォーマンスに達するまでの段階的な負荷漸増が示されている。ほとんどのエクササイズはスプリント特有の動作に近いものであり，スプリントでの筋群が高速で収縮するようにデザインされている。エクササイズの正しい方法は5章で詳述している。

スプリントローディング

スプリントローディングは，加速とスピードを向上させる全身的なアプローチの鍵となる。トレーニングプログラムは，スプリントのような爆発的な動きを改善するよう考案されている。プログラムでの3つの基本的な技術は，加速とスピードに関与する筋力とパワーの向上に必要な軽い負荷を用いたものである。

1. **ヒルスプリント**：走路は正しいスタートとスプリント姿勢を取ることができる坂道を選ぶ。勾配8〜10°の坂道10〜30ヤードを2.5〜3.5秒で走る。次に，フルスピードで同じ勾配の坂道を20〜80ヤード走る。
2. **スタジアムステア**：スタジアム（など）の階段を利用したヒル・スプリントと同じ概念のトレーニングであり，勾配はヒルスプリントと同様に設定する。
3. **荷重ソリ**：金属やプラスチック製のソリは安価で，しかも負荷（重量）を簡単に替えることができる。荷重ソリにおいても正しいフォームでハイスピード・スプリントを心がけること。負荷が重すぎるとストライド幅とストライド率を減少させるだけでなく，爆発的な動きができなくなる。すべてのハイスピードエクササイズの目的は，足の接地時間を短くすることと同時に，通常のスプリントと同じかあるいはそれ以上のストライド率を出すことである。

パワースタートとパワースプリントは，スプリントローディングに不可欠な要素である。加速−パワースタートの長さは60〜80ヤード，すなわち6〜8秒であるとされている。アスリートは0.6〜0.8秒（10ヤード以内）でピークパワーに達するので，トレーニングでは10〜20ヤードの距離が用いられるべきである。また，ハイスピードパワーをトレーニングする最良の方法は，フライングスタートでの10〜80ヤード走を6〜10本を繰り返すスプリントローディングをすることである。そうすれば，坂道でのスプリントを始めるころには最高スピードに近くになっている。

表9.4 加速とスピードの向上のためのプライオメトリックトレーニング

強度	エクササイズ	セット× 回数	休息（分）	負荷漸増
低 （2週間）	スクワットジャンプ ダブルレッグ・アンクルバウンス ラテラル・コーンジャンプ ドロップ＆キャッチ・プッシュアップ	3 × 6-10 3 × 6-10 2 × 6-10 4 × 6-10	2	反復回数が10回になるまでセットごとに1回増やす
低〜中 （2週間）	ラテラル・コーンジャンプ スプリット・スクワットジャンプ タックジャンプ 立三段幅跳び 後方メディシンボール投げ アンダーハンド・メディシンボール投げ クラップ・プッシュアップ	3 × 8-10 2 × 8-10 2 × 8-10 2 × 8-10 2 × 8-10 2 × 8-10 2 × 8-10	2	反復回数が10回になるまでセットごとに1回増やす
中 （2週間）	立幅跳び アルタネート・バウンド ダブルレッグ・ホップ パイクジャンプ デプスジャンプ ロシアンツイスト・メディシンボール投げ ダブルアーム・スイング	3 × 8-10 3 × 8-10 3 × 8-10 2 × 8-10 2 × 8-10 3 × 8-10 2 × 8-10	2	反復回数が10回になるまでセットごとに1回増やす
中〜高 （2週間）	タックジャンプ スイングレッグ・ジグザグホップ ダブルレッグ・バーチカルパワージャンプ ランニングバウンド ボックスジャンプ ダンベル・アームスイング メディシンボール・シットアップ	3 × 10-12 3 × 10-12 3 × 10-12 3 × 10-12 2 × 8-10 3 × 12 3 × 12-15	2	反復回数が10回になるまでセットごとに1回増やす
高 （シーズンの残り）	シングルレッグ・バーチカルパワージャンプ シングルレッグ・スピードホップ ダブルレッグ・スピードホップ マルチ・ボックスジャンプ サイドジャンプ＆スプリント デクラインホップ スプリント・アームアクション メディシンボール・シットアップ	2 × 8-12 2 × 8-12 2 × 8-12 2 × 8-12 2 × 8-12 2 × 8-12 2 × 8-12 2 × 8-12	1〜1.5	試技ごとに最大の爆発力を発揮して行う。 2週間め以降は反復回数を12回から8回へと徐々に減らす。

斜め文字のエクササイズは5章で説明しており，その他のエクササイズはDonald Chu（1998）から抜粋した。

ヒルスプリント，スタジアムステア，荷重ソリを用いたスプリントローディング・プログラムを**表9.5**に示した。

表9.5 スプリントローディング・プログラム

週	回数	距離	休息（心拍数）	負荷漸増
1	3－5	15ヤード	歩いて戻る >120拍/分	ヒルスプリント、スタジアムステア、無負荷ソリを使い、75％スピードでパワースタートをする。2セット行う。
2	3－5	20ヤード	歩いて戻る >120拍/分	パワースタートを最大スピードで行う
3	6－8	25ヤード	完全回復	パワースタートを最大スピードで行う
	3－5	30ヤード	歩いて戻る >120拍/分	ヒルスプリント、スタジアムステア、無負荷ソリを使い、最大スピードでパワースプリントをする。2セット行う。
4	7－9	40ヤード	完全回復	90％スピードでパワースタートをする。
	3－5	40ヤード	歩いて戻る >120拍/分	パワースタートとパワースプリントを繰り返す。ただし、正しいフォームが保たれる範囲でソリに加重する。2セット行う。
5	7－9	50ヤード	完全回復	前の内容を繰り返すが、さらにソリに加重し、3セット行う。
6－9	7－9	60ヤード	完全回復	前の内容を繰り返す。1週間ごとに加重し、3セット行う。最後の1本のスプリントは、疲労困憊になるまで長い距離をスプリントする。この距離を記録しておき、毎週、距離が伸びることを確認する。

フォームトレーニング

理想的なスプリントフォームについてはイメージできるが実行するのは難しい。元世界記録保持者であるCarl LouisとLeroy Burrell，および米国オリンピック短距離チームのコーチであったTom Tellezによって複雑な加速とスピードの要素について，とてもよい言葉（Dintiman, Ward, and, Tellez 1997）がある。

「何が自然で何が不自然かに気づくまでは，アスリートの努力は効果的にはならないであろう。しばしば，アスリートは，姿勢を低く保つことで速く走ることができると思っている。しかし，ランニング科学によると正反対の結果が出ている。すなわち，最大スピードへの到達は，いかにリラックスして，身体を自然な立位姿勢で保てるかによる。人体は，引くよりも押すことに長けており，脚は引くためには都合よくできていない。速く走るためには，スプリントは主として地面を押す動作であることを思い出すべきである。」

ランニング中の脚の動きは3つの期，すなわち①ドライブ期：足が接地した状態で推進力を生み出す時期，②リカバリー期：両足が地面から離れている時期，③サポート期：反対の足が接地してから体重が足全体にかかる時期，に分けられる。

ドライブ期

ドライブ期では，母指球で地面をプッシュすることでパワーが発揮される。ストライド幅はこのプッシュ動作で決まる。ドライブ期の目的は地面を最大限に押すことであり，母指球のみが効果的で力強いプッシュを行う唯一の足底部位である。ドライブ期でのプッシュはつま先で行うと信じているコーチもいる。しかし，つま先でのプッシュではパワーと安定性が低下するためにスピードも遅くなる。ドライブ期で母指球を使って地面をプッシュするときにのみスピードが速くなる。

リカバリー期

リカバリー期においては，両膝どうしは近づき足が殿部に近づく。両膝が再び開き始めるにつれて，反対側の脚が接地に備えて伸び始める。リカバリー期では足が接地していないために，地面をプッシュできない。したがって，この期では脚をリラックスさせておき，足が自然に接地するように準備する。

サポート期

サポート期においては，スピードが速くなるほど，体重支持は足底の後方（踵）から母指球へと移行する。母指球近くで接地することでスピードを最大限にすることができるが，一方，大きなエネルギーも必要となる。ジョギングなどスピードが遅い場合は，接地点は足底の後方（アーチと踵との間）へ移る。さらに長くゆっくりと走っている間は，エネルギー効率を高めるために足底全体で接地する。サポート期の分析によると，母指球を越えてつま先で接地するランニングでは最大スピードへ到達できないとされている。

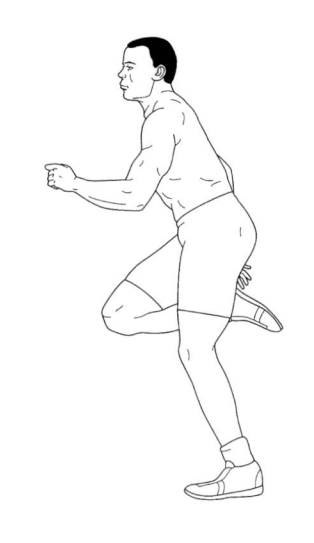

腕振り

スプリントでの腕振りは，もっとも効率のよいストライド幅を得るために重要である。ドライブ期で見られるように，腕と脚は左右反対に振れる。腕の振りは力強くかつリラックスした状態で肩関節で行うが，肩もリラックスさせたままにする。また，肩は走る方向に対して垂直に保つようにする。さらに，手もリラックスさせておく。腕を上に振り上げるとき，手はあごの高さで肩のちょうど内側まで自然な感じで上げる。腕を振り上げる際の肘は約90度である。

腕を振り下げる際に，自然に肘が伸びることで脚の動きを助けている。腕が振り下げられるにしたがって，肘は徐々にまっすぐになり，真下まで振り下ろされた時には手は大腿の横にくる（サポート期参照）。さらに，腕が真下から後方へ振られる時には，推進力が最大に発揮される段階に備えて肘は再び曲がり始める。腕をリラックスさせてランニング効率を上げるためには腕は体側近くで振る。

より速く走ろうとするならば，力強い地面のプッシュ，適切な足底部位での接地，正しい腕の振り，終始リラックスしておくことを念頭に置くべきである。

スピードドリル

後述するバウンディングドリルやスプリントドリルなどのドリルは，ストライド率とストライド幅を改善し，推進力とはならない無駄なエネルギーを排除するための正しい神経筋協調能を獲得するためのものである。正しいウォームアップとストレッチ後にこれらのドリルを8〜10分間実施することでよい効果が得られる。

バウンディングドリルは，スタートと加速に必要な爆発的な脚パワー向上のために考案されている。また，スプリントドリルは，最大のスプリントスピードを得るために必要なメカニクス，筋力，パワーを向上させるように考案されている。

ストレートバウンディング

ゆっくりとジョグから始めて，膝を高く上げることを強調しながらできるだけ空中に高く跳び上がり，反対側の足で着地してこれを続ける。

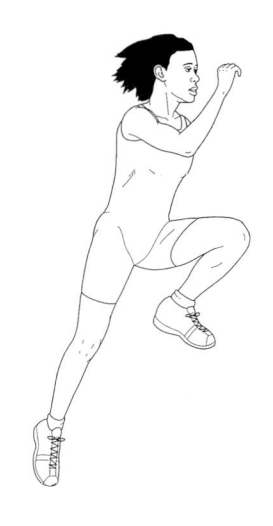

アウトサイドバウンディング

このドリルは基本的にはストレートバウンディングと同じであるが，跳び上がりの方向が斜め外側前方になる。

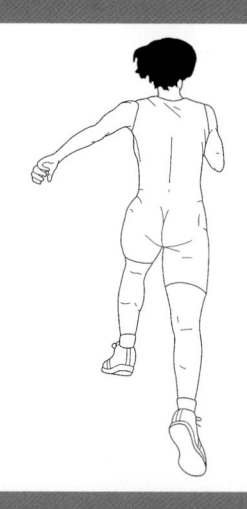

インサイドバウンディング

このドリルは基本的にはストレートバウンディングと同じであるが，跳び上がりの方向が斜め内側前方になる。

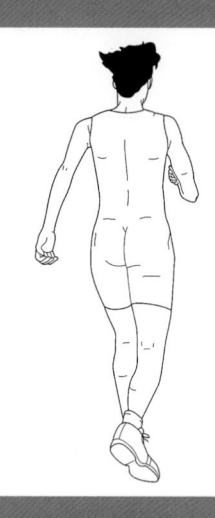

バトキッカー

ジョグから徐々に膝を深く曲げて（脚を後ろに引いてはいけない）かかとを殿部につける。ただし，自然に殿部につつくように振り上げ，無理矢理つけようとしてはいけない。

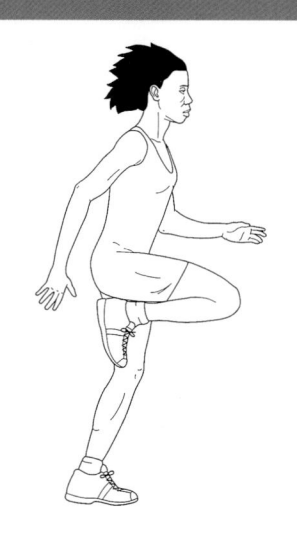

ウォールスライド

このドリルはバトキッカーとほぼ同じであるが，リカバリー脚のかかとが体の後ろを通らないように気をつけて行う必要がある。ガラスの壁を背にしていると想像し，このガラスを踵で突き破らないようなイメージで脚を動かす。このドリルによって，意識をしないで膝の挙上ができるようになる。

スタート&スプリント

静止状態から素早くスタートし，身体の後面で発生するパワーを感じる。10m過ぎからは今度は体の前面でのスプリントへ素早く移行する。

クイックフィート

ジョグからストライド率を上げ，10m区間でできるかぎり多くのステップを踏む。10mのジョグの後，再びクイックフィートを繰り返すが，この移行をできるかぎり素早く行う。また，脚は身体の前方で動かし，身体の下や後方で動かさないように気をつける。

サイクリング

壁やバーなどに手をついて腕を伸ばし，身体を斜めに前傾させて保持する。この姿勢のまま片脚のみでスプリントの動きを行う。膝が伸びた状態では脚は身体の後方にあり，次に踵を殿部に引きつけ，最後に前に伸ばして接地し地面を引っかくまでが1サイクルである。10回転で1セットとする。

ダウン&オフ

このドリルは膝を上げた姿勢から足を下げて再び上げるといった単純なドリルである。重要なのは，母指球で地面を叩くこととできるかぎり素早く地面から足を上げて，足の接地時間を極力減らすことである。地面に足をたたきつけた反動で脚が上がり，ハイニーポジションへと戻す。片脚10回で1セットとする。

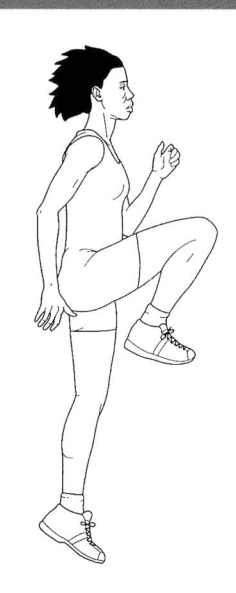

プルスルー

ハードル走のように体の前で脚を伸ばして，パワフルに脚を振り下ろして地面を叩く。片脚10回で1セットとする。

スティックスプリント

棒（45〜60cmの長さ）を20本，45cmずつ離して置く。各棒の間に1歩ずつ足を接地させてできるだけ速くスプリントする。大切なのは，膝を高く上げることと地面接地を素早くすることである。スプリント1回で1セットとする。

アフリカンダンス

前に走りながら左右の脚を交互にハードルのように上げて，手で踵をタッチする。10m走って1セットとする。

ドラムメジャー

前に走りながら脚を前方で回旋させ，中心線上で上がってきたかかとをタッチする。10mで1セットとする。

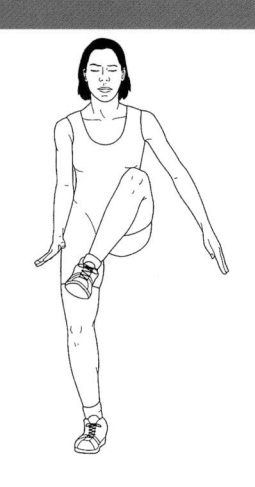

スピード持続力トレーニング

前述したように，スピード持続力トレーニングは，試合後半，長いスプリントの終盤，あるいは短い休息をはさんでの繰り返しのスプリントにおいて，スピードが低下するのを防ぐ目的で行う。スピード持続力が低いと，ハーフ・バックが後方から遅いプレーヤーにタックルされたり，スプリンターがレース終盤で抜かれたり，野球ではホームベースまで走ってタッチアウトになったり，バスケットボールではスピードの遅いプレーヤにボールを後からはたかれたりする。スピード持続力が高いと，スプリントごとにいつまでも素早いスタートを切ることができる。

スピード持続力トレーニングのプログラムでは，そのスポーツ特有のスプリントの距離と休息時間を使ってプログラムを立て，セット数や回数も同様のコンセプトで設定する。サッカー，ラグビー，ラクロスのプログラムでは，スプリントの距離を段階的に10～50m，回数を5～15回とし，ジョグや休息の時間を20秒から5秒に設定する。

ピックアップスプリントは，ほとんどのスポーツにおいて，スピード持続力向上のための簡単で効果的なプログラムであり，スプリントの距離と休息時間はスポーツの特性に合わせて調節する。たとえば，フットボールでは10～40ヤードの短いスプリントを25～30秒間の休息（ハドルの長さ）をはさんで3～7回走る。フットボールのスピード持続力トレーニングは，これをプログラムの基礎として作成する。ピックアップスプリントでは，ジョグを25ヤード，3／4の速度でのストライド走を25ヤード，スプリントを25ヤード，セットの終わりで歩行を25ヤード行う。歩行はセット間の休息の意味で行う。向上がみられたら距離を40～60ヤードに延長する。長い距離（300～400m）のスプリントは，ワークアウトの最後で時折使われる。

補助（アシステッド）スプリントトレーニング

補助スプリントトレーニングの目的は，通常よりも速くて長いストライドを余儀なくするように補助をつけてスプリントさせ，ストライド率とストライド幅を向上させることである。専門家は，このエクササイズによって生じる素早い筋収縮に神経筋システムが応答することで，神経系の機能が改善すると期待している。NASE総会である神経外科医は「補助スプリントトレーニングを数週間実施した後では神経系システムが改善され，補助なしでも補助トレーニング時と同じ動きができる」と結論づけた。これはまだ単なる理論にすぎないが，ストライド率とストライド幅が4～8週間の補助スプリントトレーニングで向上したとする研究が多くなされている。

最大の効果を得るために，すべての補助スプリントトレーニングは，次のガイドラインに沿って行うようにする。

- 一般的なウォームアップで体温を高めてからワークアウトを始める。大筋群を使って400～800mのゆっくりとしたジョグの後に，より速いジョグか3／4ストライド走で400m走る。汗をかいた後に，止まってストレッチを8～10分間

行う．次に，歩行－ジョグ－ストライド－スプリント（歩行15歩，ジョグ15歩，3／4の速度でのストライド走15歩，スプリント15歩）のコンビネーションを400mは続ける．

- 補助スプリントでは未使用の運動単位や筋線維が使われるため，最初のワークアウトの1～2日後には筋肉痛が現れる．
- ウォームアップとストレッチが終わった直後に補助スプリントトレーニング開始すべきである．また，このトレーニングは，ゲーム，無酸素トレーニング，ウエイトトレーニング，プライオメトリックスによって疲れている場合は，実施してはならない．トレーニングの目的はこれまでになくストライドを速くかつ長くするためのものであり，けっして無酸素性能力を改善するためのものではない．
- 1回ごとのランニングの質にこだわりなさい．ランニングがコントロールできないほどの負荷をかけてはならない．

補助スプリントトレーニングで用いられる4つの負荷方法は，①ダウンヒルスプリント，②ハイスピード固定式自転車，③ゴムチューブ等による牽引，④高速トレッドミルスプリントである．

ダウンヒルスプリント

3～7度の勾配がついている50mの坂（緩やかな坂）を使う．勾配が7度以上では転倒の危険性があり，ブレーキがかかるようなオーバーストライドやかかとでの着地が生じる．ブレーキングや不自然なランニングフォームは勾配が3～4度であっても生じることがある．理想をいえば，20mのスプリントができる平らな走路（最高スピード近くまで加速できる）に続いて15mの3～7°の勾配がある下り坂（ストライド率とストライド幅が伸びる），最後に再び15mの平らな走路（勾配の影響を受けずにそのままのスピードを保つ）でトレーニングを行うことである．

ハイスピード固定式自転車

ハイスピード固定式自転車では風や体重の影響がないので，ペダルの回転数はスプリント時の回転数よりも多くなる．この方法は，牽引やダウンヒルスプリント（**表9.6**）のような他の方法と併用して実施しなければ，効果がない．

牽引

スプリントが早くなるためにアスリートを牽引する方法は，けっして目新しいものではない．今ではゴムチューブで牽引する方法が一般的であるが，かつてはオートバイや自動車を使って牽引したこともある．この方法ではダウンヒルスプリントやハイスピード固定式自転車よりも，効果的にストライド率やストライド幅が得られる．

牽引は柔らかい芝生の上でのみ行い，実施の前には必ず走路のチェックを行う．このトレーニンでは6～7.5mのゴムチューブをアスリートの腰に装着する．反対端は別のアスリートに装着するか，樹やゴールポストに固定して1人でも行えるようにする．チューブを徐々に伸ばしながら，3／4の速度でバランスよくスプリントできる

ように調整をする。牽引による高速度チューブの長さはオリジナルの7倍（6m×7＝42m）まで引き伸ばすことが可能である。3点支持からのスタートで40ヤードを3.7秒でスプリントするアスリートもいる。

次に，いくつかの牽引ドリルを紹介する：

- チューブの端を腰に巻きつけ，もう一方の端をゴールポストに巻きつける。チューブを後ろに歩きながら20mほど伸ばす。ゴールポストの方へ引っ張られながら前向きにジョグする。このドリルを4回繰り返す。4回のうち2回は3／4のスピードでで，次の2回はフルスピードでスプリントする。さらに，5～8m後へ下がって牽引力とスピードを上げて3回（以下）行う。
- ドリルの最後の3回を膝上げを強調して行う。
- 後方や横方向にスプリントする。フットボールのディフェンスバック，サッカー，ラグビー，ラクロスなどの動きを使ったドリルにする。
- チューブの端を腹側に，もう一方の端をパートナーの腰（後方）につけて2人用のドリルを行う。パートナーはチューブの抵抗に逆らって前へ25～30m走って止まる。もう一方のアスリートは，オーバースピード・ランでパートナーに向かって走る。

表9.7に示している補助スプリントトレーニングのプログラムにしたがって，プレ・シーズン期には週に2～3回（隔日），試合期には週に1～2回実施する。ゴムチューブの利用には危険が伴うことを注意しておかなければならない。適切な指導と柔らかい芝生の走路が必要である。

補助スプリントトレーニング用具としては，ほかにウルトラスピードペーサーやスプリントマスターがある。ウルトラスピードペーサーは，てこの原理を使ったとても簡単な牽引用具である。この用具は，物かパートナーに縛ることができる。2人のアスリートをベルトで固定して，1人は45度の角度で牽引器具から離れるようにスプリントする。もう1人は，相当の力で牽引器具の方へ引っ張られる。この用具によっ

表9.6　ダウンヒルスプリントと自転車トレーニングのプログラム

週	回数	加速距離	補助スプリント距離*	負荷漸増	休息（分）
1	2－3	10～15m（1.5～2秒）	20～25m（1～1.5秒）	1, 2回増やす	2:00
2	4－6	15～20m（2～2.5秒）	20～25m（1.5～2秒）	1, 2回増やす	2:30
3	7－9	20～25m（2.5～3秒）	20～25m（1.5～2秒）	1, 2回増やす	3:00
4	9－10	20～25m（2.5～3秒）	20～25m（1.5～2.5秒）	1, 2回増やす	3:30
5	9－10	20～25m（2.5～3秒）	20～25m（1.5～2.5秒）	1, 2回増やす	3:30

＊補助スプリント距離は，実際に補助によって走る正味の距離

表9.7 ゴムチューブやスプリントマスターを用いた補助スプリントトレーニング

週	回数	距離*	休息（分）	スピード
1	3 − 5	10 − 15m	2	慣らしのために3／4のスピード
2	3 − 5	10 − 15m	2	最大スピード
3	5 − 7	15 − 20m	3	最大スピード
4	7 − 9	20 − 25m	3	最大スピード
5	7 − 9	20 − 25m	3	最大スピード
6 − 9	7 − 9	25 − 30m	3 − 5	ウエイトベストを着用して最大スピード。ウエイトは3週間で500g〜3kg増やす。この期のトレーニングの最後の2回だけウエイトを着用すること。

＊距離は最大スピードでスプリントする距離を示している

て，ストライド率，ストライド幅，スプリントスピードが向上する可能性がある。

一方，スプリントマスターは，通常のスプリントよりも早いスピードで牽引できるように設計されている。一方の端をゴールポストなどに装着し，さまざまな速度設定でスプリントできるが，もしもバランスを失った場合などはグリップを離すだけで安全にトレーニングができる。

ハイスピード・トレッドミルスプリントトレーニング

Virginia Commonwealth大学の実験室でハイスピード・トレッドミル（A.R.Young high-speed treadmill；0.0〜41.6km／hまで可能）を用いて，ストライド幅，ストライド率，加速，スピード持続力，スピードを向上させる研究が行われた。ビデオ撮影によってこのトレッドミルと平坦な走路でのスプリントにおけるストライド幅とストライド率には差があることが確認された。また，指導者がスプリンターのフォームを矯正しながらでもトレーニングできるので，ハイスピード・トレッドミルによる補助スプリントトレーニングは有用である。

トレーニングプログラムの組み立て

トレーニングプログラムの組み立てに関しては，コンディショニングコーチの間で意見は異なるものの，ここで取り上げたトレーニングプログラムを実行するにあたっては共通点がある。

まず，そのスポーツに特有の動きを取り入れたウォームアップで汗をかいてから，ストレッチを十分に行う。その後ただちに補助スプリントトレーニングを行うが，目的はあくまでもストライド率とストライド幅を向上させることであり，スピード持続力の向上ではないことを忘れてはいけない。ゲーム形式での練習や各種ドリルはその次にくるが，まだ疲労していないことが，ハイスピードの動きに耐え，受傷しないための条件である。柔軟体操，スピード持続力トレーニング，プライオメトリック，ウエイトトレーニングのようなコンディショニングは，スケジュールの最後の種目である。プライオメトリックスとウエイトトレーニングは同じ日に行わない方がよい。ス

表9.8 加速とスピードを向上させるためのトレーニングプログラム

スピードを向上させる要素	トレーニングプログラム
加速	スポーツに特有のスタートのタイミングのトレーニング プライオメトリックス 筋力バランストレーニング ファンクショナルストレングスとパワートレーニング スプリントローディング 補助スプリントトレーニング
ストライド幅	ファンクショナルストレングスとパワートレーニング 筋力バランストレーニング プライオメトリックス スプリントローディング 補助スプリントトレーニング フォームトレーニング 柔軟性トレーニング
ストライド率	補助スプリントトレーニング 筋力バランストレーニング
フォームとスピード持続力	フォームトレーニング スピード持続力トレーニング スプリントローディング

このプログラムの実行にあたっては，すでに適切な体脂肪量，良好なコンディショニング，筋力を有していることが条件である。

トレッチを含む最後の5〜10分間のクールダウンは，プライオメトリックスとウエイトトレーニングを行った時は，とくに入念に行う。

表9.8は，加速とスピードを向上させるの4つの要素のトレーニングプログラムを示している。この情報によって，各要素の改善に何が必要であるかが理解できる。

まとめ

スピード向上のために何をなすべきかについては，スポーツ種目と関連テストの結果による。目標は，スポーツに特有の動きを刺激し，テストによって明らかになった弱点を強化するようなトレーニングプログラムを作成することである。

ここ本章でのキーポイントは，次のとおりである。

- ほとんどのスポーツにおいて「スピード」とは「加速」のことである。なぜならば，ゲーム中にはほとんど最高スピードまでに達しないからである。
- スプリントに適している速筋線維を遺伝的により多く持っているアスリートはいるが，程度の差はあるものの，誰でもスピードと加速を正しいトレーニングによって向上させることができる。スプリントローディング，筋力−パワー

レーニング，スピード持続力トレーニング，プライオメトリックス，補助スプリントトレーニングによって速筋線維に大きな変化がもたらされる。

- 加速とスピードは，ストライド率（いわゆる回転数）を高くし，ストライド幅（いわゆる歩幅）を広くし，そしてスプリントフォームを改良することによって向上する。ゲーム後半でのスピード低下は，スピード持続力を向上させることによって防ぐことができる。

- 体型や体格に関係なく，速いスプリンターになり得る。ただし，過剰な体脂肪は加速とスピードを著しく妨げる。その差は縮んできてはいるが，100mと200mでの男性スプリンターが女性スプリンターよりもよい記録を出しており，男性のストライド率とストライド幅は女性のそれよりも優れている。

- 研究によって，正しいスプリントフォームが効率のよい走りを生み出していることが明らかにされている。同時に，スプリントのスタイルや技術は個人差が大きく，したがって，他人のスタイルをまねるのではなく，自分自身のスタイルに磨きをかけるようにするべきである。

- 加速とスピード向上のための個人プログラムを作成する前に，スピード，ストライド幅，ストライド率，筋力，パワー，柔軟性，身体組成，筋バランスを評価することが重要である。そうすることで向上を制限している弱点を取り除くようなプログラムが作成できる。

- "速くなるには速く動くこと"というコンセプトをすべてのトレーニングプログラムに適用する。

- 加速とスピード向上のためのトレーニングプログラムに進む前に，十分な機能的筋力とパワーがすでに獲得されていることを確認しなければならない。トレーニングプログラムで強調して扱われる部位はハムストリングスであり，これはスプリンターのもっとも弱い部分である。

- 適切なトレーニングでの向上が得られ，適切な時期に最高のパフォーマンスが出せるためには，スピード向上プログラムにピリオダイゼーション（期分け）を用いるとよい。ピリオダイゼーションでは，トレーニングプログラムやワークアウトを期（サイクルともいう）に分け，狙った時期にピークパフォーマンスが発揮できるようにデザインされる。

- プライオメトリックトレーニングは，スプリントをシミュレートしたり，実際のスプリントよりも短い時間で接地したりするエクササイズによって，筋力とスピードのギャップを埋めることができる。

- スプリントローディングは，正しいフォームに集中しながら，パワーと加速を向上させるために，ソリ，緩やかな上り坂，あるいはスタジアムの階段を抵抗として利用するエクササイズで，これによって加速と最大スプリント使われる筋が鍛えられる。

- フォームトレーニングは，加速とスピードを向上させることができるので，すべてのスポーツにおける通常のトレーニングプログラムに加えるべきである。

このドリルは，最初に正しく実行することは難しいが，神経筋パターンを獲得した後は，常に正しいメカニクスでスプリントできる。

- スピード持続力トレーニングでは，スポーツ特性にあわせて走距離，休息時間，反復回数を決める。

- 補助スプリントトレーニングでは，ゴムチューブ，牽引用具，勾配，固定式自転車，ウルトラスピードペーサー，スプリントマスター，トレッドミルを使うことによって，通常のスプリントよりもストライド率とストライド幅が大きくなる。1回の試技が終わると次の試技までに完全回復が必要である。このワークアウトの目的は神経筋システムをトレーニングすることであり，補助なしでも大きなストライド率とストライド幅を実現することである。そのためには，通常，6～10週間を要する。

- もしも最大限に向上させたいならば，トレーニングプログラムは理論的に正しい順番で組み立てられるべきである。トレーニングは一般的なウォームアップからから始めて，ストレッチ，補助スプリントトレーニング，ドリルまたはゲーム形式の練習に移り，最後にコンディショニング（柔軟体操，プライオメトリックス，ウエイトトレーニング）と簡単なストレッチを含むクールダウンを行う。

10 持久力と有酸素能力

Aerobic Capacity for Endurance

Jack Daniels

　有酸素能力の最大値は，運動中に体内に摂取できる酸素の最大量で表される。運動には小さな筋の働きだけでできるものから，体全体の筋を動員するものまであり，運動中の酸素消費量も運動の形態によって少量なのから安静時の20倍になるものまである。たとえば，ランニングやクロスカントリースキーでは大筋群が動員されるので，運動中の酸素消費量は1分間に体重1 kgあたり70〜80 ml（70〜80 ml/kg/分）にまで達し，これは安静時消費量3.5 ml/kg/分の20倍以上である。一方，卵割り機を使うのに酸素消費量は安静時の2倍を超えることはない。

　有酸素能力は，肺での酸素取り込み能力および酸素を必要な部位へと運搬する血液循環能力を決定する中枢要素と，運ばれてきた酸素を筋へ取り込み，酸素を利用して筋収縮のエネルギーを作り出す能力を決定する末梢要素で表される。さらに末梢要素では，活動筋における末梢血管網の発達と，脂肪や炭水化物をエネルギーへと変換するミトコンドリアの数・大きさ・分布が重要である。加えて，酸素消費能力を決定するミトコンドリア中の酸化系酵素の活性も大切な要素である。言い換えれば，有酸素能力とは，中枢要素で活動筋へ酸素を運び，末梢要素でその酸素を利用する能力といえる。

　もしも，活動筋で必要な酸素を中枢要素が無限に供給でき，供給された酸素を末梢要素で欲しいだけエネルギーへと変換できるのであれば何も問題はないのだが，残念ながら人間の能力には限界がある。

持久力と有酸素能力とは

　持久力とは，個人の有酸素能力に対する相対的な運動強度を表す用語である。したがって，持久力の改善は，同一強度の運動をより長く続けられるようになった，あるいは，同時間内でより強度の高い運動を続けることができるようになったことを示す。

　アスリートは有酸素能力を高くするか，一定時間続けることのできる運動の強度を高めることで，持久力の改善を図る。たとえば，長距離ランナーはシーズン当初は最大有酸素能力の80％に相当する強度の運動で一定時間走り続けられるように訓練するが，シーズン後半では同じ時間を84％の強度で走ることができるようになる。言

有酸素能力が高くなれば，相対的に同じ強度の運動であっても，走速度
なるともいえる。繰り返しになるが，有酸素能力は絶対的な値であるが，
対的な値である。

産生

運動も活動筋におけるエネルギーの産生がなくては行えない。このエネ
素的（アネロビック：酸素のない条件下）にも，有酸素的（エアロビック：
下）にも産生される。

代謝

源（糖）が無酸素的に代謝されると，ピルビン酸を経て乳酸が産生される。こ
酸素性代謝産物は運動終了後の回復過程か，あるいは運動強度が低い場合は運
酸素的に代謝され，除去（利用）される。いかなる運動中も，有酸素的・無酸素
の代謝過程が同時進行するが，無酸素的なエネルギーの方が素早く産生される
動筋のエネルギーは運動の初期や激運動の際にはこちらの供給系に依存する。

な代謝

と脂肪は骨格筋において有酸素的に代謝され，水と二酸化炭素に分解される。
長時間になるほど，運動のエネルギーは有酸素的な代謝に依存する。ただし，
エネルギー需要に産生が追いつくまでには数分を要するので，それまでは無酸
産生されるエネルギーで需要をまかなう（図10.1）。ロケットの打ち上げでは，
加速エンジンを全開にして大きなエネルギーを作り出すが，飛行が安定すると
エンジンに切り代わって長時間にわたる飛行に対応する。ところが，いざとい
うときには加速エンジンに再び点火し，必要なエネルギーを素早く産生する（図10.2）。

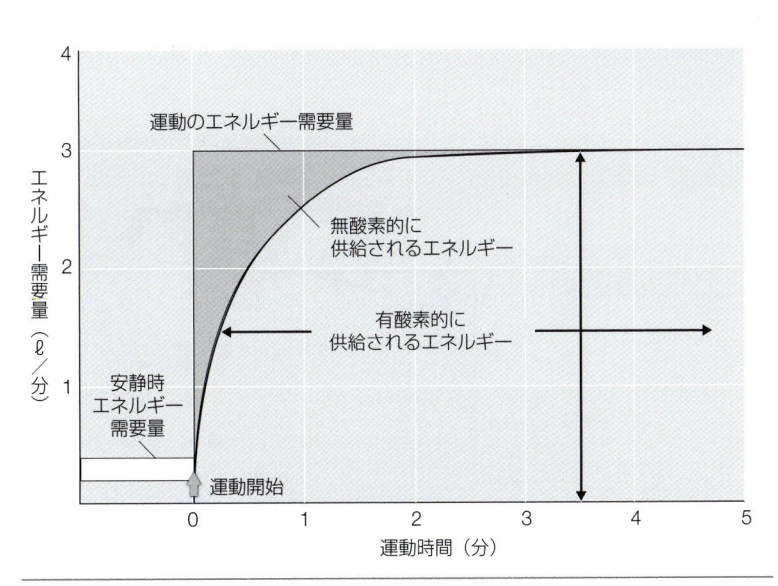

図10.1 運動のエネルギー需要量に達するまでには数分かかるため，それまでは不足するエネルギーは無酸素的に供給される

もちろん，運動強度が最大酸素摂取量（以下 $\dot{V}O_2max$）のレベルをこえる時は，超過分のエネルギーは無酸素的に産生される。

無酸素的な運動における有酸素能力

無酸素的な運動やフットボールのような間欠的で爆発的なスポーツにとって高い有酸素能力は必要なのだろうか。ピルビン酸や乳酸は有酸素的に除去（代謝）されるので，高い有酸素能力は無酸素的なスポーツのアスリートにとっても回復過程において大切である。また，高強度の運動を繰り返すことができる能力は，試合のみならず練習においても重要である。有酸素能力の高いアスリートは試合や練習においてパフォーマンスの低下が少ない。したがって，無酸素的なスポーツといえども，有酸素的な能力を高める練習を取り入れるべきである。

有酸素的な運動における有酸素能力

長時間にわたる運動において有酸素能力が重要であることは言うまでもなく，有酸素能力を高めることがこの種のスポーツの練習の目的である。とくに陸上や水泳では，試合や練習において多種目の激しい運動を数回繰り返す必要がある。したがって，単に高い有酸素能力のみならず，高い回復力を養うことも重要である（図10.3）。

有酸素能力と運動効率の関係

有酸素能力は高いが運動効率は低いアスリートのパフォーマンスと，有酸素能力は低いが運動効率が高いアスリートを比較してみよう。図10.4に，230, 250, 270, 290m/分の最大下での定常ランニングを行った際の効率直線を示している。このランナーの

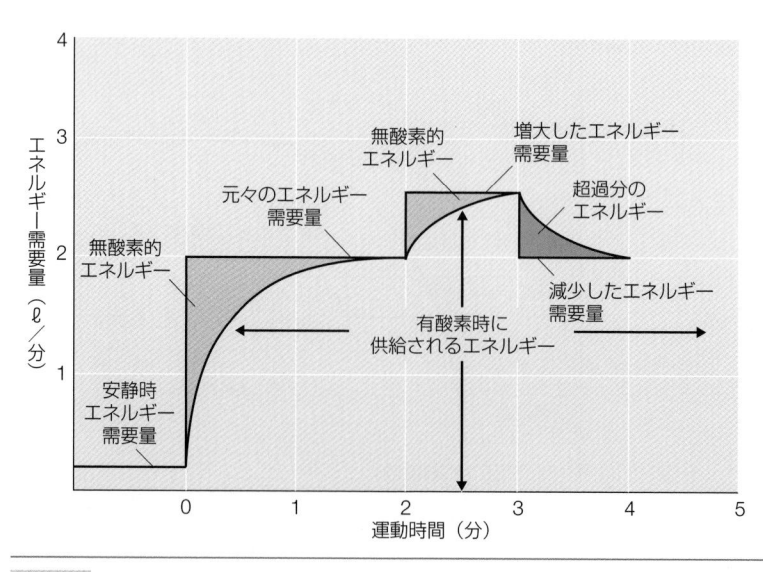

図10.2 有酸素的にエネルギーが供給されている間でも，いざというときには無酸素的に爆発的なエネルギーが供給される

$\dot{V}O_2max$は，この直線の延長上にあるので，$\dot{V}O_2max$時の走速度を推測できる。たとえば，図10.4のランナーでは$\dot{V}O_2max$時の走速度（$v\dot{V}O_2max$）は300 m/分となるが，$v\dot{V}O_2max$の値は運動効率を反映しているので，単なる$\dot{V}O_2max$よりもこの長距離ランナーのパフォーマンスをより的確に表している。

たとえば，図10.5は2名の女性トップ長距離ランナーの効率直線，$\dot{V}O_2max$，$v\dot{V}O_2max$を示している。2名のランナーの$\dot{V}O_2max$には約20％の差があるにもかかわらず，3000 mのタイムにはほとんど差がなかったが，これは効率直線から求めた

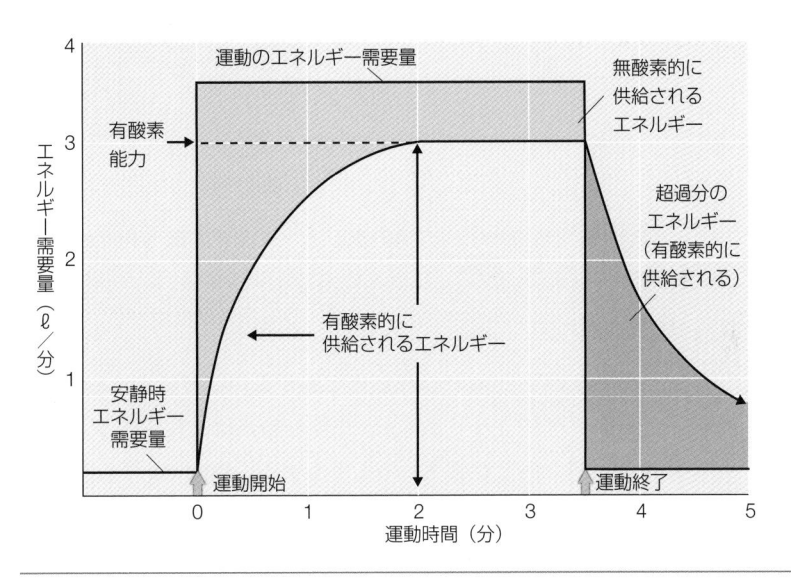

図10.3 試合だけでなく長期間にわたるトレーニングにおいても主要なエネルギーは有酸素的に供給される

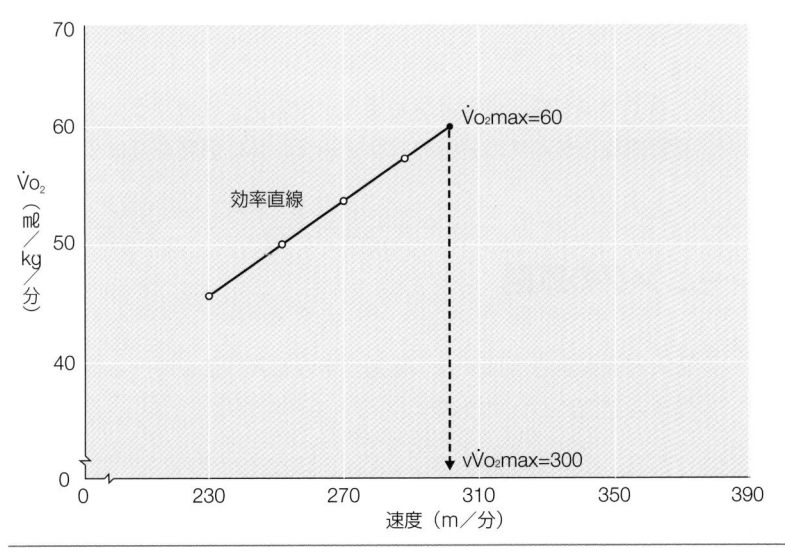

図10.4 あるランナーの有酸素能力，効率直線，$\dot{V}O_2max$，$v\dot{V}O_2max$

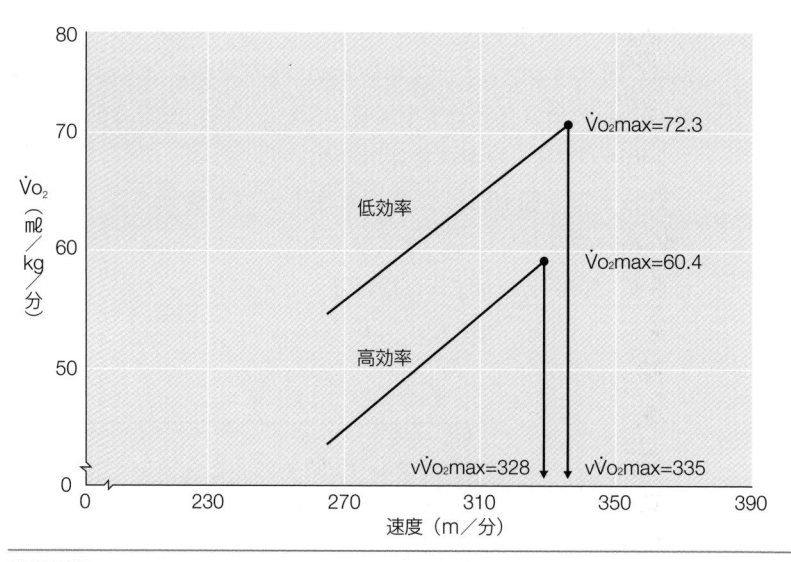

図10.5 2名の女性トップ長距離ランナーの効率直線，V̇O₂max，vV̇O₂max（Daniels et al. 1984）

V̇O₂max 時のvV̇O₂maxにはほとんど差がないことによるものである。

　トレーニングによってV̇O₂maxや運動効率は改善されるが，時には1年以内，あるいは1シーズン内で改善されることもある。V̇O₂max等の有酸素能力を表す指標が改善されなくてもパフォーマンスは向上することがある，ということに注目すべきである。

　同じ速度のランニングであればより長く走り続けられるであるとか，同時間であればより速いランニングができるといった持久力の定義に照らし合わせれば，運動効率の改善もまた持久力の向上に影響を及ぼすといえる。たとえば，V̇O₂max；60ml/kg/分のランナーが90% V̇O₂max（54ml/kg/分）で30分間ランニングできる運動強度が268 m/分である場合，もしも運動効率が改善されるならば，同じ90% V̇O₂max（54ml/kg/分）時のランニング速度は280m/分へと向上する（図10.6）。

　以上のように，最大有酸素能力，持久力，運動効率のすべてが，比較的強度が高く長時間続くタイプの運動のパフォーマンスに影響を及ぼす。

トレーニングの原則

　最大有酸素能力，持久力，運動効率の改善方法を述べる前に，コンディショニングに関する原則について説明する。

原則1：ストレスに対する身体の反応

　ストレスに対する身体の反応には2つある。1つめはベンチから立ち上がって公園の向こうまで走るといった1回の運動に対する反応である。この場合の反応には，心拍

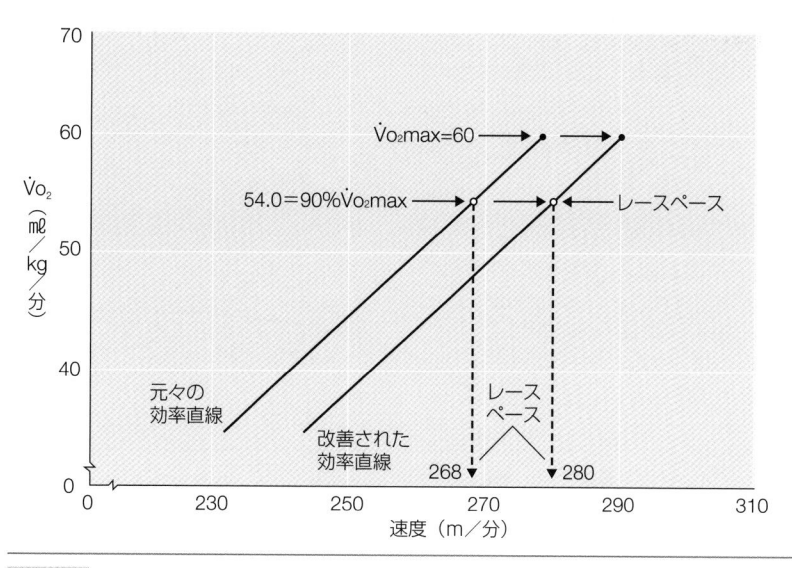

図10.6 運動効率の改善によって持久力も改善される

数や呼吸数の増大，筋の疲労，血中乳酸の増加がある。また，発汗もするであろう。このような反応は身体能力の如何にかかわらず，1回の運動に対する共通したものである。

2つめは，長期間にわたって身体にかけられたストレスに対する反応である。たとえば，公園でのランニングを1週間に5回，数週間にわたって繰り返したとすると，このタイプのストレス（これを私たちは一般的にトレーニングと称す）に対して身体は，同じランニングであればより簡単にできるようになるといった反応を示すようになる。このとき，主働筋だけでなく，心筋や呼吸筋も強くなっており，乳酸の蓄積もより少量となる。また，運動初期に経験した筋肉痛も生じなくなる。こうなると，身体はトレーニング効果を得て高次のフィットネスレベルへと進んだこととなる。

原則2：推測可能な改善率

定常レベルのフィットネを持つアスリートはトレーニングをすることでより高いフィットネスレベルへと到達できるが，レベルの改善率はけっして直線的ではない。同程度のトレーニングを続けていると改善率は低下し，高次のフィットネスレベルへと到達した後は同程度のトレーニングに対して身体は反応しなくなる。図10.7には同程度の規則的なトレーニングに対するフィットネスレベルの改善率を示している。

たとえば，ランナーが週に3日，1マイル走を12分で2本，間の休息は5分間（2×1 mile at 12：00 with 5：00 rest, 3 × week と表す）のトレーニングをするとしよう。ここには運動量（1マイル走が2本），強度（1マイルを12分），休息時間（5分間），頻度（1週間に3回）というトレーニングの要素が含まれている。これらの要素はすべてのトレーニングプログラムに共通のものであり，いずれの要素（ストレス）の増

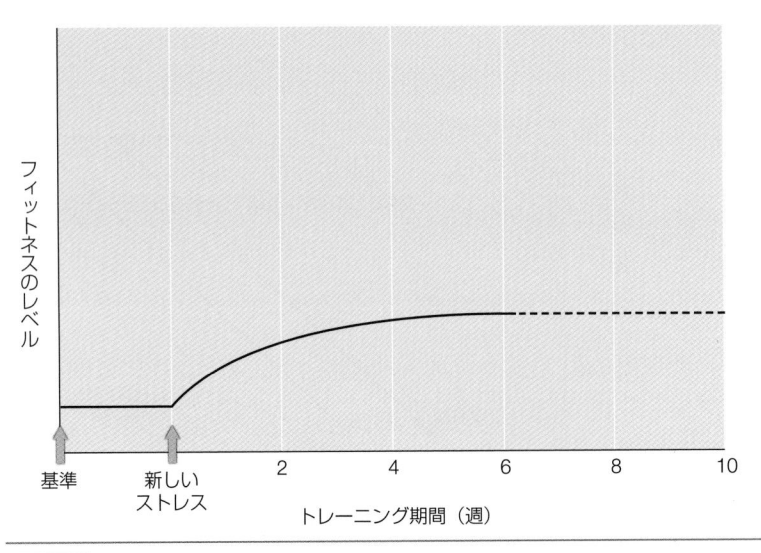

図10.7 より強いストレスを与えることでフィットネスレベルは向上するが，ある時点から向上がみられなくなる （Daniels 1998）

大もフィットネスレベルの改善に役立つ。

原則3：改善の限界

原則2ではトレーニングのストレスを増大し続ければ，フィットネスレベルは改善し続けることを示した。ただし，すべての人間には限界があり，そのほとんどは時期的なものである。若いランナーでは身体が未成熟なために強すぎるストレスを受け付けないであろうし，大学生ランナーではトレーニング以外に勉強など他のスケジュールが多くて休養不足に陥るであろう。多くの理由によって，シーズン中にフィットネスレベルを改善することは困難であるために，次のシーズンでより高いフィットネストレーニングを実行するのは難しい。

もちろん，いかなるスポーツにおいても個人が到達できる限界点が存在することは容易に考えられる。身体構造の個人差，動機づけの差，機会の差，受けられるコーチングの差などで到達点に差が生じる。

原則4：有効性の低下

トレーニングの原則として，トレーニングのストレスが継続的に増大するならば，トレーニングの有効性は低下する。たとえば，ランニング距離を20マイルから40マイルへと増大させることで得られる効果は，0マイル（何も運動をしていない）から20マイルへと増大させた場合ほど高くはない。ストレスレベルが高くなればなるほど，効果は小さくなる。

原則5：危険性の増大

ストレスレベルの低いトレーニングではけがや病気，オーバートレーニングやバーン

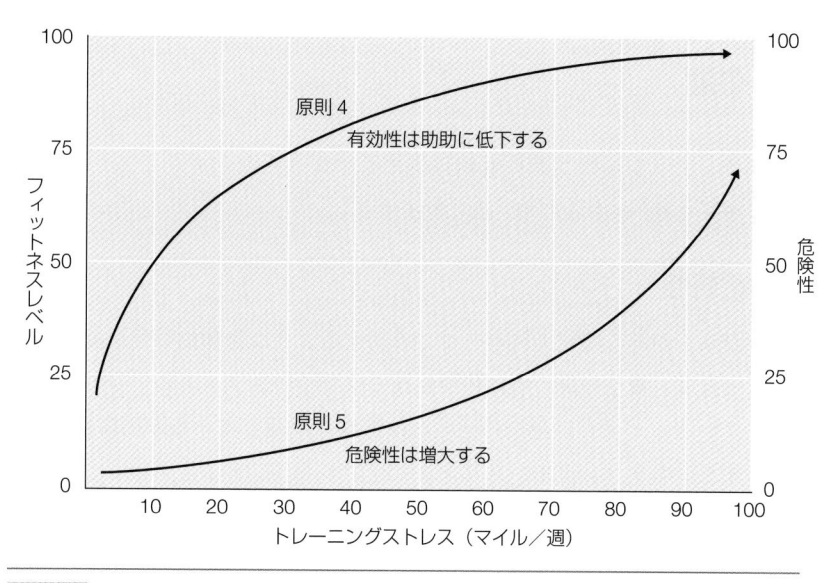

図10.8 ある閾値を超えるトレーニングストレスによってトレーニングの有効性が低下し，同時にけがやオーバートレーニングの危険性が増大する

アウトといった問題はほとんど生じないが，わずかなストレスの増大でも，もしもそれがある閾値を超えるものであれば問題を引き起こす原因となる。図10.8はストレスレベルの増大に伴うトレーニングの有効性の低下（上の曲線；原則4）および危険性の増大（下の曲線；原則5）を示している。

原則6：トレーニングの特異性

ストレスがかけられた部位（機能）にのみトレーニング効果がもたらされる。ランニングに必要な筋はランニングによって効果的に鍛えられ，そのための心臓の機能もランニングによって効率よく鍛えられる。もちろんクロストレーニングの有効性を否定はしないが，たとえば，多すぎる筋量の獲得のような望ましくない結果をもたらすトレーニングは避けるべきである。

原則7：レベル維持の容易性

フィットネスがあるレベルにまで到達したならば，そのレベルを維持するにはそれまでと同等レベルのストレスをかけ続ける必要はない。この効果はフィットネスレベルをそこまで高めたという自信からくるものではあるが，本来は純粋に生理学的な理由によるものである。身体のあらゆるシステムは一度獲得されたレベルのパフォーマンスを，ほんの少しのストレスで維持できるので，アスリートはトレーニングの情熱と集中力を弱い部分（システム）の改善に向けることができる。

成功への鍵

コンディショニングの原則以外にもアスリートが成功するために理解しておくべきキー（鍵）があるので，次に紹介する。

身体的特性

だれもがある特定のスポーツで成功するような身体的特性を持って生まれてくる。たとえば，身長の高い者は体操競技ではなくバスケットボールのようなスポーツに適しているし，反対に身長の低い者は体操には適しているが円盤投げには適していない。また，ボクシングやレスリング，ウエイトリフティングのように身体の大きさを考慮して体重別競技方式を採るスポーツもある。

身長や体重のように視覚的に明らかというわけではないが，生理学的な個人差も実は大きい。長距離走向きの特性を持つ者もいれば，短距離走向きの者もいる。成熟した肉体は成長段階にあるそれとは異なり，男女や年齢間でも生理学的特性は異なるために，パフォーマンス向上のためのトレーニング方法も多様である。言い換えれば，ある特定のトレーニング方法が万人にとって有効であるとはとてもいえない。

モチベーション（動機づけ）

同程度の身体的特性を持つアスリート達でさえ，運動に対する取り組み方に大きな差がある。長身で俊敏であっても，もしも音楽や美術に関心が深ければ，アスリートとして成功はしないであろう。やる気と情熱があれば，運動以外の興味がモチベーションを助長してくれることもあるが，内的なモチベーションはすべてのスポーツにおいて成功するために必要不可欠である。アスリートであるためには，親やコーチではなく，自分自身によってモチベーションを高めるべきである。

外的環境

理想的なトレーニング方法といえども，外的環境によっては意味のないものとなる。多くのスポーツでは施設，天候，用具などの環境が重要である。スキーでは雪が，水泳では水が，ボート競技には水とボートが必要である。また，ヨットや乗馬などは金銭的な問題がパフォーマンスに影響を及ぼす。一般的に，外的環境はアスリートがどの程度までパフォーマンスを伸ばせるかの要素となる。

指導者

適切なトレーニング原則を無視したり，アスリートの成長を忍耐強く見守ったりしないコーチや教師やトレーニングプランは，その存在自体が有害である。コンディショニングの指導者として最悪なのは，アスリートの特性や要求に対して敏感でないことである。

年齢と身体組成

多くの子どもが身体的成熟を迎える十代後半までは，長距離走のパフォーマンスは年齢に関係する。成熟が比較的遅い子どもは体重増加も遅いので，競技を始めた当初はパフォーマンスが高いが，その後急激な成長によって筋量のみならず脂肪も増加するためにパフォーマンスは低下する。

一方，成長が比較的一定である子どもは成長にトレーニング量が適応するので，パフォーマンスが落ちることはほとんどない。とはいえ，いずれの場合にも，成長段階ではトレーニング量と成長の程度が一致するようになれば，トレーニングを続けるかぎりパフォーマンスは伸び続ける。

実際に，18歳くらいまでは長距離走のパフォーマンス向上に関連する生理学的変化は，効率性の向上である。体重あたりの$\dot{V}O_2max$（ml/kg/分）は体重増加が総酸素摂取量の増加と比例するためにほぼ一定で推移する。成長段階での運動効率の改善は正常な成長によるものでもあり，また一部トレーニングの効果でもあろう。この段階ではたとえ$\dot{V}O_2max$が変化しなくても，運動効率の改善によってパフォーマンスに直結する$v\dot{V}O_2max$が著しく向上する。図10.9に成長段階にある男女長距離ランナーの体重あたりの$\dot{V}O_2max$の推移を示している。

$\dot{V}O_2max$の表記方法には，絶対的表記と相対的表記がある。たとえば，体重が60kgのランナーが有酸素的に最大努力した際の酸素摂取量が1分間あたり3000ml（= 3.0 l）であるとき，このランナーの絶対的な$\dot{V}O_2max$は3000ml（= 3.0 l）/分，相対的な$\dot{V}O_2max$は50ml/kg/分（体重1kgあたりの$\dot{V}O_2max$）と表記される。ランニングのパフォーマンスに直結するのは相対的表記での$\dot{V}O_2max$であるが，これを改善するため

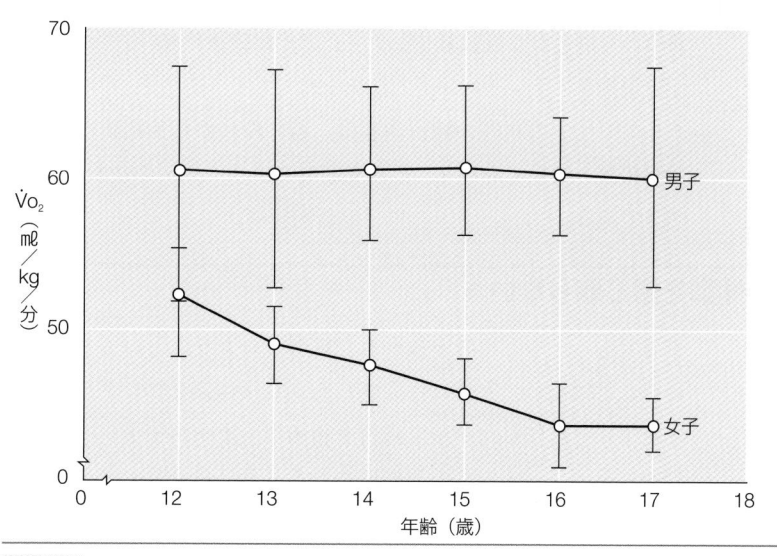

図10.9 成長期にある男女の筋量，体脂肪量，骨量の変化が相対的な（体重あたりの）$\dot{V}O_2max$に影響を及ぼす（Daniels et al. 1978）

には絶対的な$\dot{V}O_2max$を大きくするか，体重を減らせばよい。

ただし，余分な脂肪を落とすことで体重を減らすのではなく，必要な筋量やエネルギー源を落としてしまうことで体重を減らしてしまうと絶対的な$\dot{V}O_2max$が低下するので，パフォーマンスは低下する。時として，成長段階にある子どもたちは食事を極端に制限して体重を管理しようとするが，それによって筋のみならず身体全体が正常に成長するための栄養素さえも不足することになる。

持久力と最大有酸素能力を改善する際の問題点

多くのスポーツのなかでもとくに長距離走は，パフォーマンスに直結するような技術的要素が少ない種目であり，むしろコンディショニング（エネルギー出力の改善）の程度がパフォーマンスにもっとも直結する。たとえクロスカントリースキーや長距離水泳のようなスキルの要素が多く入った持久的競技においても，コンディショニングの程度が競技成績を大きく左右する。

目標達成へのあせり

しっかりとした，一貫性のあるトレーニングプランをショートカットすることほど成功への道を閉ざすものはない。ここで説明したトレーニングの原則を無視すると，目標到達までの安定した成長が後退したり，アスリートのモチベーションを下げたりすることになる。そして，ひとたびそうなると，元の状態へ戻すのにこれまで以上の努力が必要となり，そのこと自体がさらなる後退を引き起こす悪循環となる。

チャンピオンのまね

多くの才能豊かな長距離ランナー，とくに経験の浅い若いアスリートはチャンピオンや記録保持者のトレーニング方法をまねてしまうことで，アスリート生命を短くしている。チャンピオンの現在の練習内容は，若い時代から長期間にわたって積み重ねた練習と試行錯誤の結果であって，それを若いアスリートがそのまままねてしまうことは避けるべきである。

体調を感じ取らない

世界でもっともよく考え抜かれた練習プログラムといえども，万人に効果的であるということはない。完璧に作成されたトレーニングプログラムであれば，アスリートはただ単にそれにしたがって練習を積めば，オーバートレーニングに陥ることもなく自動的にチャンピオンへの道が開かれるように思える。ところが現実的には，けがをしたり病気にかかったり，練習以外でやるべきことができて食事や休養が不規則になるなどの障壁が待ち受けている。そのような場合は，心拍数の記録や血液検査をしてトレーニング効果をチェックできるのだが，本当に必要なことは検査をすることではな

く，自分自身に体調を主観的に問いかけることである。トップアスリートはこのことが自然にできているし，できるからこそトップアスリートであり得るともいえる。持久的競技のアスリートは，自分の身体に何が生じているのかを"感じる"必要があるし，練習内容を変える次期をも感じ取る必要がある。体調を感じ取るには時間がかかるが，そうできるように努力する価値はある。

皆同じだと思ってしまう

人はだれでも異なっているということに気がついていない。成長期の若者では成長の程度には個人差があり，成人では加齢の程度に個人差がある。また，肉体的に安定している時期においても，心理状態は個人で大きくばらついている。モチベーションも同様に高く，同じ練習メニューをこなした長距離ランナーでさえ，ランニング記録に差が出る。また，個人差を認めることは体調を感じ取ることにもつながっている。

けがや病気に対するケアを怠る

とくに重要な競技会前であれば，けがや病気にかかわらず練習を続けてしまう。そのまま練習を続けても問題ない場合もあるだろうが，練習の中止が必要な場合もある。練習続行か中止かを決めるのは難しいが，豊富な経験やよいコーチがこれに応えてくれるであろう。

柔軟な態度の欠如

けがや病気を無視して練習を続行することと同様に，トレーニングや競技会のスケジュールを調整しないこともまた有害である。あらかじめ計画した練習メニューを実行すると練習効果に悪影響がでそうな条件にあるときは，練習メニューを変更するか，同じメニューの練習を条件のよい別の日に移動するべきである。また，大会までの日数や時間などではなく，主観的な感覚によって練習内容を決めるのもよい。

トレーニング計画に対する自信の欠如

信頼していないコーチよりも，信頼している誰かによって立てられたトレーニング計画に従う方がパフォーマンスは向上する。信頼できる人物からよいメニューを出されることが理想的ではあるが，努力にもかかわらず結果が出ない場合は，アプローチの方法を変えることもよい。

有酸素能力と持久力

ラストスパートができなくて勝負に負けると，もっとスプリントトレーニングをやっておけばよかったと長距離ランナーは思う。しかし，スプリントトレーニングに時間を割くあまり，有酸素能力を低下させる結果になりかねない。勝敗を決めるラストスパートができるか否かは，高いスプリント能力があるかどうかではなく，その時点までにどれだけ多くのエネルギーを蓄えておくことができたかによるのである。

有酸素能力の測定

アスリートの有酸素能力，すなわち$\dot{V}O_2max$はいわゆるmaxテストで測定される。一般のフィットネスレベルが低い人の$\dot{V}O_2max$測定では，安全のために運動中の心拍数，血圧，呼吸数，換気量などとともに，アスリートの状態が常にモニターされ，いつでも測定を中止できる状態にしておく。フィットネスレベルの高い人（アスリート）の測定においても同様のモニターは必要であるが，酸素摂取量（$\dot{V}O_2$）と二酸化炭素排泄量（$\dot{V}CO_2$）を測定することで，そのアスリートの$\dot{V}O_2max$を正確に得ることができる。

テストに先立ってはウォームアップをさせるが，もしもトレッドミルが初めてのアスリートであれば，それを使ってアップをさせる。本格的な測定に入る前に，アスリートに対してテストに関する手順を十分に説明しておく。私の推奨するテスト手順は，次のようなものである。

① トレッドミルでの走行速度はそのアスリートの10000m走の速度から始める。5000m走のタイムしかない場合は，それよりもやや遅い速度から始める。
② アスリートはその走速度でテスト中走行するが，はじめの2分間は傾斜勾配0％（平坦）とする。
③ 最初の2分間以降は，1分ごとに勾配を1％上げるが，速度はそのままである。
④ さまざまな生理学的測定は各段階での最後の15秒間で行う。
⑤ 各段階終了10秒前に，アスリートに対してテスト続行の可否をたずねる。もしも続行可能であれば次の段階へ進むが，続行不可能の意思表示があった場合は，さらに「30秒間の続行」をアスリートに尋ねて最終決定する。
⑥ テスト終了後に回復過程も測定するのであれば，アスリートはトレッドミル上の椅子に座って安静にする。運動中の最高血中乳酸値を得るには，運動後2〜3分で採血する。

もしも，測定をトラックやフィールドで行うならば，次のような手順で行う。
① まず，そのアスリートの10000m走の速度で400m（トラック）走る。
② 次に，5000m走の速度で400mを3周走る。
③ 3周めの初めの30秒間で呼気ガスを集める。
④ 3周走り終えたら最後の1周は400mを全力疾走し，この間の呼気ガスを採取する。
⑤ 最後の1周での心拍数を記録するが，もしも心拍計がない場合は，疾走直後に測定する。
⑥ テスト終了後に回復過程も測定するのであれば，アスリートは座位を取って安静にし，最高血中乳酸値を得るには，運動後2〜3分で採血する。

図10.10に，トラックでの測定における呼気ガス採取の様子を示した。

図10.10　トラックでの呼気ガス採取及び心拍数測定の様子

持久力と効率の測定

負荷を最大下で漸増しながら，血中乳酸の変化を測定する方法で持久力が求められる。効率も同様の方法で測定できるが，1回か2回の最大下運動からだけでも求めることができる。

　ウォームアップの後に，次に示すテストをトレッドミルかトラックにて行い，同時に呼気ガス採取，心拍数測定，血液採取の準備も行う。

① 次に示す5000m走の速度（m/分）と1600m走のタイムから，現在の5000m走の速度よりもやや遅い速度（最高速度とする）を選択する。

190	210	230	250	270	290	310	330	350	370
8:28	7:40	7:00	6:26	5:58	5:33	5:11	4:53	4:36	4:21

② 選択した最高速度から3〜4段階下までの速度をあらかじめ選択する。
③ まずは，選択した速度内でもっとも遅い速度から走行をはじめる。走行は5分間行い，最後の1分間で呼気ガスを採取する。また，最後の15秒間で心拍数を測定する。
④ 5分間走後に1分間の休息をはさむが，この際に血液を採取する。
⑤ $\dot{V}O_2$と$\dot{V}CO_2$を呼気ガスから，また，血中乳酸を採取した血液サンプルから分析する。
⑥ 同様の5分間走と1分の休息のセットを，ステップ1で選択した最高速度まで（4〜5セット）実施し，各セットにいて$\dot{V}O_2$と$\dot{V}CO_2$，心拍数，血中乳酸を測定する。

10　持久力と有酸素能力

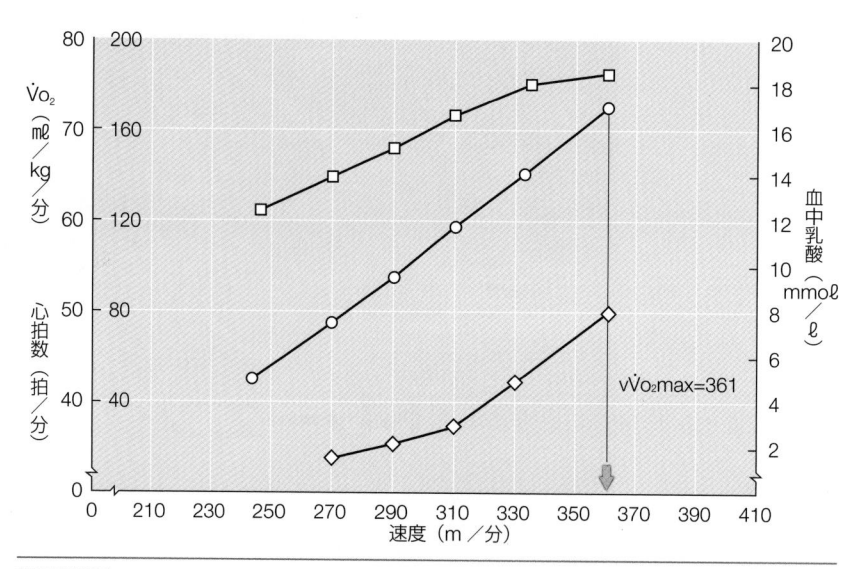

図10.11 トップランナーにおける酸素摂取量（$\dot{V}O_2$；○），心拍数（HR；□），および血中乳酸（mmol/L；◇）関係（Daniels 1998）

　得られた測定値から，心拍応答直線，血中乳酸変動，運動効率がそれぞれ求められる。

運動効率データの活用

　得られた運動効率直線を用いて異なるアスリート間の効率を比較したり，シーズンごとの効率の変化を観察したりすることができる。効率は同一走速度における$\dot{V}O_2$であらわされるが，$\dot{V}O_2max$を測定しておけば$v\dot{V}O_2max$を求めることもできる（図10.11）。

血中乳酸データの活用

　血中乳酸のデータは，$\dot{V}O_2$や走速度と関連させて活用する。たとえば，乳酸値4.0mmol/Lにおける$\dot{V}O_2$および走速度はそれぞれ$\dot{V}O_2max$および$v\dot{V}O_2max$に対するる割合（%$\dot{V}O_2max$および%$v\dot{V}O_2max$）として表される。図10.11では，乳酸値4.0mmol/Lにおける$\dot{V}O_2$および走速度は，それぞれ最大値の85〜89％に相当するが，これはトップ長距離ランナーの典型的な値である。

心拍数データの活用

　運動時の心拍数を記録することによって，同時に測定した他の記録と照らし合わせたり，比較したりすることができる。たとえば，図10.11では血中乳酸値4.0mmol/Lにおける心拍数は最大心拍数の約90％に相当することがわかる。

第 2 部
パフォーマンスを向上させる トレーニングプログラム
Developing a Sports Performance Training Program

　パート2では，パート1において説明した科学的な原則を，スポーツに特異的に求められるコンディショニングに応用する方法を解説する。11章では，「スポーツに特有のスキルとコンディショニングの連結」と題して，次の9種目のスポーツに関してそれぞれの専門家がスポーツに特有のドリルを紹介している。

- ■ 野球 ──────────── Fernando Montes
- ■ バスケットボール ──────── Bill Foran
- ■ 長距離走 ──────────── Jack Daniels
- ■ アメリカンフットボール ───── Kent Johnston
- ■ ゴルフ ──────────── Pete Dravitch
- ■ ホッケー ─────────── Peter Twist
- ■ サッカー ─────────── Vern Gambetta
- ■ テニス ──────────── Barrett Bugg and E. Paul Roetert
- ■ バレーボール ────────── Courtney Carter

　12章では，Tudor Bompaが「ピークパフォーマンスのためのピリオダイゼーション」と題して，さまざまなスポーツを対象とした年間計画の立案方法と，トレーニング期における筋力・持久力・スピードにかかわる要素について詳細に説明している。13章では，「ピリオダイゼーションプログラムの作成」と題して，11章で取り上げた9種目のスポーツそれぞれにおける具体的なトレーニングプログラムの立て方を紹介している。14章はTodd Ellenbeckerによって「受傷後のパフォーマンス回復」と題して，スポーツ特有の体力を可能なかぎり維持しながら，いかにリハビリテーションを進めるかについて解説している。

11 スポーツに特有のスキルと コンディショニングの連結

Incorporating Sport-Specific Skills Into Conditioning

はじめに

Eric Lawson

「どんなスポーツにも使える」という一般的なストレングス＆コンディショニングプログラムの時代は，急速に終わりを迎えている。スポーツに特有のスキルとストレングス＆コンディショニングプログラムへ連結することは，アスリートが要求される目的となる特異的パフォーマンスの獲得やコーチが個々の競技特性の評価の補助となる。

今日，ストレングス＆コンディショニングの専門家はヘッドコーチ，アスレティックトレーナー，ポジションコーチ，スポーツ心理学者，スポーツ栄養士と共同作業していくべきである。パフォーマンスを向上し，傷害発生を軽減するためにはそれぞれの専門家が共同して作業をする時代が来ている。

ストレングス＆コンディショニングの包括的なプログラムを特定のアスリートのために作成するにあたっては，スポーツパフォーマンス・チームがアスリートの長所だけでなく短所も同時に評価し，正しいニーズに沿うことが重要である。テストや機能評価の方法については2章を参照のこと。

アスリートの評価

アスリートに備わっているスポーツ特有のパフォーマンスは，スポーツ特有の動き，動きの基本面，筋活動，エネルギー需要，長所，短所に分類される。ストレングス＆コンディショニングコーチは，最初はヘッドコーチから，続いてポジションコーチやアシスタントコーチからスポーツに関する全般的な知識を集めることで，そのスポーツに特有のパフォーマンスについてアイデアを構築できる。さらには，生理学者，トレーナー，心理学者，バイオメカニクス学者からも情報も収集することが可能である。ストレングス＆コンディショニングコーチは，練習に参加したり映像を見たりすることに多くの時間を割くことで，そのスポーツで要求される生理学的・運動学的特性を知ることができる。

一般的に，アスリートのレベルが高くなるにつれ，トレーニング方法もより特異的になる。若く経験の浅いアスリートであれば，基礎的な筋力の養成により多くの時間

を費やすべきである（4章，7章を参照）。

スポーツ特性に合わせたドリルの選択

アスリートを訓練するにあたって特定のスキルを決定する場合は，そのスポーツで要求される特異的な要素，すなわち基礎的な筋力，神経筋パワー，固有受容覚，コアスタビリティ，機能的筋力，動的柔軟性，関節可動域，スピード，アジリティ，クイックネス，代謝系のコンディショニングを考慮に入れる。

次のステップは，必要とされるスポーツに特有のパワー，筋力，代謝能力を見極め，それに基づいてドリルを選択することである。そのためにはスポーツに特有の動作を分析し，適切なスピードとアジリティのドリルを作成する。

たとえば，バレーボールは高強度の短時間（6～7秒）運動と12～14秒の休息が交互にくる典型的なインターバル系のスポーツであり，エネルギー獲得はATP-CP系（非乳酸系）と有酸素系で行われる。そのため，コンディショニングドリルは，競技に特有な動きとともに代謝特性を考慮し，ドリルは5～10秒間の高強度，休息は9～10秒に設定する。心拍数目標は，最大心拍数予備の75～85％を最低20分間継続させることである。

全体的なコンディショニング量は，練習の強度と時間，および期分けサイクルの時期（12，13章参照）によって決定される。

トップレベルのバレーボールプレーヤーでは，爆発的な動きを反復する能力が求められるので，アームスイング，ディグポジション，ディフェンスポジション，トランジションステップ，プリントブロックなどのドリルが多用される。なお，コンディショニングプログラムは，身体的・精神的なマンネリを防ぐ意味でも，多様なドリルで構成されるべきである。

プレーヤーのジャンプ力や試合でのクイックネスの向上のための全体的計画を考案する際には，3つの要素，すなわち筋量，速筋線維の割合，および素早く多くの運動単位を動員させる随意的な神経筋活動の活性化（Schmidtbleicher 1992）を常に考慮する必要がある。スピード－ストレングスは，力の立ち上がりと発揮される力の最大値によって決まる。

ウエイトとコアスタビリティトレーニングは，スポーツ特有のエクササイズと一般的なクローズドキネティックチェーンエクササイズを取り混ぜてプログラムされる。コアスタビリティでは，メディシンボール，フィジオボール，ゴムバンド（チューブ）を用いて，コアストレングス，固有受容器の機能を向上させる（7章参照）。このトレーニングは，通常軽度のウォームアップの後にすみやかに実施される。

スポーツ特有のスキルをトレーニングに連結させることに成功した例では，多くの専門的技術や知識を融合させている。今日のストレングス＆コンディショニングコーチは，指導するスポーツの体力特性を理解しなければならない。ポジションコーチやアスリートと意思疎通を行い，特定のスポーツの科学的知識を身につけることは，適切なストレングス＆コンディショニングプログラムの作成には必要不可欠である。専門化と個別化の時代の到来といえる。

野球

Fernando Montes

　野球はアメリカの娯楽であり伝統的なスポーツだが，野球に特有のストレングス&コンディショニングに関しては俗説ばかりである。ストレングス&コンディショニングスタッフにとって，野球の伝統性に加えこの分野を取り巻く俗説を理解することは重要な課題であるが，この際に最初に大きな障害となるのはプレーヤーである。今日の野球プレーヤーは他のスポーツのプレーヤーに比べて，フィットネスとコンディショニングが総合的に欠けている。これは野球というスポーツ自体に問題があるのではなく，子どもの時に野球以外の基本動作を行う機会に恵まれなかったことが原因と考えられる。この問題を放置するのではなく，全体的なトレーニングプログラムに基礎的トレーニングを取り入れるようにすべきである。

　はじめに各プレーヤーにおけるトレーニングの必要性と現時点での身体的な限界を明確にする。アジリティドリルの計画にあたっては，それをいつ開始するかを決めることが重要であり，トレーニングの枠組みがあることで良質なプログラムの計画や準備ができる。野球プレーヤーに対してスポーツに特有のプログラムを組む前に，次のことに注意する。

1 次の事項を確認し理解する
- 身体的発達の現状－プレーヤーのストレングスはどのようなタイプであるか。現在のストレングスレベルで，これらのドリルに耐えられるか。
- トレーニング歴－このタイプのトレーニングを経験したことがあるか。
- フィットネスレベル－体型に問題はないか。エネルギー獲得系の機能は十分か。
- ポジション－どのような動きがプレーヤー，またはポジションに必要か。
- ドリルの連続性－基礎から上級へと徐々に適応する段階を理解する。
- トレーニング要素－指導する人数，場所や使用できる用具，屋内外でドリルを行う可能性などについて考える。トレーニングプログラムで，いつこれらのドリルを行うか，どれだけの時間をかけるか，そして全体でどれだけの量をこなすかを見積もる。

2 ドリル選択のための要素を理解する
- ボディコントロール－このプレーヤーのポジションではどれだけ必要か。
- バランス－このプレーヤーのポジションではどのようなバランスが必要か（ピッチング，バッティング，守備，走塁）。
- タイミング－これらの動きがこのポジションで使われるのはいつか（ピッチング，走塁，守備，バッティング）。
- 不規則な動作－野球ではどのような反応をして動くか。

3 各ポジション特有の技術と動作を識別する
- 基本姿勢－バッティング，守備，ピッチング，走塁にはどのような姿勢が望ましいか。

- ファーストステップムーブメント－バッティング，守備，ピッチング，走塁ではどのようなスタートダッシュが必要か。

4 **各プレーヤー特有の動きとけがを確認し，そのポジションでの潜在的な危険性を特定する**
- 一般的に野球で受傷しやすい場面を特定する（例：ピッチャーがバントを取る，ランナーが塁にスライディングする）。
- 各プレーヤーの既往歴の確認。

5 **SMARTを用いてドリルを評価する**
- Specific（ポジション特性）－各プレーヤーとそのポジションに必要なドリルか。
- Measurable（測定の可否）－評価や経過観察のための測定は可能か。
- Attainable（達成の可否）－このドリルで期待通りに目的や目標が達成できるか。
- Realistic（実現の可否）－実際に実行できるか。
- Time manageable（時間制限）－時間内に目的や目標を達成できるか。

　野球の特性に見合ったムーブメントドリルを作成する前に，そのプログラムの内容は競技とプレーヤーの需要に適合する必要があり，それによって目的や目標に達することができる。例としてあげた次のドリルを参考にしてほしい。

Single-Hoop Agility
シングルフープアジリティ

◇目的
走塁と守備のトレーニングをするために，すべてのポジションのプレーヤーを対象として，ボディコントロールとフットムーブメントで特定の動きに制限があるか否かを確認する。

◇方法
① 直径3.7m程度の輪を使用するか円を描く。
② 円の周囲のどこか1点からスタートし，同じ地点に戻る。
③ 遠心力に逆らいながら，円に沿ってできる限り速く走る。このドリルでは終始できるだけ円の近くを走ること。
④ 円の周囲を走るときは内側の肩が下がり，外側の足の着地位置が重心から外側へずれるが，こうすることで転倒を予防しており，また障害物や複数の円でのトレーニングに対応できるようなボディコントロールへとつながる。

◇制限要素
◆ ボディコントロールの不足（プレーヤーが円の外側に向かって動いてしまう）。
◆ ストライドが狭すぎる（足がもつれてしまう）。

◇バリエーション
◆ ダブルフープ・フィギュアエイト・アジリティ－シングルフープと同じ方法だが，今度はそれぞれ直径約3.7mの2つの円を8の字を描くようにして行う。2つ

めの円に移るとき，ボディコントロールと足運びの調節に注意する必要がある。

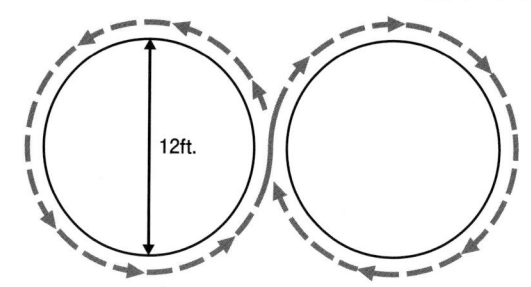

◆ フィギュアエイト・ラビットラン―もう1人のプレーヤーに追いかけられながら2つの円を8の字に走る。前を走るプレーヤーは捕まらないようにしながら，できるかぎり2つの円から外れないように走る。

◆ フォーフープ・ラビットラン―直径3.7mの円を4つ使用する。できるだけ円に近いところを8の字に，別のプレーヤーに捕まらないよう，できるかぎり速く走る。一度，8の字のパターンで走った後は，好きな方向に好きな円の組み合わせで走る。

Three-Cone Movement
スリーコーンムーブメント

◇目的
これ以降に行うアジリティドリルへの準備としてのボディコントロールと方向転換の指導，特定の動きにおける制限を確認する。

◇方法
① コーチはドリルのスタート地点と（野球独自の）ステップの種類を指定し，さらにこれから行う動きを指示する（例：スピードキャリオカ，キャリオカステップ，シャッフル，スプリント，バックペダル）。
② 指示された動きで，コーンの間を全力で移動する。コーン♯1から♯2へ，再び♯1へ戻り♯3へなど。
③ 指定の回数だけ繰り返す。

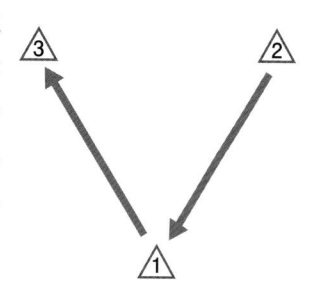

◇制限要素
◆ 方向転換の際のボディコントロール不足と体重移動の不良

◇バリエーション
◆ スリーコーンT―上記のドリルと同様だが，今度はコーン♯1をスタートして♯2と♯3を結ぶ線まで直線で走る。次に方向を変えて♯2に向かい，また方向を変えて♯3へ移動する。♯3からまた方向を変えて♯2と♯3の中点まで戻り，♯1（スタート地点）に戻る。

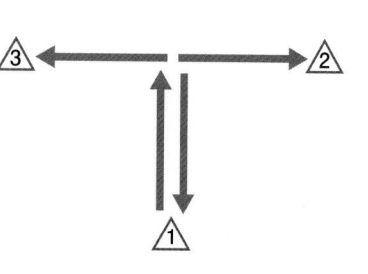

Agility Bag Lateral in-Out Shuffle Step
アジリティバッグ・ラテラルインアウト・シャッフルステップ

◻目的
横方向へのシャッフルステップ能力を改善する。

◻方法
① 6〜10個のアジリティバッグを1.5ｍおきに直線上に置く。
② 足の母指球に体重をのせ，良い構えの姿勢からスタートする。
③ 横方向のシャッフルステップで，できるかぎり速くアジリティバッグを飛び越える。

◻制限要素
◆ 横方向への動きの不良，股関節の柔軟性不足，フットクイックネスの不足，着地の不正確さ。

◻バリエーション
◆ このドリルの最後にアジリティフープ，クイックフットラダーなど他の動きを加えてもよい。

Agility Bag Ball Pickup
アジリティバッグ・ボールピックアップ

◻目的
反射的で複雑な動きに備えて，基本的なスプリントとバックランを指導する。

◻方法
① 6〜10個のアジリティバッグ，コーン，野球のボールを図のように並べる。
② 母指球に体重をのせて，良い構えの姿勢からスタートする。
③ 各ボールをさばくために，それぞれのアジリティバッグを素早く回る。
④ プレーヤーはボールを指定のコーンに置きながら，バックペダル（後ろ走り）でバッグをまたぐ。
⑤ すべてのボールを拾うまでこの動きを繰り返す。

◻制限要素
◆ 集中力不足，フットクイックネスの不足，着地の不正確さ。

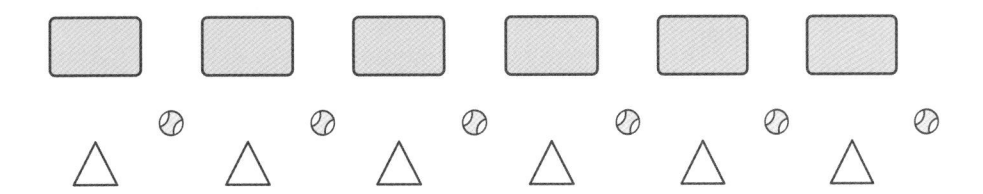

バスケットボール　　　　　　　　　　　　　　　　　　　　Bill Foran

バスケットボールは，高強度の動きの後にインターバルが続くタイプのスポーツであり，この繰り返しがゲームを通して行われる。コンディショニングが大切であることは当然だが，最高のコンディションでないプレーヤーは，ゲーム中に疲労が蓄積するにしたがって，技術レベルが顕著に低下する。疲労が原因で敗退というのは最悪なことである。

プレーヤーはコート内を効率的に走り，素早く踏み出し，ゲームの流れを読んで反応し，いつでもあらゆる方向に移動し，そして高く素早く連続ジャンプができなければならない。これらを可能にするためにはストレングスとコンディショニングの基礎が必要であり，コンディションのよいプレーヤーはスポーツの特性に見合った実用的なトレーニングで最高の効果を得ることができる。

コンディショニングの基礎は，6～10週にわたる陸上トラック，フットボールフィールドまたはサッカーフィールドでの400，200，100mの漸進的プログラムで養う。

ストレングスの基礎は全身的なウエイトトレーニングプログラムで，とくにパワーセンターである殿部，脚，コアを重点的に行う。上半身は強靱でバランスがとれ，かつ柔軟性が必要であるが，優先順位は脚と体幹部分である。

バスケットボールの競技特性のコンディショニングドリルには，コート上でボールを使ったり使わなかったりして行うジャンピングプライオメトリクスとクイックフィートプライオメトリクス，アジリティドリル，メディシンボールドリルがある。

オンコート・コンディショニングドリル　On-Court Conditioning Drills

コンディショニングの基礎が作られた後，スプリント，ドリブル，シューティングスキルを含むオンコートでのコンディショニングドリルを使ってコンディショニングを発展させる。数々のオンコート・コンディショニングドリルがあるが，ここでは5つを紹介する。想像力を発揮して，さらなるドリルを作り出してほしい。

Five and One-Half
ファイブ・アンド・ワンハーフ

◆ **目的**

オンコート・コンディショニングの基礎づくり。

◆ **方法**

① オールコートの2往復半と2分の1の距離を全力で走る（エンドラインからエンドラインまで5回走り，センターラインまで走って終わる）。

② ランごとに，かかったタイムの2～2.5倍の時間の休息を入れる。たとえば，プレーヤーが32秒間で走ったとすると，次のセットまで64～80秒の回復時間を入れる。

◻ **バリエーション**

◆ ドリブルを加えてもよい。

Suicide Shuttle
スーサイドシャトル

◻ **目的**

オンコート・コンディショニングの基礎づくり。

◻ **方法**

① エンドラインからスタートして1番近いフリースローラインまで走り，エンドラインに戻る。次にセンターラインまで走り，エンドラインに戻る。そして逆サイドのフリースローラインまで走り，エンドラインに戻る。最後にオールコートを走り，エンドラインに戻る。

② 回復時間は，ランニングタイムの2〜2.5倍とする。

◻ **バリエーション**

◆ ドリブルを加えてもよい。

Sideline Touch and Elbow Jump Shot
サイドラインタッチ・アンド・エルボージャンプショット

◻ **目的**

コンディショニングの基礎づくりとシューティングスキルの向上。

◻ **方法**

① フリースローラインの右端から，ジャンプショットを打つ。

② すぐに逆サイドのサイドラインまでダッシュし，フリースローラインの左端まで全力で戻ってジャンプショットを打つ。

③ また逆のサイドラインまでダッシュし，フリースローラインの右端からジャンプショットを打つ。

④ これを設定時間内か，ショットが設定回数決まるまで繰り返す。リバウンダーやパッサーとして他のプレーヤーを待機させるとよい。

◻ **バリエーション**

◆ サイドラインまではラテラルスライドし，全力で戻る。

Endline Touch and Top-of-the-key Jump Shot
エンドラインタッチ・アンド・トップ オブ ザ キー ジャンプショット

◻ **目的**

コンディショニングの基礎づくりとシューティングスキルの向上。

◻ **方法**

① 円上の得意な位置からジャンプショットを打った後，逆サイドのエンドラインまで全力で走り，戻ってもう1本ジャンプショットを打つ。

②これを設定時間内か，ショットが設定回数決まるまで繰り返す。リバウンダーやパッサーとして他のプレーヤーを待機させるとよい。

Corner Touch and Perimeter Jump Shot
コーナータッチ・アンド・ペリメータージャンプショット

◆目的
コンディショニングの基礎づくりとシューティングスキルの向上。

◆方法
①制限区域内からショットを打った後，コートの四隅のコーナーのひとつまで全力で走り，スタートに戻ってもう1本，制限区域内からショットを打つ。

②別のコーナーまで走り，戻って制限区域内からショットを打つ。

③これを設定時間内か，ショットが設定回数決まるまで繰り返す。リバウンダーやパッサーとして他のプレーヤーを待機させるとよい。

■ プライオメトリックドリル　Plyometric Drills

スクワット，ランジ，ステップアップなどで殿部と脚のストレングスの基礎を鍛えた後（4，7章参照），垂直跳びの向上にはジャンピングプライオメトリックスがもっとも効果的である。ジャンプトレーニングプログラムにはボックスジャンプ，荷重ボックスジャンプ，ダブルジャンプ，シングルレッグホップを含むとよい。

ボックスジャンプは間違った方法で行うと危険である。ボックスの高さはプレーヤーのジャンプ力に見合った高さに設定し，集中力を欠いたときやジャンプに失敗したときにスネを打撲しないようにサッカーのシンガードを使用するとよい。また，着地時に膝を過伸展しないように注意し，過伸展になってしまう場合はボックスを低くする。

クイックフィートプライオ（p.207）は，できるだけ速く足を動かす練習の補助となる。

Box Jump
ボックスジャンプ

◆目的
垂直跳びの向上。

◆方法
①ボックス（最初は通常50〜75cmの高さから）の前に立ち，できるだけ高くジャンプをし，ボックス上に柔らかく着地する。

②ボックスから片足ずつゆっくり降りる。これを10回繰り返す。

◆バリエーション
10回1セットを3セット行えるようになったら，次は負荷をかけたボックスジャンプを行う。負荷ボックスジャンプでは両手にそれぞれダンベル（2.5〜4.5kg）

を持ってボックスジャンプを10回行う。なお，ボックスジャンプではボックスから絶対に飛び降りてはならない。また，負荷ボックスジャンプは腕の振りを利用せず，腕は伸ばした状態か曲げた状態に固定して行うこと。

Double Jump
ダブルジャンプ

◆ **目的**
垂直跳びとジャンピングクイックネスの向上。

◆ **方法**
① 低いボックス（高さ30cm）から始め，このボックス上から床に飛び降りる。
② 床に両足がついたらすぐに高いボックス（高さ50〜75cm）にできるだけ素早く飛び乗る。
③ 高いボックスからはけっして飛び降りずに片足ずつ降りる。これを10回繰り返す。

Single-Leg Hop
シングルレッグホップ

◆ **目的**
垂直跳び，バランス，スタビリティ，片足跳びのパワーの向上。

◆ **方法**
① 低いボックス（高さ20〜40cm）の前に片足で立つ。
② そのまま片足でボックスの上に飛び上がり，着地時の姿勢を1〜2秒間維持する。
③ 同じ足で飛び降り，飛び降りた姿勢を1〜2秒間キープする。
④ またボックスに飛び乗り，これを10回繰り返す。同側でのトレーニングを一通り終えてから，逆の足で行う。

Quick-Feet Plyo
クイックフィートプライオ

◆ **目的**
フットワークのクイックネスの向上。

◆ **方法**
① 平らな床面（コンクリートは不可）に30〜45cmの間隔を空けて4つのマークをつける。
② マークは図のように1〜4の番号をつける。
③ 番号の順にできるだけ速く両足を動かす。
④ 指定した時間内に，何回最初の番号を踏めるかを数える。
⑤ ドリルとドリルの間に十分な回復時間を取る（プレーヤーの

3	2
4	1

フィットネスレベルに合わせて約20～90秒）。1回のトレーニングで4～6回両足で行った後，片足でそれぞれ4～6回行う。

◆ バリエーション

♦ 同じ4つのマークを使って違ったパターンの動きが可能である。これらのドリルを両足で10～20秒間，または片足で10秒間行う。

- 2ナンバー パターン：1-2, 1-4, 1-3, 4-2
- 3ナンバー パターン：1-2-3, 1-3-2, 1-4-3, 1-3-4
- 4ナンバー パターン：1-2-3-4, 1-4-3-2, 1-3-2-4, 4-2-3-1

■ アジリティドリル　Agility Drills

バスケットボールに必要とされるのは，すべての動きのなかで予測と反応ができ，どんな方向へも素早くかつコントロールされた動きができる能力である。アジリティドリルを全力かつ正しいテクニックで行うことで，これらの動きのスキルを上げることができる。想像力を発揮してコーンやクイックフィートラダーなどを使ったオリジナルのアジリティドリルを考えてほしい（8章参照）。ドリルは全力で10～20秒間行い，クイックスタートとストップ，方向転換，すべての方向への動きを含むとよい。

Lane Shuffle
レーンシャッフル

◆ 目的

あらゆる方向へ素早くかつコントロールされた動きができるようになる。

◆ 方法

① レーンの片側からスタートし，逆側までできるだけ素早く横にスライドして戻る。
② 往復の動きを20秒間続ける。
③ レーンの中を何往復できたか数える。

Around the Lane
アラウンドレーン

◆ 目的

あらゆる方向へ素早くかつコントロールされた動きができるようになる。

◆ 方法

① エンドラインとレーンの縦ラインが交差するところから，レーンの縦ラインに沿ってスタートする。全力でフリースローラインまで走り，もう片方のレーンの縦ラインまでフリースローラインに沿ってサイドステップで動く。
② バックランでエンドラインまで戻り，次にサイドステップでスタート位置まで戻る。
③ すぐに逆方向の動きを繰り返す。

Lateral Resistance Quick Step
ラテラルレジスタンス・クイックステップ

◆目的
あらゆる方向へ素早くかつコントロールされた動きができるようになる。

◆方法
① チューブトレーニングで用いるチューブかバンドを装着する。
② チューブの負荷に逆らってサイドステップで素早く3歩踏み出し，引き戻されないように動きをコントロールしながら元の位置に戻る。
③ すぐに爆発的なクイックステップを繰り返す。1回のドリルを設定回数（5～10回）か，設定時間（15～30秒間）行う。
④ 逆サイドでも同じ動きを行う。

■ メディシンボールドリル　Medicine Ball Drills

メディシンボールドリルは機能的で多目的に使うことができ，またストレングス（とくに体幹部），パワー，クイックネスのトレーニングに効果的である。次に記した初めの2つのドリルは体幹部のストレングスに，3つめのドリルはディフェンス姿勢を深く保つトレーニングになる。自由な発想でオリジナルのドリルを作るのもよい。

Side Toss Quick Step
サイドトス・クイックステップ

◆目的
体幹のストレングス，パワー，クイックネスのトレーニング。

◆方法
① 3～3.5m離れて向き合う。
② 片方のプレーヤーが，右腰の横に両手でメディシンボールを持つ。
③ 身体を中心として右側いっぱいに回旋し，ニュートラルポジションに戻しながらボールを投げる。
④ ボールはパートナーの右側に投げ，パートナーは同様に右側に回旋しながら受け，投げ返す。
⑤ 1人につき10回パスを行なったら，左側で繰り返す。

Over Under and Under Over
オーバーアンダー・アンド・アンダーオーバー

◆目的
体幹のストレングス，パワー，クイックネスのトレーニング。

◆方法
① 30cmほど離れて背中合わせで立つ。

② メディシンボールを持つプレーヤーが頭上に持ち上げ,パートナーに渡す。パートナーは両足の間からメディシンボールを相手に返す。
③ 10回行った後,方向を変えてもう10回繰り返す。

Deep Squat Overhead Pass
ディープスクワット・オーバーヘッドパス

◆目的
体幹のストレングス,パワー,クイックネスのトレーニング。

◆方法
① 約3～3.5m離れて向き合って立つ。
② ディープスクワットのような姿勢でかかとを床につけ,膝はつま先よりも前に出ないように顔を上げ,胸を張り,膝の高さまで腰を落とす。
③ この姿勢でオーバーヘッドバウンズパスを20回行う。

長距離走

Jack Daniels

トレーニングの本質や試合参加に備えて身体能力について理解することは有益なことであるが，コーチやランナーが知りたいと思うのはトレーニングの種類とその効果についてである。ここで解説するドリルは長距離ランナー（トラック，クロスカントリー）のためだけのドリルというわけではなく，あらゆる持久系の競技に応用できるコンディショニングのためのドリルである。

細胞の適応

筋細胞やその周辺では，トレーニング効果としてさまざまな変化が起こる。そして，この変化には，筋線維への血液供給の増大，ミトコンドリア（有酸素性代謝が生じる場所）の数，大きさ，分布の増加，酵素活性（代謝活動を助ける化学物質）の増加が挙げられる。幸いなことに，期待される適応のほとんどは中程度以上の強度のトレーニングを必要としない。長距離ランナーにとってこの程度のランニングとはウォームアップやクールダウンのラン，そしてロングスローラン程度である。これは，$\dot{V}O_2max$ の約70％の強度（最大心拍数の約75％）程度の強度に相当し，これは会話をしながらできる程度のランニングスピードである。高強度のランニングは疲労しやすいだけでなく，よりよいトレーニング効果が得られるともかぎらない。

Easy Run
イージーラン

◆ **目的**

細胞適応の促進。

◆ **方法**

イージーランの継続時間はさまざまである。イージーランは，高強度の練習のためのウォームアップ，スピード走などのリカバリーラン，厳しい練習後のクールダウンとして行われる。したがって，適度なウォームアップまたはリカバリーに十分な量を個人の好みに応じて行う。たとえば，あるトレーニングセッションのメインメニューとしてイージーランを行う場合，走る時間は通常30分から2時間半ほどである。短時間のイージーランはそれだけでも数日間にわたる激しいトレーニングの回復に有効であり，長時間のイージーランはさらなる細胞適応を促すためだけでなく，長期にわたる運動のための体力づくりとなる。

ロングランの距離は，トレーニングセッションの長さを考慮してランに費やす時間や距離を決めるとよい。たとえば，ロングランが1週間の合計距離の25％を超えない，または2時間半を超えないという要素のいずれか少ないほうに決める。25％の方法は明らかに，1週間に4日以上トレーニングをする人にのみ適している。

ロングランではフォームに気をつけ，無理しないでリズミカルな呼吸で，そし

て適度に水分を取ることを心がける。本来のロングランは通常，週に1回以上は行わず，プログラムによっては3週間で2回だけ行う。

乳酸閾値　Lactate Threshold

10章で説明したように，乳酸産生に除去が追いつかなくなるランニングスピード（乳酸閾値）は個人によって異なるが，この閾値を超えると血中乳酸は急速に増加していく。したがって，乳酸閾値はあるランニングスピードに対してどれだけ耐え抜くことができるかを知るのによい指標となる。たとえば，マラソンランナーがマラソンのほとんどを閾値より低いスピードで走ったとすると，ランニング終了後の血中乳酸値は通常の安静時の値とほぼ変わらない（約1 mmol／L）。これに対して，800 m走や1,500 m走では乳酸閾値をはるかに超える高強度（スピード）でレースを走るため，レースが短時間にもかかわらず血中乳酸値は非常に高くなる。乳酸閾値の手前で行われる長距離レースにおいては，レースの初期ではエネルギー需要に生理応答が追いつかないので乳酸が徐々に蓄積されるが，しばらくすると乳酸除去が産生に追いつくので，血中乳酸はレースが進むにつれ減少する。

どの種類のランニングにおいても特定の機能を改善するためには，過剰にならない程度でその機能にストレスをかけなければならない。乳酸閾値（持久力）の改善を目的としたトレーニングでは，適正なトレーニング強度を設定することがとくに重要である。

鍛錬したランナーが約1時間のレースを行うと，ほぼ閾値に近いペースで走ることになる。したがって，トレーニングでは乳酸閾値に近いスピードを強度として設定することが好ましい。"心地よくきつい"が主観的に乳酸閾値を表し，また最大心拍数の90％よりやや高い心拍数も乳酸閾値の強度を推定するよい方法である。

ランナーが閾値の強度で走っているかどうかを知るもっともよい方法は，5～12分間のインターバル走をそれぞれ閾値の強度と感じる程度で走り，ランの後に血中乳酸を測定することである。各ラン後の測定値が同じであれば，そのペースは正確に閾値の強度であることを示す。一方，血中乳酸が走るごとに増加するようであればペースが速すぎであり，徐々に減少するようであればペースは遅すぎといえる。当然のことながら，閾値のランニングスピードは天候や地形によって異なる。

ペースが速すぎるかどうかを見極める別の方法として呼吸パターンがある。呼吸が2－2リズム（2歩で吸い，2歩で吐く）よりも速くなった時が通常，閾値の強度を超えたサインといえる。

閾値のトレーニングには，テンポランとクルーズインターバルの2つのベーシックなタイプがある。運動強度（ランニングスピード）はそれぞれ閾値の強度と同じである。

閾値トレーニングは週1回が普通であるが，トレーニング期によっては閾値ランを行わない週もあれば，週に2回行うこともある。

Tempo Runs
テンポラン

◆目的
乳酸閾値システムに負荷をかけ，閾値（持久力）を引き上げる。

◆方法
テンポランは一般的におよそ20分間の定速走である。テンポランの前にはウォームアップ，後にはクールダウンを十分に行う。テンポラン自体は速すぎず遅すぎず，終始一定のペースで走る。ランナーはリラックスして，周囲に気を散らさずにランに集中する。テンポランは穏やかな日に平坦な場所で行うようにすることで，終始一定のスピードを維持できる。

Cruise Intervals
クルーズインターバル

◆目的
乳酸閾値システムに負荷をかけ，閾値（持久力）を引き上げる。

◆方法
クルーズインターバルは，短い回復時間を挟んで行うミニテンポランである。1回のクルーズインターバルは1,600m走を1分間の回復時間をはさんで5～6本行うのがよい。一般的には4～15分間走をそのときの走行時間の1/5ほどの回復時間をはさんで繰り返す。クルーズインターバルを行うに当たって忘れてはならないのは，実質のランの合計(閾値ペースでの合計タイムまたは合計距離)がその週の練習の合計の10％を超えてはならないことである。また，実質の走行時間は最短で25分間，最長で40分間である。

有酸素能力（最大酸素摂取量；$\dot{V}O_2max$）

有酸素性代謝によってエネルギーを産生させるために，ランニングで使う筋に負荷をかけるには，10～15分間（1,600～5,000m）走ることのできる程度のスピードが適している。コーチやランナーは5,000m走の記録が$\dot{V}O_2max$をもっとも反映していると考えているが，これは5,000m走に20分以上かかるランナーにとっては当てはまらないであろう。

有酸素能力の改善を目的としたトレーニングに適した運動強度は主観的に"きつい"であり，たしかにこのタイプのトレーニングはランナーが体験するもっともハードなトレーニングであるといえる。もしも，有酸素能力に負荷をかけるトレーニングのモニターに心拍数を使用するならば，最大心拍数をもたらすもっとも遅いスピードが設定スピードとなる。当然のことながら，これよりも速いスピードでも最大心拍数を引き出すことができるが，できるかぎり有酸素性に速く走ることが目的であるので，無酸素性システムの関与は最小限に留めるべきである。もしも，必要以上に速いスピードで行えば期待する結果を得ることはできても，これによって身体にかかる負担は大きく，トレーニング効果の割には回復により長い期間を要することになる。

Interval Training
インターバルトレーニング

◇目的
有酸素性代謝によってエネルギーを産生するために，ランニングで使う筋に負荷をかける。

◇方法
これは，10～15分間だけ維持できる程度のスピードで，3～5分間のランを繰り返すといったハードなトレーニングである。各ランの間の回復時間（実際にはアクティブレストであるが）は通常，直前に走ったランのタイムと同じだけの時間とする。

インターバルトレーニングはさらに短距離（30秒程度）のランの連続で行うこともできるが，その場合，回復時間もさらに短時間にする必要がある。加えて，このような短距離のトレーニングを行う場合は，距離が短いゆえにスピード出しすぎでしまわないように気をつける。ランのスピードを上げるよりも回復時間を短縮することが望ましく，言い換えれば，ランの時間に関係なく，適切なインターバルトレーニングのペースを守ることが重要である。インターバルトレーニングでの実質のランの上限は，その週の練習の合計距離の8％か，または10,000 mのいずれか短いほうとする。

インターバルトレーニングはハードであり，これがその週のメインだとしても，1週間に1回以上（その週にレースがない場合はまれに2回）行うのは一般的でない。さらに，1シーズン内のある期間で数週間行うのが好ましく，その後は他のトレーニングを優先する。

スピードと運動効率　　Speed and Economy

スピードと運動効率の改善は，生理学的変化と同じくらいバイオメカニクス的変化においても大きく反映される傾向がある。実際のところ，スピードと運動効率に関するトレーニングはほとんど有酸素的というよりも無酸素的である。

不必要な動きを最少に抑え，最小限の労力で最大の運動ができるよう，短時間の運動に比較的長時間のアクティブレストをはさむトレーニングによって，リラックスした状態でより速く走る方法を学ぶ。

長距離ランナーに対するスピードと運動効率向上のトレーニングではスプリンターほど速いスピードである必要はなく，ほとんどの場合，現在の1,600 m走のペースでトレーニングするのが適当である。しかし，乳酸閾値トレーニングと$\dot{V}O_2max$向上トレーニングの運動強度を"心地よくきつい"と"きつい"とでそれぞれ主観的に表すのに対して，このトレーニングでは"速い"を期待する。"速い"は通常，"きつい"ほど厳しくはない。なぜならばスピードトレーニングは短い運動と長い回復の組み合わせのトレーニングだからである。

Repetition Training
レペティショントレーニング

◻ 目的
不必要な動きを最少に抑え，最大の運動を最小限の労力で行う。

◻ 方法
レペティショントレーニングは，回復時間をはさんだ短い運動の繰り返しをであることからインターバルトレーニングに似ているが，実際は短距離でスピードがあり，そして十分な回復を間にはさむトレーニングである。運動が短くなれば走スピードは速くなり，同時に長めの回復時間を要する。レペティションのスピードは通常，現在の1,600 m走のペースであるが，ランナーが1,600m以下のレースに向けてトレーニングをしている場合はレースのペースに合わせる。

比較的速いスピードで走ることはスピードアップだけでなく，ランニング効率の向上にもつながる。長時間の回復時間を取ることで十分な回復を確保でき，また次のランに備えてリラックスし，心の準備をすることもできる。要は，速くリラックスしながら走ること，そして正しいランニング技術を自分でコントロールしている感覚を学ぶことである。

ほとんどのレペティショントレーニングでは，1回のランが2分以下である（距離は200，400，600m）。ランはその週の合計距離の5％か，6kmのいずれかを上限とする。

一般的に1週間に1回のレペティショントレーニングが適当である。しかし，レペティションが主体のトレーニング期であれば週に2回行うこともある。インターバルトレーニングはトレーニング期の後半には行わないこともあるが，レペティショントレーニングはシーズンを通して軽めにでも行われるのが一般的である。

さまざまなタイプのトレーニングで用いられる運動時間と運動強度を図11.1に示す。E / Lはイージー / ロング，Tは閾値，Iはインターバル，Rはレペティショントレーニングを示す。

表11.1は，種目別のランニングで得られるタイムから"VDOT"値を推定する表である。VDOT値は$\dot{V}O_2max$の実測値に基づいており，実際のレースタイムから有酸素能力を推定することができる。まず，最近のレースの成績からVDOT値を見つける。（複数のレースの場合はもっとも高いVDOT値を採用する）。そして，そのVDOT値を表11.2に当てはめると，各種トレーニングでの走スピード（時間）が設定できる。

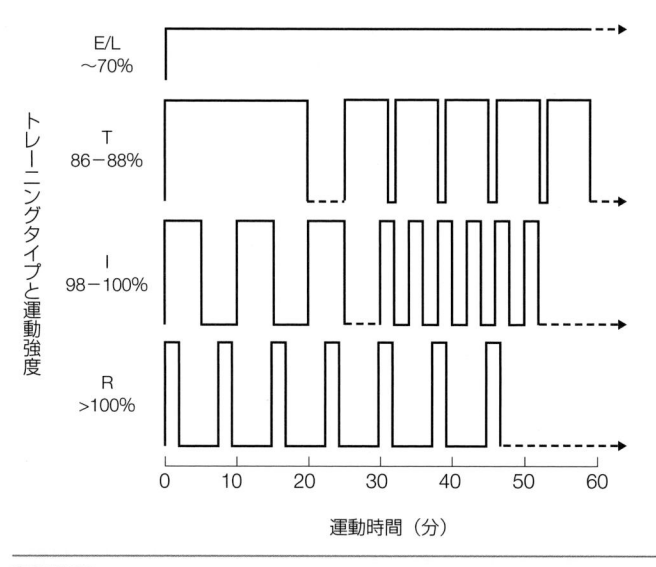

図11.1 さまざまなタイプのトレーニングの運動時間と運動強度

表11.1 一般的なレース距離のVDOT値

VDOT	1500m	1mile	3000m	2mile	5000m	10,000m	15,000m	ハーフマラソン	マラソン
30	8：30	9：11	17：56	19：19	30：40	63：46	98：14	2：21：04	4：49：17
31	8：15	8：55	17：27	18：48	29：15	62：03	95：36	2：17：21	4：41：57
32	8：02	8：41	16：59	18：18	29：05	60：26	93：07	2：13：49	4：34：59
33	7：49	8：27	16：33	17：50	28：21	58：54	90：45	2：10：27	4：28：22
34	7：37	8：14	16：09	17：24	27：39	57：26	88：30	2：07：16	4：22：03
35	7：25	8：01	15：45	16：58	27：00	56：03	86：22	2：04：13	4：16：03
36	7：14	7：49	15：23	16：34	26：22	54：44	84：20	2：01：19	4：10：19
37	7：04	7：38	15：01	16：11	25：46	53：29	82：24	1：58：34	4：04：50
38	6：54	7：27	14：41	15：49	25：12	52：17	80：33	1：55：55	3：59：35
39	6：44	7：17	14：21	15：29	24：39	51：09	78：47	1：53：24	3：54：34
40	6：35	7：07	14：03	15：08	24：08	50：03	77：06	1：50：59	3：49：45
41	6：27	6：58	13：45	14：49	23：38	49：01	75：29	1：48：40	3：45：09
42	6：19	6：49	13：28	14：31	23：09	48：01	73：56	1：46：27	3：40：43
43	6：11	6：41	13：11	14：13	22：41	47：04	72：27	1：44：20	3：36：28
44	6：03	6：32	12：55	13：56	22：15	46：09	71：02	1：42：17	3：32：23
45	5：56	6：25	12：40	13：40	21：50	45：16	69：40	1：40：20	3：28：26
46	5：49	6：17	12：26	13：25	21：25	44：25	68：22	1：38：27	3：24：39
47	5：42	6：10	12：12	13：10	21：02	43：36	67：06	1：36：38	3：21：00
48	5：36	6：03	11：58	12：55	20：39	42：50	65：53	1：34：53	3：17：29
49	5：30	5：56	11：45	12：41	20：18	42：04	64：44	1：33：12	3：14：06
50	5：24	5：50	11：33	12：28	19：57	41：21	63：36	1：31：35	3：10：49
51	5：18	5：44	11：21	12：15	19：36	40：39	62：31	1：30：02	3：07：39
52	5：13	5：38	11：09	12：02	19：17	39：59	61：29	1：28：31	3：04：36
53	5：07	5：32	10：58	11：50	18：58	39：20	60：28	1：27：04	3：01：39
54	5：02	5：27	10：47	11：39	18：40	38：42	59：30	1：25：40	2：58：47
55	4：57	5：21	10：37	11：28	18：22	38：06	58：33	1：24：18	2：56：01

VDOT	1500m	1mile	3000m	2mile	5000m	10,000m	15,000m	ハーフマラソン	マラソン
56	4:53	5:16	10:27	11:17	18:05	37:31	57:39	1:23:00	2:53:20
57	4:48	5:11	10:17	11:06	17:49	36:57	56:46	1:21:43	2:50:45
58	4:44	5:06	10:08	10:56	17:33	36:24	55:55	1:20:30	2:48:14
59	4:39	5:02	9:58	10:46	17:17	35:52	55:06	1:19:18	2:47:47
60	4:35	4:57	9:50	10:37	17:03	35:22	54:18	1:18:09	2:43:25
61	4:31	4:53	9:41	10:27	16:48	34:52	53:32	1:17:02	2:41:08
62	4:27	4:49	9:33	10:18	16:34	34:23	52:47	1:15:57	2:38:54
63	4:24	4:45	9:25	10:10	16:20	33:55	52:03	1:14:54	2:36:44
64	4:20	4:41	9:17	10:01	16:07	33:28	51:21	1:13:53	2:34:38
65	4:16	4:37	9:09	9:53	15:54	33:01	50:40	1:12:53	2:32:35
66	4:13	4:33	9:02	9:45	15:42	32:35	50:00	1:11:56	2:30:36
67	4:10	4:30	8:55	9:37	15:29	32:11	49:22	1:11:00	2:28:40
68	4:06	4:26	8:48	9:30	15:18	31:46	38:44	1:10:05	2:26:47
69	4:03	4:23	8:41	9:23	15:06	31:23	48:08	1:09:12	2:24:57
70	4:00	4:19	8:34	9:16	14:55	31:00	47:32	1:08:21	2:23:10
71	3:57	4:16	8:28	9:09	14:44	30:38	46:58	1:07:31	2:21:26
72	3:54	4:13	8:22	9:02	14:33	30:16	46:24	1:06:42	2:19:44
73	3:52	4:10	8:16	8:55	14:23	29:55	45:51	1:05:54	2:18:05
74	3:49	4:07	8:10	8:49	14:13	29:34	45:19	1:05:08	2:16:29
75	3:46	4:04	8:04	8:43	14:03	29:14	44:48	1:04:23	2:14:55
76	3:44	4:02	7:58	8:37	13:54	28:55	44:18	1:03:39	2:13:23
77	3:41+	3:58+	7:53	8:31	13:44	28:36	43:49	1:02:56	2:11:54
78	3:38.8	3:56.2	7:48	8:25	13:35	28:17	43:20	1:02:15	2:10:27
79	3:36.5	3:53.7	7:43	8:20	13:26	27:59	42:52	1:01:34	2:09:02
80	3:34.2	3:51.2	7:37.5	8:14	13:18	27:41	42:25	1:00:54	2:07:38

表11.2 現時のVDOT値に基づいたトレーニング強度

VDOT	E/L	M	T			I				R			
	1km	1mile	1mile	400m	1000m	1mile	400m	1000m	1200m	1mile	200m	400m	800m
30	7:37	12:16	11:02	2:33	6:24	10:18	2:22	—	—	—	67	2:16	—
32	7:16	11:41	10:29	2:26	6:05	9:47	2:14	—	—	—	63	2:08	—
34	6:56	11:09	10:00	2:19	5:48	9:20	2:08	—	—	—	60	2:02	—
36	6:38	10:40	9:33	2:13	5:33	8:55	2:02	5:07	5:07	5:07	57	1:55	5:07
38	6:22	10:14	9:08	2:07	5:19	8:33	1:56	4:54	—	—	54	1:50	—
40	6:07	9:50	8:46	2:02	5:06	8:12	1:52	4:42	—	—	52	1:46	—
42	5:53	9:28	8:25	1:57	4:54	7:52	1:48	4:31	—	—	50	1:42	—
44	5:40	9:07	8:06	1:53	4:43	7:33	1:44	4:21	—	—	48	98	—
45	5:34	8:58	7:57	1:51	4:38	7:25	1:42	4:16	—	—	47	96	—
46	5:28	8:48	7:48	1:49	4:33	7:17	1:40	4:12	5:00	—	46	94	—
47	5:23	8:39	7:40	1:47	4:29	7:10	98	4:07	4:54	—	45	92	—
48	5:17	8:31	7:32	1:45	4:24	7:02	96	4:03	4:49	—	44	90	—
49	5:12	8:22	7:24	1:43	4:20	6:55	95	3:59	4:45	—	44	89	—
50	5:07	8:14	7:17	1:42	4:15	6:51	93	3:55	4:41	—	43	87	—
51	5:02	8:07	7:09	1:40	4:11	6:44	92	3:51	4:36	—	42	86	—
52	4:58	7:59	7:02	98	4:07	6:38	91	3:48	4:33	—	42	85	—

VDOT	E/L	M	T			I				R		
53	4:53	7:52	6:56	97	4:04	6:32	90	3:44	4:29	—	41	84	—
54	4:49	7:45	6:49	95	4:00	6:26	88	3:41	4:25	—	40	82	—
55	4:45	7:38	6:43	94	3:56	6:20	87	3:37	4:21	—	40	81	—
56	4:40	7:31	6:37	93	3:53	6:15	86	3:34	4:18	—	39	80	—
57	4:36	7:25	6:31	91	3:50	6:09	85	3:31	4:15	—	39	79	—
58	4:33	7:19	6:25	90	3:45	6:04	83	3:28	4:10	—	38	77	—
59	4:29	7:13	6:19	89	3:43	5:59	82	3:25	4:07	—	37	76	—
60	4:25	7:07	6:14	88	3:40	5:54	81	3:23	4:03	—	37	75	2:30
61	4:22	7:01	6:09	86	3:37	5:50	80	3:20	4:00	—	36	74	2:28
62	4:18	6:56	6:04	85	3:34	5:45	79	3:17	3:57	—	36	73	2:26
63	4:15	6:50	5:59	84	3:32	5:41	78	3:15	3:54	—	35	72	2:24
64	4:12	6:45	5:54	83	3:29	5:36	77	3:12	3:51	—	35	71	2:22
65	4:09	6:40	5:49	82	3:26	5:32	76	3:10	3:48	—	34	70	2:20
66	4:05	6:53	5:45	81	3:24	5:28	75	3:08	3:45	5:00	34	69	2:18
67	4:02	6:30	5:40	80	3:21	5:24	74	3:05	3:42	4:57	33	68	2:16
68	4:00	6:26	5:36	79	3:19	5:20	73	3:03	3:39	4:53	33	67	2:14
69	3:57	6:21	5:32	78	3:16	5:16	72	3:01	3:36	4:50	32	66	2:12
70	3:54	6:17	5:28	77	3:14	5:13	71	2:59	3:34	4:46	32	65	2:10
71	3:51	6:12	5:24	76	3:12	5:09	70	2:57	3:31	4:43	31	64	2:08
72	3:49	6:08	5:20	76	3:10	5:05	69	2:55	3:29	4:40	31	63	2:06
73	3:46	6:04	5:16	75	3:08	5:02	69	2:53	3:27	4:37	31	62	2:05
74	3:44	6:00	5:12	74	3:06	4:59	68	2:51	3:25	4:34	30	62	2:04
75	3:41	5:56	5:09	74	3:04	4:56	67	2:49	3:22	4:31	30	61	2:03
76	3:39	5:52	5:05	73	3:02	4:52	66	2:48	3:20	4:28	29	60	2:02
77	3:36	5:48	5:01	72	3:00	4:49	65	2:46	3:18	4:25	29	59	2:00
78	3:24	5:45	4:58	71	2:58	4:46	65	2:44	3:16	4:23	29	59	1:59
79	3:32	5:41	4:55	70	2:56	4:43	64	2:42	3:14	4:20	28	58	1:58
80	3:30	5:38	4:52	70	2:54	4:41	64	2:41	3:12	4:17	28	58	1:56
81	3:28	5:34	4:49	69	2:53	4:38	63	2:39	3:10	4:15	28	57	1:55
82	3:26	5:31	4:46	68	2:51	4:35	62	2:38	3:08	4:12	27	56	1:54
83	3:24	5:28	4:43	68	2:49	4:32	62	2:36	3:07	4:10	27	56	1:53
84	3:22	5:25	4:40	67	2:48	4:30	61	2:35	3:05	4:08	27	55	1:52
85	3:20	5:21	4:37	66	2:46	4:27	61	2:33	3:03	4:05	27	55	1:51

E/Lはイージー/ロング，Mはマラソン，Tは閾値，Iはインターバル，Rはレペティション

アメリカンフットボール

Kent Johnston

いかなるスポーツにおいても，スピードがアスリートにもたらす恩恵は計りしれない。スピードがあればあるほど，よりよいアスリートといえる。そのような理由から，全ポジションのアメリカンフットボールプレーヤーにおいて，アメリカンフットボール特有の目的を持ったスピードやアジリティのドリルがもっとも重要であるといえる。一度，土台となるストレングスと有酸素性フィットネスを獲得したら，反応時間（合図または相手に対する反応），動作時間（四肢を素早く動かす能力），またはランニングスピードなどの敏捷性とスピードを向上させるドリルを開始する準備は整ったといえる。

次の要素が，アメリカンフットボールプレーヤーのスピードの発達にとって，もっとも重要になる。

- スターティングストレングス

  スターティングストレングスとは，動作を開始（たとえばオフェンスラインのスナップからの最初の押し出し）するにあたってのパワーのことである。スターティングストレングスには反応時間が伴うので，中枢神経系の働きが重要となる。また，スターティングストレングスは加齢とともに失われる最初の能力なので，ベテランプレーヤーではよりいっそうの強化が必要となる。反復の途中に停止を取り入れることにより，ウエイトルームでのスターティングストレングスのトレーニングを行うことができる。また視覚や聴覚による合図を引き金に，爆発的に動き出すトレーニングによっても，スターティングストレングスを向上させることができる。

- 加速

  加速とは，停止状態からスターティングストレングスで動き始め，スピードを上げて最大スピードにまで到達する能力のことである。ウエイトルームにおいては，バーのスピードが加速として定義される。

- トップスピード

  トップスピードはわずか数秒しか維持することができないし，ほとんどのアメリカンフットボールプレーヤーは，ごくまれにしかトップスピードに到達することはない。したがって，アメリカンフットボールプレーヤーにとってはトップスピードよりも初速と加速がより重要になる。とはいえ，トップスピード向上のためのドリルやフォームのドリルは，より速く走るために役立つ。

- ラテラルスピードとアジリティ

  バランスを崩すことなく，できるだけ素早く方向転換をする能力のことである。ウエイトルーム以外で，アメリカンフットボールプレーヤーのトレーニングを何か1つ選ばなければならないとすれば，ラテラルスピードとアジリティーのドリルを選ぶであろう（アジリティドリルは8，9章を参照）。

- パワー持続力

爆発的な最大運動を何度も繰り返すことのできる能力（例：オフェンスラインはスナップからの爆発な押し出しを1試合あたり60～80回行わなければならない）のことである。パワー持続力は，1種目を高回数を行うことによって得ることができる。

- スピード持続力

全力によるランニングや加速を何度も繰り返すことのできる能力（例：ワイドレシーバーはほぼ全力疾走でのパスレシーブを何度も繰り返し行う）のことである。この能力を高めるドリルは，スピード強化の手助けともなる。また，一般的ななコンディショニング方法としても優れている。

次の4つのドリルは，アメリカンフットボール特有のスピード要素である6つをすべて発達させるのに役立つ。

Lying Start Sprint

ライイング・スタートスプリント

◇ **目的**

スターティングスピード，加速，最大スピード，パワー持続力，スピード持続力の向上。

◇ **スキル**

爆発的なスタートと加速，スプリントフォーム。

◇ **方法**

① 10～30mの距離設定をし，スタートラインに横たわる。
② コーチからのスタート合図で素早く立ち上がり，100％の最大スピードでフィニッシュラインまでスプリントする。
③ 歩いてスタートラインまで戻り，再度これを繰り返す。合計10本行う。

◇ **バリエーション**

より長い距離を，スリーポイントスタートもしくはフライングスタート（スタートラインより10ヤード後方からスタート）で行う。バリエーションの本数設定は，スプリントの強度による。たとえば，最大スピードの60％でスプリントを行う場合，その本数は最大スピードの80～90％のスプリントよりも多くするべきである。休息時間の設定もまた，スプリントの強度と量（本数）による。最大スピードの80～100％で行う場合，スプリントごとに90秒（もしくは完全回復）の休息をとるべきである。

Build Up Acceleration

ビルドアップ加速

◇ **目的**

スターティングスピード，加速，最大速度，スピード持続力の向上。

🔹 スキル

スピードの変化，加速，スプリントフォーム。

🔹 方法

① 40〜60mのコースを設定する。

② スリーポイントスタート（トラックスタート）でスタートし，中間地点に達するまでに最大スピードの75%まで加速する。

③ 中間地点より最大スピードの75%を維持し，フィニッシュする。

④ 回復のため歩いてスタートラインまで戻り，再度これを繰り返す。合計6〜10本行う。

Four-Corner Agility
フォーコーナーアジリティ

🔹 目的

スターティングスピード，加速，ラテラルアジリティー，持久力の向上。

🔹 スキル

爆発的なスタートラテラルムーブメント，素早い方向転換。

🔹 方法

① コーンを使い，縦横20〜40mの四角形を作る。

② スタートのコーンより，スリーポイントの姿勢でスタートする。

③ 素早い動きにより，横方向のシャッフルで2番めのコーン，反転してバックペダルで3番めのコーン，キャリオカで4番めのコーン，そしてスプリントでスタートのコーンへと移動する。

④ 1分間の休息をおいて，3本行う。

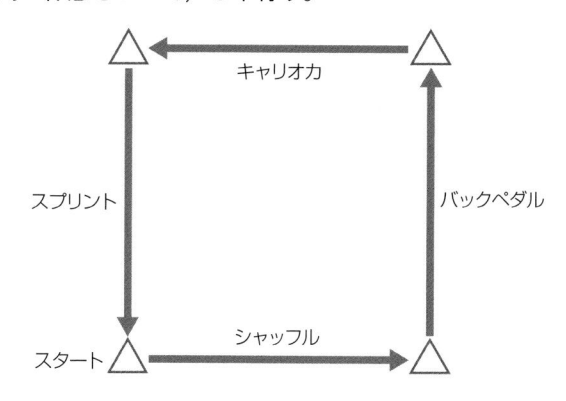

🔹 バリエーション

このドリルの各区間に，別のラテラルムーブメントや，シャッフル，またはスプリントなどを選び，方向転換にチャレンジする。

Ladder Backpedal Sprint
ラダー・バックペダルスプリント

◇目的
アジリティ，一般的なコンディション，方向転換を伴った加速の向上。

◇スキル
爆発的なスタート，加速，減速，バックペダル，方向転換のクイックネス。

◇方法
① ツーポイントで後ろ向き（バックペダル）にスタートする。

② 10mをバックペダルした後，ピボットで180°ターンし，10mを前方向でスプリントする。

③ エンドラインを左右どちらかの足でタッチしたらバックペダルで10m戻り，再びピボットターンをして残りの10mをスプリントする。

④ 1分間の休息をはさむ。

◇キーポイント
◆ 肩や重心はバックペダルの際にはやや後方で維持する。

◆ バックペダルでは直立しないこと。

◆ ターン後に加速する。

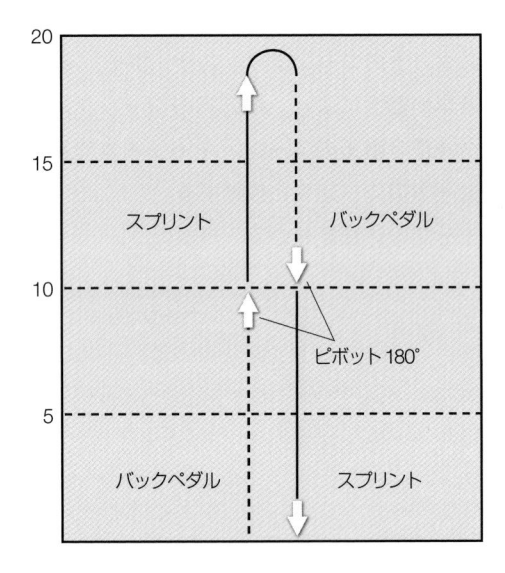

ゴルフ

Pete Draovitch

歴史的に，ゴルファーは自らの成績をよくするために長い時間をかけて練習することを好まない。ただし，近年，他のスポーツと一緒で，ゴルフにおいてもフィットネスの役割は大きくなっている。若くて運動能力の高いゴルファーが増えているなか，エリートレベルではフィットネスはもはやアドバンテージではなく，必要な要素になっている。

ゴルフで求められるパワーはとてもユニークである。ドライバーで300ヤード飛ばした後，65ヤードのウェッジショットでグリーンを狙わなければならない。腰にかかる負担は円盤投げのアスリートと同程度に大きいため，体操や飛び込みのアスリートのようにコアが強く，腰背部を守らないといけない。また，腕はNFLプレーヤーのような強さと軟らかさが必要である。可動性，スタビリティ，コーディネーションにおいて高い能力が全ショットで必要になる。

ゴルフスウィングは大きく4つに分けられる。スポーツに特有の筋力，柔軟性，ダイナミックな姿勢のバランス，コーディネーションである。しかし，もっとも大切なのは運動学習能力であろう。パフォーマンスは，ジャンプ，パンチ，スローイング，ゴルフスウィングなどの爆発的なものは別として，神経からのフィードバックを受けながら調整されている。これらハイスピードで短時間の爆発的な動きは，いわゆる「オール・オア・ナッシング」であり，すなわち神経システムによるフィードバックを受ける時間がない。とはいえ，ゴルファーをトップレベルの円盤投げ，体操，NFLのアスリートのようにトレーニングするのは難しい。ゴルファーでは，下半身はNFLのランニングバックのような爆発的なパワーが要求されると同時に，コアは強靭で力を伝えられるレバーとなることが要求される。この複雑さに加え，ゴルファーの腕はスパゲティーのようにぶら下がっている感じにしなくてはならない（Jack Nicklaus）。Lee Trevinoは「もし口からゴルフボールを落としたら，そのボールは何の問題もなく下に垂らした手の中に落ちるべきだ」と言っている。形態的・機能的アンバランス，肉体の限界を超えたスウィング，良いスウィングの感覚がわからないゴルファーは，スキルの改善に四苦八苦する。

感覚は，次の5つのカテゴリーに分けられるとされている。

- 固有感覚（動きやその認識）
- 触覚
- 前庭（バランス，平衡感覚）
- 視覚
- 聴覚

新しいスキルを教えようとする時はいつでも，まず自らの限界を知らせることが重要である。限界を自覚させたら，次は意識的にそれの修正をしなければならない。そ

うしながら，正しい運動プログラムを刷り込み，ゴルファーが自然にその動きをできるようにする。ボールを常に正しく打つのはとても難しいと誰もが言うだろう。

問題は，良いショットとはどのようなものなのかは，良いショットを打った感覚がないとわからないことである。次に示すファンクショナルスクリーニングは，ゴルファーに良いゴルフスウィングがどういったものかを指導する手助けとなる。

ゴルフのためのファンクショナルスクリーニング

プログラムを始める前に，ゴルファーは基本的なフィットネステスト（2章参照）と同時に，ゴルフに特有の動きを混ぜるとよい。ファンクショナルスクリーニングによって，形態や機能の限界がどこにあるのかを知ることができる。その他のゴルフ特有のドリルによって，コーディネーションやバランスの足りない部分を明らかにできる。

■ スタートポジション

スネの高さでチューブをドアに巻きつける。チューブの一方の端をつけたウェストバンドを左肩につけて，時計回りに回って，チューブが身体を1周するようにする。この状態でゴルフのスタンスをとる。脇腹の肋骨部分がチューブで痛いようであれば，緩衝材をはさむとよい。ゴルフスタンスがとれたら，ドリルに入る。

■ 動き

チューブが巻きついているドアから離れてチューブが張るようにし，アドレスのポジションをとって腕は胸でクロスさせる。このとき，チューブは7時か8時の方向に引っ張られている（アドレスでは正面が12時の方向）。次に，ゴルフスタンスを取ってバックスウィングをする。このとき，チューブによる抵抗を受けるが，これによってバックスウィングに必要な筋に負荷がかかっていることがわかる。ダウンスウィングでは，チューブによって前方に引っ張られるが，これで体重を後足から前足に移動させることができる。もしも，チューブで前方に引っ張られるがゆえに，前足に乗った状態で安定できないのであれば，アマチュアに見られるスライディングモーションと同じである。スライドモーションでは，パワーとインパクト時のクラブヘッドスピードが低下する。

■ エンドポジション

まずはスタートポジションへ戻る。難易度の調整はチューブを巻きつけているドアからの距離で行う。私はリハビリテーションのためにこのドリルをドライビングレンジで時折使うが，その場合はテントの金具を地面に差し込んでチューブを巻きつける。ただし，この方法で行う場合は2人組で行い，ショットごとに金具がしっかりと地面に入っているかをチェックする必要がある。

パートナーと一緒に，全5種類の感覚受容器を使うことができる。パートナーが声でフィードバックをすることによって聴覚が働く。目（視覚）は自然に働く。前庭（バランス）は，良いゴルフスウィング・ショットを経験することでき，触覚はチューブが身体の正しい位置で正しく引っ張られることを感じ取る。こうすれば，最終的に良いショットの感じを感覚的に覚えることができる。

ゴルフドリル

ゴルファーのプログラムは個人対応で作成しなければ，スキルを向上させることはとても難しが，不安定なゴルフの原因と考えられている改善すべき弱点はおおよそ明らかになっている。すなわち，コーディネーションの悪さ，不完全なスウィング，弱い腰周りの筋力（スライドを引き起こす原因），悪いバランスが一般的な弱点である。さらに，右利きのゴルファーではたいてい右側の筋がタイトになり，反対に左側の筋は伸びて弱くなっている傾向にある。もちろん，左利きのゴルファーでは反対のことが起こっている。したがって，プログラム作成にあたっては，ゴルフというスポーツによってもたらされる筋のアンバランスを改善することに着目すべきである。

すべてのゴルファーのスウィングに適用できるドリルを4つだけ選ぶのは不可能だが，次のドリルはもっともよくあるゴルファーの弱点に沿ったものである。

Hip-Trunk Separation
ヒップ-トランクセパレーション

◻ 目的
ゴルフスウィング中の骨盤と体幹の動きを分ける。

◻ スキル
体幹の柔軟性と筋力，上半身と下半身のコーディネーション。

◻ 方法
① 鏡の前でゴルフスタンスをとり，両手を胸に置く。
② 腰部を曲げるのではなく股関節を屈曲し，後足に体重をかけながら，上半身はバックスウィングのポジションをとる。こうすることで，ゴルフスウィングで生じる下半身と上半身の分離ができる。この動きは痛みを伴ってはならない。ストレスを軽減するために，常に直立姿勢を保つこと。
③ スターティングポジションに戻る。

◻ キーポイント
◆ 動きは軽いストレッチ感を感じるところまでにする。
◆ 必ず鏡の前で行うこと。すぐにフィードバックが得られる。

◻ バリエーション
後足に体重を感じるようにするために，右利きでは右足を後へ少しだけずらすとよい。

Hip-Trunk Separation and Connection
ヒップ-トランク セパレーション&コネクション

◻ 目的
骨盤と体幹の動きを分離し，前方への体重移動を感じること。

◻ スキル
体重のシフトと回旋。

◆ **方法**
① 鏡の前でゴルフスタンスをとり，両手を胸に置く。
② ヒップートランク セパレーションドリルの最後で，体重を後足から前足へと移動し，腰は目標に向けてまっすぐに向くようにする。ここでも，腰ではなく股関節で屈曲させる。これで動きを覚え，常に同じスウィングを繰り返すようにする。
③ 上体は目標に向き，体重は左足へ移動し，右足のつま先でサポートする。

◆ **キーポイント**
オーバーストレッチされない範囲でスウィングをすること。限界内での動きであれば，良いフィードバックが得られるが，オーバーストレッチで無理をした動きをすれば正しいフィードバックが得られないばかりか，筋力や柔軟性が向上した際のフィードバックが解読し難くなるおそれがある。

◆ **バリエーション**
バリエーションはヒップートランク セパレーションと同じである。

Tubing Abductor and Adductor
チューブアブダクター&アダクター

◆ **目的**
片足でのバランス向上と股関節の外転筋と内転筋の筋力を強化する。

◆ **スキル**
筋力，柔軟性，バランス，姿勢。

◆ **方法**
① チューブをドアと腰に巻きつける。
② 壁から離れ，チューブに張りをもたせる。
③ 外側の足を浮かし，内側の足でバランスをとるようにする。これで，立脚の内側がストレッチされる。
④ 内側の足を浮かし，外側の足でバランスをとる。これによって，立脚外側と殿部の筋にストレスがかかる。

⑤ 元のポジションに戻ってチューブの張りをとる。

◆キーポイント

チューブの張りが強くなるほどバランスをとるのが難しくなるので，当初は強く張らないように調整する方がよい。数週間すればバランスは向上する。

◆バリエーション

もしもチューブを使うとまったくドリルができないようであれば，まずは単純に開眼片足立ちから始め，10秒続けることができたら，次は閉眼片足立ちへと進み，同様にして徐々に難易度を上げるとよい。

Double-Leg Rotation Stretch
ダブルレッグ ローテーション ストレッチ

◆目的

右利きゴルファーの殿部と体側右側の柔軟性を向上させる（左利きゴルファーでは同様の方法をすべて反対（左に）に置き換える）。

◆スキル

ゴルフスウィングを繰り返すことで生じる体側の柔軟性。

◆方法

① 左を下にして横になり，両膝を胸の方へ引っ張る。
② 膝を動かさずに，右肩を床につける。このとき，右肘は身体の近くにおく。
③ 左手を右膝において両膝が浮いてこないようにし，右肩を床につける。

◆キーポイント

◆右肩を床につけるとき，無理につけるのではなく，軽いストレッチ感が出た段階でキープすること。
◆呼吸は止めないで，オーバーストレッチを避ける。
◆殿部や体幹をを柔軟にしておくことで，痛みから解放されたゴルフができる。

◆バリエーション

側臥位でできない場合は座位で行ってもよい。

アイスホッケー

Peter Twist

　アイスホッケーに関して，これまで科学者が生体力学，生理学，生体エネルギー論，神経筋の側面から行ってきた研究によって，最終的に相手に勝つために必要とされるスポーツスキルや個人戦術，チーム戦術以外のとても広範囲に及ぶ"なすべき"リストがコーチにもたらされた。

　アイスホッケーの基礎は，薄い刃で不安定な氷上を移動するという不自然な移動方法，すなわちスケーティングである。スケーティングの複雑さはアイスホッケーに求められる判断力，反応，爆発力によってより複雑なものになる。たとえば，ストップ＆スタートの反復，急な切り返し，バックスケーティング，クロスオーバーステップ，側方への動きでに加え，相手プレーヤーのコンタクトが伴うことがある。さらに，長いスティックを使って小さなパックをコントロールし，パスやシュートをし，相手をかわし，そして相手にボディーチェックをすることがアイスホッケーでは要求されるため，この独特なスポーツに適したコンディショニングプログラムを作成し処方することが，コーチのチャレンジ精神をそそることは明らかである。

　パフォーマンスを向上させ，試合の準備を行うためには，多くの分野のコンディショニング理論を利用しなければならない。アイスホッケーは高強度の無酸素性運動であり，加速，減速，急激なストップ，爆発的なスタートといった動きが含まれる。無酸素性エネルギー供給システムによって氷上で45秒間の激運動が可能となるが，有酸素性エネルギー供給システムはリカバリーシフト，すなわちベンチでの休憩時に重要な役割を果たす。したがって，トレーニング強度が乳酸閾値を向上させるに十分なものであれば，有酸素性トレーニングは氷上のエネルギー供給系に良い影響を及ぼす。フルコンタクトのスポーツとして，アイスホッケーは大きな筋と筋力だけでなく，効率的に機能するハイレベルな筋力を要求する。また，並外れた視覚能力と疲労状態で適切な運動を行う能力が重要である。その上，ハンド－アイコーディネーション（手と目の協調能）や，反応能力，体幹パワー，バランスのとれた柔軟性，固有受容器，片脚バランス，コーディネーション，アジリティといった能力が，成功への鍵となる。また，スピードが重要であるが，なかでもクイックネスとスピード持続力がきわめて重要である。

　アイスホッケーのためのコンディショニングプログラムを考えるにあたって，考慮すべき要素が数多くある。たとえば，プレーヤーのポジション，チームでの役割（例：1人のゴールのスコアラーと4人のボディーチェックを仕事とするプレーヤー），身体的成熟度，過去のトレーニング経験，既往歴，コーチの評価，スカウティングレポート，フィジカルテストのデータ，氷上でのテスト，チームスケジュールの密度，チームの遠征スケジュールなどである。

　コーチは，「より強くて体力のあるプレーヤー」ではなく，「よりよいホッケープレーヤー」を育てるようとするため，基本的なフィットネストレーニングが十分に行われ

ないままになっている。このスポーツに特異的なコンディショニングを構築するためにも、一般的な筋力や体力の改善は重要である。アスリートを養成するプログラムでは、ホッケーの動作パターン、関節可動域、関節角度、筋収縮のタイプ、スピード、スプリント時間、力、動作分析、運動・休息比、疲労指数、ポジション別の要求などを考慮しなければならない。

　動作パターンや動きのしくみのような考慮すべき要素をもとに、エクササイズの構成やドリルの計画を決定する。そのほか、特異的な適応をもたらすためには、さらに挙上スピードやスプリント時間が要素として取り上げられる。すなわち、スポーツ特性を精査してからエクササイズ処方を決定すべきである。スキルを正確に実行できるようになるためには、強固な身体的基盤がなければならず、もしも基礎体力の向上を軽視するならば、反復して行われる技術練習の効果はわずかなものに留まるであろう。

　また、スポーツ特有のコンディショニングには技術練習や、個人戦術、チーム戦術を含まなければならない。試合において、アイスホッケープレーヤーは味方のプレーヤーとコミュニケーションをとりながら、パスを受けるためのポジションに素早く動かなければならない。そのために、パスを読み、相手をブロックできるポジションか、相手から離れたポジションをとることができることが必要となる。アイスホッケーの競技能力向上のためのコンディショニングトレーニングには、試合の要素やテクニック、オフェンス戦術、ディフェンス戦術が含まれなければならない。オフェンスでは、ディフェンスに勝つためのディフェンスを惑わせるような戦術練習をするし、同様にディフェンスやバックチェックをするフォワードでは、1対1で勝つためのディフェンステクニックや戦術を身につける練習をする。

　たとえば、無酸素性持久力の向上と疲労状態での側方への動きの陸上トレーニングでは、素早い動きと1対1で必要となるフェイント動作を取り入れる。フォワードは、交代で執拗にパックを奪いにくるディフェンスのトレーニングパートナーをかわすために、素早く動く必要がある。氷上において、爆発力と反応をトレーニングするドリルでは、プレーヤーはコーナーから素早くパックを出したり、ブレークアウトをしなければならないが、このようにドリルでは爆発力と反応の向上が基礎的な目的であり、それはブレークアウトというチーム戦術の練習の中に隠されているのである。

Two-on-Two, Nets Back to Back

ツーオンツー，ネットバックツーバック

◻目的
素早いストップ，アジリティ，爆発的なクイックネス，可動性，ハンドリング，無酸素性持久力，1対1における戦術，視覚認識能力の向上。

◻スキル
多方向へのスケーティング，パス，シュート，相手を押さえる能力，方向付け，オフェンス戦術，ディフェンス戦術，コミュニケーション，自分の正しいポジショニングを考えるようなメンタルスキル，自分の攻撃方向を覚えておくこと，どの

ようにディフェンスするかを決定する能力。

◇ **方法**

① ゲームはニュートラルゾーンで行う。境界線は左右のボードとブルーラインである。

② 各チームに2人のスケーター（図のSA,SA,SB,SB）とゴールキーパー1人。スケーターはゴールキーパーと静止しているパサーにパスすることができる。ゴールキーパーは司令塔の役割を果たし，スケーターをサポートするために動き（すなわち3対2になる），さらにカウンター攻撃にも備えるようにする。

③ 各チームにボード付近のレッドライン上に位置している動くことのできないパサー（PA, PB）が1人いる。パサーはパスを受け，パスを出すことはできるが，ポジションを移動することはできない。

④ 残っているプレーヤーはニュートラルゾーンの外で待機する。プレーヤーの人数によっては，休んでいるか他のドリルをしているようにする。しかし，次に出る4人は，交代の合図の笛と同時にプレーできるように準備していなければならない。

⑤ 各ブルーライン沿いに1人ずつコーチが待機し，パックをすぐに出せるようにいくつかパックを持っておく。

⑥ ゴールはレッドラインをはさんで背中合わせにおく。コーチがニュートラルゾーンにパックを出したら，ゲームを開始する。

⑦ ゴールが決まったり，パックがニュートラルゾーンの外に出たら，コーチはすぐに「パック！」と叫びながらパックを投入して，プレーヤーに気づかせる。コーチはゴールの近くにパックを流すようにしてオフェンスとディフェンスのプレーヤーの動きが止まらないようにする。しかし，コーチは時々パサーにパスをすることもある。

⑧ スケーターが決めたゴールは1点で，ゴールキーパーが決めたゴールは3点とする。

⑨ プレーヤーが変わるごとに，笛をふくと同時にパックを出す。プレーが終わったらプレーヤーはパックに触れることなくニュートラルゾーンの外に出て，新しく交代するプレーヤーの邪魔をしないようにする。各チーム2人のスケーターと1人のパサーが交代する。

◇ **キーポイント**

止まることなくプレーするようにする。交代

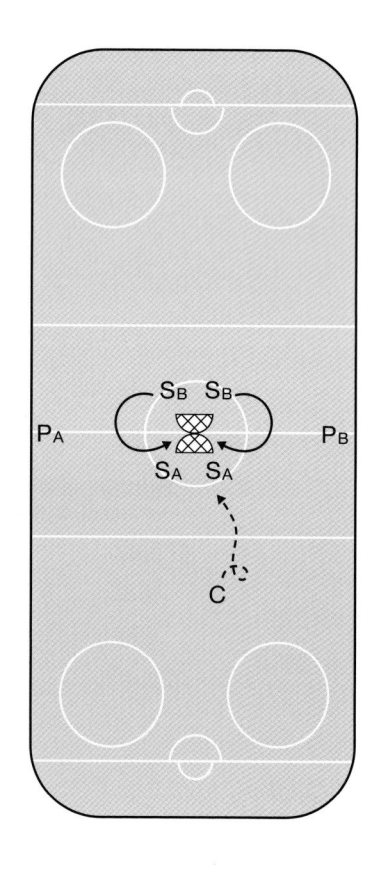

のときにためらわないようにし，新しいプレーヤーはすぐにプレーを始める。スケーターは顔を上げ続けるようにして，ゴール近くでプレーし，パートナーをサポートできるようにする。またボード近くでパサーにもかかわるようにする。

Partner Medicine Ball Full-Body Put With Lateral Shuffle
パートナーメディシンボール・フルボディラテラルシャッフル

◻ 目的
無酸素性持久力，疲労状態での爆発力，側方への動き，全身を使った多関節運動を全身のパワーへと繋げる能力の向上。

◻ スキル
側方への動き，ローパワーからハイパワーへの変換，精神力。

◻ 方法
① トレーニングを行うグリットの広さを決定するために，もっとも重いメディシンボールを使用して，全身を使ってフルパワーでスローイングを行う。この結果に12フィート加えた長さをグリットの長さとする。たとえば，20フィート投げた場合はエンドラインからエンドラインまでが32フィートになる。幅は12フィートとする。コーンを用いてグリットを作る。

② 2人のプレーヤーは対角線上のコーナーに向かい合う。各エンドラインの6フィート外側に足下にメディシンボールをおいた状態でまっすぐ立つ。

③ 笛の合図でトレーニングを開始。各プレーヤーはスクワット姿勢でボールを拾い，足下からボールを反対側のエンドラインへ向けて投げる。

④ ボールを投げたらすぐに，ラテラルシャッフルでパートナーが投げたボールを拾いにいく。

⑤ 再びスクワット姿勢でボールを拾い，エンドラインへ向けて投げる。そして再びパートナーが投げたボールをラテラルシャッフルで取りにいく。

⑥ トレーニングのゴールは時間以内にパートナーが投げたボールがエンドラインを越えないようにすることと，より多くのボールを反対側のエンドラインを越えるように投げることである。ボールがエンドラインを越えたら，負けたプレーヤーはボールを拾いエンドラインへ向けて投げることを続ける。

◻ キーポイント
◆ エンドラインを越すために，プレーヤーは素早く移動し，疲労状態でもボールが床から弾む前にボールを拾えるくらい素早いラテラルシャッフルを行い，拾ったらすぐに力強く投げるようにする。

◆ 必ず1回はボールがバウンドするようにする。もしバウンドする前にキャッチできるくらい早く動きすぎても，直接キャッチをしないようにする。

◆ このトレーニングは非常に疲れるトレーニングである。プレーヤーの心拍数は最大まで上昇するであろう。また，確実に乳酸が蓄積する。

Tip-In
チップイン

◻ 目的
スケーティングの可動性，フットワーク，クイックネス，スピード持続力，無酸素性持久力の向上。

◻ スキル
ハンドリングをしながらの前後方向のスケーティング，ストップとスタート，プレー中の前方から後方への移動，シュート，ハンドーアイコーディネーション，チップ（シュートの方向を変える技術）。

◻ 方法
① 各ドリルにおいてゴールキーパー1人，ディフェンス1人，フォワード1人が参加する。ディフェンスはブルーラインの中心からスタートする。フォワードはスロット（ゴール前）からスタートする。

② ブルーラインの内側のボードに近い位置の2か所にいくつかパックをおく。すべてのパックがスロットにあり，ゴールの後ろにはパックがないことを確認する。

③ 笛の合図で，ディフェンスはダッシュでスロットにあるパックを取りにいく。パックを取ったらバックスケーティングでセンターサークルへパックを運び，フォワードにチップさせるために低くてコントロールしたスラップショットでゴールを狙う。

④ 笛の合図で，フォワードはバックスケーティングを始め，ゴールの近くを通ってゴールの真裏に移動する。ゴール裏に来たらバックスケーティングからターンしてフォワードスケーティングでディフェンスからのパックに対してプレーをしにいく。フォワードの狙いはなるべくゴールの後ろギリギリを移動してから素早くスロットに戻ることである。移動中は常にディフェンスのプレーヤーを見ておくようにする。

⑤ ディフェンスはサイドを交互に変えながら，シュートが6回（各サイドで3回ずつ）決まるまでプレーし続ける。フォワードはゴール付近を移動する向きを交互に入れ替え，常にスロットへ飛び込むようにする。

◻ キーポイント
◆ もしフォワードがディフェンスより早く移動してしまうなら，パックをボードの近くから内側へ移動させる（ディフェンスが移動する距離を減らすため）。

◆ もしディフェンスが，フォワードがスロットに入るより早くシュートをしてしまうようなら，パックがボードの近くにあることを確認し，ディフェンスの近くを邪魔するようにコーチが動く。

◆ フォワードがチップをした後，フォワードがバックスケーティングを開始しているか，すなわちスロットからフォワードスケーティングでゴール裏へ移動するのではなくバックスケーティングで移動しているかを確認する。スロットからゴール裏への移動は素早いバックスケーティングで行い，ターンした後可能

な限り効果的にスロットへ飛び込むようにする。

Walking Hockey Stride Lunge With Contact
ウオーキングホッケー・ストライドランジコンタクト

◆目的
スケーティングストライド，下肢筋力，動的な股関節の柔軟性，固有受容覚，コアの安定性，片脚での動的バランスの向上

◆スキル
コンタクトを受けている状態でスケーティングの歩幅とバランスを保つ能力

◆方法
① 3人1組で行う。1人がランジを行い，残りの2人が両サイドを歩きコンタクトを行う。

② ランジの歩幅は接地動作をコントロールできる範囲にする。まず左足から踏み出すが，そのとき股関節を回旋させることで約45度左前方に踏み出しスケーティングと同様の角度に足を出すようにする。左足が接地したとき足先も45度左前方を向かせることで，膝と足が同じ方向を向くようにする。

③ スタート姿勢に戻るために右足を後方へ蹴りだすというよりも，右足を左足に近づけるようにする。直立姿勢に戻ってもバランスを取り続ける。バランスがとれたところで，反対方向へランジを行い，右足で接地する。左右交互にランジを続ける。

④ バランスをコントロールした状態でランジができるようになったら，コンタクトを加える。2人のパートナーが両サイドを歩き，さまざまな姿勢やタイミングで軽くコンタクトする。コンタクトするのは，直立姿勢かランジ姿勢のときで相手の腕や肩に行う。

⑤ コンタクトに抵抗するのに適した筋力を発揮し，バランスを維持し，ランジ動作をコントロールしなければならない。腕を使ってコンタクトをかわすようにする。

⑥ 次のステップとして，目を閉じた状態で軽いコンタクトをランダムで受けるバリエーションもある。

◆キーポイント
始めは目を接地の直前だけ開いた状態で行い，できるようになったら目を閉じたままで行うようにする。

アイスホッケーのコンディショニングプログラムの有効性はフィジカルテストの結果だけで判断するのではなく，試合でのパフォーマンスの向上がより重要な判断材料となる。技術の反復練習や，個人戦術，チーム戦略の練習は，プレーヤーのコンディションを向上させる最善の方法であり，試合のための準備でなければならない。

サッカー

Vern Gambetta

サッカードリルの主な目標は，ゲームで活かせる生理学的，バイオメカニクス的，心理学的能力を向上させることである．ドリルを計画・実行するにあたって，3つの基本的な要素，すなわちスポーツ特性，ポジション特性，個々のアスリートの特性を考慮する．

スポーツ特性

ドリルとコンディショニングは，サッカーゲームの特異性に合っていなければならない．サッカーは，疲労状態でクイックスタートやクイックストップのスキルが要求されるゲームである．ゲームでは力の増減が連続して起こる．ほとんどの傷害やパフォーマンスの失敗は，ストップやキックの力の発生局面時で生じる．結果として，スピード，スピード持続力，そしてパワー発生を向上させるドリルは，サッカープレーヤーにもっとも効果的である．

全国的な調査によってサッカーのゲームに関するさまざまな統計報告がなされているが，いずれもサッカーのためのコンディショニングドリルの立案に役立つ．1試合あたりにプレーヤーがボールを保持する距離は，総移動距離数の2％以下である．またゲームでは，歩行，ランニング，スプリント，ジャンプ・ストップ，カットなど1000〜1200の動きが要求される．ゲームスキルの正確な実行と同様に，素早い方向変換がすべてに要求される．さらに，動きの約16％が，後ろ方向あるいは横方向の動きであり，平均スプリント距離は約15mで，それは通常90秒ごとに行われる．

ポジション特性

近代サッカーにおいては，プレーヤーはポジションにより特徴づけられるが，ゲームの流れで変化する一連のインターチェンジ（ポジションチェンジ）にも対応できるようにポジションの役割を考慮することが望ましい．すなわち，各ポジションに特有の能力とともにポジションを越えての能力が要求される．

- フォワード ———— 加速，爆発力，スキル
- ミッドフィールダー —— スキル，ハイレベルの専門フィットネス，アジリティ
- ディフェンダー ———— 爆発力，アジリティ，パワー
- ゴールキーパー ———— 反応スピード，アジリティ，爆発的パワー

個々のアスリートの特性

サッカーおよびポジションの特性に見合う個々のプレーヤーの体力的特性とは何か．プレーヤーは全員が異なっている．もっとも困難なテーマは，チームにおいて個々のプレーヤーの要求に見合った効果的なドリルを計画することである．次の要素に関連

して，プレーヤーの評価を行う。

- 身体作業能力
- 筋力とパワー
- スピード
- コーディネーションとスキル
- 柔軟性
- 身体組成

　重要なことは，プレーヤーの発達レベルを考慮することである。技術的および戦術的な見地から，ゲームの複雑性をマスターしようしている段階の若いプレーヤーと成熟したプロプレーヤーの要求はまったく異なっている。

　次にあげるコンディショニングドリルとエクササイズは，目的を達成するために3つのカテゴリーに分けられる。

　すべてのドリルの目標は，ゲームでのプレーの準備のためである。サッカーの練習と個々のスキルワークは，スキル要素の集合体である。

- **一般的ドリル**：基礎的な動きのスキルを強調する一般的なドリル。よく行われるドリルはボールを使用しないで行うが，次に示す"レッグサーキット"ではボールを使用する。
- **専門的ドリル**：ゲームでの専門的な動きをシミュレートするドリルで，通常はボールを使用しない。ボールを使用する場合は個々のプレーヤーの範囲で行い，チームプレーとしては行わない。「キャリオカシャッフル」を参照のこと。
- **特異的ドリル**：ゲームでの実際の動きをボールを使用して組み込む。「ゲートワークアウト」を参照のこと。

　サッカーのようなスキル優先的スポーツにおけるスキルレベルは，競技力に明らかに影響を及ぼす。スキルが熟練していなければ，コンディショニングのすべては無価値となる。同様に，コンディショニングのどの要素が不足していても，素早いスキルを発揮できない。確固たるコンディショニングの基礎があれば，ハイレベルのスキルを獲得するための好ましい練習環境を作り出すことができる。

Leg Circuit
レッグサーキット

◧ 目的
基礎的な動きのスキルトレーニングと筋持久力の養成。

◧ スキル
疲労下での正確なボールタッチの実行。

◧ 器具
◆ 1人1個のボール。

- ◆ ボックスまたはベンチ（24〜30cmの高さ）
- ◆ タイマー（ストップウォッチ）

方法

このサーキットは30秒のエクササイズとボールタッチをしながらの30秒の積極的休息（アクティブリカバリー）で構成される。

目標は，30秒間で可能なかぎり多くの反復を行うことである。

- ◆ ボディウエイトスクワット（自重スクワット）
- ◆ アクティブリカバリー：　足でのボールを扱う（1人で）
- ◆ ボディウエイトランジ
- ◆ アクティブリカバリー：　パートナーとワンタッチパス
- ◆ ボディウエイトステップアップ
- ◆ アクティブリカバリー：　パートナーとボレーパス
- ◆ ボディウエイトジャンプスクワット

キーポイント

オフシーズンの筋持久力養成期において，週に2回（2日の回復日をはさむ）実施。

- ◆ 第1週　3サーキット（サーキット間の休息は3分間）
- ◆ 第2週　3サーキット（サーキット間の休息は2分間）
- ◆ 第3週　3サーキット（サーキット間の休息はなし）
- ◆ 第4週〜6週　連続して3サーキットが可能であれば，1週ごとに1サーキットを追加する。6週間のうちにプレーヤーは連続して6サーキットが可能となるだろう。

　高校生や発達途上のプレーヤーのためには，最初の3週間で十分であるが，大学やプロプレーヤーは，全6週間プログラムを実施するべきである。正確にボールをタッチするスキルがない発達途上のプレーヤーは，ボールを使用しない。

Carolina shuttle

キャリオカシャッフル

目的

ストップ，方向変換，スピード持続力の養成。

スキル

ストップ動作と方向変換。

用具

- ◆ 24cmのコーンを6個
- ◆ ストップウォッチ

方法

① コーンを一直線上に，0，5，10，15，20，25ヤードの位置におく。

② コーン間をシャトルランする（まず5ヤードをダッシュし，背走して戻る。次に10ヤードをダッシュして背走して戻る。これを続ける）が，次のような目標

時間を達成するように試みる。
- ◆ 基礎レベル―すべてのシャトルを40秒以内（各シャトル後に20秒の休息）
- ◆ 中程度レベル―前半の5～6シャトルを35秒以内（各シャトル後に25秒の休息）後半の4～5シャトルを（全部で10セット）40秒以内（各シャトル後に20秒休息）
- ◆ 最高レベル―すべてのシャトルを35秒以内（各シャトル後に25秒休息）

▶ キーポイント
- ◆ ストップとスタートの動作を強調する。これは，コンディショニングドリルではあるが，プレーヤーは妥協せずに正しいテクニックで実施しなければならない。
- ◆ 休息にボールを用いる場合，エネルギー消費が顕著に上昇することを考慮し，トレーニング量を調節する。
- ◆ このドリルは年間を通じて実施することができる。シーズン初期，中期における効果的なチームコンディショニングドリルである。ポジションによりグループ分けし，グループごとに特定の目標を設定する。

▶ バリエーション
- ◆ ボールを使用しないシャトルランとコーンの周りをドリブルするシャトルランを交互に行う。
- ◆ ボールを使用しないシャトルランと，コーンでボールを止めるてボールを返すシャトルランを交互に行う。

Gates Workout
ゲートワークアウト

▶ 目的
カーブランニングのスピード持続力と正確なパスを伴う連結プレーの強化。

▶ スキル
加速，ボディポジションの変更，ワンタッチパス。

▶ 用具
- ◆ コーン2つ。スタートラインに1つ，フィニッシュ点に1つおく。
- ◆ コーナーフラッグを6本（3組）。各組のフラッグをスタートラインから5m，コーンから10mの地点に立てる。各フラッグは直線距離で約10m離して立てる。
- ◆ ボール1個

▶ 方法
① プレーヤーは2列に並ぶ（1列はスターター，1列はレシーバー）。スターター＃1（スタートライン上）は，レシーバー＃1にボールをパスする。スターター＃1は，すみやかにフラッグコースを通りフィニッシュコーンまで加速する。フィニッシュラインを横切ったら，スターター＃1はジョグしてレシーバーラインの最後に並ぶ。

② レシーバー＃1は，スターター＃1からボールを受けたら，すみやかにスター

ティングライン（スターター♯2へ）にボールを戻し，10mスプリントしてスターティングラインまでジョグする。
③スターター♯2はボールを受けたらできるだけ速くボールをパスし，進行を続ける。

◆ **キーポイント**
- ◆ フラッグを通過して加速する。
- ◆ レシーブラインへは，ジョグして戻る。
- ◆ レシーブラインのプレーヤーは，動き続ける。立ち止まらないようにする。

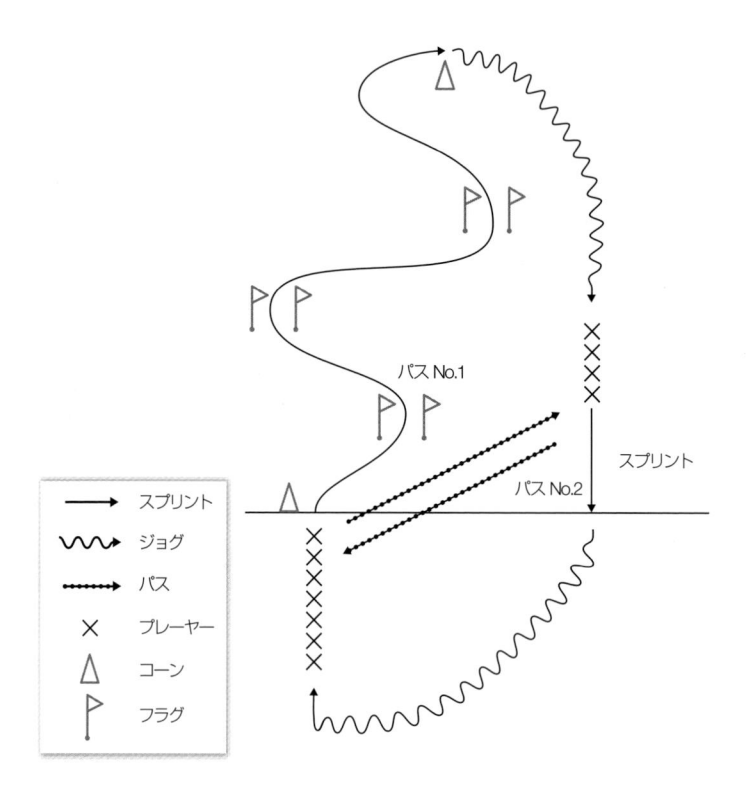

凡例：
- → スプリント
- 〰 ジョグ
- ••• パス
- × プレーヤー
- △ コーン
- ⚑ フラッグ

◆ **バリエーション**
- ◆ 回数：発達途上のプレーヤー……… 6〜8回
  　　　　高校生……………………… 8〜10回
  　　　　大学生・プロ………………12〜15回
- ◆ 時間を設定し，規定時間内にできるだけ多く繰り返すように努力させる。
  　　　　発達途上のプレーヤー…………3分間
  　　　　高校生………………………5〜8分間
  　　　　大学・プロ …………………8〜10分間

テニス

E. Paul Roetert and Barrett Bugg

1993年の全仏オープン決勝戦で，Sergei BrugueraとJim Courierは5時間以上の熱戦を繰り広げた。このゲームの分析結果，実際のプレー時間（ダッシュ，足を使ってショット調整）は，たった15分であることが明らかにされた。テニスのゲームにおいて，有酸素性能力が必要なのは明らかであるが，スポーツクイックネスとパワーに必要な爆発力も要求される。テニスのための筋力トレーニングとコンディショニングを正しく行うための技術や研究が進むにつれて，ゲームでは，以前よりもアジリティスキルがより要求されている。

一般的なテニスゲームの分析結果を下に示すので，コーチは効果的なコンディショニングドリルを作成するにあたって参考にしてほしい。

- ポイント間で25秒与えられている。
- コートチェンジでは90秒与えられている。
- クレーコートでの1ポイント当たりの平均プレー時間は10秒である。
- ハードコートでの1ポイント当たりの平均プレー時間は5.2秒である。
- 芝コートでの1ポイント当たりの平均プレー時間は2.8秒である。
- プレー時間と非プレー時間の平均的な割合は，35％対65％である。
- 1ストロークあたりの平均移動距離は4mである。
- 1ポイントあたりの方向転換回数は4回である。

ストレングス＆コンディショニングの改善要素には強度，時間，頻度，種類，漸進性などがあるが，テニスドリルでは強度と時間にもっとも重点をおく。テニスでは無酸素運動要素が求められるために，強度の要素は不可欠である。また，各ポイントまでの時間が非常に短いので，トレーニングにもこの特異性を反映させるべきである。これから紹介するドリルは，これらのトレーニング要素を含んでいる。

Box Drill
ボックス・ドリル

◆目的

無酸素性能力，最初の出足の素早さ，アジリティ，スプリットステップのタイミング，バランス，姿勢の改善。

◆スキル

加速，減速，方向転換，予測不能な動き。

◆方法

① 中心から各方向に2～6ステップ動くことができるのに十分な大きさの四角形，または長方形を描いてその中心に立つ。

② コーチは外に立って方向転換の指示を出す準備をする。

③ コーチの手による指示に従ってコーナーへ向かってダッシュするが，手を高く上げたら後方のコーナーへ，低く上げて示したら前方のコーナーへ向かう。

④ 指示されたコーナーに足でタッチして，再びスタート位置に戻る。次の指示が出される前にスプリットステップ（スキーヤーが方向転換に使うのに似ている，このステップは膝を素早く曲げて体重を一瞬で抜く抜重技術である）を行う。コーチは，プレーヤーが，最小限コントロール可能な反応時間を確保するために，足が地面から5～10cm離れたときに，次の指示を出すべきである。

⑤ 時間（5～10秒）または反復回数（5～10回）を基本とし，運動と休息の割合を1：2（休息時間は最長でも25秒）として，このドリルを2～4セット繰り返す。

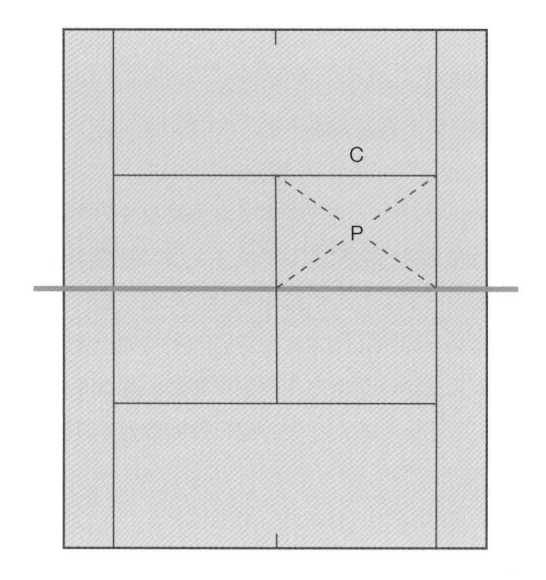

▶ キーポイント

スプリットステップは，コーナーから中心へ戻ってくるごとに行わなければならない。次の指示のタイミングは，プレーヤーの個人的な反応能力をもとに決める。たとえば，短時間で反応できない場合の指示は，スプリットステップで足が地面から高い位置にあるときに出すべきである。

▶ バリエーション

- ◆ 各方向への負荷を増すために，ゴムチューブを腰に巻きつける。
- ◆ アジリティ向上のために，さまざまなコート面（芝，クレイ，ハード，砂）でドリルを行う。
- ◆ ドロップショットへの対応をイメージして，直進する動きを加える。

Triangle Drill
トライアングル・ドリル

◆ 目的
殿部の可動性，無酸素性能力，最初の出足の素早さ，アジリティ，スプリットステップのタイミング，バランスの向上。

◆ スキル
加速，減速，方向転換，予測不能動作，垂直跳びと着地。

◆ 方法
① 指示されたコーナーへ中心から1～6ステップで動くことができるのに十分な大きさの三角形を描いて，中心に立つ。三角形の底辺の両角へはそれぞれフォアハンドあるいはバックハンドボレーの指示で進み，頂点へはオーバーヘッドの指示で進む。

② コーチは三角形の外の正面に立ち，進む方向を指示する。手を低くして斜め前方のフォアハンドまたはバックハンドの方角のどちらかに，あるいは手を高く出して後方のオーバーヘッドの方角へ指示を出す。

③ 指示されたコーナーに指定された動きで進み，再びスタート位置に戻る。次の指示が与えられる前にスプリットステップを行う。コーチは，プレーヤーが，最小限コントロール可能な反応時間を確保するために，足が地面から5～10cm離れたときに次の指示を出すべきである。

④ 時間（15～20秒）または反復回数（5～15回）を基本とし，運動と休息の割合を1：2（休息時間は最長でも25秒）として，このドリルを2～5セット繰り返す。

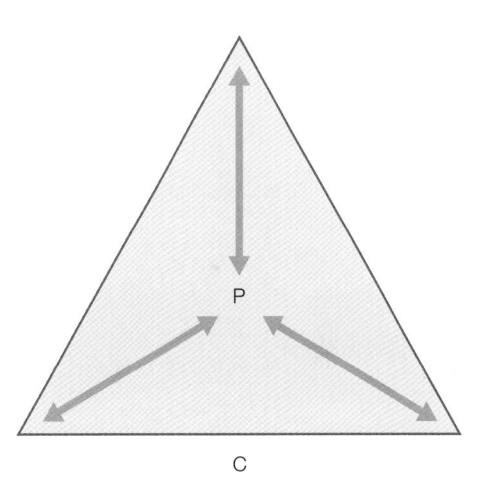

◆ キーポイント
◆ オーバーヘッドで後方へ下がるときには，バックペダルよりもむしろドロップステップ（アメフトのクォーターバックがスナップの後に行うステップのような）の方が効果的な動きである。

◆ ボレーでは姿勢を低くすべきである。肩，腰，膝が高いハイボレーを行うことは，ここでの目標ではない。むしろ，ラケットが地面につくくらいに，より低く構えるべきである。Patrick RafterとJana Novotnaは，信じられないくらいにボレーが低くできるプレーヤーとして知られている。

◆ バリエーション
◆ あらゆる方向からの抵抗を増すために，ゴムチューブをプレーヤーの腰に巻きつける。

- ◆ アジリティ向上のために，さまざまなコート表面（芝，クレイ，ハード，砂）でドリルを行う。
- ◆ ドロップショットへの対応をイメージして，直進する動きを加える。

Step Off, Split, and React
ステップ・オフ，スプリット&リアクト

◻ 目的
最初の出足の素早さ，アジリティ，スプリットステップのタイミング，バランスの向上。

◻ スキル
加速，減速，リカバリーステップ。

◻ 方法
① 45～60cmの高さのベンチまたはボックスの上に立つ。コーチは，横に立って指示を与える準備をする。
② ベンチから空中に飛んだ際に，コーチはフォアハンドまたはバックハンドの指示を出す。
③ スプリットステップで着地して，指示された方向に爆発的に2～5歩ステップする。
④ 正しいフットワークを使って着地点へ戻る。
⑤ 6回を3セット行う。

◻ キーポイント
- ◆ 適度な柔らかさのある床面（コンクリートは不可）で行う。
- ◆ このドリルは下半身が鍛えられた中級または上級者に行う。よい姿勢と静かな着地はこのドリルを行う上で，もっとも重要なポイントである。
- ◆ 体重の重い場合は，下半身の関節のけがを避けるためにこのドリルを制限する。

◻ バリエーション
- ◆ 軽量のウエイトベストを上半身につける。または，ゴムチューブを腰に巻きつけ，進行方向に対して抵抗を加える。

Forehand and Backhand
フォアハンド－バックハンド

◻ 目的
最初の出足の素早さ，高強度の動作トレーニング，反応時間，高強度トレーニング中の高さに対する感覚の向上。

◻ スキル
加速，減速，アジリティ，リカバリー・ステップ，重心移動，方向転換，ユニットターン，スプリットステップのタイミング，ラケット準備。

◇**方法**
① スタート地点から左右に2〜5歩離れたところに，それぞれコーンをおくか，マーカーを設置する。これがドリルの横方向の境界である。
② コーチはスタート地点から150cm手前に立つ。
③ 準備のスタンスが取れたならば，コーチはフォアハンドまたはバックハンドの方向を指す。
④ 指示された方向（実際にはやや斜め前方）に2〜5歩で爆発的に動き，正しいシャドウショットを行う。
⑤ 正しいフットワークで元の位置へ戻り，スプリットステップを使って次の指示を待つ。
⑥ 4〜10回の動きを2〜3セット行う。運動と休息の割合は1：2であり，回復時間は25秒以下とする。

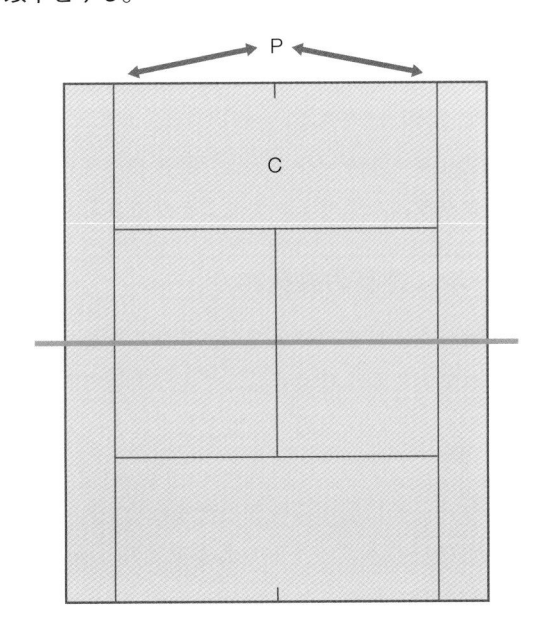

◇**キーポイント**
◆ コーチは，次の指示を，スプリットステップで地面に着地する前に出す。
◆ よい結果を出すためには，正しい技術を行うことに集中するべきである。

◇**バリエーション**
◆ 進む方向への負荷を増すために，ゴムチューブを腰に巻きつける。
◆ アジリティ向上のために，さまざまなコート面（芝，クレイ，ハード，砂）でドリルを行う。
◆ 両目を閉じさせて，音（聴覚刺激）に反応させる。
◆ 真横にくのではなく，ボールをカットする角度に動くように指導する。

バレーボール

Courtney Carter

　バレーボールはスキルと戦略のゲームである。ゲームに必要な技術は，ボールを狙った場所に正確な高さ，方向，スピードで送ることである。そのためには，アタックアプローチジャンプやブロックジャンプをするためにタイミングを取ることができなければならない。また，相手のボールさばきに反応し，素早く正確な方向へ動く必要もある。これらの技術は，練習中，ゲーム形式での練習，ゲーム中で行うものである。すばらしいバレーボールプレーヤーになるためには，バレーボールを練習することが一番であることは疑う余地はない。バレーボールのストレングス＆コンディショニングプログラムの目的は，爆発的なパワーとアジリティを向上させることと，バレーボールに特有な持久力を高めることである。

　ストレングス＆コンディショニングプログラムで実施されるトレーニング方法は，身体のトレーニングに対する応答に応じてなされるべきで，同時に，バレーボールに特異的でなければならない。バレーボールのニーズ分析を最初にすることにより，コーチは適切なエネルギーシステム，動きのパターン，パワーを考慮したコンディショニングプログラムをデザインすることができる。

バレーボールに特有の持久力

　バレーボールに特有の持久力をより深く理解するためには，エネルギーがどのように供給されているか注意深く見ることが大切である。バレーボールプレーヤーが使うエネルギーシステムは運動の強度と長さによって決まる。平均的なバレーボールのゲームでは，プレーは約6秒間続き，これに14秒間の休息がはさまれる（タイムアウトやプレーヤー交代に要する時間は含まれない）。この分析によって，最大強度の動きを短時間だけ行うクイックドリルを適切なリカバリータイムで行うようなドリルプログラムが必要であることがわかる。逆に言えば，ドリル間の休息が短すぎると最大パフォーマンスが発揮されないままになり，結局は能力を向上させることができないで終わる。言い換えれば，適切なリカバリーがなければ最大努力では動けないため，それ自体，もはやバレーボール特有とは言えなくなってしまう。さらには，長距離の水泳や自転車トレーニングはバレーで必要とされているニーズとは一致しない。そのようなトレーニングでは，筋線維の特性が有酸素性に変化するので，バレーボールに必要な爆発的な力強い筋収縮を発達させるトレーニングの目的には合致しない。

アジリティ

　バレーボールのコンディショニングプログラムをデザインするときは，プレーに特有の動きのタイプを考えなければならない。本質的には，バレーではアタック，ブロック，レシーブがゲーム中で求められる。それらのスキルを使って適切なポジショニングをするためには，方向転換，スターティング，ストッピング，シャッフリング，ジャ

ンピングなどの基本的な運動スキルを実行しなければならない。このようなスキルを向上させるようなバレーボール特有のアジリティドリルがプログラムに組み込まれるべきである。

バレーボールのアジリティプログラムを作成するにあたっては，コートは半面9m四方であるので，直線的な前方スプリントドリルはバレーボールは適さない。ゲーム中に一方向にステップする平均は2〜3ステップであるため，スタート，ストップ，方向転換が素早くできることと，前後・左右に素早く動きながらジャンプする能力が重要である。この水平―垂直の転換動作は，方向性に関係なくできなければならない。繰り返すが，コートのサイズと動きのタイプが重要で，これを基本に多様な動きやフットワークスキルをバレーボールの特異性に合わせて選択し，組み合わせる。

パワーと爆発力

アジリティの次にバレーボールのコンディショニングプログラムに重要な要素が，パワーと爆発力である。スピードはバレーボールには影響はないが，加速能力は必要である。よりパワフルなプレーヤーは，より速く加速することができる。トップクラスのプレーヤーでは静止状態から最大スピードへ2〜3ステップで切り替えることができる。これは，素早く加速できる能力に長けている証拠である。バレーボールにはまた，減速の要素も含まれる。バレーボールプレーヤーは，狭い所で止まる能力と，素早く方向転換する能力を持ち合わせていなければならない。

ニュートンの第2法則である"力＝質量×加速度"に照らし合わせれば，より力強ければ，より大きな加速が産まれるということになる。さらに言えば，パワーを向上させることは，ジャンプと同様にアジリティにとっても重要である。伸張性収縮と単収縮性収縮はさまざまなスポーツスキルを実行する上で常に生じているが，とくに伸張性収縮直後の単収縮性収縮は「伸張－短縮サイクル」として知られている。ジャンプや方向転換の際には伸張性収縮が股関節，膝関節，足関節周辺の筋群で起きる。急激な筋の伸張によって腱複合体に弾性エネルギーが産まれ，筋腱は筋の収縮力に加え弾性エネルギーも利用して（あたかも伸ばされたゴムが元の長さに縮むように）元の長さに戻ろうとする。この弾性利用するためには，伸張性収縮から素早く短縮性収縮へ切り替えるスキルを獲得する必要がある。

バレーボールに特有のコンディショニングドリルは，パワー産生とアジリティの2つのカテゴリーに分類されるが，いずれのカテゴリーのドリルも爆発力と伸張－短縮サイクルを必要とする。ジャンプアップからの下降によって股関節，膝関節，足関節の筋・腱がストレッチされ，結果としてそれらの筋群に弾性エネルギーが生じる。アジリティでもまた，伸張－短縮サイクルが利用される。方向転換で素早く止まったとき，股関節，膝関節と足関節の筋はストレッチされる。ここでジャンプと同様に弾性エネルギーがそれらの筋群に生じる。方向転換が素早いほど，より強い力が生まれ，結果的により速く加速できる。

バレーボールのコンディショニングプログラムでは，スプリットルーティーン法を

使う。それは単に異なったタイプの運動要素を別々に日替わりで行う方法ある。スプリットルーティーン法は，他要素のエクササイズを行いながら，別の要素で前に行ったエクササイズからの回復・超回復が図られる。また，同種のエクササイズで構成されるプログラムは少なくとも2日間の間をおいて行う。このコンディショニングプログラムでのドリルは，プライオメトリックスドリルとアジリティドリルに分けられる。

　プライオメトリックドリルを始まるにあたっては，適切な着地方法を学ばなければならないので，まずは単純な着地ドリルを行い，次に連続ボックスジャンプドリルへと段階を踏む。着地ドリルの目的は，適切なジャンプと着地スキルを獲得させるとともに，さらに高強度のパワードリルへ準備させることである。適切な着地ができたなら，次は連続ボックスジャンプドリルを行う。ボックスジャンプドリルでは引き続き適切な着地を強調するとともに，爆発的な垂直・横方向の動きを獲得させることを目的とする。

Drop Jump
ドロップジャンプ

◇ **目的**
脚と股関節の筋力の向上と，正しい着地の方法の獲得。

◇ **スキル**
正しい着地とジャンプ。

◇ **方法**
① 両足を腰幅に平行に広げてボックスの上に立つ。
② ボックスから飛び降りて，両足の母指球で着地する。
③ 着地の際には，膝と股関節を曲げる。着地時のポジションのまま5秒間静止する。
④ ボックスに再び乗って飛び降り姿勢を作り，次のジャンプに備える。
⑤ これを5回行う。

◇ **キーポイント**
60cmのボックスから始め，筋力の向上に伴ってボックスの高さも上げる（最大で90cmまで）。

Depth Jump
デプスジャンプ

◇ **目的**
爆発的な垂直方向への動きの向上。

◇ **スキル**
正しい着地とジャンプスキル。

◇ **方法**
① 両足を腰幅に平行に広げてボックスの上に立つ。

② ボックスから飛び降りて両脚で着地し，それと同時に素早く高く垂直にジャンプアップする。

③ ジャンプアップの際にはブロックやアタックのように両手を振り上げる。

④ これを5回行う。

キーポイント

◆ 着地時にはショックを吸収するために膝を曲げる。

◆ 着地後はできるかぎり素早くジャンプアップする。接地時間をできるだけ短くすること。

◆ 着地面にやや弾力性があること（カーペット，ゴムフロア等）が望ましい。

バリエーション

頭上にターゲットを決めて，それに向かって最大限のジャンプをさせる。

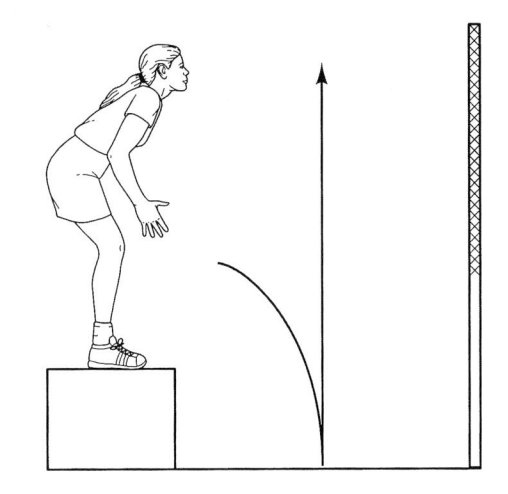

Shuffle Transition
シャッフルトランジション

目的

フットワークパターンの習得とアジリティの改善。

スキル

正しいバックペダルとシャッフル。

方法

① 7～10個のコーンを約3m間隔でジグザグに並べる。

② 膝をやや曲げ，上体を起こし，顔を正面に向けた立位でのスタート姿勢をとる。

③ バックペダルでスタートして次のコーンへ向かう。

④ さらに次のコーンへはシャッフルで向かう。

⑤ シャッフル後のコーンでは身構えてバンピングを行う。

⑥ ここまでと同じパターンで最後のコーンまで進む。

キーポイント

◆ ドリルを通して姿勢を低く保ち続けること。

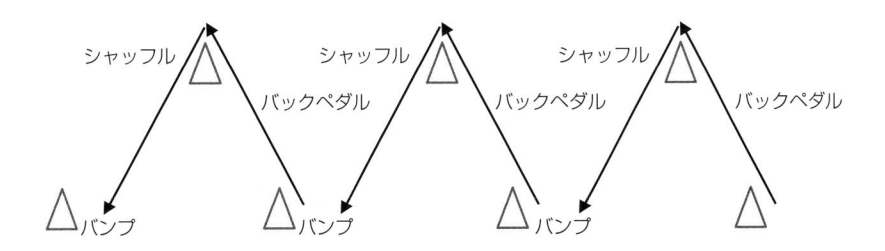

◆ バックペダルでは，肩はつま先よりも前に出ていること。

◆ バックペダルからシャッフルへ，また，シャッフルからバックペダルへの移行をスムースに間違いなく行うこと。

Zigzag
ジグザグ

◇ **方法**
フットワークとクイックネスの改善。

◇ **スキル**
方向転換時でも正しい姿勢を維持できるスキル。

◇ **方法**
① 約1m間隔に並べられたコーンに向かって立つ。
② まず，右足を1番めのコーンの右へ出し，次に左足をスライドさせてこれにそえる。
③ 左足を2番めのコーンの左へ出し，次に右足をスライドさせてこれにそえる。
④ この動きのパターンで最後のコーンまでジグザグに進む。

◇ **キーポイント**
◆ 動きは素早くしかも爆発的に行う。
◆ 骨盤と肩は平行を保つ。
◆ 足でコーンをまたぎ越してはいけない。
◆ 外側の足でプッシュし，推進力を得る。

◇ **バリエーション**
正しい姿勢を維持するために，メディシンボールを前に伸ばした手に保持して，同様のドリルを行う。

12 ピークパフォーマンスのための ピリオダイゼーション

Periodizing Training for Peak Performance Tudor O. Bompa

　何をすべきかを系統立てて考えられる人はそうでない人よりも明らかに生産的である。このことは，トレーニングにおいても同様で，トレーニングプログラムを適切に作成できるアスリートはコンディショニングもよい。つまり，より高いパフォーマンスへと導く効果的な計画の作成は，ピリオダイゼーションの成功にかかわっている。

　ピリオド（Period）とは元来，期間とか時期という意味を持つ単語であり，トレーニングにおいては特定の"期"を示している。しかし，ピリオダイゼーションの概念はそれ以上のものであり，トレーニングプログラムにおいて，下に示した2つの側面も持っている。なお，ここでは"期分け"をピリオダイゼーションと同義語として用いている（訳注）。

- 年間ピリオダイゼーション，すなわち年間計画をより管理しやすくするためにいくつかの期に分けること
- 運動能力（筋力，スピード，持久力）ピリオダイゼーション，すなわちパワー，パワー持続力，筋持久力といったスポーツに特有な能力を向上させるためのトレーニング方法や基準を管理すること

　ピリオダイゼーションを利用する誰もが，それが効果的だと実感するであろう。第1に，トレーニング負荷やストレスを各期ごとに変化させる年間計画をより効果的に作成できる。同様に，ピリオダイゼーションではトレーニングの量（総量）と強度（質，スピード，パワー）を各期で特異的に組み立てることができる。さらに，準備期と試合期において，強度と身体的・技術的・戦術的・心理的トレーニングの要素を変化させることで，試合期においてより高いピーキングと安定したパフォーマンスが発揮できる。

　多くのアスリートは，ピリオダイゼーションにより多くの恩恵を受けている。ピリオダイゼーション以前の1980～1990年代においては，カナダのスプリンターやトラック自転車アスリートが世界記録を破ることはけっしてなく，世界のスポーツシーンで活躍することさえ見られなかった。しかし，その後，ピリオダイゼーションを取り入れて以来（とくに筋力のピリオダイゼーション），カナダのアスリートは世界の上位にランキングされ，世界記録やオリンピック記録を更新している。また，他の多くの国のボート，テニス，水泳，トライアスロンのアスリートがこの計画的トレーニング方法を使用して，劇的にパ

フォーマンスを改善している。チームスポーツへのピリオダイゼーションの応用は同様に効果的である。きわめて多くの米国大学フットボールチームがピリオダイゼーションを導入し，リーグの最下位からトップへと登りつめている。

年間ピリオダイゼーションプラン

図12.1は，ピークが1回だけ，すなわちモノサイクル（単相）のピリオダイゼーションの年間計画を表している。この場合，ピークパフォーマンスが国内選手権（NC）に達成されるように計画されている。

ほとんどのチームスポーツやスキー，ボート，トライアスロン，自転車のようなシーズン個人スポーツでは，1つのピークサイクル，すなわちモノサイクルを使用する。これに対して，陸上競技や水泳のようなスポーツでは，バイサイクルあるいはダブルピリオダイゼーションと呼ばれる2つのピークサイクルがある年間計画を立てる。バイサイクルは大きく2つにサイクルが分かれており，それぞれのサイクルにピークが設定されている。陸上競技の2つのピークは屋内と屋外の選手権であり，**図12.2**はそのような計画を表している。注意すべきことは，モノサイクルとバイサイクルの間では，ピーキングカーブに違いがあることである。

図12.2を例にとれば，バイサイクルの年間計画では主なピークが2つある。第1サイクルでは2月下旬から3月上旬の屋内選手権（IC）において，第2サイクルでは7月の下旬の屋外の国内選手権（NC）においてそれぞれピークが設定されている。2つの主な競技会の日程は，期分けやさらに短期の期分け（Subphase）に影響を及ぼす。そのため，2つの試合期はほとんど同じ長さであるが，準備期は第1サイクルの方が第2サイクルのそれよりも長くなっている。同様の理由により，一般的準備期（GP）

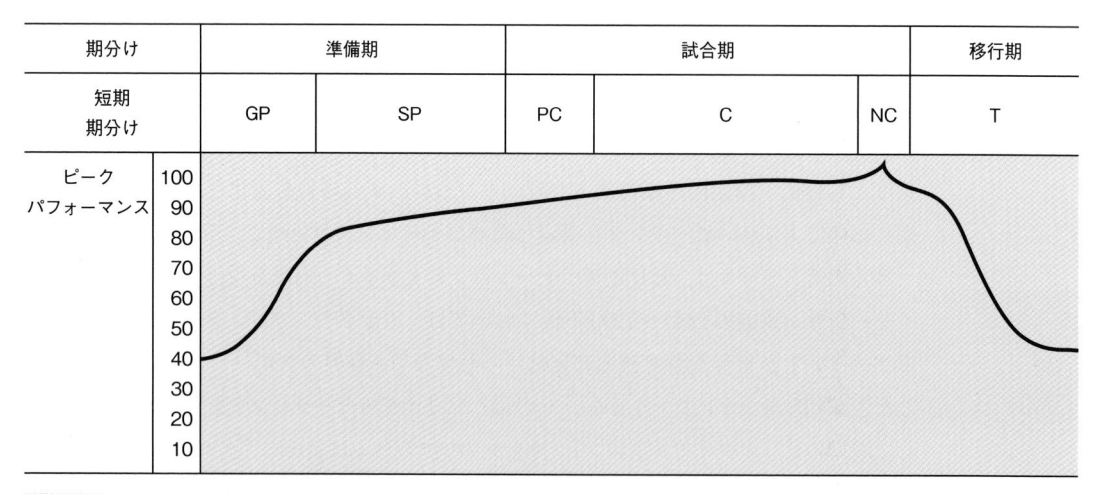

図12.1 ピリオダイゼーションの年間計画（GP：一般的準備期，SP：専門的準備期，PC：試合前期，C：試合期，NC：国内選手権，T：移行期）

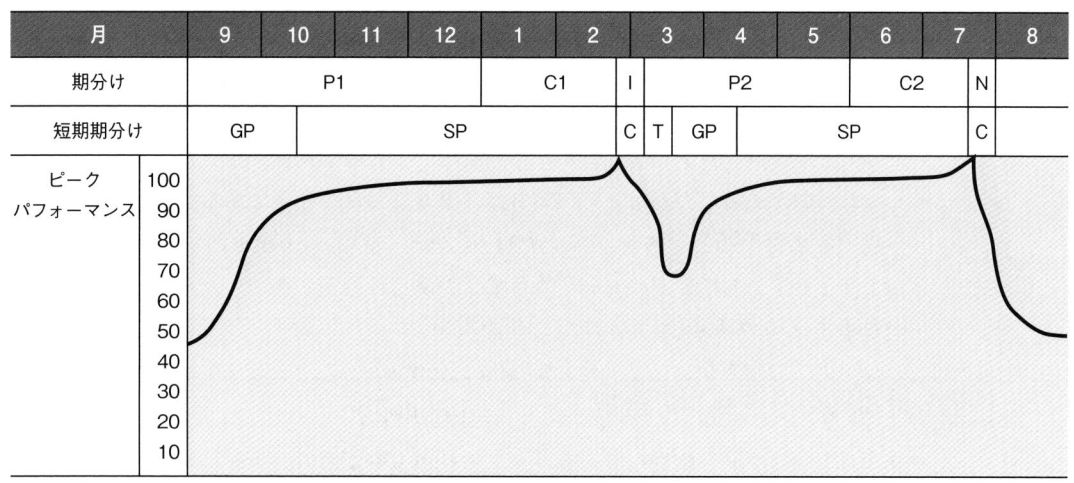

図12.2 陸上競技をモデルとしたバイサイクルピリオダイゼーション

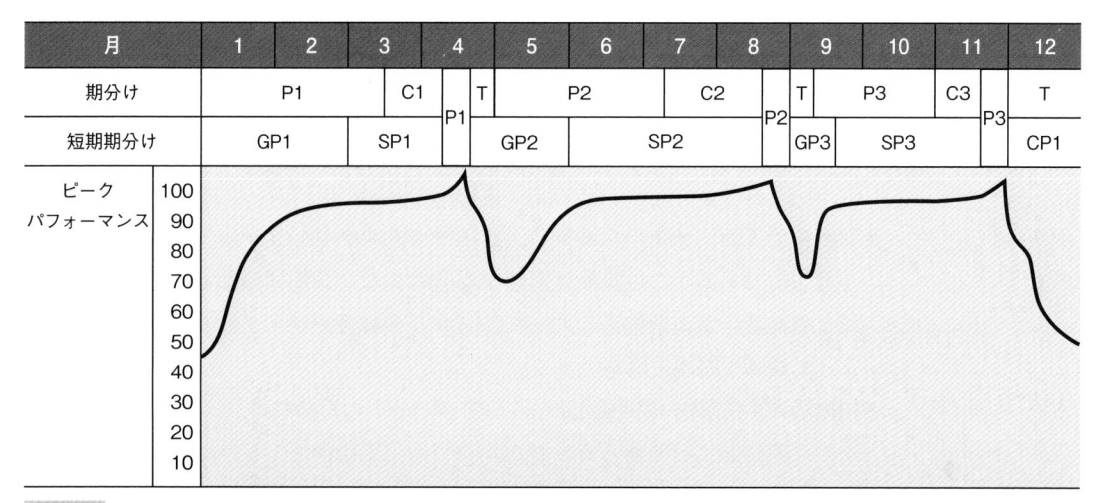

図12.3 3つのピークがあるトライサイクルピリオダイゼーション

と専門的準備期（SP）も第2サイクルよりも第1サイクルのほうがより長くなっている。また，第1と第2サイクルの間には2週間の移行期（T）が設定されており，7月の選手権後には4週間から5週間の移行期が設定されている。

体操，レスリング，格闘技のようなスポーツでは，年間に主な競技会が3つあるので，トライサイクルあるいはトリプルピリオダイゼーションで計画を立てる。図12.3に示すように，主な競技会が3つであることで，期分けやさらに短期の期分けは短くなっている。注意することは，ピーキングのカーブが急に上昇したり下降したりするということである。すなわち，GPからSP，そしてピークへと急速に移行させる必要がある。

図12.3は，トライサイクルを使用するスポーツの主なピークは，同じ月には発生しないことを示している。

同様に明らかなことは，それぞれのピーク前の期分けが短いということである。もっとも長い準備期（P1）は第1サイクル内にある。また，他の2つのサイクルでの準備期はより短く，とくに短いのは第3サイクル（P3）においてである。このような状況では，トレーニングプログラムが早く進行し，一般的準備期（GP1，GP2，GP3）が短くなる傾向がある。これはとくに第3サイクルにおいて顕著である。

以上を要約すると，各サイクルの初めにある一般的および専門的準備期，とくに第1サイクルでの準備期において身体的に確実な準備ができてのみ，すべてのピークで望ましいパフォーマンスが発揮できる。

ピリオダイゼーションの選択

ジュニアアスリートに対して，トップアスリートのためのトレーニングプログラムと同じものが使用されることが多いが，ジュニアアスリートが複数のピークがあるようなトレーニング計画に対して準備できるかどうかを考えたことはあるだろうか。ジュニアアスリートがトップアスリートと同様の高強度トレーニングに耐えることができるかだろうか。これらのことを考慮しなければならない。

マルチピークスポーツであるか，あるいはシングルピークスポーツであるかにかかわらず，年間計画を立てる際には次のような内容について考慮する必要がある。

- ジュニアアスリートのためには，モノサイクル（ピークが1回）を用いることが理想的である。この長所は，ストレスの少ない長期間の準備期が設定できることである。この準備期において，スキルの練習やフィジカルトレーニングによって強固な基礎を構築できる。
- 国内選手権に参加する国内レベルのアスリートのためには，バイサイクル（ピークが2回）がよいであろう。この場合でも，基礎的なトレーニングをするために準備期は可能なかぎり長く設定するべきである。
- トライサイクルあるいはマルチピークはトップすなわち国際レベルのアスリートにかぎり勧めることができる。これらのアスリートは確固たる体力的基礎があり，3つ以上のピークのある年間計画を支障なくこなせる競技歴を持っている。

トレーニング期の長さは競技スケジュールに影響されるが，**表12.1**に各トレーニング期の週間配分のガイドラインを表している。

表12.1 3つのタイプの年間計画における週分けのガイドライン

年間計画 （週）	準備期 （週）	試合期 （週）	移行期 （週）
モノサイクル　52	32かそれ以上	10－15	5
バイサイクル　26	13かそれ以上	5－10	3－4
トライサイクル　17－18	8かそれ以上	3－5	2－3

年間計画におけるトレーニング期の特性

年間計画におけるピークやサイクルの数にかかわらず，一般的には準備期，試合期，移行期に期分けされる。

準備期

準備期は，年間トレーニング全体において非常に重要である。この期では，身体的，技術的，戦術的，および心理的準備の一般的な骨組が，試合期のために養成される。この期間において不適切なトレーニングが実施されると，トレーニングで改善されるべき基本的な能力が低いまま残るため，試合期に好ましくない影響が発生するであろう。運動の量に着目して多量のトレーニングをこの期に実施すると，長期的にはトレーニングによる疲労が相対的に低くなり，回復力も高くなる。

したがって，準備期（とくに初期段階）を通して多量のトレーニングを行うことは，次の専門的トレーニングに対して身体を適応させる能力の基礎を作ることになる。

一般的に，準備期でのトレーニング目標は次にあげるようなものである。

- 一般的な体力の向上
- スポーツで要求される運動能力の改善
- スポーツに特異的な心理特性の開発
- 技術の開発，改善，完全化
- 次の期において必要とされる基本的な戦術への慣れ

準備期は，スポーツの特性や要求される年間計画の種類によって決まるが，通常は3～6か月の継続期間が必要である。陸上やボートのような個人スポーツや冬季スポーツでは，その期間は試合期と同じかあるいは2倍の長さに設定されなければならない。チームスポーツではより短くなるが，最低でも2～3か月は必要であろう。

準備期は，一般的準備期と専門的準備期の2つの期に分けられる。一般的準備期の目標は，トレーニング能力と一般的なコンディショニングの養成，基礎技術の改善，および基本的なゲーム戦略の指導である。

専門的準備期は，試合期に向かっての移行段階である。トレーニングの目標は一般的準備期と同様であるが，トレーニングの内容はより専門的となる。トレーニング量は依然として多いものの，ほとんど（70～80%）のトレーニングはスキルやテクニックに関連した専門的なエクササイズで成り立っている。

この期の終盤に向かってはトレーニング量を徐々に落としながら，反対に強度や質を上げていくようにする。スプリント系，ジャンプ系，あるいはチームスポーツのような強度が重要な要素となるスポーツでは，トレーニング量は減少させてスポーツに専門的なトレーニングに集中すべきである。

試合期

試合期においては，すべてのトレーニング要素を完成させることが主要な課題となる。これが達成されれば，アスリートは能力を改善させ，ゲームや選手権において成功を

おさめることができる。試合期における主な目標は，次のとおりである。

- スポーツの特異性に対応した身体的・心理的能力の改善
- 技術やテクニックの完成と統合
- 戦術の完成とゲーム経験の獲得

オープンゲームやエキジビションゲームを含むチームスポーツの試合期においては，目標は連戦するゲームにおいて発揮できるパフォーマンスの改善と，年間の主要な選手権のためのプレーオフ出場である。

プレーオフや優勝決定戦の前には，短期のテーパリング，すなわち負荷軽減期を設定する。テーパリングの目標は，ピークパフォーマンスと年間のベストパフォーマンスを促すことである。

スピード・パワースポーツ（チームスポーツ，ほとんどの陸上競技種目，格闘技など）と持久系スポーツ（ほとんどの水泳競技種目，トライアスロン，クロスカントリースキー，ボート，カヌーなど）の2種類のスポーツのためのテーパリングの特徴は次のとおりである。2種類のスポーツを分析すると，年間の優勝決定戦の前には2週間のテーパリング日程が計画できる。

1週めでは，トレーニング量はその前のレベルの50％に減少させる（図12.4）。強度は当初は低下させるが，週の半ばでやや上げ，その後再び低下させる。2週めの火曜日には，その週でもっとも強度を高くするが，それでもけっして高強度にならないようにする。当然ながら，どの曜日においても高強度のドリルを実施してもよいが，通常の週よりも回数や種類を少なくし，選手権前に疲労が蓄積しないように休息時間も通常より長くとる。

図12.5は，持久力がもっとも重要な身体能力である持久系スポーツのテーパリング計画を表している。

強度を維持しなければならないスピード・パワースポーツとは異なり，持久系スポー

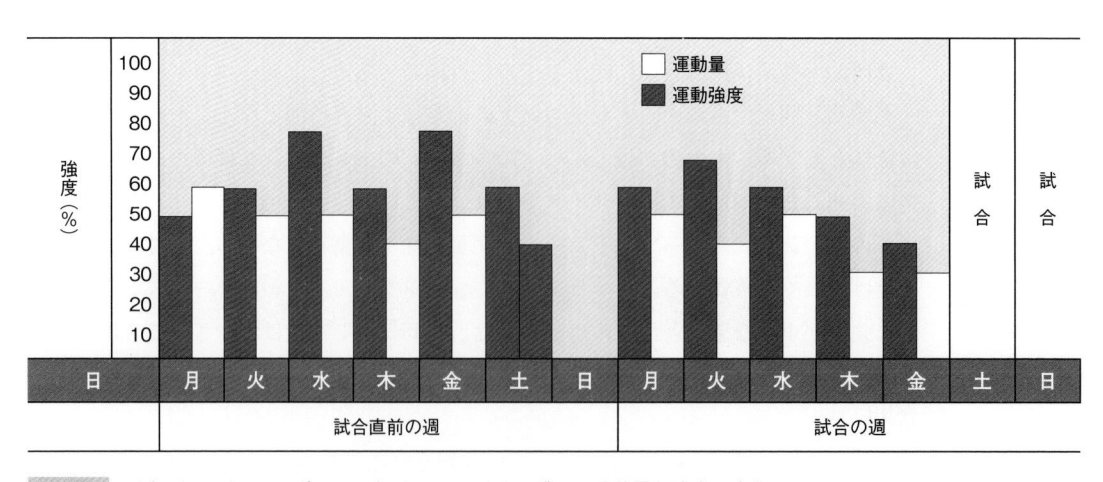

図12.4 スピード・パワースポーツにおけるテーパリングでの運動量と強度の変化

ツでは，もっとも疲労性の高い高強度トレーニングを多量に行うことは避けるべきである。そのため，2週間のテーパリングを通し，強度を徐々に低下させていく。トレーニング量も減少させるものの，若干多い状態で維持する。この方法では，フィットネスレベルは維持されながらも，最終的には強度が40％以下にまで下がるので疲労は抜ける。

移行期

ストレスの大きなトレーニングや多くのゲームが数か月間続いた後の移行期は，アスリートにとってもコーチにとっても歓迎すべき時期である。移行期の目的は，新たな年間計画に突入する前に，心身の疲労除去や心理的なリラックス，そして損傷部位の回復を図ることである。とはいえ，移行期においてもアスリートは十分なトレーニングレベル（試合期の約40～50％）を維持しなければならない。トレーニングがこのレベルで十分に行われない場合は，それまでのトレーニングで獲得してきたさまざまな質的特性が失われたり，タンパク量が減少したり，動員される筋線維数が減少する。その結果，筋力は最初の1週間で3～4％低下するが，これはその後数週間で低下する率よりも大きい。

　筋力が減少することにより，スピードも低下する。なぜならば，スピードとクイックネスは筋収縮によって発揮される力に強く依存しているからである。無活動状態は持久的能力にも影響する。最初の2週間で持久的能力は7％低下する（ヘモグロビンは30％減少，ミトコンドリア数は50％以上の低下）。

　このような身体能力の低下を避けるために，週に2～4回のトレーニングを維持する必要があるが，形にとらわれないリラックスしたトレーニングを実施するとよい。

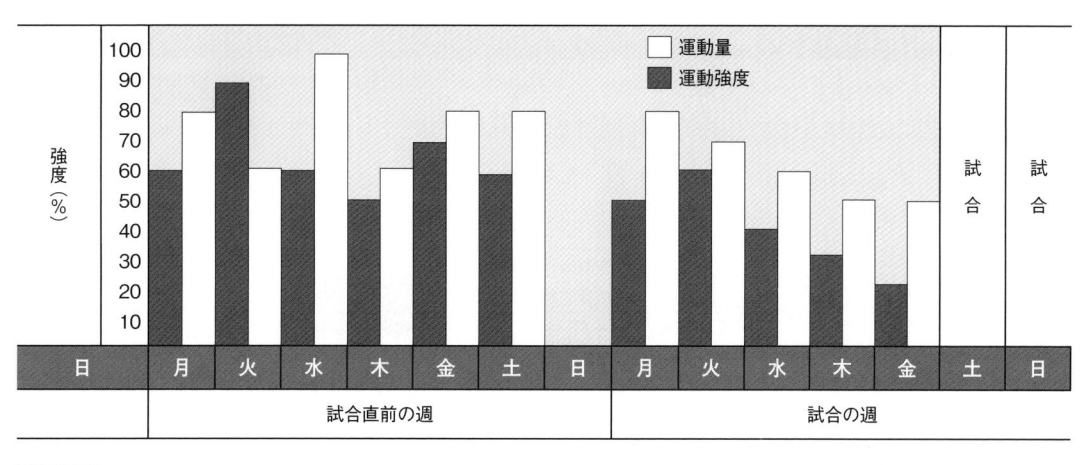

図12.5 持久系スポーツにおけるテーパリングでの運動量と強度の変化

運動能力のピリオダイゼーション

ピリオダイゼーションを成功させる重要な要素の1つが，年間計画を通して筋力・スピード・持久力のような主要な運動能力をどのように鍛えるかということである。いつかのスポーツにおいては，運動能力のピリオダイゼーションの利点がまだ認識されていないため，これが利用されていない。たとえば，私の経験では，フットボールプレーヤーが基礎体力を作ったり，無酸素ー有酸素性能力を改善するテンポ走をしたりすることもないまま2月からの最大スピードのトレーニングを実施していた例があった。十分な基礎体力のない状態で最大スピードトレーニングをしても，すぐにプラトーに達してしまう。加えて，最大スピードトレーニング時に起こる最大神経刺激は，中枢神経系の疲労を伴う。このような問題を避けるために，正しく計画されたピリオダイゼーションを図12.6に示す。図は主要な運動能力のピリオダイゼーションを表したもので，筋力・持久力・スピードのピリオダイゼーションを，各期において使用する一連のトレーニング方法によって示している。

このようなピリオダイゼーションは，スポーツに必要なさまざまな運動能力を養成するためものである。スポーツによっては特定の運動能力の改善が要求されるが，このように運動能力のピリオダイゼーションが行われ，各運動能力が正しく養成され，統合されることが，最良の専門的コンディショニングの達成には必要である。

なお，図12.6は，モノサイクルの年間計画を表したものであるが，同様の考えをバイサイクルやトライサイクルに応用できる。すなわち，より短縮させた期を用いて，試合期の数に応じて同様な一連の計画を立てることができる。

期分け	準備期		試合期			移行期
短期期分け	GP	SP	PC	C		T
ストレングス	解剖学的適応期	最大筋力期	転換期 ・パワー ・筋持久力 ・パワーと筋持久力	メンテナンス期	休止期	補強期
持久力	有酸素性持久力期	・有酸素性持久力 ・特異的持久力	専門的持久力期			有酸素性持久力期
スピード	有酸素・無酸素性持久力期	・専門的スピード ・非乳酸性スピード ・乳酸性スピード ・スピード持続力	・専門的スピード ・アジリティ ・反応時間 ・スピード持続力			プレーやゲーム

図12.6 運動能力のピリオダイゼーション

ストレングスのピリオダイゼーション

ストレングストレーニングの計画・方法は，対象となるスポーツに要求されるストレングスの要素と程度により年間を通して変化する．多くのスポーツで重要となる要素はパワーであり，その他のスポーツでは筋持久力が鍵となる要素である．パワー，すなわち短時間で大きな力を発揮する能力はスピード，クイックネス，最大筋力の総体である．フットボール，野球，その他のチームスポーツ，格闘技，短距離走，跳躍，投擲は，パワーの大小がパフォーマンスに大きく影響を及ぼすスポーツである．

一方，筋持久力は低強度の運動を長時間にわたって続けることのできる能力である．ほとんどの水泳競技，ボート，カヌー，トライアスロン，クロスカントリースキーでは，求めうるもっとも高いレベルで筋持久力を改善する必要がある．次に，簡単にストレングスピリオダイゼーションのトレーニング期とその内容について説明する．

解剖学的適応期

移行期の後では通常ほとんどストレングストレーニングは実施されないので，この時期に新しいプログラムに向けた解剖学的適応を狙いとしてストレングストレーニングを開始することは，科学的にも方法論的にも有益である．解剖学的適応期の主な目標は，その後に続く長く激しいトレーニングに耐えるために，ほとんどすべての筋群をトレーニングすることで，筋・靭帯・腱・関節を鍛えることである．ここでは，さほど強度が高くない種目（9〜12種目）のエクササイズを心地よく実施できる一般的なストレングスプログラムが望ましい．また，目標を達成するために，次のことを行う．最大挙上重量の40〜60％の負荷で8〜12回を2〜3セット行う中程度負荷のエクササイズを，セット間の休息時間を1分〜1分30秒とり，これを4〜6週間以上継続する．ジュニアアスリートや本格的なストレングストレーニングの経験がないアスリートでは，解剖学的適応期をより長く（8〜12週間）設定する必要がある．

最大筋力期

最大筋力のレベルは，パワーと筋持久力の両方に影響を及ぼす．最大筋力が高くなければ，平均的なパワーでさえも出せないであろう．なぜならば，パワーはスピードと最大筋力によって生み出されるものだからである．最大筋力期の目標は，まさに最大筋力の値を向上させることである．この期間（1〜3か月間）は競技日程と個人の必要性により決定する．たとえば，砲丸投げやフットボールプレーヤーでは約3か月間をこの期に割けるが，アイスホッケーでは1か月間だけを割り当てる程度でよい．

転換期

スポーツの特異性や必要性を満足させるためには，最大筋力をパワーや筋持久力といった"実践で使える"筋力に転換する必要がある．求められるタイプの筋力を作るための正しいトレーニング方法と，スポーツ種目に特異的なトレーニング方法を用いることで，最大筋力は徐々にパワーや筋持久力に転換される．ただし，転換期（1〜2か月間）においても，最大筋力は確実に維持されなければならない．さもなければ，試合期の後半で低下していく．

最大筋力期は準備期における後半の期であるが，転換期は準備期の最終段階から始まり，試合期の前半（前試合期）まで続く。

メンテナンス期

この期でのストレングストレーニングの主な目的は，それまでに獲得した筋力の特性を維持することである。この期で実施されるプログラムは，そのスポーツに特異的に求められる内容に基づいて実施される。すなわち，最大筋力，パワー，筋持久力の重要性の程度は特異性によって決定される。たとえば，砲丸投げやフットボールのラインマンでは最大筋力やパワーのためにそれぞれ週2回のトレーニングセッションが設定されるであろうが，一方，跳躍では最大筋力には1回，そしてパワーのためには3回のトレーニングセッションが設定される。また，野球，フットボールのワイドレシーバー，100m競泳では最大筋力，パワー，筋持久力のために，それぞれ1回，2回，1回のトレーニングセッションが設定される。1500m競泳では，筋持久力のためにのみトレーニング時間を割くべきであろう。

スポーツで要求される筋力を維持するためには，パフォーマンスレベル，スキル，パフォーマンスに及ぼす筋力の影響にもよるが，週に2～4日のトレーニングを設定する必要がある。試合期の目標を考えると，筋力維持のために割り当てられる時間は二の次であるため，メンテナンス期でのプログラムは効率のよいしかもスポーツに特異的なものとすべきである。筋力レベルを維持するためには，主働筋群を使ったエクササイズを2から最大4種類行うようにする。

休止期

良好なパフォーマンス発揮するに必要なエネルギーを確保するために，主要なゲーム前の5～7日間はストレングスプログラムを休止する。

補強期

この期では，年間計画が完了し，次の年間計画が開始されるまでの移行期が同時に起こる。移行期の目標は，疲労の除去と枯渇したエネルギーの再補給である。そのため，補強期では，主働筋以外の普段トレーニングされていない，より弱い筋群を鍛えるために，形にとらわれないストレングスプログラムを実施する。

持久力のピリオダーゼーション

年間のトレーニング計画を通し，持久力は複数の期において養成される。ピークが1つである年間計画では，持久力トレーニングは①有酸素性持久力期，②有酸素性・専門的持久力期，③専門的持久力期の3つに分けられる。これらでは，それぞれに特異的なトレーニングの目標がある。有酸素性持久力は，移行期と準備期の前半（1～3か月間）を通して養成されるものである。

スポーツによっては若干の調整が必要だが，定常状態がもたらされるような中程度の強度のトレーニングを用いることで，この期の目標は達成できる。このような一般的プログラムを実施することにより，作業能力や心肺能力は徐々に改善されていく。トレーニングに対して適応してきたら，トレーニングの量を徐々に増大させる。

有酸素性・専門持久力期は，持久力トレーニングの目的達成のために，とくに重要な役割を担っている。有酸素性持久力から各スポーツの専門的持久力へと移行するこの期においても，有酸素性持久力の強化は継続させる。同時に，ここではスポーツに特異的な無酸素性能力の養成も開始する。とくにチームスポーツにおいては，動きのリズムや専門的ドリルのペースを徐々にスポーツに特有のものへと代えていく。この期において持久系の能力が十分に養われていなければ，試合期での集中的な専門的トレーニングは失敗に終わるであろう。一般的な方法としては，一定・交互・長い・中程度のインターバルトレーニングがあげられる。年間計画のなかで，有酸素性持久力期および有酸素性・専門的持久力期でのトレーニング量がもっとも多くなる。

　専門的持久力期は試合期と同時期である。適正なトレーニング方法を選択するには，スポーツの特異性やアスリートのニーズを十分に分析しなければならない。とはいえ，多くのスポーツでは，トレーニング強度はゲームでの強度を超えるほど非常に高く設定しなければならない。強度に変化をつけて刺激する方法では，最終ゲームに向けて最高のピークへと導くために，トレーニング間の休息に十分配慮する必要がある。

スピードのピリオダイゼーション

　スピードのピリオダイゼーションにおけるトレーニングは，スポーツの特異性，アスリートのパフォーマンスレベル，競技日程により決定される。

　そのため，チームスポーツでのトレーニングは，スプリンターでのものとは異なる。前者では通常，ピリオダイゼーションはモノサイクルで作成されるが，屋外と屋内競技の両方に参加するスプリンターの場合はバイサイクルで作成される。

　個人スポーツであろうとチームスポーツであろうと，スピードのピリオダイゼーションはいくつかのトレーニング期に分けることができる。後に続く期のために，有酸素性および無酸素性持久力がトレーニングの基礎として考慮されなければならない。最初の期においては，スプリンター，フットボール，野球，バスケットボールプレーヤーのためにはテンポランニングが，その他のアスリートのためには定常状態での持久性トレーニングがスピードトレーニングのための有酸素的基礎をしっかりと構築するために用いられる。トレーニングの内容は徐々にスポーツの専門性へと近づけるようにする。この期の開始時においては，ファルトレク（スピード重視）トレーニングが有酸素性能力の基礎を構築するために使用される。その後に，スポーツの特異性に近づくようにさまざまなインターバルトレーニングやレペティショントレーニングが用いられる。

　試合期が近づくにつれ，非乳酸性スピードおよび無酸素性持久力トレーニングはより高強度で種目特異的でしかも専門的なものへと移行していく。トレーニングの特異性は，方法やエクササイズの内容によって決まる。スプリンター，ワイドレシーバー，バスケットボールプレーヤーなどのためには最大スピードを重要視し，10〜15m走から30〜60m走へと距離を徐々に長くしていく。

　専門的スピードは，スポーツの特異性によって他のスピード要素（非乳酸性・乳酸

性・スピード持続力）と組み合わせて用いる。専門スピード，アジリティ，反応時間はそれらをとくに向上させるために考えられた方法やドリルによって養われる。

試合期においては，トレーニングの強度は専門的なトレーニングや競技参加によって上昇する。エクササイズの種類は，スポーツの特異性に合わせて選択されるが，ちょっとしたプレーゲームやリラクセーション，あるいはアクティブレストなども取り入れるべきである。このような緩急をつけた異なるタイプのエクササイズを導入することで，トレーニングにおけるストレスや緊張を低下させることができる。スプリンターやチームスポーツでは，高強度トレーニングによってけがをする可能性が高くなるため，種類や強度の異なるエクササイズでトレーニングに変化を持たせることも重要である。

トレーニングの量と強度のダイナミズム

トレーニングの量と強度は，年間計画におけるトレーニング負荷を決めたり，ピーキングを考えたりする際に重要な役割を果たしている。

トレーニングの量は，1回のトレーニング時間，走行距離，総挙上重量，あるいはスキル練習やドリルの反復回数によって表されるが，ある期における総運動量でも表される。たとえば，8月に24回のトレーニング，9月に21回のトレーニングを実施したならば，8月の方がトレーニング量は多く，同様に4月には週に80km，7月には72kmのランニングをしたならば，4月の方がトレーニング量は多いといえる。

トレーニングの量はすべてのスポーツのトレーニング，とくに持久力が鍵となるスポーツにおいて重要な要素である。また，トレーニング量が多いことは強固なコンディショニングの基礎が構築される準備期において重要である。短距離走，跳躍，格闘技，フットボール，野球のようなスピード・パワー系のスポーツにおいては，試合期へ移行するにしたがってトレーニング量は明らかに減少する。これに対して，長距離走，水泳，クロスカントリー，自転車ロードレース，カヌー，トライアスロンのような持久系の種目では，有酸素性持久力が良好なパフォーマンスの条件となるため，試合期においてもトレーニング量は多く維持されたままである。

一方，トレーニング強度はトレーニングの質的要素によって表される。強度は，発揮されたスピード，パワー，筋力，あるいはゲームや高度なスキル・戦術練習で経験する心理的ストレスによって表すことができる。

年間計画を通して，トレーニングの量と強度は変動する。持久系スポーツとスピード・パワー系スポーツにおいて量と強度がどのように変動するかを次に紹介する。

図12.7は，400～800m競泳のトレーニングにで実施される量（有酸素性持久力）と強度（乳酸性トレーニング）の変動を表している。ピークパフォーマンスは，夏季と冬季の国内大会に合わせて設定されている。有酸素性持久力（量）と乳酸性（強度）トレーニングは，期分けによって変動する。準備期（P1とP2）の早期においては，疲労

回復や精神的リラックスにも留意しながら，トレーニング量は3～4週ごとに段階的に増加する。準備期の終盤からと試合期（C1とC2）の早期にかけて，量（水泳距離）は週に100～150kmに安定させる。大会が近づくにつれテーパリングを開始し，トレーニング量は週に50kmと徐々に低下させる。これによって，疲労回復や精神的リラックスを促し，ピークパフォーマンスへと導く。

400～800m競泳は，有酸素性と無酸素性代謝の割合が85%：15%であるため，乳酸性トレーニングの占める割合が非常に少ない。そのため，トレーニング量がもっとも多い12月，1月，3月，6月においても乳酸性トレーニングは週で20kmを超えることはない。とはいえ，年間を通して，乳酸耐性強化のためにトレーニングは軽視されるべきではない。

図12.8は，フットボールのようなスピード・パワー系スポーツにおける量と強度の変動を表している。これはその他のスピード・パワー系スポーツにも応用できるが，ゲーム日程による調整は必要であろう。フットボールのための量と強度の変動は，前述の競泳の計画とはまったく異なっている。フットボールにおける量のためのトレーニングとしては，テンポラン（最大速度の60～70%による200～600m走），低強度（1RMの80%以下）のストレングストレーニング，低強度でのスキルドリルがある。一方，強度のためトレーニングとしては，高速度での技術的・戦略的ドリルとクイックネス，スピードトレーニング，80%RM以上でのパワー・ストレングストレーニングが代表的である。

準備期（P）の早期においては，トレーニングは自主的に週に10～16時間実施する。この時期の基礎づくりのトレーニング例としては，400m（60%max）×8,600m（60%max）×6-8のような無酸素性・有酸素性持久力を改善するテンポランがあげられる。6月が近づくにつれ，テンポランの距離が短くなり，そのぶんスピードが速く

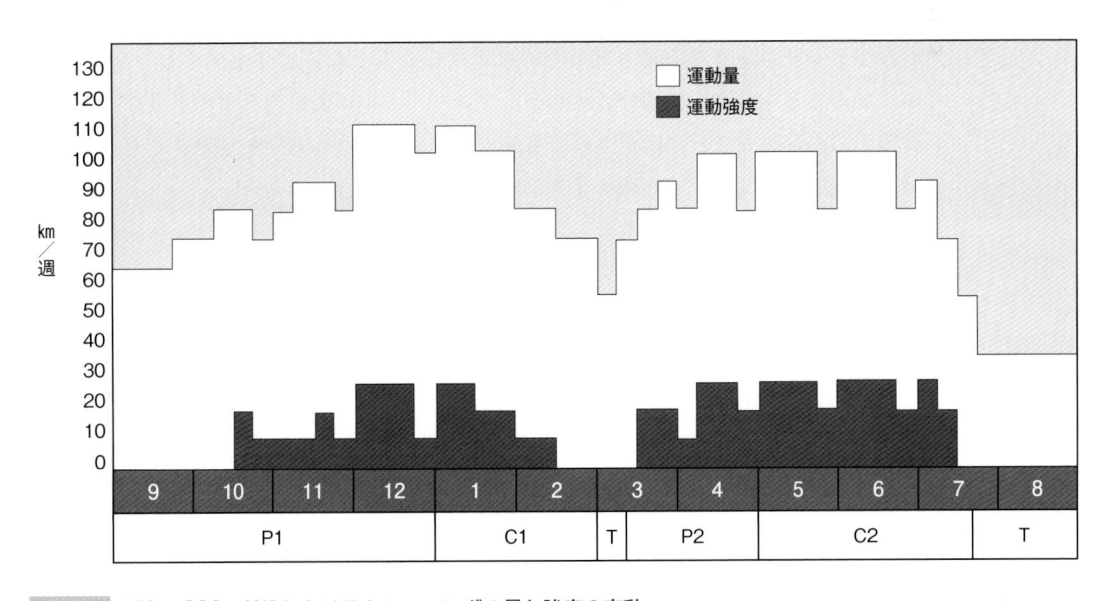

図12.7 400～800m競泳におけるトレーニングの量と強度の変動

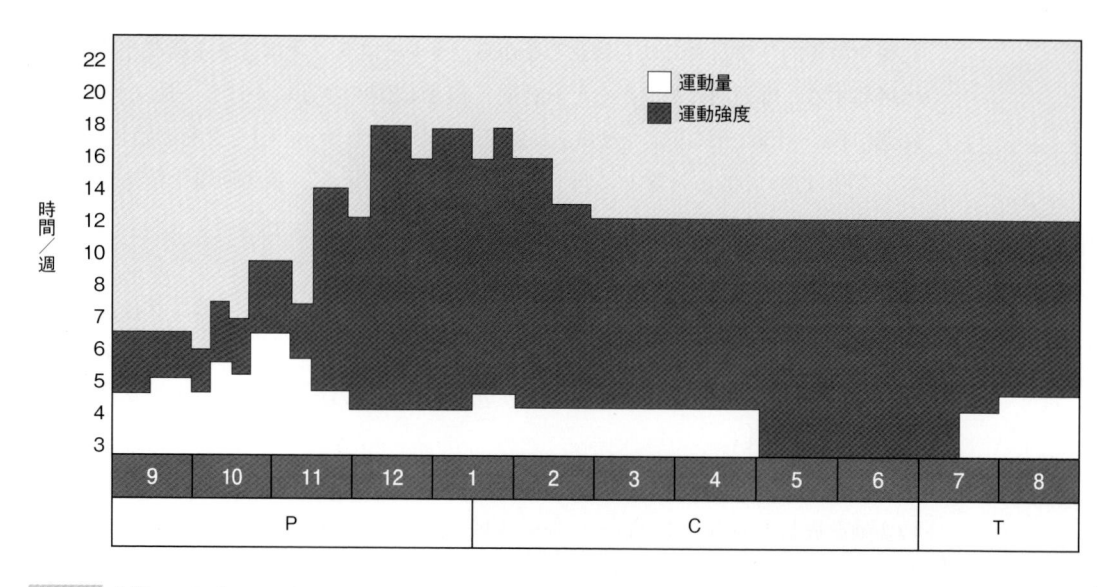

図12.8 大学フットボールにおけるトレーニングの量と強度の変動

なる（70%max，200m×10-12あるいは70%max，80-100m×12-15）。6月に入ったら，ポジション別に最大スピードでトレーニングを始める。ワイドレシーバーでは40～80m，その他のポジションでは20～40mが考えられる（95-100%max，50m×8-12）。なお，ストレングストレーニングに関しては，ストレングスのピリオダイゼーションの項を参照のこと。

総合的なピリオダイゼーションの統合

計画やトレーニングを成功させるために重要な要素となるピリオダイゼーションは，年間計画をどのように期分けするか，アスリートの運動能力をどのような進め方で改善するかということに限定されるものではない。すなわち，ピリオダイゼーションは，栄養的・メンタル・心理的要素とも関連させるべきである。

スポーツ心理学者・生理学者・栄養学者は，ピリオダイゼーション全体あるいは各トレーニング期における目的を考慮せずにプログラムを作成している場合が多い。メンタル・心理的トレーニングは競技環境に関連させて実施されるが，このことは栄養学的トレーニングにおいても同様である。このような理由で，単に競技会前だけでなく長期的視野に立った年間計画において科学者が必要とされていることにほとんど気づいていない。

総合的なピリオダイゼーションとは，すべてのトレーニング要素を結合させ，これと運動能力のピリオダイゼーションを合致させることである。運動能力のピリオダイゼーションを基準として，各期に最適な食事方法や心理的スキルが決定される。そのためには，どのような食事方法や心理的スキルが，有酸素性持久力や最大筋力のよう

な能力の改善にもっとも適しているかを学ぶ必要がある。このような情報を理解してこそ，アスリートの能力を改善し，結果としてパフォーマンスを向上させることができる。

　図12.9は，スピードとパワーが必要とされるスポーツのための総合的なピリオダイゼーションを表している。また，ここでは，期分けの運度能力要素として，スピード，ストレングス，メンタル・心理的，栄養学的なものだけが取り上げられている。

　心理的トレーニングと栄養の両方は，ストレングスのピリオダイゼーションに合わせて期分けされるが，これは，ストレングストレーニングはすべてのスピード・パワー系スポーツのためにきわめて重要な要素だからである。ストレングストレーニングの各期において必要とされる独特な心理的トレーニングや栄養素が示されるようなプログラムを作成すべきである。総合的ピリオダイゼーションは次の過程に従って作成する。①運動能力のピリオダイゼーションを決定する，②身体的負担を支える心理的スキルを選択する，③トレーニング需要に見合う食事方法を採用する。

まとめ

　正しい年間計画を作成するにあたって用いる基本的な概念がピリオダイゼーションである。これは，運動能力の要素を期分けし，トレーニング効果を最大にするために有用な方法である。筋力，スピード，持久力を期分けすることで，期ごとの目標を達成するために異なる内容のトレーニングを適切に組み立て，それを全体を通して一貫性のあるものにして，スポーツに特異的な能力を獲得させることを可能にする。このようになってはじめて，身体的にも精神的にも高いパフォーマンスを発揮する準備ができたといえる。

　ピリオダイゼーションを正しく理解することにより，よりよい年間計画やトレーニング計画を作成できるようになるであろう。試合や選手権のスケジュールにより，トレーニングの時期との内容が決まる。また，栄養や心理的要素のピリオダイゼーションも年間計画に組み込むべきである。

月	1	2	3	4	5	6	7	8	9	10	11	12
期分け	準備期				試合期							移行期
短期期分け	一般的		特異的		試合前		公式試合／リーグ戦				NC	移行期
スピード	・有酸素性／無酸素性持久力		・最大スピード(短) ・無酸素性持久力の維持	・最大スピード(短) ・最大スピード(中) ・最大スピード(長)			スポーツの特異性による				無負荷	プレー／遊び
ストレングス	解剖学的適応	最大筋力	パワー	最大筋力	転換		メンテナンス					補強
メンタル・心理的要素	・スキル評価 ・新しいスキルの学習 ・エネルギー保存	・トレーニング目標に向けたメンタルスキル ・可視化 ・イメージ化 ・リラクセーション ・エネルギー管理			・メンタルリハーサル ・エナジャイズ ・ポジティブセルフトーク ・展望 ・集中 ・シミュレーション ・応処		・特異的な問題に対応するメンタルスキル ・ストレスマネジメント／リラクセーション ・エナジャイズ ・集中 ・メンタルリハーサル ・ポジティブシンキング ・楽観性				休止	・アクティブレスト ・ストレス発散
栄養	バランスの良い食事	高タンパク	高炭水化物	高タンパク	高炭水化物		試合のスケジュールに合わせて変動させる				高炭水化物	バランスの良い食事
ピリオダイゼーション												

図12.9 スピード・パワー系のスポーツにおける総合的なピリオダイゼーション

13 ピリオダイゼーションプログラムの作成

Desingning Periodized Training Programs　Tudor O. Bompa

12章で，Tudor Bompaが年間を通してのコンディショニングプログラムの原則とそのひな形について解説しているので，ここでは，ピリオダイゼーションの原則に基づいてエクササイズやプログラムを作成するにあたって考慮すべきスポーツの特性について説明する。ここでも，野球，バスケットボール，フットボール，ゴルフ，ホッケー，サッカー，テニス，陸上競技，バレーボールについて，それぞれのスポーツに特有のドリルを紹介しながら，コンディショニングプログラムの例を示す。

すべてのコーチは，ピークコンディションが必要なゲーム時期を念頭において，包括的なコンディショニングプランを立てるべきである。ここを中心にして，シーズンやシーズン中の期分けを明確にすることで，本当に必要な時期にピークを迎えさせることができる。スポーツごとのセクションでは，まずは年間ピリオダイゼーションプランの全体像について書ている。そして，11章で紹介したドリルとスポーツに必要なコンディショニングを融合させて，各スポーツに特有のプランを提供している。

シーズンのあるほとんどのチームスポーツでは，選手権やシリーズがあるので，その時期に合わせてピークを設定する（モノサイクルプログラム）。これに対して，室内・屋外競技に分かれて選手権があるような陸上競技では，ピークを年に2回設定する（バイサイクルプログラム）。さらに，テニスやゴルフでは年に数回のピークを設定するが，これはプレーヤーやコーチがどのゲームや選手権にピークを設定するかによって異なってくる。ここで紹介するプログラムは，基本的には11章でTudor Bompaが示したものに従って作成しているが，それぞれのスポーツ特性に合わせて構成を変える工夫もしている。

年間プランについては，基本レベルのフィットネス，スポーツに特有のスキルトレーニング，戦略開発，基本的な筋力のファンクショナルパワーやスピードへの変換といった項目がゲーム期においてピークを迎えられるように作成している。

野球

Fernando Montes

　現代のプロ野球プレーヤーは1年中，何らかのフィジカルトレーニングを行なわなければならないので，そのためのトレーニングプログラムの作成と指導は大変である。最大の難問は，春季トレーニングの期間しかプレーヤー全員が1か所にそろわないということである。その他の時期はそれぞれのリーグでプレーをし，シーズンが終わるとすぐに地元に帰ってしまう。よってトレーニングプログラムを作成する際には，コーチはさまざまなことを頭に入れておかなければならない。

　8か月間にわたる過酷なシーズンを共に遠征しながら生活し，トレーニング指導をしてきたことで，プレーヤーが受ける身体的・精神的ストレスについての知識と洞察力は高まるであろう。野球は，ストレングス＆コンディショニングコーチにとって特殊といえる。シーズン中は毎日，マラソンのようにピークパフォーマンスに持っていかなければならず，ゲームによる身体的・精神的ストレスとうまく付き合っていかなければならない。プロ野球のシーズンは2月から10月まで続き，休みは11月の1か月間のみである。このシーズンを持ちこたえ，健康でいるためには適切な準備が必要となる。高校生や大学生なども含め，どのレベルのプレーヤーでも，ストレングスや心肺機能，モビリティ，アジリティなどのトレーニング，さらには個人に見合うこのスポーツに特有のトレーニングを取り入れた綿密な年間トレーニングプランが必要である。

　トレーニングプログラムは，シンプルで安全で，しかも途中変更が可能なものでなければならない。また，リーグやレベルにかかわらず，チームのすべてのプレーヤーに適したプログラムでなくてはならない。したがって，いかなる場所や気候，設備でもプレーヤーが順調に行えるプログラムを作成することが重要となる。

　ここでは15年以上プロプレーヤーと大学生を教えた経験をもとにトレーニングプラン作成の手順を示すが，作成にあたってもっとも重要な考え方とは，適応と調整であることを忘れないでほしい。プログラムは1日単位，週単位，年単位を基本とし，基本的にに柔軟性がいつまでも乏しいようであればプログラムが完璧であっても期待した結果は得られない。また，プログラムのコアの部分は年間を通じて一貫性があるようにする。

　エクササイズは時には目先を変えるため，時には遠征先での施設・設備が利用できるかどうかによって意図的に変化させる。また，年間プログラムでのピリオダイゼーションの構成は時期に応じて変える。プログラムは約4つのトレーニング期：オフシーズン，春季トレーニング，インシーズン，ポストシーズンで構成され（**表13.1**），それぞれのトレーニング期に目的と目標を設定する。完璧なトレーニングプログラムなど存在しないが，効果的なプログラムを作成することは可能である。いつでも変更でき，安全で科学的根拠に基づいた，そのスポーツとプレーヤー個人に適したプログラムを作成してほしい。

表13.1 野球のピリオダイゼーションモデル

	11月	12月	1月	2月	3月	4月	5月	6月	7月	8月	9月	10月
期分け	移行期	準備期		前試合期		試合期						
短期の期分け	オフシーズン			春期トレーニング		インシーズン						ポストシーズン
目標	解剖学的適応	最大筋力		パワーへの転換		メンテナンス		パワー			パワー持続力	

オフシーズン

オフシーズン期のプログラムでは、長いシーズンからの回復と、次のシーズンに向けての準備をする。プレーヤーは身体だけでなく精神的にも回復する必要があるため、オフシーズン期の最初の11月は完全休養とする。残りの12月から2月はゲームに備えての身体づくりを行う。18〜22週にわたるオフシーズン期プログラムは、解剖学的適応、ストレングス、（筋力からスピードとアジリティへの）転換、パワーの4つに分けられる。オフシーズン期の最後はポジションに特有の爆発的なパワートレーニングで終わる。

オフシーズン
- **解剖学的適応期** — 4〜5週間
- **ストレングス期** — 4〜5週間
- **転換期** — 3〜4週間
- **爆発的パワー期** — 3〜4週間
- **ダウンロード（負荷軽減）期** — 第4〜5週（サーキットトレーニング）

オフシーズン期中にはアメリカでは3大祝日があるので、プレーヤーが家族や友人と休暇を楽しめるようプログラムに柔軟性をもたせ、たとえば簡単に続けられるような、異なった運動の組み合わせによるアクティブレスト（積極的休養）をプレーヤーに行わせる。この期間には3大祝日が続くが、トレーニングをしない日がないようにプログラムを組むことが重要である。

オフシーズン期プログラムでは、1日約1〜2時間を軸とする。ローテーションを週4日に分け、月曜日と木曜日は上半身のリフティングとエクササイズに、そして火曜日と金曜日は下半身のエクササイズに集中させる（**表13.2**）。インシーズン期が近づくにつれ、基礎的な有酸素性運動を週に6日、さらにモビリティ・アジリティトレーニング、スキル練習を週に3〜4回行う（転換、爆発的パワー期）。

プロ野球のクラブチームではプレーヤーが150人以上いるだろう。したがって、さまざまな場所で異なった用具を使ってトレーニングを行わなければならないという問題が発生し、このことも合わせてトレーニングに関して、野球というスポーツは特異的といえる。

表13.2 オフシーズンプログラム（4日サイクル）

上半身エクササイズ	下半身エクササイズ	スペシャルエクササイズ
胸部	大腿四頭筋	バランスボールムーブメント
腰背部	ふくらはぎ	バランスムーブメント
肩	体幹	ピラティストレーニング
上腕	ハムストリング	
前腕，手首，指	回旋ムーブメント	
肩に特有のエクササイズ		

解剖学的適応期		ストレングス期		転換期		パワー期	
回数	20-15-12-10	回数	8-6-4, 6-4-3	回数	6-5-4	回数	4-3-2
セット数	4または5	セット数	4または5	セット数	3または4	セット数	4または5

表13.2 オフシーズンにおける解剖学的適応期のトレーニング

上半身		下半身	
ダンベルインクラインプレス	15回×4セット	セーフスクワット	15回×4セット
シーテッドロー	15回×4セット	カーフレイズ	15回×3セット
ダンベルショルダーシュラッグ	15回×4セット	シーテッドレッグカール	15回×4セット
トライセプスプッシュダウン	15回×4セット	グッドモーニング	10回×4セット
EZバーカール	15回×4セット	ステップアップ	10回×3セット
メディシンボールプッシュアップ	10回×3セット	シャトル2000	10回×4セット
ダンベルロー	10回×3セット	ダンベルランジ3×10	10回×3セット
ダンベルショルダーフロント＆ラテラルレイズ	10回×3セット	プレートツイスト	10回×4セット
ケーブルフレンチプレス	10回×3セット		
タオルプルアップ	10回×3セット		

春季トレーニング

2月から3月（6～8週間）にかけては，トレーニングの焦点が身体的な準備からインシーズン期に向けての野球に関する基礎と技術の準備に移行する。ストレングス＆コンディショニングコーチは，オーバートレーニングにならないようにプログラムを組む。そのためには，この期間に週1～2日のアクティブレストを組み込むのもよい。プログラムの例として，ウエイトトレーニングを週に2回，全体的なコンディショニ

表13.3 春期トレーニングでのグループ分けによるプログラム

	月曜日	火曜日	水曜日	木曜日	金曜日	土曜日	日曜日
グループ1	オフ	ウエイトリフト	アジリティ	コンディション	ウエイトリフト	アジリティ	コンディション
グループ2	コンディション	オフ	ウエイトリフト	アジリティ	コンディション	ウエイトリフト	アジリティ
グループ3	アジリティ	コンディション	オフ	ウエイトリフト	アジリティ	コンディション	ウエイトリフト
グループ4	ウエイトリフト	アジリティ	コンディション	オフ	ウエイトリフト	アジリティ	コンディション
グループ5	コンディション	ウエイトリフト	アジリティ	コンディション	オフ	ウエイトリフト	アジリティ
キャッチャー	アジリティ	コンディション	ウエイトリフト	アジリティ	コンディション	オフ	ウエイトリフト
内野手	ウエイトリフト	アジリティ	コンディション	ウエイトリフト	アジリティ	コンディション	オフ
外野手	オフ	ウエイトリフト	アジリティ	コンディション	ウエイトリフト	アジリティ	コンディション

(グループ1～5はピッチャー)
3月にゲームが始まったらグループや個人でのプログラムの調整が必要である。春期トレーニングの最後の2週間では,ピッチャーはインシーズンプログラムへ移行する。

ング,モビリティ・アジリティトレーニングを週に2～3回,そして野球の技術練習を毎日行い,トレーニングは30～45分間とする。

春季トレーニング中の典型的な1週間は,次の通りである。

- **月曜日** ― 上半身のウエイトトレーニング
- **火曜日** ― コンディショニングとスプリント
- **水曜日** ― アジリティトレーニング(屋外)
- **木曜日** ― 下半身のウエイトトレーニング
- **金曜日** ― 休日
- **土曜日** ― アジリティトレーニング(屋内)
- **日曜日** ― コンディショニング(プール)

大人数でこのトレーニングを行う場合は,いくつかのグループに分けるとよい(**表13.3**)。

インシーズン

4月から10月(プロ野球プレーヤーの場合)のインシーズン期プログラムでは,連日のゲーム(先発投手の場合は5日ごと)に必要なストレングスの維持のため,そしてゲーム後の素早い回復のためのプログラムを設定する。プログラムの良し悪しはプレーヤーがどれだけ強いかではなく,シーズンの後半やプレーオフにおいてどれだけよいプレーができるかで判断する。

日々のゲーム,遠征の状況,そして身体的・精神的ストレスのなかでプレーヤーが目前の仕事に集中できるかどうかに合わせて調整できるよう,プログラムには十分柔

軟性を持たせる。この時期，プレーヤーの焦点は毎晩のゲームにある。気を散らすものは数知れないが，プレーヤーにやる気を起こさせる能力も重要となってくる。

インシーズン期をシーズンの前半と後半に分けるとよい。毎日のトレーニング時間（ゲーム時間以外）は30～45分間とし，シーズン期中はウエイトトレーニングを週に2回，コンディショニングを週に2～3日，モビリティ・アジリティドリルを週に1～2回行う。技術練習はゲームに含まれている。

インシーズン期での週間トレーニングの立て方の例をポジション別に紹介する。

■ 先発ピッチャー

次の例は，5人の先発ピッチャーのローテーションに基づいている。

- ゲーム日 ─ ゲーム後，肩甲帯のエクササイズと15分間のバイク（自転車）
- 1日め ─ ウエイトリフティングと45分間のコンディショニング
- 2日め ─ ブルペンでの練習と高強度のコンディショニング（最大拍数の85～98％）。6～7イニングのゲームシミュレーション（心拍数はゲーム時と同程度）
- 3日め ─ 高重量のウエイトリフティングと中程度のコンディショニング（最大心拍数の75～85％）
- 4日め ─ オプション（自主トレーニング）
- 5日め ─ ゲーム

■ リリーフと中継ぎピッチャー

リリーフピッチャーは登板状況に合わせて，ゲーム後にすべてのウエイトリフティングを行う。年齢やけが，通常のトレーニングの制限要素となる身体能力レベルを考慮し，プレーヤーの必要性に応じたプログラムを行う。コンディショニングプログラムを作成する際も同様の要素を考慮する。

登板のある週のリリーフピッチャーの例

- 月曜日 ─ 1イニング登板，ゲーム後リフティング（上半身）
- 火曜日 ─ ゲーム後30～45分間の持久性トレーニング（最大心拍数の80～85％）
- 水曜日 ─ 練習なし（移動日）
- 木曜日 ─ バッター4人への登板，ゲーム後リフティング（下半身）
- 金曜日 ─ ゲーム後の練習なし
- 土曜日 ─ ゲーム後30～45分間の持久性トレーニング（最大心拍数の80～85％）
- 日曜日 ─ 練習なし（移動日）

表13.4　インシーズンでのトレーニング

	メンテナンス期		下半身		上半身
回数	6-4-3	大腿四頭筋	8-6-4-4-4	胸部	8-6-4-4
セット数	2-4	カーフレイズ	3×8-10	背部	3-4×6
		ハムストリング	4×6-8	肩	3-4×6
		腰部	3×8-10	上腕三頭筋	3-4×6
		ステップアップ	3×6-8	上腕二頭筋	3-4×6

■ 野手

野手のプログラムを作成する際には，プレーヤーが毎日ゲームでプレーすること，ポジションによってそれぞれの役割と身体的ストレスがあることを考慮する。

たとえば野手のプログラムは，次のようになる。

- 月曜日 ― ゲーム後ウエイトトレーニング（上半身）
- 火曜日 ― アジリティトレーニング（ゲーム前後）
- 水曜日 ― コンディショニング，あるいはトレッドミル上でのスプリント
- 木曜日 ― オフ（移動日）
- 金曜日 ― 練習なし
- 土曜日 ― ゲーム後ウエイトトレーニング（下半身）
- 日曜日 ― オプション

プレーヤーの好み，身体的制限，そして遠征先での用具と設備利用の可否を考慮して適したインシーズン期プログラムを与える。プレーヤーは，前腕や部分的トレーニングをリフティング日かコンディショニング日のいずれかに行う。表13.4にインシーズン期トレーニングの例を示す。

ポストシーズン

この期間，ウエイトリフティングはオプションであるが，行う場合は15～20秒間の運動と30秒間の休息からなる10～12種目のサーキットトレーニングとする。ピッチャーは先発，リリーフいずれも前述の週間練習を続ける。また，平均150ゲームを超える長いシーズンを守備陣が耐え抜いたということは，つまりプログラムに適応したことを示す喜ばしい変化である。

バスケットボール

Bill Foran

バスケットボールの年間プログラムはプレシーズン，インシーズン，ポストシーズン，オフシーズンの4つに分けられる。主要な大会やトーナメントを考慮し，それぞれのシーズンの長さに応じて調節することで，中学生からNBAプレーヤーまで，このピリオダイゼーションが適用できる。表13.5は，高校生，大学生，NBAプレーヤーの年間トレーニングの予定である。

オフシーズン

オフシーズン期はバスケットボールプレーヤーにとってレベルアップできる時期であり，スキル，スピード，アジリティ，ジャンプ，ストレングス，パワー，クイックネス，フレキシビリティ，コンディショニングの向上を図ることができる。これらすべての要素を向上させるためには，技術練習やウエイトトレーニング，アジリティドリル，コンディショニング，ストレッチ，ジャンピングプライオメトリクス，クイックフットプライオメトリクス，メディシンボールトレーニングを組み込んだ包括的なプログラムが必要である。

表13.5 バスケットボールの年間スケジュール

NBAの年間スケジュール

1月	2月	3月	4月	5月	6月	7月	8月	9月	10月	11月	12月
インシーズン			プレーオフ		※ポストシーズン	オフシーズン			プレシーズン	インシーズン	

※ ポストシーズンは4月中旬から6月中旬の間のどこかで始まる。

大学の年間スケジュール

1月	2月	3月	4月	5月	6月	7月	8月	9月	10月	11月	12月
インシーズン		トーナメント	*ポストシーズン	オフシーズン					プレシーズン	インシーズン	

*ポストシーズンは3月中のどこかで始まる。

高校の年間スケジュール

1月	2月	3月	4月	5月	6月	7月	8月	9月	10月	11月	12月
インシーズン		トーナメント	*ポストシーズン	オフシーズン						プレシーズン	インシーズン

*ポストシーズンは3月中のどこかで始まる。

表13.6 オフシーズン期トレーニングスケジュール

月曜日	火曜日	水曜日	木曜日	金曜日
スキル養成	スキル養成	スキル養成	スキル養成	スキル養成
ウエイトトレーニング（上半身）	クイックフットプライオメトリクス	メディシンボールエクササイズ	ウエイトトレーニング（上半身）	クイックフットプライオメトリクス
アジリティドリル	ジャンピングプライオメトリクス		アジリティドリル	
コンディショニング	ウエイトトレーニング（下半身）		コンディショニング	ウエイトトレーニング（下半身）
ストレッチ	ストレッチ		ストレッチ	ストレッチ

　オフシーズン期の最初の4週間は，ストレングスとコンディショニングの基礎を新しく作るため，基本的なウエイトトレーニングとコンディショニングに専念する。次の12～16週間は，筋肥大や基礎的ストレングス，そしてストレングスとパワーを構築する期とし，各構成要素（表13.6）を低強度・高ボリュームから高強度・低ボリュームまで段階づけする。反復回数は，肥大期では8～12回，基礎的ストレングス期は6～8回，ストレングスおよびパワー期では4～6回行う。

　プレーヤーの成長には非常に多くの要素がかかわるため，トレーニングは能率的でなくてはならない。そこでオフシーズン期の週間トレーニングスケジュールには，全プログラムのすべての要素が含まれている。

　トレーニングは毎回，何らかの技術練習，すなわちシューティング，ドリブル，ボールハンドリング，パスなどから始まる。表13.6にあるように，月曜日と木曜日は上半身のウエイトトレーニング，アジリティドリル，バスケットボールに特有のコンディショニング，フレキシビリティを行う。火曜日と金曜日は下半身のウエイトトレーニング，ジャンピングプライオメトリクス，クイックフットプライオメトリクス，フレキシビリティを行う。水曜日は回復日で，技術練習の後にメディシンボールトレーニングを行うのみである。

　ウエイトトレーニングは，ストレングスの基礎を発達させる鍵である。基礎的ストレングスがしっかり身につくと，プライオメトリクス（クイックフットとジャンピングの両方）とアジリティドリルによってさらなる効果が得られる。

　次に示したのは，ウエイトトレーニングのプログラム例である。トレーニングは上半身と下半身に分け，それぞれ別の日に行う。

■ 上半身トレーニングの日

　強靭でバランスの取れた上半身を作るために，標準的なエクササイズから押す動き（プレス）と引く動き（プル）をそれぞれ4種類ずつ選び，同じ回数を行う。時間の節約のため，毎回プレス種目の後にプル種目を行い，その後で休息を入れる（一般的にスー

パーセット法と呼ばれる)。初心者はインクラインプレスとシーテッドローを除外し，3種類のプレス種目と3種類のプル種目から始める。腹部のトレーニングではクランチやレッグレイズ，ツイストクランチなどを3〜5セット行う。

2〜4セット
- ベンチプレス
- ラットプル
- ミリタリープレス
- シュラッグ

2〜3セット
- インクラインプレス
- シーテッドロー
- トライセプスプレスダウン
- アームカール

1〜2セット
- ローテーターカフ
- リストカール

腹筋エクサイズ　3〜5セット

■ 下半身トレーニングの日

ここでは，身体のパワーセンターおよびランニングやジャンプ，多方向に素早く動くために使われる筋をトレーニングする。ハングクリーン，ハイプル，スクワットはパワーセンターの発達に最適であるが，技術不足の場合は危険を招くこともある。プレーヤーの多くは脚の筋力のバランスが悪いため，ランジとステップアップで片脚ずつトレーニングし，左右のバランスをとるようにする。レッグエクステンション，レッグカール，カーフレイズ，ドルシーフレクションは時間節約のため，4種目のミニサーキットトレーニングとして行う。

3〜4セット
- ハングクリーンまたはハイプル
- スクワットまたはレッグプレス

1〜2セット
- ランジ
- ステップアップ

2セット
- レッグエクステンション
- レッグカール
- カーフレイズ（座位と立位）
- トーレイズ

背筋エクササイズ　3〜5セット

プレシーズン

　プレシーズン期は，練習開始から初戦までの2〜4週間である。最初の7〜10日間では1日に練習が2回の場合もある。この時期に，次のインシーズン期で行うウエイトトレーニングプログラムをプレーヤーに説明しておく。

インシーズン

　インシーズン期はオフシーズン期に養ったストレングス，パワー，クイックネス，スピード，アジリティ，コンディショニングをすべて使う時期である。また，インシーズン期プログラムをしっかりと行い，オフシーズン期に向上させた要素を維持する。ハードで質の高い練習をしていれば，コンディショニングやジャンピングプライオメトリックス，アジリティドリルを追加する必要はない。しかし，ゲームでのプレーが少ないプレーヤーは，フィットネスを維持するためにコンディショニングを追加する。追加のコンディショニングではアジリティドリル，オンコートコンディショニング，クイックフットプライオメトリックス，メディシンボールトレーニングを行う（11章，p.204〜p.210参照）。

　シーズンを通してストレングスとパワーを維持するため，インシーズン期のウエイトトレーニングプログラムの内容を充実させる。インシーズン期のウエイトトレーニングは週に2回行う。ここでは全身をトレーニングするが，時間的に効率よく，かつプレーヤー個人の必要に応じて調節できるプログラムとする。

　表13.7は，それぞれ3〜4種目からなる5つのミニサーキットを用いたプログラムである。たとえばミニサーキット1では，プッシュ系（ベンチプレス）とプル系（ラットプル），そして脚（スクワット）のエクササイズを行った後，2分間のインターバルをはさみ，負荷を上げて引き続き一連の種目を繰り返す。最初のミニサーキットを2〜3セット行った後，次のミニサーキットを行う。ミニサーキットでは，短時間で全身のトレーニングを行うことができる。

ポストシーズン

　ポストシーズン期では2〜4週間のアクティブレストを行う。ここでは，長かったシーズンからの回復をめざし，オフシーズン期に向けての準備をする。

表13.7　インシーズン期のウエイトトレーニングプログラム

ミニサーキット1 （2〜3セット）	ミニサーキット2 （2〜3セット）	ミニサーキット3 （2セット）	ミニサーキット4 （1〜2セット）	ミニサーキット5 （2〜3セット）
ベンチプレス	ミリタリープレス	トライセプスプレスダウン	カーフレイズ	腹筋エクササイズ
ラットプル	シュラッグ	アームカール	トーレイズ	背筋エクササイズ
スクワット	ランジまたはステップアップ	レッグエクステンション	ローテーターカフエクササイズ	
		レッグカール	リストカール	

長距離走

Jack Daniels

長距離ランナー向けのトレーニングプログラムを作成するには，まずすべての競技会を含めたシーズン全体を見すえ，トレーニングに何週間かけられるか，各週内でどれくらいの時間をかけられるか，さらにどのような目標設定が現実的かを判断する。また，次の具体的な要素についても考慮する。

- 現在のフィットネスレベル
- 目標とする主要な競技会
- シーズン終盤にあるもっとも大切な競技会に望ましいコンディション
- ランナー個人の長所と短所
- ランナーが興味を持つようなトレーニングタイプ
- シーズンの最終目標に至るまでの中間目標，または競技会

シーズン中のトレーニングプログラムに影響するさまざまな要素を明確にしてから，実際にプログラムを設定する。また，プログラムはランナー個人に特有なものであり，グループに対して作られた一般的なプログラムが個人にうまく当てはまることはめったにない。

トレーニングの期分け

シーズンをいくつかのトレーニング期に分けるが，ここでは4つの期を設定した。第1期は傷害予防と基礎づくりとし，イージーランニング，ストレッチ，ストレングストレーニングを行う。なお，この期を基礎と傷害予防（foundation and injury-prevention；FI）期と呼び，残りの3つの期は順にアーリークオリティ（early quality；EQ），トランジションクオリティ（transition quality；TQ），ファイナルクオリティ（final quality；FQ）と呼ぶ。各期の長さは約6週間が理想である。図13.1に，4つの期それぞれにおけるトレーニングの流れを紹介する。

トレーニングに24週間かけられるのであれば，それぞれ6週間ずつに分けることができる。コーチやランナーによっては第1期に時間をかけたいと思うかもしれないが，それでも24週間あればどんな競技会に向けてもしっかりとした準備ができる。ところが，たいていは24週間もかけられないので，この理想的なモデルプランよりも短い期間内で調整しなければならない。図13.2はその調整方法を示したものである。第1から4期内の数字は「週」と「優先順位」を表しており，たとえば，トレーニング期間が全体で3週間しかない場合は数字の1～3がある第1期（FI）だけの内容でトレーニングを組み立てる。もしも9週間の場合は，数字の1～9は第1，3，4期とする。またこの場合，第2期は完全に抜かすことになる。トレーニングに12週間割けるならば，数字の12がある第2期の内容を取り入れることができるが，トレーニングはあくまで第1，2，3，4期の順で行う。

くり返しになるが，どの期の何週めに達したかに関係なく（たとえば，第4期に第

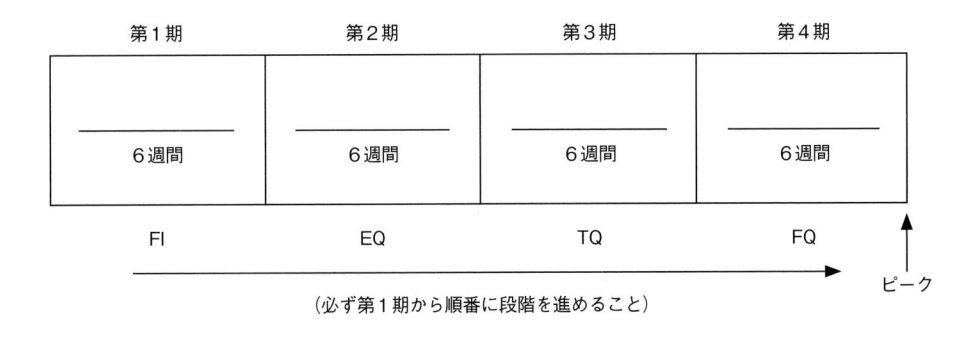

```
第1期              第2期              第3期              第4期
┌─────────┐     ┌─────────┐     ┌─────────┐     ┌─────────┐
│ _____  │     │ _____  │     │ _____  │     │ _____  │
│ 6週間   │     │ 6週間   │     │ 6週間   │     │ 6週間   │
└─────────┘     └─────────┘     └─────────┘     └─────────┘
   FI              EQ              TQ              FQ
                                                        ↑
                                                       ピーク
     (必ず第1期から順番に段階を進めること)
```

図13.1 24週間トレーニングプログラムの設定例。まずはピークパフォーマンスが必要な日付を入れ、その後に各期のボックスにトレーニングの日付けを書き入れなさい。

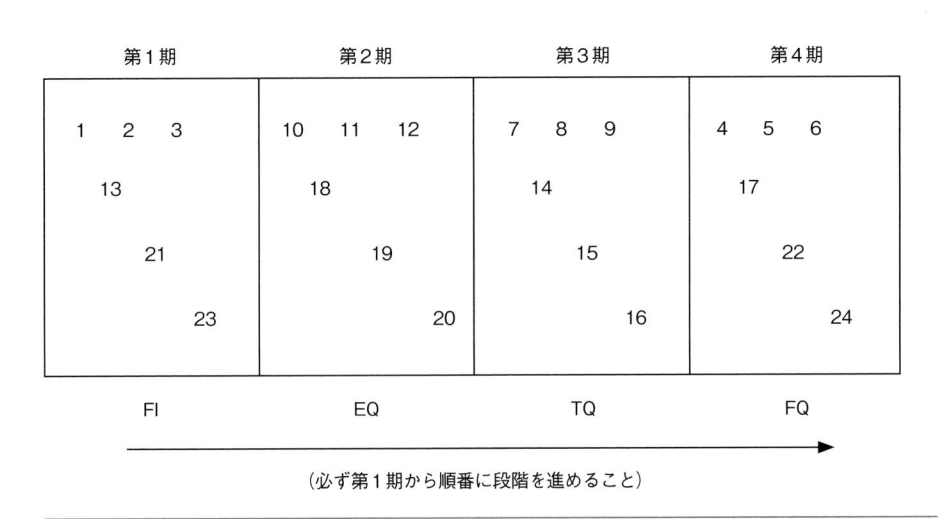

```
第1期              第2期              第3期              第4期
┌─────────────┬─────────────┬─────────────┬─────────────┐
│ 1  2  3     │ 10  11  12  │  7  8  9    │  4  5  6    │
│   13        │     18      │    14       │    17       │
│      21     │        19   │       15    │       22    │
│         23  │          20 │          16 │          24 │
└─────────────┴─────────────┴─────────────┴─────────────┘
   FI              EQ              TQ              FQ

     (必ず第1期から順番に段階を進めること)
```

図13.2 トレーニング可能な週数に応じてトレーニング期の優先順位を求める。
Daniels, J. June 1993. "World's best peaking program." Runner's World 28(6):43.

3期よりも若い番号があっても)、それぞれの期を順番通りに行うことに注意する。つまり次の期に進む前にその期に割り当てられたトレーニングを終了しなければならないということである。すべてのタイプのトレーニングに少しずつ力を入れるよりも、割り当てられたトレーニングにしっかりと取り組む方がよい。

■ 第4期

図13.2が示すように、常に第1期のトレーニングを行うことから始めるが、その後の第2～4期にどれだけの時間をかけられるかにかかわらず、まず第4期について考える。なぜなら、第4期のトレーニングは競技会での成績を左右する重要な役割を持ち、また第1～3期はあくまでも第4期の準備期だからである。

第4期で考慮すべき点は、次の通りである：

- 競技特有の筋力（スピード，持久力など）を鍛える。
- ランナーが好きな，または満足できるトレーニングを加える。
- 次に控えている競技会と同じ時間帯にトレーニングを行う。
- 主要な競技会の場合，時差と気候を考慮する。
- 目標としている競技会に向けて必要なトレーニングは何か，常に敏感でいるようにする。たとえば，1500mレースのためにはスピードを上げながら練習の量を控えめにし，マラソンのためであれば反対にスピード（強度）を控えめにした内容とする。

第3期

第4期をプランした後に第3期で行うトレーニングの種類を考える。目標とする競技会にかかわらず，一般的に第3期はもっとも厳しいトレーニング期となる。この時期までに十分な時間をかけてしっかりと基礎をつくり（FI期），さらに第2期において初期のクオリティトレーニングを終えている必要がある。

また第3期では，競技会に即したトレーニングを行う。たとえば1500m走の場合，1500m走は実際には無酸素性の運動であるが，レースのペースでのスムースな動きとスピードアップをはかるため，長めにレペティショントレーニングを行う。逆に，主に5000mや10000m走の場合は，長めにインターバルトレーニングを行う。第2期で同じようなタイプのトレーニングをすでに行っているかもしれないし，第4期でも引き続き行うかもしれないが，第3期では主に種目特有のトレーニングに重点をおく。

第2期

第4期の内容によって第3期でのトレーニングが決まるのと同様に，第3期でのトレーニングが第2期の内容を決定する。たとえば第3期で速いペースのランニングを重点的に行う予定であれば，第2期である程度速いペースのランニングを取り入れておく。一連のトレーニングは現在行っていることから次に行うことまで，理論的に納得できる内容で構成されるべきである。

コーチとランナーは，第2期はクオリティトレーニングが始まる最初の期であることを忘れてはならない。これらのアーリークオリティトレーニングは厳しすぎてもいけないが，今後のクオリティトレーニングを確立するための出発点とならなくてはならない。個人的には，レペティショントレーニングを第2期から始める方法をとる。反復回数は多いが時間は短く，ラン間の休息が長いために負担とはならず，その後に続く第3期で強めのインターバルトレーニングを開始できる。第3期で行うインターバルトレーニングはそれまでのレペティショントレーニングに比べてそれほどハードではないが，距離が長く，休息が短くなるため，第2期のインターバルトレーニングよりも有酸素性の機能に負荷がかかる。言い換えれば，第2期はランニングメカニクスを養成するのによい時期であり，その結果，第3期は有酸素性機能全体に負荷をかけることができる。

第1期

この期ではイージーランやストレングストレーニング，ストレッチなどで基礎をつくり，運動強度が高くなる第2〜4期に向けての傷害予防のための準備もする。

それぞれの期では複数のクオリティトレーニングを行うが，このことについては次に詳しく説明する。

第2,3,4期での週間トレーニング

各トレーニング期においてクオリティトレーニングを2〜3日行う。まず，トレーニングのタイプを，もっとも優先するタイプ（プライマリー）と，次に優先するタイプ（セカンダリー）に区別し，さらに別のタイプ（メンテナンス）をこれに加えておく。クオリティトレーニングの初期段階では，週の初めにプライマリートレーニングを行い，次にセカンダリートレーニングを行う。もし同じ週にクオリティトレーニングを3回行う場合，3回めはプライマリーかあるいはメンテナンストレーニングのいずれかを行う。トレーニングの週に競技会がある場合は，もちろんこれをトレーニングと見なしてもよい。

図13.3 a, b は週毎のクオリティトレーニング日を示しているが，それ以外の日はイージートレーニングの日とする。イージーとはその日のランニング強度を意味しており，たとえば週に約190km走るようなマラソンランナーであれば1時間以上のランを2回走るが，ただしランニングの強度は低くする。その他のランナーであれば30分程度のイージーランか，まったく走らなくてもよい。イージーランの半ばか終わりに軽いストライド走（1600 m走ペースで20〜40秒間）を2〜3本入れるのが望ましい。ただし，ストライド走はスプリント走ではないので，全速力のランニングになってはならない。

競技会のない週

図13.3 a は，競技会のない時期における3種類の週間のトレーニングスケジュールを示している。Week 1でのクオリティトレーニングとしては，プライマリートレーニング，セカンダリートレーニング，2回めのプライマリートレーニングが設定されているが，このプライマリートレーニングはメンテナンストレーニングに置き換えてもよい。また，Week 2でのクオリティトレーニングとしては，プライマリー，セカンダリー，2回めのプライマリー，そして3回めのプライマリートレーニングが設定されているが，ここでも3回めのプライマリーはメンテナンストレーニングに置き換えてもよい。Week 1では2回のクオリティトレーニングの間にイージートレーニングをはさむが，一方，Week 2ではトレーニング間にイージートレーニングをはさまない。Week 2のようにトレーニング日を連続にする利点として，経験の浅いランナーは熱心になって練習をやりすぎてしまう傾向にあるため，トレーニング日を連続することで翌日の練習のために無理をしないようになる。また，前週末に競技会があり，次のクオリティトレーニング日までに十分な回復が必要なときにも適している。さら

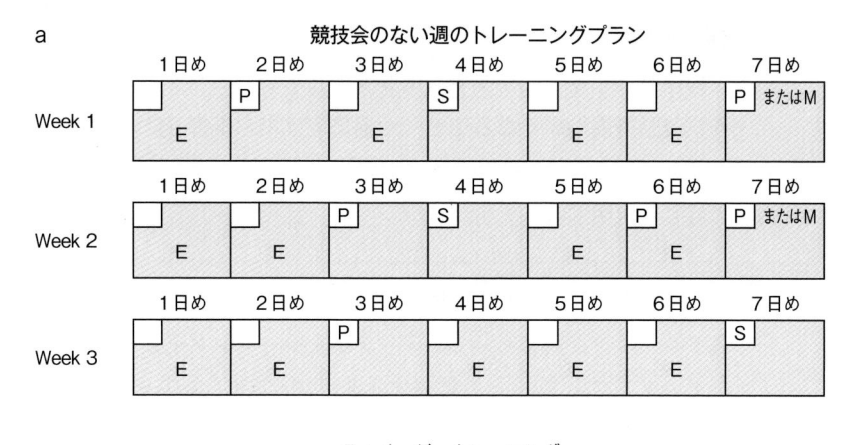

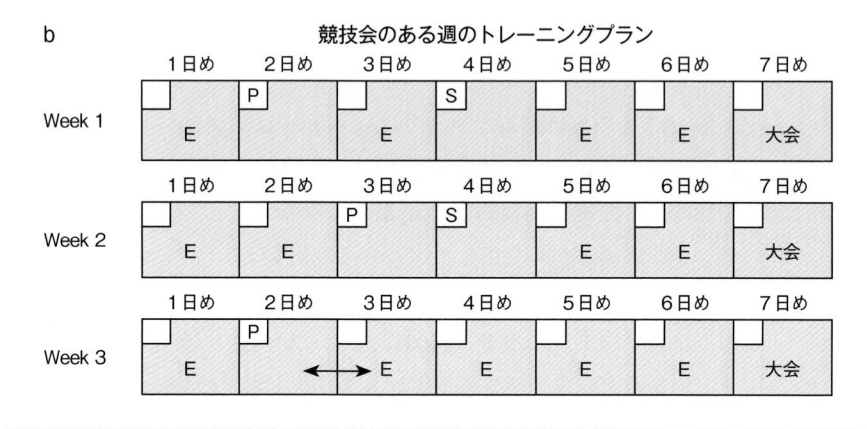

図13.3 タイプの異なる週間トレーニングプラン

に予選・決勝と競技が2日続くような競技会をシミュレーションすることもできる。

また，**図13.3 a**のWeek 3ではトレーニング日が2回に設定されている。これはクオリティトレーニングがとりわけ厳しい場合に適しており，相対的に軽めの週として3回のトレーニング日が設定されている週と週の間に入れる。つまりシーズンを通して，Week 1あるいはWeek 2とWeek 3を交互に行う。

■ 競技会のある週

図13.3 bは，週末に競技会がある場合のスケジュール例である（実際には競技会の曜日によってトレーニング日の順序を調整する）。Week 1とWeek 2では，どちらも競技会までに2回トレーニング日がある。前述したように，Week 1とWeek 2の違いはトレーニング日を連続して設けているかどうかである。どちらにするかは前週の

競技会やトレーニング内容によって決める。

図13.3 bのWeek 3では，競技会前のクオリティトレーニングは1回だけである。また，トレーニングは2日めか3日めのどちらでもよく，競技会の前に何日間のイージートレーニングを必要とするかによって決める。Week 3では1回しかないトレーニング日はどんな練習にもなりうるが，重要なのはその日に行った練習が次の競技会に悪影響を及ぼすものであってはならないことである。また，Week 3は一般的にシーズン最後の競技会に向けて用いるとよい。

まとめ

ここで説明したトレーニングスケジュールの利点は，トレーニングのタイプであるプライマリー，セカンダリー，そしてメンテナンスの内容が変化するだけなので，シーズンを通して毎週同じように練習を組み立てることができるということである。次に示したのは，一般的なトレーニングプログラムとして長距離ランナーに勧める方法である。

◇**第1期**
- プライマリー＝イージーラン
- セカンダリー＝ストレングストレーニング
- メンテナンス＝フレキシビリティ

◇**第2期**
- プライマリー＝レペティショントレーニング
- セカンダリー＝閾値トレーニング
- メンテナンス＝ロング，定常ランニング

◇**第3期**
- プライマリー＝インターバルトレーニング
- セカンダリー＝レペティショントレーニング
- メンテナンス＝閾値トレーニング

◇**第4期**
- プライマリー＝閾値トレーニング
- セカンダリー＝レペティショントレーニング（強度を落として）
- メンテナンス＝インターバルトレーニング（強度を落として）

ここで説明した方法は，すべてのランナーに適するわけではない。マラソンランナーであればレペティショントレーニングよりも閾値トレーニングを行い，1500m走やマイル走のランナーは閾値トレーニングよりもレペティショントレーニングを行う。ところが，これらに調整を加えれば，ほとんどどんな状況にも当てはめることができる。もっとも重要なことは，ランナーそれぞれの必要性に応じてトレーニングプログラムを作ることであり，練習の目的が何かということが常にわかるようなプログラムでなくてはならないということである。

アメリカンフットボール

Kent Johnston

アメリカンフットボールのための年間コンディショニングプログラムは，上半身と下半身の両方の爆発力を向上させることによって，シーズンを通してフィールド上でのパフォーマンスを改善することを目標としている。Tudor Bompaが前章で説明しているように，1年を期分けすることでプレーヤーのニーズとゴールをもとにした完璧な練習プランを組み立てることができる。

2人として同じではないので，プロのトレーニングコーチはすべてのプレーヤーのために個別のプログラムを作成する必要があるが，高校や大学では時間の制約があるために，彼らの能力を最大限に高めることはなかなか困難である。とはいえ，革新的なコーチは，これを認識しながら最終目標へ向けて，チームとプレーヤーに適合する条件つきプログラムを作成するように努める。

年間のプランを組み立てるにあたって確かな方法は，1年を2～3の期（移行期，オフシーズン期，インシーズン期）に分ける方法（ピリオダイゼーション）である（表13.8）。

移行期

移行期では，活発な身体活動を行いながらも心身の疲れを回復させることを目標とする。ほとんどのプレーヤーは，シーズン終了後に短い休暇をとる。これらは，ゲームやトレーニングで消耗した心身の一時休暇であって，それまでに獲得したコンディショニングのすべてを失うべきではない。そこで，バスケットボール，ラケットボール，水泳，テニスなど娯楽性のスポーツを続け，次の解剖学的適応期（移行期）へと進む準備をする。

この移行期の主な目的は，全般的なコンディションの向上である。フットボールに特有の爆発性のトレーニングを始める前に，しっかりとした心肺機能のフィットネスレベルを備えていなければならない。表13.9には，コンディションレベルが平均かそれ以上のプレーヤーのためのトレーニングプログラムを示した。

腱や靭帯を負荷に適応させないまま激しいストレングストレーニングに参加させると，筋や関節に損傷を起こす可能性がある。関節可動域全体を使ったリフティングと1セットごとの反復回数を増やすことを強調したサーキットトレーニングによっ

表13.8 フットボールのピリオダイゼーションモデル

月	12月	1月	2月	3月	4月	5月	6月	7月	8月	9月	10月	11月
期	移行期	オフシーズン期							移行期	インシーズン		
内容	アクティブレスト	1月の基礎トレーニングを基にして，月ごとに変化をつける						ピーク	コンタクト	メンテナンス		

表13.9 解剖学的適応を目的とした移行期のトレーニングプラン

週	曜日	W-up	ジャンプ	アジリティ	ウエイト	ランドリル	コンディショニング
Week 1	月と木	ジョグ2分 30mのドリル（スキップ，ラテラルシャッフル，キャリオカ，バックペダル）×2セット ストレッチ	スクワットジャンプ 10回×2セット	3ポイントスタンスでのシャトル20m×2セット 休息2分	サーキット3周（50%1RMの負荷） ―自重スクワット10回 ―プッシュアップ10回 ―クランチ10回 ―プルアップ5回 ―ハイパーエクステンション10回 ―ウオーキングランジ8回 ―ディップ6回 ―バーベルカール10回 ―ダンベルラテラルレイズ10回	バトキッカー10m×2セット ハイニー10m×2セット	ビルドアップ走 60m×6セット ストライド走 50m×6セット
	火と金	固定式自転車3〜5分	立ち幅跳び3回×3セット	フォーコーナードリル3回 休息1分	サーキット3周（50%1RMの負荷） ―スクワットかレッグプレス8回 ―ベンチプレス8回 ―インクラインシットアップ8回 ―ハイパーエクステンション8回 ―アップライトロー8回 ―レッグカール8回 ―ラットプルダウン8回 ―ナローグリップベンチプレス8回 ―カーフレイズ8回	なし	固定式自転車30分
Week 2	月と木	ジョグ2分 30mのドリル（スキップ，ラテラルシャッフル，キャリオカ，バックペダル）×2セット ストレッチ	スクワットジャンプ 10回×3セット	3ポイントスタンスでのシャトル20m×2セット 休息2分	サーキット3周（50%1RMの負荷） ―自重スクワット10回 ―プッシュアップ10回 ―クランチ10回 ―プルアップ5回 ―ハイパーエクステンション10回 ―ウオーキングランジ8回 ―ディップ6回 ―バーベルカール10回 ―ダンベルラテラルレイズ10回	バトキッカー10m×3セット ハイニー10m×3セット	ビルドアップ走 60m×6セット ストライド走 50m×8セット
	火と金	固定式自転車3〜5分	立ち幅跳び3回×4セット	フォーコーナードリル3回 休息1分	サーキット3周（55%1RMの負荷） ―スクワットかレッグプレス8回 ―ベンチプレス8回 ―インクラインシットアップ8回 ―ハイパーエクステンション8回 ―アップライトロー8回 ―レッグカール8回 ―ラットプルダウン8回 ―トライセプスプレスダウン8回 ―カーフレイズ8回	なし	固定式自転車30分

て，腱と靭帯のコンディションを高めることができる。これによって，後のオフシーズン期でポジション特有のフットボールスキルを保ちながら，加速，スピード，アジリティの向上が安全に図られる。

オフシーズンからインシーズンへの移行期では，インシーズンのトレーニングとゲームに備えて徐々に準備・再調整を進める。

オフシーズン

オフシーズン期でのストレングストレーニング（筋力トレーニング）は，5種類のリフティング方法を用いて2～3週間サイクルで行うのが最良とされている。

1. **ダイナミック法**は，最大下重量を使用して初動筋力と加速を向上させるための方法である。この方法では，ベンチプレスであれば60％1RMの負荷で8～10回，3セットスクワットであれば50～70％1RMの負荷で10～12回，2セットを行う。
2. **最大強度法**は，80～100％1RMの負荷で1～5回持ち上げることができる最大重量の壁を破ることを目的とする。最大リフトを行う前にはウォームアップを正しく行うことが重要である。
3. **アイソメトリックエクササイズ&ファンクショナル法**は，上級者向けである。この方法は，バーの両端に鎖かゴムチューブを装着し，鎖かチューブの抵抗でそれ以上挙上できなくなるまでバーを動かし，そこからさらに2～3秒間最大努力する。最大強度法と同じく絶対筋力を向上させる。
4. **反復法**は，中枢神経系の興奮性を増大するための方法である。挙上不能になるまで，6回（バーベル）～10回（ダンベル）の反復を1～3セット行う。
5. **連結法**は，最大強度と連結させて，リフティングフォームを完璧なものにし，比較的弱い筋群のコーディネーションと筋力を向上させる方法である。クラシックリフト（クリーン，ジャーク，スナッチ，ベンチプレス，スクワット，デッドリフト）を行える最適なバーエクササイズを選択する。

オフシーズンの筋力トレーニングは，次の5つの原則に従うとよい。

1. すべてのエクササイズは最大努力で行うこと。これは，1～5回しか反復できない最大重量を意味しているのではない。正確に言うならば，たとえリフトに失敗したとしても，毎回のリフティングを爆発的に最大努力で行うことである。
2. トレーニング期間は2または3週間ごとに分け，周に1回は100％の強度を求める日を設定する。
3. 2または3週間周期で，最大強度法と同日に用いるコアエクササイズの種類を変更することによってオーバートレーニングを防止する。
4. パワー持続力と筋肥大を獲得し，最大強度でのオーバートレーニングを防止するために，4～6週間行った最大強度法の後に，2～3週間は反復法を行う。
5. 挙上スピードと加速を強調するダイナミック法を週に1回行う。ダイナミック法では，上半身と下半身のエクササイズを用いる。

表13.10 オフシーズン期のトレーニングプラン

週	月曜日	火曜日	水曜日	木曜日	金曜日
1-3	スクワット5回×4セット (最後の3セットは続行不可能になるまで) ランジ(重量を持って) 10回×3セット レッグカール8回×2セット ベンチプレス (週毎に1RMの50,52.5,55%) 3回×10セット ロー5回×4セット ディップ10回×3セット シットアップ(荷重)10回 クランチプルダウン10回 クランチ(負荷)10回 レッグレイズ(負荷)10回	ポジション別の練習	クリーンハイプル5回×4セット (最後の3セットは続行不可能になるまで) リバースレッグプレス 10回×2セット スタンディングミリタリープレス5回×4セット グッドモーニング 10回×2セット ステップアップ 10回×2セット ハイパーエクステンション 10回×2セット スクワット(自重) 50回×2セット カーフレイズ15回×3セット ネックエクササイズ 10回×2セット	ポジション別の練習	ベンチプレス5回×4セット (最後の3セットは失敗するまで) プッシュアップ (続行不可能になるまで) フロントプレートレイズ10回 ストレートアームサイドレイズ10回 ボックススクワット (週毎に1RMの50,52.5,55%) 2回×12セット グルート・ハムレイズまたはレッグカール8回×3セット シットアップ(荷重)10回 1/2シットアップ10回 シットアップ10回 シザースキック20回
4-6	レッグプレス5回×3セット レッグエクステンションまたはバックスクワット 10回×3セット ランジ10回×3セット ベンチプレス (週毎に1RMの57.5,60,62.5%) 3回×10セット ロー3回×5セット メディシンボールサーキット シットアップ10回 オーバーヘッドシットアップ10回 ロシアンツイスト10回 レッグレイズ (ボールを挟んで)10回 ニーアップ(ボールを挟んで)10回 オーバーヘッドプッシュ (アイソメトリック)10秒	ポジション別の練習	ダンベルクリーン&プレス 3回×5セット クリーンシュラッグ 8回×3セット プライオメトリックプッシュアップ10回×3セット リバースハイパーエクステンション10回×2セット アブドミナルプレートローテーション 10回×2セット アブダクター10回×2セット スクワット(自重) 50回×2セット カーフレイズ10回×3セット ネックエクササイズ 8回×2セット	ポジション別の練習	ダンベルクリーン&プレス 3回×5セット ベンチプレス3回×5セット (常に続行不可能になるまで) ダンベルインクライン 10回×2セット アップライトロー10回 ダンベルフロントレイズ10回 プッシュアウト50回 ネガティブプルアップ10回 ボックススクワット (週毎に1RMの57.5,60,62.5%) 2回×12セット グルート・ハムレイズ 10回×3セット シットアップ(荷重)10回 プッシュアップ (続行不可能になるまで) フロントプレートレイズ10回 ストレートアームサイドレイズ10回 ボックススクワット (週毎に1RMの50,52.5,55%) 2回×12セット またはレッグカール 8回×3セット シットアップ(荷重)10回 1/2シットアップ10回 シットアップ10回 シザースキック20回

表13.10は，週3回のウエイトトレーニングを設定した6週間のオフシーズントレーニングのプランを示している。とくに，上級者が対象の場合は週に4回ウエイトトレーニングを行わせるコーチもいる。

インシーズン

レギュラーシーズンに入ったら，トレーニングプログラムの目標を，ストレングスコンディショニングから実際の練習とゲーム中のスキルを向上させる方へと移行させる。ストレングス＆コンディショニングコーチのここでの仕事は，オフシーズンで獲得したコンディショニングレベルを維持させることである。どのレベルのコーチでも，次の項目について考慮し，プログラムを作成すること。

- スポーツ特有のスキルを改善する。
- 基本と技術を確かなものにする。
- ゲームに通用するコンディショニングをつくる。
- パワー，最大筋力，パワー持続力を維持する。

インシーズン期でのストレングス＆コンディショニングプログラムは，オフシーズン期で獲得した最大筋力レベルと，ハイパワーすなわち出力スピードを維持することに主眼をおくことが重要である。

ゴルフ

Pete Draovitch

11章で説明したように，姿勢，運動学習，筋力，柔軟性，バランス，コンディショニングの間の微妙なバランスによってすばらしい安定性のあるゴルフスイングが生まれる．これら各要素がそれぞれどの程度スイングの成功に寄与しているかは，年齢，性別，身体能力，シーズンの時期，スキルレベルによる．科学によってトレーニン方法が改善されてきたので，これらの要素を適切に見極めながら，シーズン中のどこでピークを迎えるかを正確に設定できるようになった．

ゴルファーの年間コンディショニングプログラムを立てるには，まず1年を期（ここではシーズン）に分けることから始める．シーズンは，プレシーズン，インシーズン，オフシーズンというトレーニング期に分ける．今日では，ゴルフは年間を通して行われるので，競技ゴルファーではゴルフをしないオフシーズンを設けることが難しくなっている．とはいえ，年間スケジュールのなかで，特定の大会にコンディションをピークに持っていくために，オフシーズンを設定することや，シーズンをしっかり作ることは大切である．

シーズンごとでトレーニングの量や強度は異なるが，どのシーズンにおいてもゴルフスイングに要求されるフィットネス要素のすべてに的を絞ることが重要である．オフシーズンでは，ウエイトトレーニングとコンディショニングは，スキルトレーニングよりも優先されるであろう．しかし，設定したピークが近づくにつれて，重要な大会のために必要な技術を向上させ磨くことがより重要視され，反対に筋力やパワートレーニングはその強度と量が減らされる．たとえば，オフシーズンではメディシンボールを使ったコアスタビリティの強化を行い，プレシーズンではスキルトレーニングを行い，シーズンでは瞬発力のトレーニングを行う．それぞれのシーズンにおいて，運動の量と質は，負荷（重量），スピード，時間，セット，反復回数によって調節される．例外なくプレーヤーが健康でいることが最高目標である．

ゴルフスウィング中に脊柱にかかる圧縮力は，スキルレベルに関係なく体重の約8倍であるという研究結果が出ている．つまり，ゴルフというスポーツは急性外傷のみならず慢性障害をも引き起こす可能性があるので，アスリートが実践するレベルのトレーニングが必要である．良いプレーヤーほどよく練習をする傾向があるので，オーバートレーニングに陥ることもある．したがって，トレーニングプログラムはプレーヤーの主観やスキルトレーニングに対する反応によって適切に調整しなくてはならない．

ゴルフはスポーツであるか単なるテクニックであるかについては長く議論されてきたが，力学的にみるとゴルフは明らかににスポーツといえる．また，ゴルファーはありとあらゆる状況を想定して，莫大な量の練習をしなければならない．そのため，ゴルフのフィットネスについて，コーチはアメリカンフットボールやバスケットボールのフィットネスを参考にはしない．なぜならば，スポーツ特有のコンディションと

トレーニングというものがあり，ゴルフにもゴルフ特有のトレーニングが存在するからである。

ほとんどのプロゴルファーは，世界4大メジャートーナメント（マスターズ，全米オープン，全英オープン，PGA選手権）に加え，重要だと考える1つまたは2つのトーナメントで良い成績を残すように努力している。このセクションでのトレーニングプログラムは，このようなゴルファーをモデルにして作成した。もちろん，ここでのプログラムは高校の地区大会やクラブ選手権レベルのゴルフにも適応できる。

オフシーズン，プレシーズン，シーズン中のトレーニングの要望を満足するために，住んでいる場所の気候に合わせて1年を期分けする。厳しい冬の国や地域では，期分けは簡単であろう。反対に，フロリダ州，カリフォルニア州，アリゾナ州のような1年中プレー可能な気候の地域では，いつでもスキル練習を行うことができるがゆえに明確なトレーニング期を設定するのは難しいかもしれない。最近では，寒い気候でも室内ドライビングレンジ，練習ネット，練習用グリーンや大きな地下室などにより，1年中，技術練習は可能であるが，天候はゴルフコース如何である。

年間の期分けはおおよそ次のようになる。

- オフシーズン ― 11月から2月
- プレシーズン ― 3月
- インシーズン（トーナメントシーズン）― 4月から10月

オフシーズン

11月には，筋力や有酸素性能力のトレーニングを週に4回設定する。トレーニングの量は多く，強度は低いところから徐々に上げていく。

12月は，筋力や有酸素性能力の基礎ができていることを条件に，トレーニングの量をさらに多くしながら強度は変化させないでおく。

1月と2月はいよいよ期分けを明確にする時期である。トレーニングはリフティングの頻度を増やし，量を徐々に落としながら強度は徐々に上げていく。2月の終わりには筋力がピークに達するようにすべきである。

プレシーズン

プレシーズンでのトレーニング回数は，週4回ではなく3回に設定する。この時期は，シーズンへの準備を始めるため，強度を高くして量を減らす。

インシーズン

インシーズンはさらに3期に分けられる。最初の期は4月から6月1日までで，この日を目指して最大強度・最低量のトレーニングとなるようにプログラムを作成する。次の期は6月1日から始まり8月31日まで，最後の期は9月1日から10月31日までである。

インシーズンの期分けプログラムの始めの2週間では，週3回のトレーニングを実施する（**表13.11**）。毎週のトーナメントが終了した次の日はもっともハードな日とし，筋力，柔軟性，バランス，姿勢エクササイズを行う。2日めは適切なレベルでの瞬発系のトレーニングを，3日めは姿勢トレーニングを行う。トーナメントによっては1日めの日程が早くなったりするので，その場合は3日めのメニューを早めに始める。そうすることで，3日めの午後からゆっくりと休養を取って翌日のトーナメントに臨むことができる。必然的に3日めのトレーニングでは強いストレスをかけてはいけない。球を打つ数，けがの程度，または保つべき機能レベルにもよるが，通常は負荷・非負荷による体幹周りの筋に刺激を加える程度に留めておく。

フィットネスレベルと費やせる時間によって，**表13.12**に示しているいずれかの4週間プログラムでトレーニングをするべきである。レベル1はトレーニングを始めたばかりの初心者ゴルファーには最適であるが，レベル4は競技レベルのゴルファー向きである。もしも年間を通じてトレーニングをするつもりであるならば，レベル1から始めて，レベル2，3とアップし，シーズンの終わりにレベル4になるようにする。

表13.11 インシーズンの週間トレーニング

トーナメント後の日程	競技レベルのゴルファー	レクリエーションレベルのゴルファー
1日め	ウエイトルームでのトレーニング	ウエイトルームでのトレーニング 瞬発系のトレーニング
2日め	瞬発系のトレーニング	姿勢トレーニング バランスボールやチューブエクササイズ
3日め	姿勢トレーニング バランスボールやチューブエクササイズ	

表13.12 週間トレーニングスケジュール

レベル1	オフシーズン	インシーズン
柔軟性	3-5回／週（10分）	3回／週（6分）
筋力	3回／週（10分）	2回／週（8分）
上半身	20回／2セット	20回／1セット
下半身	15回／1セット	15回／1セット
体幹（1日め／2日め）	時間または回数	時間または回数
バランス	3回／週（5分）	2回／週（5分）
スキルトレーニング	2回／週（5分）	2回／週（5分）

表13.12 週間トレーニングスケジュール（つづき）

レベル2	オフシーズン	インシーズン
柔軟性	3－5回／週（12分）	3回／週（10分）
筋力	3回／週（15分）	2回／週（8分）
上半身	20回／3セット	20回／2セット
下半身	15回／2セット	15回／1セット
体幹（1日め／2日め）	時間または回数	時間または回数
バランス	3回／週（5分）	2回／週（5分）
スキルトレーニング	2回／週（5分）	2回／週（5分）
レベル3	オフシーズン	インシーズン
柔軟性	4－5回／週（12分）	4回／週（12分）
筋力	3－4回／週（15－20分）	2回／週（12分）
上半身	20回／3セット	20回／2セット
下半身	15回／2セット	15回／2セット
体幹（1日め／2日め）	時間または2回	時間または2回
バランス	4回／週（5分）	2回／週（5分）
スキルトレーニング	3回／週（5分）	4回／週（3－5分）
レベル4	オフシーズン	インシーズン
柔軟性	5－7回／週（15分）	5回／週（12分）
筋力	3－4回／週（20－25分）	2回／週（12－15分）
バランス	4回／週（5－7分）	2回／週（5分）
スキルトレーニング	4回／週（5－7分）	2回／週（3－5分）

アイスホッケー

Peter Twist

アイスホッケーのためのプログラム作成には，さまざまなスポーツ特有の要素がかかわっている。アイスホッケーのバイオメカニクス的・生理学的・技術的特徴については11章で詳細に解説をした。プロやアマチュアのアイスホッケーでは，もちろんゲーム日程や日程の密度も影響を及ぼす要因の1つである。表13.13には，典型的なアイスホッケーの年間トレーニングプログラムを示した。

NHL所属チームでは，長期間のロードにおいては2日めの夜間にゲームがあるため，練習日のトレーニング量と回復ための機会は，多のリーグに比べて非常に少ない。これに対して，マイナーリーグのプロや大学リーグのチームでは，ほとんどのゲームが週末に予定されている。プロは観客動員のためであり，一方，大学の場合は授業日程を優先するからである。マイナーリーグのプロチームでは，3日連続でナイターゲーム（金曜日，土曜日，日曜日）を行うことが多い。大学ホッケーは，通常，金曜日と土曜日にゲームがある。練習日は4日間であり，日曜日は休養日である。大学のスケジュールは，質の高い練習，コンディショニング，そしてゲーム間の余裕のある回復時間という理想的な週間スケジュールになっている。

NHLレベルでは，プレーヤーはゲーム直後のトレーニングは常に行っているし，場合によってはゲームの朝にストレングストレーニングを行うことで，次のゲームまでに十分な回復を図ろうとする。

表13.13 アイスホッケーのピリオダイゼーション

期	ポストシーズン	オフシーズン	プレシーズン	プレキャンプ（合宿）	インシーズン
目標	回復	基礎養成	特異性の養成	テーパリング	メンテナンス
期間	4月15日－5月9日	5月10日－7月4日	7月5日－8月29日	8月30日－9月5日	4月か5月まで
長さ	3.5週間	8週間	8週間	1週間	約8ヶ月
テーマ	休養と回復	最高レベルへ	強度こそ命	ゲームへのピーキング	チームワーク
キーとなる要素	負荷をかけない。休養と回復　再生　ストレングスとフィットネスの維持にはクロストレーニングを用いる（リンク外の陸上トレーニング）。マイクロストレッチで柔軟性を向上させる。	最大有酸素性能力　筋力　筋量　柔軟性　無酸素性パワー，スピード，アジリティ，クイックネス，プライオメトリックス，スピード持続力のトレーニングを導入。バランス，固有受容覚，競技者精神を鍛える。	無酸素性能力　爆発的パワー　スピード　アジリティ　クイックネス　プライオメトリックス　スピード持続力　反応スキル　氷上スキル　有酸素性能力，筋力，バランス，固有受容覚，競技者精神を鍛える。	キャンプへ向けてのテーパリング　キャンプへ向けてのエネルギー補給　氷上タイミング　スピード持続力　クロストレーニング　柔軟性	全ての能力のメンテナンス　チームとしての団結　個人に特有の弱点の補強　ビルドアップよりも回復と再生

シーズン中は，けが，トレード，降格，昇格などによってコンディショニングプログラムの変更を余儀なくされる。とくに西地区のチームは，長期ロードを経験することによって絶え間なく続く次の都市への移動と"ゲーム－旅－ゲーム－旅－ゲーム"のサーカス興行に慣れていく。時間もなくチーム専用施設もないために，コンディショニングは遠征中において大きく変動する。そのため，チームはホームに留まる間に質の高いトレーニングをしなくてはいけないという精神的な重圧も感じている。

　プレーオフに出場するかどうかで，それぞれのチームは異なったオフシーズンを過ごすことになる。大学リーグは3月に終了する。プロチームは，プレーオフ出場を逃すと4月に終了するため，オフシーズン期のトレーニングに4か月半の期間を費やせる。しかし，優勝決定戦に進むチームは6月中旬までゲームが続くために，オフシーズン期のトレーニングは，2か月半しか確保できない。しかも，この期間にポストシーズンの回復期とすべてのコンディショニングを詰め込まなくてはならない。

　すべてのレベルのホッケー（高校，大学，プロ）は，脚とスピード中心のストレングストレーニングを重要視している。しかし，高校生と大学生は，肉体的に未完成であるため，上半身のストレングストレーニングと筋肥大プログラムがいっそう必要である。高校生と大学生は，基礎を構築する段階である。高校生や大学生のためのプログラムを作成するとき，このことをコーチは十分認識するべきである。

オフシーズン

　オフシーズンでの目標は，基礎的な筋力，筋量，有酸素パワー，バランスのとれた柔軟性を獲得することである。この達成のためにはトレーニングの量と強度を高めるだ

表13.14　週当たりのトレーニング頻度

	9月 テスト	10月	11月	12月	1月 再テスト	2月	3月	4月 ポストシーズン	5月	6月	7月	8月
氷上	7	6	6	6	6	6	6	0	0	0	1か2	4か5
有酸素系（長距離）	1	1	1	1	1	1	1	0	2	2	1	1
有酸素系（インターバル）	1	1	1	0	0	1	1	0	1	2	1	0
無酸素系（スプリント）	1	1	1	1	1	1	1	0	1	1	3	3
筋力とパワー	3	3	3	2	2	3	3	3	5	5	4	4
スピード，アジリティ，クイックネス	1	2	1	2	1	2	1	0	1	1	3	3
柔軟性	3	3	3	2	2	3	3	3	3	3	3	3
バランスと固有受容覚	2	2	2	1	1	2	2	0	1	1	2	2
クロストレーニング※	0	0	0	0	0	0	0	3	2	1	1	0

※クロストレーニング：2オン2バスケットボール，小コートでの3オン3サッカー，2オン2アイスホッケー，半面コートでのシングルテニス

けでなく，筋疲労の回復にも十分な日数を確保する。5月と6月は，有酸素性能力と筋力の養成を中心に行う。その後，プレシーズン(6～8月)に向けて無酸素性インターバル，スピード，アジリティ，クイックネス，爆発的リフティングのエクササイズを導入していく。そして，夏の期間は，柔軟性，バランス，固有受容覚のトレーニングを行う。

オフシーズンのストレングストレーニングでは，(a) 胸・肩・上腕三頭筋，(b) 脚（含股関節)・腰背部・上腕二頭筋の2つのグループの筋群を強化する。私が指導しているチームでは，2つのグループを交互に週2回ずつ合計4回実施させている。ただし，腹筋群だけは週3回実施する。その理由は，多くの固有受容覚エクササイズとバランス系コアスタビリティのドリルは腰背部・股関節と腹筋群を同時に，または脚・股関節・腰背部と腹筋群を同時にトレーニングできるからである。（週に1日は，その他のリフティングはしないでコアエクササイズだけを行う。）

エクササイズは脚・股関節・腹筋群から始め，腰背部・上腕二頭筋・前腕を行う。エクササイズ強度は非常に高めに設定し，量は低く設定するので，セット数は合計でも12～20セット（各エクササイズは2～3セット）となる。ある日のトレーニングは高強度のエクササイズ（4,5,7章で示したものもある）から始める。その後，65分間の有酸素性インターバルトレーニング（固定式自転車で10分間のウオームアップし，95％強度で2.5分間サイクルした後に75％で2.5分間サイクルするインターバルを合計10セット行う），5分間のクールダウン，最後に15～20分間のストレッチを行う（3章参照)。このリフト－自転車－ストレッチを連続させる方法は長時間必要なので，2日に1回のペースで行う。多くのコーチが薦める方法よりも，私の考えではより高強度でトレーニングをした方が効果的である。一方，これに伴って十分な休息時間と回復日を確保することが望ましい。ハードトレーニングと賢い休息と回復によってのみ効果的に強化できる。

下半身の強化には好んでスクワットとランジのバリエーションを用いる。これに加え，上・下部の腹筋群，殿部，腰背部，体幹の回旋筋群を強化するエクササイズも取り入れる。

最大酸素摂取量と乳酸閾値の向上のためには，有酸素性インターバルを用いる。常に限界まで追い込むタイプの有酸素性トレーニングによってそれらの機能が改善できる。

柔軟性の改善には，可動域の途中までしか使わないゆっくりと楽なストレッチ方法であるマイクロストレッチ（訳注：Nikos Apostolopoulosの提唱するストレッチ法）を採用する。この方法によって，長期的な柔軟性，バランスのとれた柔軟性，そしてハードトレーニングからの速やかな回復が期待できる。

プレシーズン

大会のない真夏において，オフシーズンからプレシーズンへ移行し，ここでのトレーニングはよりホッケーに特有のものとなっていく。トレーニングの内容は，無酸素性

インターバルトレーニング，ハイスピードの多関節・単関節運動がほとんどである。ここでのエクササイズは，氷上パフォーマンスのためのコンディショニングの改善を目的として選択する。トレーニングはより高密度となり，休息時間はより短くなる。

氷上でのスケーティングやトレーニングが開始されれば，それに応じて陸上でのコンディショニングを調整する必要が生じる。脚筋力や無酸素性トレーニングについては，十分に考慮する余地がある。というのは，コーチの多くは，夏期には脚筋力と無酸素性インターバルトレーニングを頻繁に繰り返す傾向にあるが，これらを鍛える他の方法としては，上半身のリフティング，サーキットトレーニング，プライオメトリクス，クイックネス＆アジリティドリル，氷上での模擬ゲーム，無酸素性インターバル，高強度ランニング，自転車による有酸素性インターバル，2オン2のバスケットボールや山岳ハイキングのようなクロストレーニングなど多くのバリエーションがある。とくに，高校生アスリートは，ホッケー以外のスポーツにも積極的に参加させるべきである。コーチは"脚筋力"や"無酸素性スプリント"の回数を近視眼的に計算するだけでなく，トレーニング負荷全体を見渡してプログラムを作成しなければならない。

このプレシーズントレーニングは，爆発的多方向クイックネスドリルの準備のために，12分間のダイナミック・ウォームアップから開始し，まだ疲労していない状態で次のドリルへ入る。クイックネスドリルは，プライオメトリクスというよりむしろフットワークドリルと言った方がよい。これらのドリルは，衝撃や垂直要素がより少なく，スポーツ特性に合わせたドリルとして修正されているが，爆発的動作のために神経系メカニズムを刺激することに変わりはない。これらのほとんどが，片脚，両脚，ストップ＆スタート，バイラテラルムーブメントドリルである。

脚筋力を鍛えるためのプログラムでは，シングルレッグエクササイズ，専門的ストライドワーク，クロスオーバー，そして高反復回数の筋持久力エクササイズが利用できる。加えて，内転筋群のバランスを高めるために追加的エクササイズを用いる。多くのスポーツでは，1RMや低回数法によってトレーニングを組み立てるが，ホッケーにおいては1回または2回挙上して休むという状況は生まれないので，45～60秒以上継続して力を発揮する能力を向上させる目的でプログラムを作成すべきである。

プレシーズンでの腹部エクササイズは，立位で行うものを用いる。仰臥位でひたすらシットアップを行っても，コア全体の強化にはならないし，パワーポジションで役立つコアを作り上げることもできない。ホッケーのためには，パートナーと行う体幹の回旋を伴うエクササイズを行わせるべきである。

十分な食事と休養の後に，固定式自転車を用いて非常に高強度の無酸素性スプリントを60分間実施する。このドリルは，間違いなく乳酸耐性スプリントであり，スプリントはウインゲートテストと同様の運動：休息比　1：1で行う。

- **15分間のウォームアップで心拍数を上げる**
- **60秒の全力スプリントと60秒の積極的休息 (70% max) を12セット**
- **11分間のクールダウン**

インシーズン

ホッケーシーズンは9月に始まる。インシーズンでのトレーニングの目的は，氷上コンディショニングを仕上げ，チームシステムを完成させ，ゲームに焦点を合わせてさまざまなこと調整することである。9月初めのトレーニングキャンプにおいて，各プレーヤーの長所と短所を評価するための測定を行う。シーズン中のコンディショニングをチェックするためとプレーオフまでの長い期間を調整するために，測定は1月と2月に再び行う。9月から11月までは週3回のストレングスとエネルギー系のトレーニング（陸上）を行うが，氷上練習は毎日行う。シーズンの中盤（12月と1月）に向かい，トレーニングの量と頻度は低下させ，長いシーズンを乗りこえられるように回復と再生に重点をおく。

ストレングスとエネルギー系のトレーニングを低下させるために，ドリルの量と頻度を下げ，毎日のトレーニングに変化をもたせる。また，身体的な発達と修復に加え，精神的な回復も同様に考慮に入れる。1月下旬の再測定後に，コンディショニングを再び強化する。1日おきの夜に続けられた100回以上のゲーム（エキジビション，レギュラーシーズン，プレーオフ）すべてにピークを維持することは，4年に1度のオリンピックのためのピーキングと比較して途方もない作業である。コーチは，プレーヤーのエネルギーレベルとモチベーションを常に確認しなければならない。固有受容覚と柔軟性のトレーニングは，受傷の可能性を最小限にするためにシーズンを通して継続する。

クイックフットドリル，モビリティドリル，通常の氷上練習の後には，インシーズンコンディショニングのために無酸素性サーキットウエイトトレーニングをウエイトルームで行う。エクササイズでは，挙上・下降動作を一定でしかも速いテンポで行う。通常は，全身的でクローズドキネティックチェーン多関節エクササイズを用いて氷上で要求される脚筋群・スピード・上半身を刺激するエクササイズとしては，スクワット，スタンディングチェストパス，サイド・サイドスティックハンドリング，ジャンプスクワット，メディシンボールシットアップパス，クリーンプッシュアップがあげられる。これらのエクササイズはホッケーの動きに連動しているので，そのまま氷上でのパフォーマンスに反映させられる。

サーキットは，スプリントインターバルと同様に無酸素性持久力トレーニングであり，最大レベルの心拍数で行う激しいトレーニングである。したがって，もしも心拍数や疲労の度合いがこのレベルに達していないと，トレーニングが効果的に行われているとはいえない。セット間の休息はとらないで，各セットで最大まで追い込まなければならない。

目的が筋肥大ではなく氷上での筋持久力を鍛えることであるため，トレーニング内容は10～20回の反復回数でセット数は2セットとする。この時期では筋量と絶対筋力を維持するための混合トレーニングが要求される。

ポストシーズン

シーズン後は，激しいプレーオフから休息・修復期へ移行するにあたって負荷をかけない時期を設定する。4週間の間，ウエイトルーム外でのトレーニングとクロストレーニングにより，筋力とフィットネスの基礎を維持する。

アイスリンクとウエイトルームから離れ，精神的・感情的・肉体的な再生を図ることがここでは重要である。**表13.14**には年間の1週間あたりのトレーニング頻度を示している。アイスホッケーは3月に競技が終了し，ポストシーズンは4月から始まる。この時期は，家族や友人，ホッケー以外の活動，休息，リラックスのためのものである。他のスポーツへの参加，マイクロストレッチ，自体重による筋力トレーニングを週3回継続することで，5月までフィットネスレベルを維持し，コンディションを低下させないままで，次の期へ移行することができる。

サッカー

Vern Gambetta

　他のスポーツと同様に，サッカーでも大会のスケジュールによってトレーニングプランが決定される。フィジカルトレーニングは，年間を通じて日常のトレーニングの一部とするべきである。トレーニングのさまざまな構成要素は，次の主な目標に沿うようにピリオダイゼーションで割り当てなければならない。

- **傷害予防** ── 正しいコーチング，明確なトレーニング倫理，良好な健康状態によってのみ達成できる
- **パフォーマンスの向上** ── 正しくプランニングされたトレーニングプログラムによってのみパフォーマンスが向上する
- **教育** ── 正しいプログラムによって，さまざまなゲームに関連したドリルやエクササイズの方法を習得できる

　これらの目標を達成するために，コーチは3つの重要な概念を強調しなければならない。

1. ゲームのためのウォームアップ ── ウォームアップのためにゲームをするわけではない
2. 蹴り，走るための身体的コンディショニング ── コンディショニングのために蹴ったり走ったりするわけではない
3. キネティックチェーンの概念を用いた身体全体のコンディショニングとゲームへの準備を整える。

　これらの概念を誤解して使用すると，傷害の発生リスクが高くなったり，スキルの発達が阻害されることがある。身体というのは個々のパーツが互いに関連しあって効率のよい動きを作り出している。

　コンディショニングの配分が傷害予防に深くかかわっている。サッカーにおいては，足関節捻挫・グローインペイン（鼠径部痛）・膝障害が多く，これらの傷害は，スピードの減少局面（エキセントリック期）に起こる。そのため，トレーニングでは停止や方向変換などのスピードの減少局面に多くの時間を費やす必要がある。傷害予防のドリルなどは，日常のウォームアップや必要とされる個人練習の一部にも含まれなければならない。これは発達レベルとは関係がなく，誰にでも適用できる確かなことである。

　効果的なサッカーのコンディショニングプログラムは，"3M" で考えるとよい。まず，プログラムのすべては "Manageable（管理できること）" でなければならない。利用できる施設・器具・総スタッフ数が常に満足されるとはかぎらないが，施設や器具はパフォーマンスの制限要素ではない。すべての主たるトレーニングはフィールドで行われるべきであり，フィールド外でのトレーニングはあくまでも補足的なものである。次に，結果は "Measurable（測定可能）" なものでなければならない。トレーニングや漸

進性(進行度)は測定できるかどうか。すなわち数値で表されなければならない。最後に，プログラムは，"Motivational（動機づけ可能）"でなければならない。プレーヤーやコーチは，そのトレーニングの理由，すなわちトレーニングがサッカープレーヤーとして成功するために必要なものであるということを理解していなければならない。

　サッカーのポジションで要求される身体的特性とは何か。すべてのプレーヤーは個々に異なるので，チーム競争のなかでそれぞれのプレーヤーの要求に見合った効果的なプログラムを作成することはきわめて困難なことである。

　次の変数を比較して，プレーヤーを評価することができる。

- 身体作業能（全身持久力）
- 筋力とパワー
- スピード
- コーディネーションとスキル

　測定がプレーヤーに与えるストレスは，実際のゲームを除けばもっとも高いものである。そのため，ポジションやゲームで要求される能力を見極めるためには有効な手段となる。コーチは，競技パフォーマンスを予測できる測定結果をもとに，戦術や戦略を考えることができる。

　測定結果をいわゆる基準値と比較するのではなく，自分自身の値と比較することが意味のあることである。注意しなければならないのは，1回の測定結果だけであれやこれやと考えすぎて混乱しないことである。年間を通して定期的に数回の測定を実施することにより，詳細にプレーヤーの特徴を明らかにすることが可能である。

　ほとんどの場合，トレーニングやゲームでのパフォーマンスを観察することですでに認められている"不足している要素"が測定によって明らかとなるにすぎない。次にあげるテストにより，さまざまな改善点が明らかになったり，プレーヤーのモチベーションを上げることができるかもしれないが，忘れてはいけないのは，究極の測定方法はゲームそのものであるということである。

　テストの結果を用いてコーチに示唆を与え，毎日あるいは週間のトレーニング処方に活かすことができる。測定の目的はプレーヤーに最適なトレーニングプログラムを作成し，トレーニングを通してゲームに必要な生理学的・バイオメカニクス的な特異性を高めることである。すべてのテストは，精度を確保するためにコンピューター化（たとえば電気時計の使用）すべきである。

10mスタート

　10mスタートはスタンディングスタートで行う。最初に右足を前に次に左足を前にしてスタートする。このテストは，加速能力を測定するものである。この結果が悪ければ，筋力不足かスタート技術の不足によるものである。2回測定し，同じ値であることがベストである。これは両脚が左右対称であることを意味し，サッカーでは理想的なことである。

20mフライ

これは20mの距離を全力で往復するテストである。このテストでは，最終トップスピードがm／秒で表され，一定時間内にどれだけの距離を移動できるかが判断できる。この能力が不足していると，パワー不足（反復ジャンプテストと同様）と技術不足により十分なスピードがないと判断できる。

イリノイアジリティテスト

うつぶせの状態からスタートし，最初のコーンに全力で走る。ターンし，真ん中のコーンをジグザグに回り，全力でコーナーのコーンに走り，ゴールまで全力で走る。方向転換能力と重心のコントロールを測るテストである。また，ボディアウエアネス，ボディコントロール，フットワークを明らかにするテストでもある。結果がよくなければ，機能的な体幹筋力の不足や脚筋力の不足が考えられる。15秒以下であることが望ましい。

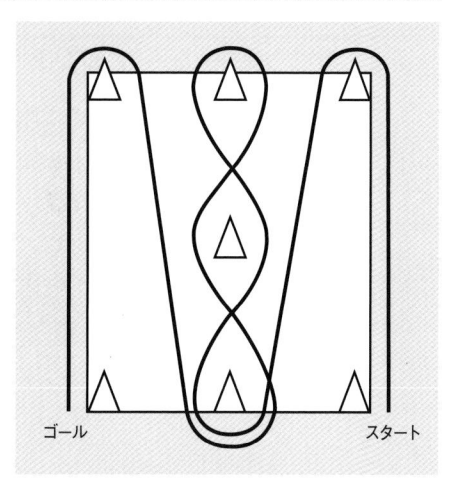

50mアヤックスシャトル

10mの間隔で2本の平行ラインを引く。ラインAからスタートし，ラインBにタッチし再びAにもどる。合計が50mになるようにダッシュとターンを繰り返す。このテストは，スタート，ストップ，リスタート，素早い方向転換の能力を測定するものである。この能力の不足には，機能的脚筋力や体幹筋力の不足がかかわっている。記録が10秒以下であれば良好である。

Bangsboビープテスト

これはサッカーに特有な持久力を評価するためのマルチステージテストである。20m離してラインを引き，20段階あるランニングスピードのうちもっとも遅いペースのスピードからテストを始める。プレーヤーは指定されたスピードで20mを走りきり，ラインを踏んだらもとのラインまで戻る。ペースはブザー音によるオーディオテープの合図に合わせる。決められたペースで7～15往復し，これが完遂できたら続けて次のスピードで往復を続ける。得点は，もしも16段階まで進みながらも8インターバルでペースについていけなくなったとしたら16－8となる。Bangsboは，走行可能であったランニングスピードと往復回数から最大酸素摂取量が推定できるとしている。テストの最初では，ビープ音は2～4分ごとに速くなり，徐々にビープ音の間隔が短くなっていく。このテストでは最大で合計で1000m以上のスプリントが可能

である。これは，もっとも高いレベルで90分間競技するサッカーでは最小限の距離である。このテストで低い値であれば，有酸素性作業能力の強化が必要である。

スクワットジャンプ

大腿が平行になるように静止状態のスクワットポジションをとる。そして，できるだけ高くジャンプする。このテストでは，基礎的筋力と立位からのスタートに関係する筋の収縮特性を測定する。このテストの結果は，カウンタームーブメントジャンプよりも低いはずである。

カウンタームーブメントジャンプ

スクワットジャンプの開始姿勢から素早くしゃがみ込み，できるだけ高くジャンプする。このテストでは爆発的パワーを測定する。このテストの結果は，20mフライの結果と関連している。このテストのジャンプの方が，スクワットジャンプよりも高くなるはずである。

連続ジャンプ

カウンタームーブメントジャンプを，15秒間できるだけ多く繰返す。このテストにより，パワーとパワー持続力が判断できる。このテストの結果は，20mフライの結果と関連している。

テスト結果をシミュレーションし，それに基づいたトレーニングを考えてみることにする。

◆プレーヤーNo.1

10m　右足	最高値　1.83秒　平均　1.86秒
10m　左足	最高値　1.80秒　平均　1.80秒
20m　フライ	最高値　2.45秒　平均　2.48秒
	最高速度　8.16m／秒
イリノイアジリティ	最高値　16.00秒　平均　16.05秒
アヤックスシャトル	最高値　10.73秒　平均　10.79秒
ビープテスト	最高値　スピード／レベル　21／4　距離　920m
スクワットジャンプ	高さ　0.464m
カウンタームーブメントジャンプ	高さ　0.484m
連続ジャンプ	回数　15　平均高　0.414m　パワー　31.16

評価とトレーニング

このプレーヤーに対しては，加速トレーニングを週2回，正しいテクニックに重点をおいて短く爆発的に行う。また，最初の1歩に時間がかかりすぎる傾向がある。

加速走と同じ日にアジリティも行う。素早い方向転換とフットワークドリルを強化する。15秒間の連続ジャンプでは，パワーの潜在性としてはよい値であるが，スピードとアジリティテストではそれが見られない。このプレーヤーはフィールドでのスピードとアジリティを改善することで，今は苦手な「相手を抜き去るステップ」を身につけることができると考える。

◆プレーヤーNo.2

10m　右足	最高値　1.72秒　平均　1.77秒
10m　左足	最高値　1.84秒　平均　1.85秒
20m　フライ	最高値　2.35秒　平均　2.36秒
	最高速度　8.51 m/秒m
イリノイアジリティ	最高値　14.60秒　平均　14.65秒
アヤックスシャトル	最高値　10.00秒　平均　10.05秒
ビープテスト	最高値　スピード／レベル　21/ 6
	距離　1000 m
スクワットジャンプ	高さ　0.383m
カウンタームーブメントジャンプ	高さ　0.394m
連続ジャンプ	回数　14　平均高　0.445m　パワー　26.73

評価とトレーニング

このプレーヤーには，加速トレーニングが必要である。また，正しい動きの習得が重要である。アジリティはよいが，持久力がこのレベルのプレーヤーとしては十分でない。ジャンプテストの結果から考えて，週2回のプライオメトリクスの実施が必要である。ジャンプテストの結果がよくない理由は，加速能力の不足である。ジャンプやハードルジャンプに重点をおいてトレーニングし，脚と体幹を中心としたストレングストレーニングを週2回実施するべきであろう。

テニス

E.Paul Roetert

テニス界では史上5人しかグランドスラム（同年に世界4大大会にすべて優勝すること）を達成していないし，この偉業を達成することは一段と難しくなっている。レベルの高い競い合い，コートサーフェスごとのスペシャリスト，そして数多くのトーナメントへの参加が義務づけられていることなどが，世界4大大会のためにしっかりと準備することを特に難しくしている。1998年の終わりに，Pete Sampras選手は4大大会に11回優勝し，Roy Emerson選手の持つ12回に迫っていた。しかし，ピートは1999年1月に行われる全豪オープンに参加しないことを決意した。というのは，彼は疲れ果て，休養を必要としていたのだ。

彼の決断には賛否両論があったが，スポーツ科学の見地からは賢い決断であったといえるであろう。テニスは，他のスポーツのような正式なオフシーズンがない。そのため，特別なトーナメントのためにピークを作ることや，けがからの完全な復帰や休養期間を設定することが難しくなっている。この問題は，プロプレーヤーだけにあるのではなく，ジュニアでさえ年間を通して毎週トーナメントに参加している。

さて，このようないわゆる"オーバープレー"から，どのようにけが，燃え尽き症候群，そして大会での好ましくない結果を予防しているのだろう。答えは，正しいピリオダイゼーショントレーニングプログラムをデザインすることである。前章で述べたように，ピリオダイゼーショントレーニングは，主にウエイトトレーニング，競泳，陸上競技などのオリンピックスポーツにおいて長く用いられてきた方法であり，オーバートレーニングを最小限に抑えて，最適なピークパフォーマンスを達成する方法である。コーチとプレーヤーは，競争，休養，練習，体力トレーニングを1年通してバランスよく行わなければならない。**表13.15**と**図13.4**には，この4つの要素をどのように振り分けるのかについての例を示している。テニスには公式なシーズンというも

表13.15　1サイクル当たりのピリオダイゼーション

	準備期	ゲーム準備期	ゲーム期	積極的休養期
ゴール	しっかりとしたフィットネスの養成	テニスに特有のトレーニング	生理学的ピーク	回復
フィットネストレーニング（持久系）	有酸素性トレーニング中心 20～40分間の持続性エクササイズ	無酸素性／有酸素性の混合	テニスに特有のドリル 短時間で，爆発的	軽フィットネストレーニング 他のスポーツを行う
ストレングストレーニング	高回数12－15 2－3セット	低回数8－10 2－4セット	サーキットトレーニング 高回数12－15 1－2セット	8－10回，3セット（オプション：必要性に応じて3－7日間の休息を取る）

のがないので，最初にそれらを計画しなければならない．4大大会を念頭におくと，年間を4つの大きな期に分けることができる．そしてさらに各期を4つの期に分けてこれを1サイクルとすると，年間で4サイクルのプログラムが成立する．

図13.4は，期分けされた4つの期それぞれにおいて，各トレーニング要素に割かれる時間の比率を示している．各期においてトレーニングの効果を最大限に得るためには最低でも3～4週間は必要である．積極的休養期においても実際にはテニスをしてはいるが，この期の初期ではプレー時間はほとんどなく，時が経つにつれてプレー時間は長くなる．とはいえ，積極的休養期の最初の数日間は，まったくテニスはしない．インシーズンではけがをしていないプレーヤーはプレー時間が確実に増大するので，結果的にパフォーマンスが向上する．

トレーニングは，個人に合わせてデザインすることを忘れないでほしい．誰もが異なった遺伝子，異なった大会スケジュール，異なったフィットネスレベルを持っている．多くのプレーヤーは，2～3大会後に短期間の休養を必要とするであろう．さらに，

準備期
- 休養 10%
- ゲーム 30%
- 練習 30%
- 体力トレーニング 30%

ゲーム準備期
- 休養 10%
- 体力トレーニング 15%
- ゲーム 50%
- 練習 25%

ゲーム期
- 休養 10%
- 体力トレーニング 10%
- 練習 10%
- ゲーム 70%

積極的休養期
- 休養 30%
- ゲーム 20%
- 練習 20%
- 体力トレーニング 30%

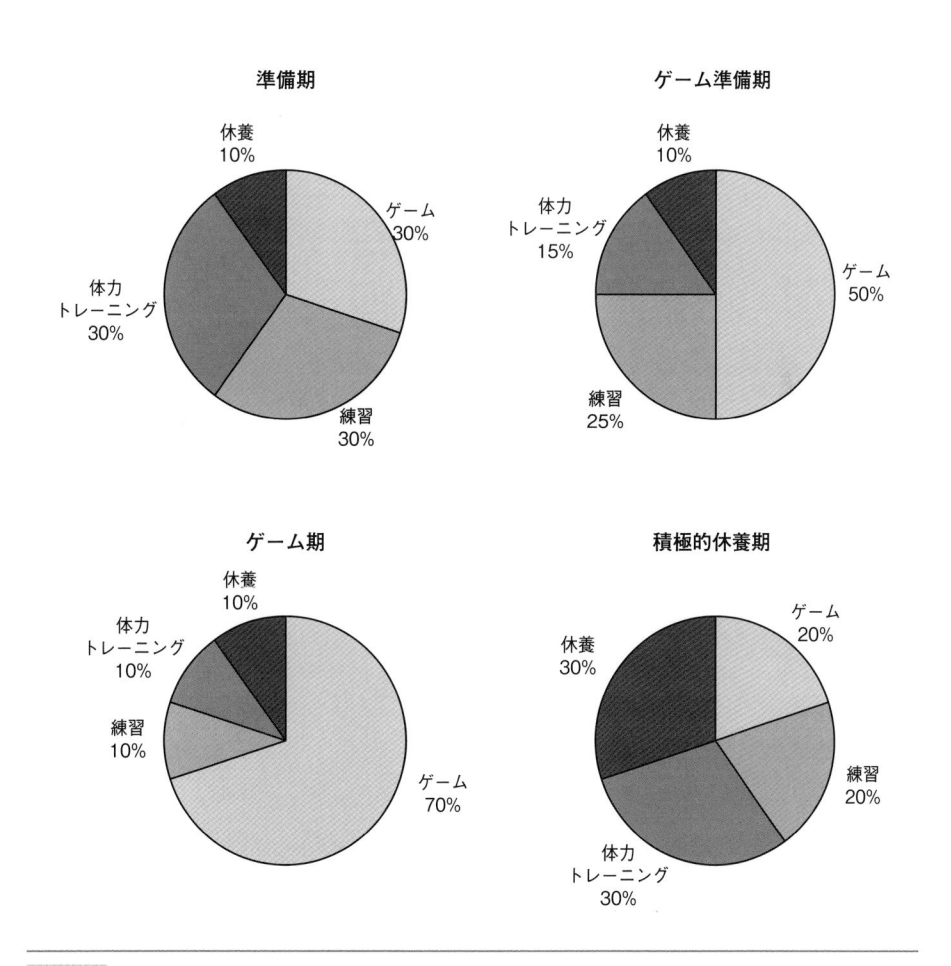

図13.4 各期においてトレーニング要素に費やす時間

□ 準備期　■ ゲーム準備期　■ ゲーム期　■ 積極的休養期

ジュニアレベルでランキング入りしている選手のプログラム例

大学レベルの選手のプログラム例

プロ選手のプログラム例

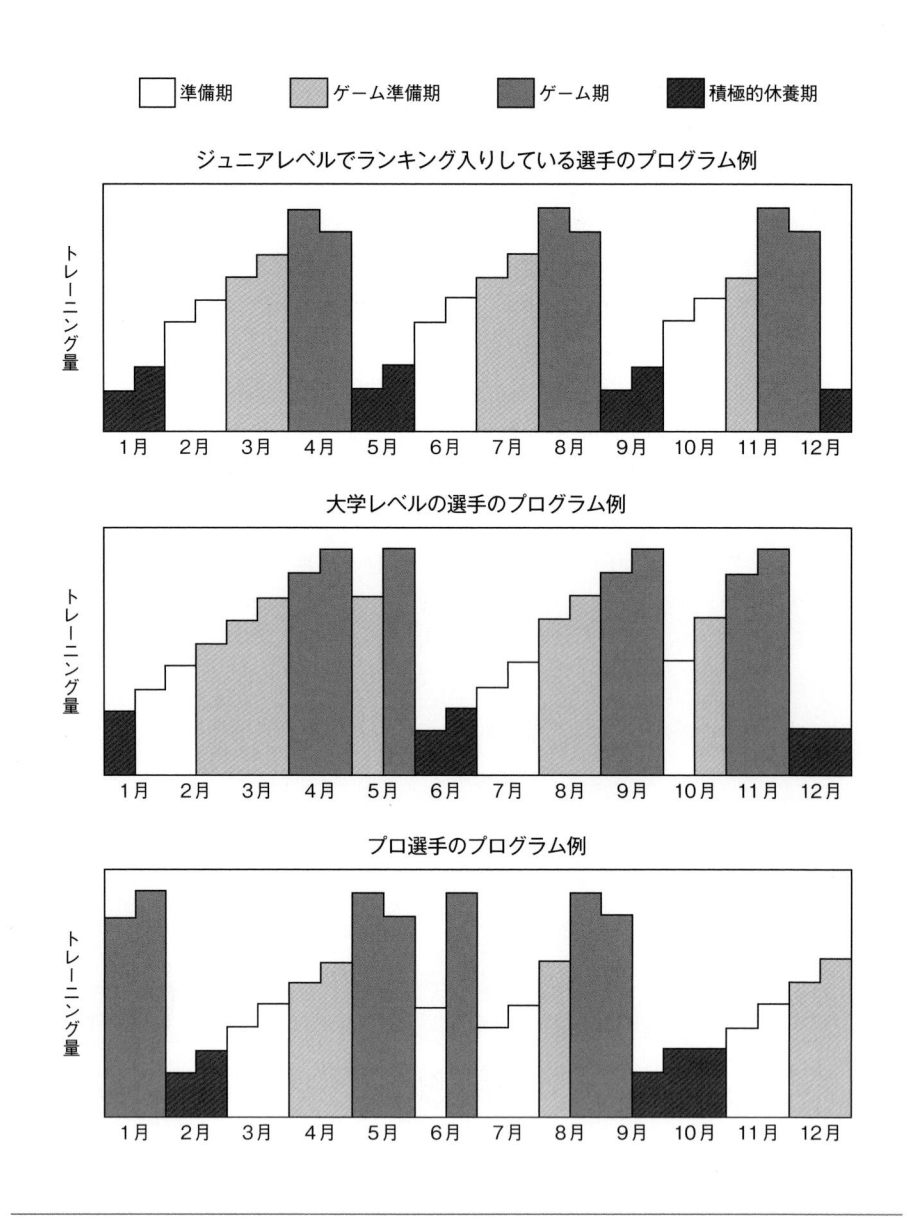

図13.5 プログラムは選手の特性や置かれた環境に加え，プレーのレベルも考慮して個別に作成する

(a) 1回戦で敗退なのか決勝戦に進むのか，(b) ゲーム時間は短いのか長いのか，(c) 会場への移動時間は長いのか，(d) 劣悪な環境条件にも適応しやすいのか，などの差異も考慮に入れる。**図13.5**は，ジュニア，大学，プロレベルでのプログラムを表しているので参考にしてほしい。

適切なピリオダイゼーションプログラムの作成にあたって，もっとも重要な（そして難しい）要素は休養の確保である。したがって，ピリオダイゼーションではもっとも重要な大会を決め，この大会に合わせてピーキングをするようにプログラムを立てる。最良の結果を得るために，次の5つの要素を守る必要がある。

1. 量と期間　　　　どの程度の量をどの程度の期間トレーニングするか。
2. 強度　　　　　　どの程度ハードにトレーニングするか。
3. 頻度　　　　　　どの程度の頻度（回数/週など）でトレーニングするか。
4. 特異性　　　　　スポーツの動きにどの程度近い状況でトレーニングできるか。
5. バリエーション　トレーニングパターンをどの程度持っているか。

　期（準備期，ゲーム準備期，ゲーム期，積極的休養期）によって，トレーニングの目標（筋力の向上，パワーの改善，持久力の改善など）は変わる。これから紹介するプログラム例（ゲーム期における週間トレーニングプログラム）が参考になるであろう。前述したように，個人差はプログラム作成上もっと重大な要素である。たとえば，アメリカンフットボールではラインマンとディフェンシブバックが違うように，テニスでは前衛と後衛では到達目標が異なってくる。

　テニスプレーヤーのためにストレングス＆コンディショニングのプログラムを作成するにあたっては，テニスはオフシーズンがないスポーツなのでピリオダイゼーションを行うことは不可能であると感じるかもしれない。しかし，ここで示したプログラムとエクササイズを応用することで最良のピリオダイゼーションを作成することができる。

　表13.16には，インシーズンにおけるサーキットトレーニングプログラムの例を示した。週に3回，このプログラムでサーキットを行うことを勧める。

表13.16　ゲーム期におけるサーキットトレーニングプログラム

プログラム1		プログラム2		プログラム3	
スクワット	12回×2セット	ステップアップ	12回×2セット	ランジ	15回×2セット
ベンチプレス	12回×2セット	プッシュアップ	12回×2セット	チェストプレス	15回×2セット
シーテッドロー	12回×2セット	バイセプスカール	12回×2セット	ベントオーバーロー	15回×2セット
シットアップ	12回×2セット	ラットプルダウン	12回×2セット	メディシンボールでのコアエクササイズ	15回×2セット
バックエクステンション	12回×2セット	バランスボールでのコアエクササイズ	12回×2セット	腰部エクササイズ	15回×2セット
トランクローテーション	12回×2セット	テニスをしない日であれば軽プライオメトリック		ハムストリングエクササイズ	15回×2セット
カーフレイズ	12回×2セット			レッグエクステンション	15回×2セット
トーレイズ	12回×2セット			カーフレイズ	15回×2セット

バレーボール

Courtney Carter

　バレーボールのストレングス＆コンディショニングプログラムは，年間のゲーム数や練習のスケジュールによって変わる。バレーボールにはインシーズンとオフシーズンの２つの大きなシーズンがあるが，この２つのシーズンが年間に２サイクル存在する。すなわち，オフシーズンが夏と冬に２回，インシーズンも秋と短い春の２回ある。

　１月初めに１年の最初の"期"である移行期が前年のレギュラーシーズンの終了直後に来る。冬のオフシーズンは１月後半から２月末まで続く。そして，春のインシーズンが３月から４月末まで続く。このサイクルが第１回のサイクルである。

　２回めのサイクルは，まず５月いっぱい続く移行期から始まり，ここでは積極的休養が用いられる。次いで夏のオフシーズンは，６月上旬に始まり７月末まで続く。インシーズンは８月からの１日２回練習によって始まり，シーズン終了まで続く。

　選手のレベルに関係なくストレングス＆コンディショニングプログラムは，バレーボールのバイオメカニカルなニーズに適合させて，クローズドキネティックで多面的な多関節運動を多用して作成する。そうすることで，バレーボールに必要とされている筋力と爆発的パワーを発達させることができる（**表13.17**）。

　コーチは，ウエイトトレーニングの経験がまったくないか，あるいはあまり経験していない選手を注意深く指導すべきである。この初期段階でのプレーヤー間のトレーニングレベルの違いは，ウエイトトレーニングの技術を習得しているかどうかの違いによる。気をつけてほしいのは，たとえば高校生のような初心者のプログラムでは，この時期には爆発的なリフティングやコンディショニングトレーニングは行わない。むしろ，爆発的なリフティングの動きはいくつかのパートに分けられ，ストレングスリフトとして教えられ，徐々にその技術を統合して最終的に爆発的なリフティングへと導くべきである。また，初心者プログラムではピーク期も設定しない。

　大学生レベルの中級者のプログラムで用いられるエクササイズは，初心者に比べて技術レベルが高い。もっとも，両者の根本的な違いは強度が高いこと，そして爆発的リフトをすることである。

　上級者のプログラムはプロフェッショナル向けで，技術レベルがさらに高くなり，プライオメトリクス，スナッチ，オーバーヘッドリフトを多用する。基礎養成期でのトレーニングの一部として上級者プログラムでは，９種目の高強度運動を組み合わせたサーキットを行う。このサーキットは60％１RMの強度のエクササイズを10回ずつ行い，これをセット間に１分の休息をはさんで３セット行うものである。この高強度サーキットが遂行可能なレベルに体力がないといけない。上級者用のプログラムを実行するには，正しいウエイトトレーニングとコンディショニングドリルの技術が要求される。

表13.17 バレーボールの基本的なストレングス&コンディショニングプログラム

		平均的な トレーニング時間	期待できる効果
1月	積極的休養(クロスカントリー)やウインタープログラム	さまざまだが,おおよそ90-120分	疲労回復と除脂肪体重の増加,技術の向上,バレーボールスキルの維持
2月	ウインタープログラム	90-120分	筋力と爆発的パワーの獲得,アジリティの改善,バレーボールスキルの維持
3月	春期インシーズン	30分	筋力と爆発的パワーの維持
4月	春期インシーズン	30分	筋力と爆発的パワーの維持
5月	積極的休養による回復と夏期プログラムへの準備	さまざま	夏期プログラムへ向けての身体的・精神的準備
6月	夏期プログラム	120分	除脂肪体重の増加,作業能力とパワーの改善,爆発的リフティング技術の向上,バレーボールスキルの維持
7月	夏期プログラム	120分	最大筋力と爆発的パワーの獲得,アジリティの改善,バレーボールスキルの維持
8月	インシーズンプログラム	30-45分	筋力と爆発的パワーの維持
9月	インシーズンプログラム	30-45分	筋力と爆発的パワーの維持
10月	インシーズンプログラム	30-45分	筋力と爆発的パワーの維持
11月	インシーズンプログラム	30-45分	筋力と爆発的パワーの維持
12月	インシーズンプログラム	30-45分	筋力と爆発的パワーの維持

シーズン終了後は完全休養とすること

オフシーズン

オフシーズンの第1の目標は,選手をストレングス&コンディショニングのピークへ導くことである。これはさまざまトレーニング負荷とエクササイズのバリエーションからなる3つの期で構成される8週間のプログラム(**表13.18**)によって達成できる。それぞれの期は次の期の基礎となることを念頭においてプログラムの目的と内容を考える。プログラムは基礎養成期から始まり,筋力養成期,そしてピーキング期へと進む。基礎養成期ではトレーニングのボリュームを大きくし,強度を低くする。これに対して,ピーキング期ではボリュームを小さくし,強度を高める。

前述したように,バレーボールでは夏と冬2回のオフシーズンがある。冬のオフシーズンは約6週になるので,ここで次に始まる春のインシーズンに備えて十分なトレーニングを行う。オフシーズンでのストレングス&コンディショニングプログラムは,日によって異なるエクササイズを行う。

表13.18 夏のオフシーズンのストレングストレーニングプログラム

月曜日と木曜日（すべての期で）	
スナッチスクワット	5回×2セット
ラッククリーン　または　ハングクリーン	5回×3セット
スクワットジャンプ	5回×3セット
トランクツイスト	5回×2セット

腹筋

火曜日と金曜日	基礎養成期			筋力養成週間			ピーキング期	
	1	2	3	4	5	6	7	8
スクワット	10回×2セット	10回×3セット	10回×3セット	5回×3セット	5回×3セット	5回×3セット	5回×3セット	5回×3セット
ローマンデッドリフト	10回×2セット	10回×3セット	10回×3セット	10回×2セット	10回×2セット	10回×2セット	10回×2セット	10回×2セット
レッグカール	10回×2セット	10回×3セット	10回×3セット	—	—	—	—	—
レッグエクステンション	10回×2セット	10回×3セット	10回×3セット	—	—	—	—	—
ベンチプレスまたはジャマープレス	10回×2セット	10回×3セット	10回×3セット	5回×3セット	5回×3セット	5回×3セット	5回×3セット	5回×3セット
ショルダープレス	10回×2セット	10回×3セット	10回×3セット	—	—	—	—	—
トライセプスエクステンション	10回×2セット	10回×3セット	10回×3セット	10回×2セット	10回×2セット	10回×2セット	—	—
ロウラットプル	10回×2セット	10回×3セット	10回×3セット	10回×2セット	10回×2セット	10回×2セット	—	—
ベントオーバーロー	10回×2セット	10回×3セット	10回×3セット	10回×2セット	10回×2セット	10回×2セット	10回×2セット	10回×2セット
ラットプルダウンまたはプルアップ	10回×2セット	10回×3セット	10回×3セット	10回×2セット	10回×2セット	10回×2セット	10回×2セット	10回×2セット
バイセプスカール	10回×2	10回×3	10回×3	10回×2セット	10回×2セット	10回×2セット	—	—

効率のよいトレーニングのためには，スプリットルーティン法を使うとよい。この方法では異なるタイプのエクササイズを，少なくとも2日間の回復期を設けて行う。エクササイズのタイプは，爆発的リフトとストレングスリフト，プライオメトリクスとアジリティドリルの2つに分けられる。

■ 基礎養成期

基礎養成期での目標は，除脂肪体重を増やし，作業能力とパワーを改善し，爆発的リフトの技術を向上させ，バレーボールの技術を維持することである。高ボリュームでのトレーニング（10回×3セット）によって作業能力を改善し，後の期で行う高強度トレーニングへ備える。また，ここでは単関節運動を用いて，筋量の発達を刺激することもある。爆発的リフトを行うときは，常に正しいテクニックで行うように注意が必要である。この期でのコンディショニングドリルの目的は，バレーボール特有の持久力の維持と，後の期で行う高強度のプライオメトリックスとアジリティドリルへ対応できるように準備することである。

■ 筋力養成期

筋力養成期での目標は，ストレングストレーニングのボリュームを減らして強度を上げ（5回×3セット），コンディショニングのボリュームを上げることで基礎養成期で作り上げた内容をさらに高めることである。この期では最大筋力と爆発的パワーの養成，アジリティの向上，バレーボール技術の維持である。また，ストレングスプログラムの中心はスクワットとハングクリーンである。同日に3種目以上の爆発的リフトをしてはならない。加えて，2～3種目の単関節トレーニングを，筋サイズを維持する目的でトレーニングセッションの最後に行うとよい。

■ ピーキング期

オフシーズンでの最後のピーキング期ではバレーボール特有の高ボリュームのプライオメトリクスとアジリティドリルが強調される。ストレングスプログラムでは，最大の爆発力を生み出すために爆発的リフトを集中して行う。したがって，単関節トレーニングはオーバートレーニングを避けるためにまったく行わない。**表13.18**は一般的なバレーボールの夏のオフシーズンにおけるストレングストレーニングプログラムである。月・木曜日のストレングスの後にはプライオメトリクスを行い，火・金曜日のストレングスの前にはアジリティドリルを行う。

インシーズン

インシーズンでの目標は，オフシーズンで獲得したストレングスとコンディショニングのレベルを維持することであり，重点をバレーボールの技術および戦術と戦略にシフトさせる。アスリートはメンテナンスプログラムを週2回行うが，これはメインの練習時間とできるかぎり離すことが望ましい（一般的には早朝に行う）。このスケジュールによって，早朝のストレングスと昼間の練習との間で休息を確保できるので理想的である。インシーズンプログラムのエクササイズは，ストレングスと爆発的エクササイズの両方を入れることができる（**表13.19**）。インシーズンではコンディショニングは練習以外では行わない。また，週2回のリフティングはゲームスケジュールによって変化させる。

表13.19 インシーズンのストレングストレーニングプログラム

スナッチスクワット	5回×2セット
ハングクリーン	5回×2セット
トランクツイスト	5回×2セット
スクワット	5回×2セット
ベンチプレスまたはジャマープレス	5回×3セット
プルアップ	10回×2セット
腹筋	―

移行期

インシーズン直後の移行期では，積極的に水泳，ジョギング，テニス，ラケットボールなどの競争性の無いアクティビティーを行いながら，シーズンで蓄積した肉体的・精神的疲労を抜いてリフレッシュさせる。

14 受傷後のパフォーマンス回復

Restoring Performance After Injury　Todd S. Ellenbecker

　ここでは，けがから競技復帰するためのトレーニングに必要な要素について説明する。とくに，病院などで行われる臨床的リハビリテーションが終了してから競技に復帰できるまでの期間に焦点を当てて解説をする。この期間は医師が競技復帰を許可してから最高の競技レベルに達するまでであり，手術やリハビリテーションが成功したか否かはこの期間で決定されるといえる。

　競技復帰に携わる専門家，すなわち医師，理学療法士，アスレティックトレーナー，ストレングス＆コンディショニングスペシャリスト，コーチ，そしてアスリートや保護者全員がオープンになってコミュニケーションをはかるというアプローチが重要となる。

　近年，手術やリハビリテーションの技術進歩によって10～15年前ではアスリート生命が絶たれていたようなけがからの競技復帰が可能となってきたが，これは膝関節，肩関節，あるいは肘関節の手術や治療で内視鏡検査が用いられるようになったためと考えられる。膝関節の内視鏡手術を受けてから3～4週間で，以前の競技レベルに復帰することは今では珍しくはない。なかには術後1～2週間で復帰するアスリートもいるが，それは受傷前よりも低いレベルでの競技復帰で一時的なものであり，再受傷の危険性を伴うだろう。

　適切かつ早期の競技復帰を確実なものにするためには，リハビリテーションの初期段階からアスリート，医師，理学療法士，アスレティックトレーナー間でのコミュニケーションが必要となる。治癒過程の初期段階を終え，スポーツ医学の専門家とコーチの指示のもとで機能的な運動を開始した後に，チームとしてアプローチする重要性が明らかになってくる。

　コミュニケーションの一例として，競技復帰のタイミングなどの要求や希望をコーチやアスリートとスポーツ医学の専門家との間で情報交換する。痛みのレベルや不安定性，筋力低下などの情報をアスリートと専門家との間で正直に伝え合い，さらにコーチからの情報とを統合することができる。

　専門家同士のコミュニケーションを効果的にするために，口頭でのコミュニケーションやスタッフミーティング以外には，報告書や評価テストを用いて骨の治癒程度，靭帯の損傷程度，あるいは関節の不安定性など，術後や受傷後の経過や現状を把握し，リハビ

表14.1 検査項目とテスト方法

検査項目	検査・テスト方法
骨組織	レントゲン，骨スキャン，MRI，関節造影
腱組織	MRI，関節造影，術後報告
靭帯組織	MRI，関節造影，KT-2000，負荷レントゲン，術後報告
筋組織	MRI
可動域	角度計測定，柔軟性テスト
筋力	アイソキネティックテスト，徒手筋力検査
機能	垂直跳び，幅跳び，腕立て伏せ，腹筋運動，20メートルダッシュなどのファンクショナルテスト

リテーション後のトレーニングや競技復帰プログラムの参考にするとよい（**表14.1**）。

リハビリテーション後のトレーニングプログラムを構成する要素

コンディショニングの構成要素である頻度，時間，量，強度，休息，回復などは，リハビリテーション後のトレーニングプログラムを進めていく上でも重要である。また，けがが再発しやすい段階では，とくにすべてのトレーニングを痛みや症状のない状態で行うべきで，もしも受傷部などに痛みや症状を伴うようであればトレーニングを変更もしくは中止する。

運動強度と痛み

"No pain, no gain." という考え方は明らかにこの段階のトレーニングには適用できず，痛みやけがに関連した症状が起こらないような頻度，時間，強度でトレーニングを行わなければならない。スポーツ医学の専門家とコーチは**表14.2**のような痛みレベルを用いて痛みの有無を常にチェックし，アスリートの状態を把握する。

痛みのスケールが有効なのは，代償動作がみられるかどうかを確認しなくても痛みが起こる運動を避けることができるからである。代償動作を伴うスポーツや運動は他の部位に問題を起こす可能性があり，さらに非効率的に動くため，パフォーマンスの回復を遅らせる。

スポーツの特異性

痛みレベルのチェックも含め，専門家はトレーニングプログラムの基本的な項目を作成していく。この段階でのトレーニングプログラムでは，できるだけ多くの方法を用いて競技に要求される特異性を出すようにする。**図14.1**では特異性のあるトレーニングプログラムを作成するために考慮すべき内容を示している。運動生理学に関する

知識があれば，最適な運動と休息の比率や，筋肉にかけるべき負荷のタイプ・量を設定するのに役立つ．また，関節を動かすときのポジションや意図する運動で起こる安定性，加速・減速などを理解するためにバイオメカニクスの知識も必要である．

表14.2 痛みレベルの分類

痛みレベル	症状
レベル1	痛みなし
レベル2	運動後の軽度筋肉痛，通常24時間で消散
レベル3	運動前の軽度筋肉痛と筋拘縮，ウォームアップ後消散．運動後軽度筋肉痛が再発
レベル4	運動前の筋拘縮と運動中の軽度疼痛，しかし運動内容を変更するほどではない．疼痛と筋拘縮は通常のスポーツの動きを阻害しない
レベル5	運動中のパフォーマンスを低下させ，スポーツで必要な通常の動きが行えない疼痛．明らかな代償動作
レベル6	休息時でも持続的な疼痛．運動継続は不可能

Nirschl & Sobel から改変

分析に必要な項目

運動の種類
・使用する筋肉
・関節角度
・筋の収縮様式（エキセントリック，コンセントリック）

エネルギーシステム（代謝）
・有酸素性/無酸素性代謝の比率
・運動と休息のサイクル，パフォーマンスの時間，頻度

傷害予防
・好発部位（肩，体幹，肘，膝）
・アスリートの既往歴

図14.1 テニスの特異性

休息と回復

この段階のトレーニングでは休息と回復の概念を厳守する。損傷組織が特異的なトレーニングに徐々に適応するには回復させる時間が必要であるため，競技復帰までは通常よりも長時間の休息を入れる。

フィットネス要素のリハビリテーションプログラムへの応用

ここではフィットネスに重要な要素の応用方法について，ジュニアのトップテニスプレーヤーの例を用いて説明する。動きを細分化し生理学的に分析することで，早期復帰に向けたプログラムが作成できる。

重要な生理学的要素としてエネルギーシステムの利用があるが，そのような生理学的要素をリハビリテーションプログラムに取り込むことで，機能的回復の遅延や再受傷の危険性，パフォーマンスの低下を未然に防ぐことができる。たとえば，テニスの試合では爆発的な動きを平均300〜500回行う。1ポイントとるまでの運動時間は平均10秒以下で，ポイントごとの休息は25秒間である。ポイントごとに4.2回方向転換し，一方向につき平均4m以下走ることになる。また，走スピードはプロテニスプレーヤーになると時速約30km（世界レベルのスプリンターでは時速35〜37km）であり，1試合につき約10kmの走行距離になる。

最大運動時における運動時間（約10秒）と休息時間（約25秒）を基本とすると，運動と休息の比率は1：2または1：3に設定される。つまり1回の運動につき，その2〜3倍の休息時間となる。このようなインターバル運動でのエネルギー供給は，主に無酸素性エネルギーシステムに頼るが，ポイントごとの休息時に回復するためには有酸素性のエネルギーシステムも要求される。しかもテニスの試合は3〜5時間継続するため，有酸素性エネルギーシステムがより重要となってくる。

テニスだけではなく，サッカーやバスケットボールもインターバル系スポーツに含まれる。それぞれの競技を分析することでトレーニング要素に何を含めるべきかが明確になってくる。たとえば，テニスプレーヤーの場合，リハビリテーションドリルや動きのトレーニングはほぼ最大レベルでの運動を10〜15秒，休息を約20〜30秒とする。エアロバイクのような単純なエクササイズや，キャリオカやサイドシャッフルのようなポストリハビリテーションプログラムに含まれるエクササイズも応用でき，それぞれの競技における特異性を考慮したインターバルプログラムを作成する。また，テニスプレーヤーに必要なバリエーションを与えるための一例として，運動と休息の比率はそのままで走行距離を短くし，方向転換の頻度を増すなどがある。

ポストリハビリテーションプログラムに有酸素性トレーニングを含めることも必要である。テニスを2〜3時間もプレーしているとけがの可能性が高くなるため，有酸素性のコンディショニングを行わなければならない。有酸素性トレーニングでは大

きな筋群の活動，連続的でリズミカルな動きのパターン，最大心拍数の60〜85％，および一定の心拍数と強度を少なくとも20分間維持する，という要素が重要となる。

　下肢の傷害におけるポストリハビリテーションプログラムでは，有酸素性トレーニングで使われるランニングや荷重運動ができないため，それらに代わる方法を考える。アッパーボディーエルゴメーター（UBE）を使用すれば，上肢の強化と同時に心拍数を上昇させることができ，水泳と同じくらい十分な有酸素性運動となる。荷重運動へと移行する際には，水中での浮力を利用してアクアティック（水中）ランニングや，必要なパフォーマンスドリルを水中で徹底して行う。トレッドミルの走行中に荷重軽減できるシステムがよく用いられているが，これは付加的な設備を必要とするため望ましくない。適切な有酸素性トレーニングなしに競技復帰させると疲労しやすくなるばかりでなく，再受傷の危険性も高くなる。

リハビリテーションプログラムのスポーツへの適応

　筋力トレーニングでは生理学的要素に加えてスポーツの特異性も考慮する。動作を分析・細分化して（図14.1），トレーニングの強度，時間，休息，頻度に関する情報を集め，これをもとにプログラムを作成する。投球やラケットスポーツのような上肢を使った動きのほとんどは激しく連続的な筋活動が要求されるが，投球動作やテニスサーブ動作を細分化するとコンセントリックとエキセントリックの両方の筋活動の役割が明らかとなる。したがって，ポストリハビリテーションプログラムでは，それら両方を重視しなければならないことがわかる。

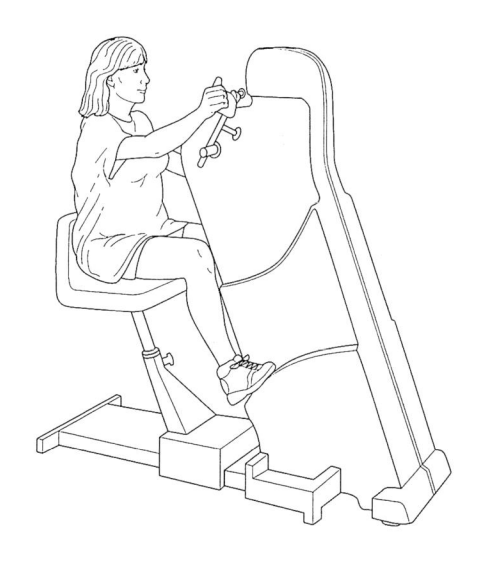

図14.2　アッパーボディーエルゴメーター（UBE）

それ以外の重要な要素としては動きの連続性があり，局部的な筋持久力を確保するために低強度・高頻度のプログラムを必要とする。**図14.3**は，RMトレーニングプログラムにおいて1セットあたりの反復回数がどのように筋機能の発達に関連しているかを示している。RMトレーニングプログラムは競技力向上とリハビリテーションの両方の分野でエクササイズの強度と量を調節する方法としてよく用いられるが，それはRMシステムを使うことによりレジスタンストレーニングの量と強度の両方をコントロールできるからである。たとえば，10RMの負荷は反復回数を10回として9～10回めあたりでかなり疲労するように設定されている。これにより，アスリートは代償動作やフォームを崩すことなく10回の反復運動ができる。投球動作やラケットスポーツのプログラムでは通常10～15RMの強度で行う。これは局所的な筋持久力と筋力を発達させるために，筋持久力系ではない砲丸投げやウエイトリフティングのアスリートが行うようなプログラムとは異なる。10～15回で行うRMプログラムは，4～8回で疲労に至る爆発的なパワートレーニングに比べると負荷はかなり低いため，ほとんどのリハビリテーションで用いられる。ポストリハビリテーションプログラムでは組織治癒を重視することから，痛みなくトレーニングを行えなければならない。よって持久系トレーニングと組織の治癒過程に強すぎない負荷で効果を高めるには，10～15回でRMトレーニングを行うのが適切であるといえる。

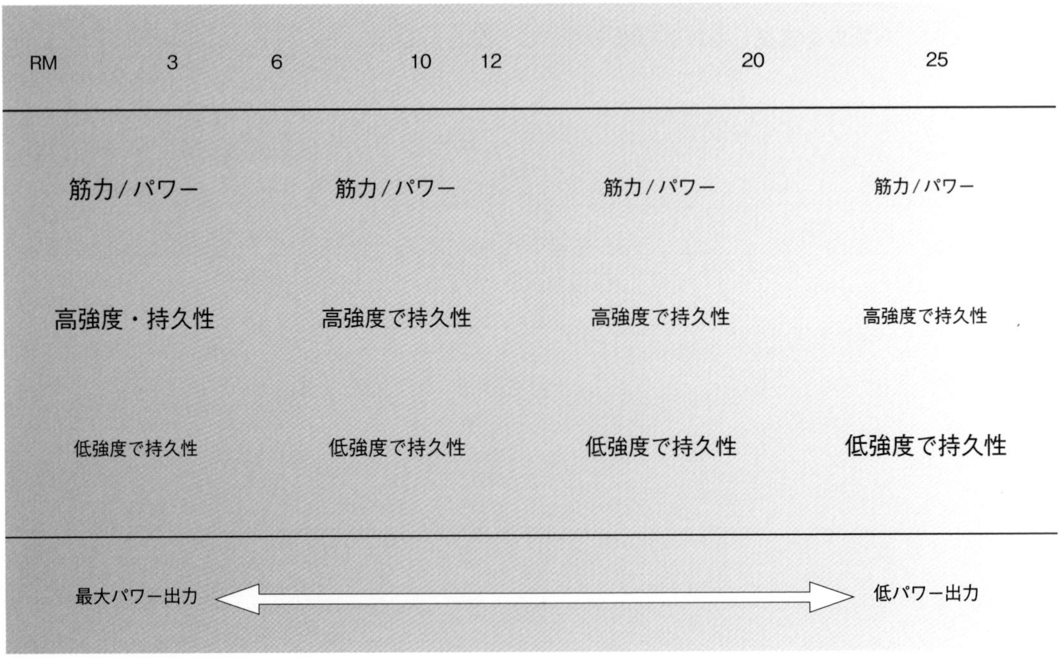

RM	3	6	10 12	20	25
	筋力/パワー	筋力/パワー	筋力/パワー		筋力/パワー
	高強度・持久性	高強度で持久性	高強度で持久性		高強度で持久性
	低強度で持久性	低強度で持久性	低強度で持久性		低強度で持久性
	最大パワー出力 ←――――――――――――――→ 低パワー出力				

図14.3　RMの模式図

競技復帰の段階におけるファンクショナルプログレッション

競技復帰の段階でのトレーニングの進め方を，"ファンクショナルプログレッション"と呼ぶ。前述したように，受傷後や術後のハビリテーション段階を過ぎた後は機能的かつ特異性のあるエクササイズに徐々に近づけていかなければならない。ここでは上肢と下肢のトレーニングでよく用いられる特異性のあるエクササイズや評価テストについて述べる。

エクササイズプログラムの進め方（上肢）

肩関節の障害は，オーバーヘッドの動作をするアスリートに頻繁に起こる。肩関節障害のポストリハビリテーションプログラムでは，リハビリテーション段階で設定されたプログラムをさらに発展させ補強し，再発の危険性を高めることなくパフォーマンスの強度を増加させるようなエクササイズを行う。投球動作やテニスサーブ中の肩や上肢全体の動きを知ることで，肩やその他周辺の筋肉がどのように機能しているかがわかる。たとえば投球動作やテニスサーブでの肩の外転角は，90～100度（肘が肩の高さにある）である。投球動作のリリースポイントやテニスサーブのコンタクトポイントは頭より高い位置にあるようにみえるが，実際には肘は肩の高さに位置し，それは運動中ほとんど変わることはない。肘が頭より高い位置にあるように見えるのは，体幹の側屈によるものである（図14.4）。

図14.4 オーバーヘッドの投球動作やテニスサーブは，単に腕を高く挙げるだけではできない（a）。体幹の側屈を伴う動作が必要である（b）。

1. **外旋エクササイズ（側臥位）**
   健側を下にして側臥位になり，右肘は90度に曲げ体側に固定し，その肢位を保ちながら肩の外旋運動を行う。ゆっくりと前腕を下げて，それを繰り返す。エクササイズ中に右の肩甲骨は常に内転位を保つ。

2. **伸展エクササイズ**
   腹臥位で右の上肢をベッドの横から床に下垂する。親指を外側に向けて肘を伸ばしたまま，股関節の高さまで後方に引き上げる。ゆっくりと腕を下げ，それを繰り返す。エクササイズ中に右の肩甲骨は常に内転位を保つ。

3. **水平外転エクササイズ（腹臥位）**
   腹臥位で右の上肢をベッドの横から床に下垂する。親指を外側に向けて肘を伸ばしたまま，ベッドの高さまで外側に引き上げる。ゆっくりと腕を下げ，それを繰り返す。エクササイズ中に右の肩甲骨は常に内転位を保つ。

4. **"エンプティカン"棘上筋強化エクササイズ**
   立位で肘を真っ直ぐ伸ばし，左の肩関節を内旋させる。親指を床に向けたまま，前方約30度の方向で上肢を挙上する。ゆっくりと腕を下げ，それを繰り返す。もしも，"エンプティカン"で肩に痛みが出るようであれば，肩関節を外旋させて親指を上に向け，"フルカン"エクササイズを試みる。また，エクサイズ中にけっして肩をすくめないこと。肩をすくめないとエクササイズが正しくできないようであれば，このエクササイズは中止すること。

5. **90/90外旋エクササイズ**
   腹臥位で肩関節水平外転90度，肘関節屈曲90度で固定する。前腕を前方に引き上げ，肩の外旋運動を行う。ゆっくりと腕を下げ，それを繰り返す。エクササイズ中に，右の肩甲骨は常に内転位を保つ。

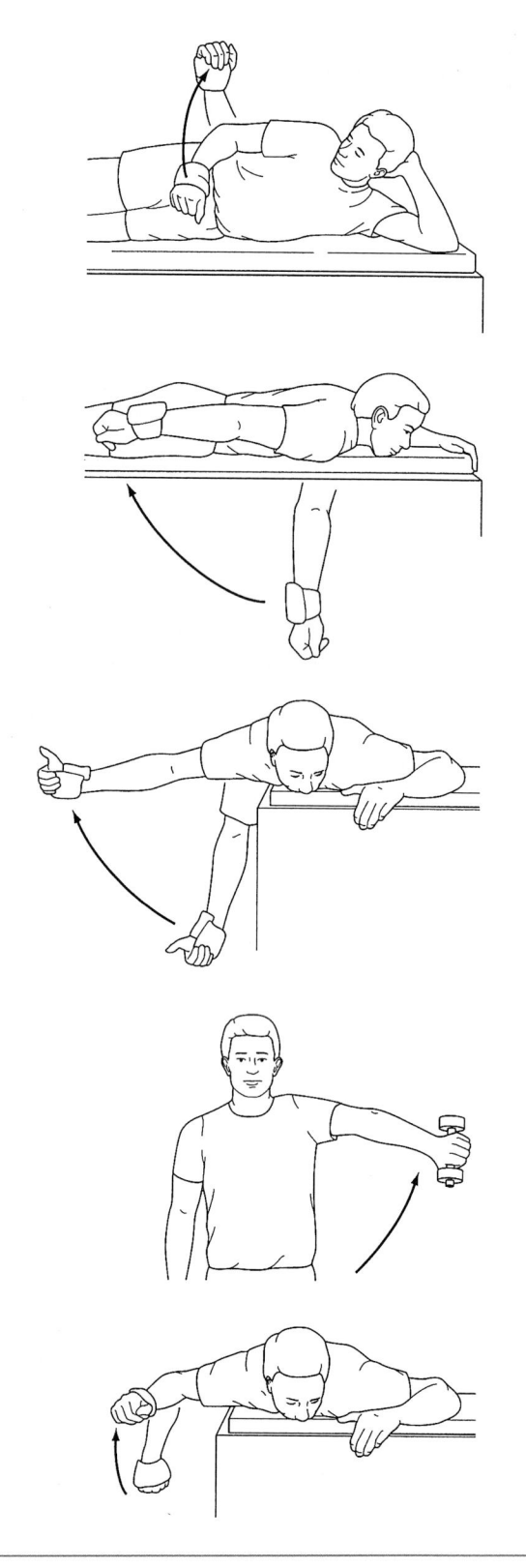

図14.5　腱板筋の筋力と持久力を高めるためのエクササイズ

エクササイズは，それぞれのスポーツでの動作に近づけながら，筋力や持久力を増加させるために行う。したがって，ここでは肩甲骨周囲筋や腱板筋を強化するエクササイズを推奨する。それらのエクササイズでは，ここで説明した機能的な位置に肩をおくので，肩の支持組織や腱組織を再受傷の危険にさらすことはない。図14.5は，野球やテニスでのリハビリテーションと，パフォーマンス改善時に用いられる腱板筋の筋力と筋持久力を高めるエクササイズを示している。また，図14.6では，ゴムチューブを用いて野球やテニスに特有の動作を含めたコンセントリック・エキセントリックのエクササイズを行う方法を示している。

　エクササイズの量は局部的な筋持久力を高めるのに推奨される10〜15回×3セットとするが，これは肩の安定性を高める腱板筋をターゲットとしている。そのほかによく用いられる上肢のファンクショナルエクササイズには，チェストパスの動きが含まれているメディスンボールトス，サイドスロー，フォアハンドトス，バックハンドトスなどがある。さらに難易度を上げるために，同様のエクササイズをスイスボールに座らせて行わせることもできる。これによって，アスリートのバランス能力が改善され，かつ体幹部の筋活動も高めることができる。

　これらのエクササイズによって，さらに機能的な運動へと移行するための準備ができる。腱板筋のリハビリテーションの場合，ファンクショナルエクササイズや他のウエイトトレーニングを開始する際には，正常可動域で痛みがなく，健側と同等の筋力があることが条件となる。セラピストやトレーナーはアイソキネティックマシンを利

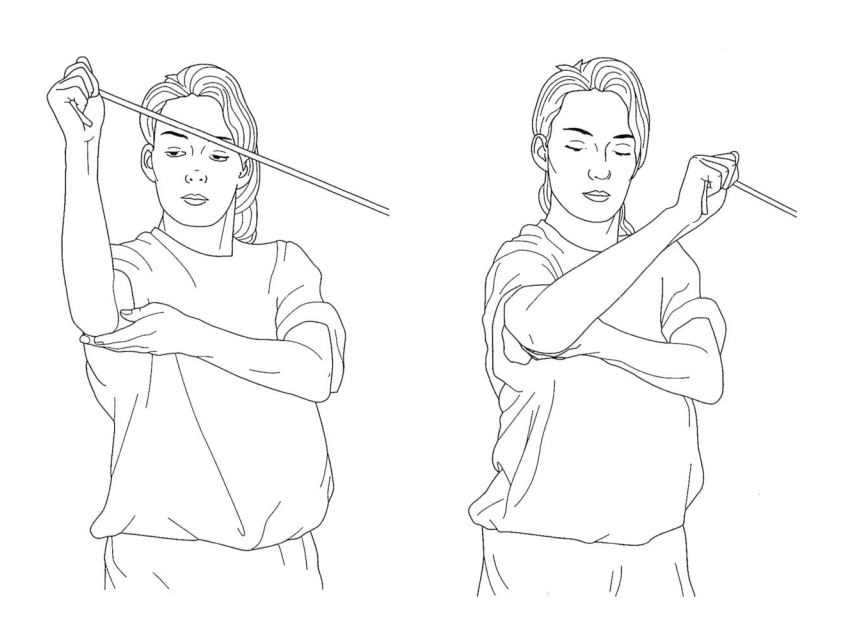

図14.6 ゴムチューブは肩周囲の筋肉をコンセントリック・エキセントリック両方の収縮様式で強化できる。

用して臨床的に腱板筋の筋力や筋力比を測定する。この測定は，受傷あるいは手術後にどの段階でアグレッシブな運動へ移行できるかを判断する上で非常に有益となる。この測定ができない場合は，ここで挙げたエクササイズを痛みなく行うことができるか，また肩や肘に症状が出ることなく可動範囲全体で動かせるかどうかを確認する。

　最後に，テニスサーブや投球動作ができるまでに回復した後，インターバルプログラムを行う。表14.3には，受傷後に用いるテニスのインターバルプログラムを示している。このインターバルプログラムには「プログラムメニューは隔日で行う」という規定があるが，これは患部の組織に十分な回復時間を与えるためである。もちろんストレッチや適切なウォームアップとクールダウンは隔日のプログラムの前後に行う。

　野球の投球動作のインターバルプログラムでは，その運動強度は投球距離を漸増的に伸ばして調節する。最初10～15m程度から投げ始め，投手であれば35m程度，野手であれば45～50mまで徐々に伸ばしていく。プログラムを進めるペースはアスリート個々の状態，すなわち症状の有無，外傷・障害の種類，運動機能低下の程度によって判断する。一般的にはそれぞれの段階で少なくとも1～2回同じインターバルプログラムのメニューをこなし，痛みがないことを確認できれば次のステップに進む。そして，設定した距離で問題なくこなせるようになれば，その距離で投球数と強度を増加させる。

　表14.3に示したテニスのインターバルプログラムでは，最初は，パートナーによって投げられたボールに対する簡単なグランドストロークから始める。これにより上肢にかかるストレスを最小限に抑えられるとともに，ストローク動作を最大限にコントロールできる。そこから徐々にベースライン上での相手とのラリーへ移行していく。量と強度は少しずつ増加させていき，最終的にボレーやサーブの動作を加えていく。サーブのようなオーバーヘッド動作は肩関節に非常に大きなストレスがかかり，安全に行うには高いレベルの腱板筋の活動が必要となるため，フォアハンドやバックハンドに耐えられるようになってから開始する。

　インターバルプログラムの形式は，バレーボールや水泳などの上肢を使うスポーツにも応用できる。基本的には隔日に行い，安全な動作からアグレッシブな高強度の動作に進めていく。上肢の筋力強化が更に必要なアスリートでは，通常行われるウエイトトレーニングに肩や上肢の障害の種類によってバリエーションを加える。回復過程の段階ではウエイトトレーニングのエクササイズにバリエーションを加え，肩の支持組織を保護し，腱板筋にかかるストレスを減らす。表14.4に，よく行われる上肢のウエイトトレーニングにおいて肩に望ましい動きのパターンを加えた例を示した。

　腱板筋のエクササイズとリハビリテーションエクササイズは，インターバルプログラムを開始し，通常のウエイトトレーニングを行っている時期でも継続する。腱板筋と三角筋，広背筋，僧帽筋，大胸筋などの主働筋のバランスは非常に重要であり，競技復帰後に腱板筋や肩甲骨周囲筋などの強化エクササイズを中断すると，再受傷の危険性が高まり，パフォーマンスも改善されない。

表14.3 テニスのインターバルプログラム

ガイドライン
・医師に指示された段階から開始する
・関節痛がある場合，プログラムを漸増したり継続したりしない
・常に肩，肘，手首のストレッチをプログラムの前後で行う
・プログラム後，必ずアイシングを行う
・バックボード（壁打ち）は使用しない（ストローク間の時間が短すぎてよいペースでの筋活動が不可能）
・USPTAなどテニスのプロコーチにストロークの評価をしてもらうことを強く薦める
・プログラム間に十分な回復時間を与えるために隔日で行う
・次の段階へ進む前に少なくとも1〜2回は同じプログラムを行う．疼痛や過度の疲労が前回から残っている場合は，次の段階へ進まない

初期段階
・軟かいボール（フォームボール）を使用してフォアハンドとバックハンドストロークを20〜25回行う．ボールはパートナーにネットから出してもらう

第1段階
a. パートナーにネットからフォアハンド側にボールを出してもらう．ボールは山なりで，腰の高さに出す．フォアハンドストロークで20回繰り返す
b. パートナーにネットからバックハンド側にボールを出してもらう．ボールは山なりで，腰の高さに出す．バックハンドストロークで20回繰り返す
c. 5分間休息をとる
d. フォアハンドとバックハンドでそれぞれさらに20回ずつ繰り返す

第2段階
a. 第1段階と同じネットから出されたボールをフォアハンドとバックハンドで20回打つ
b. ベースラインからパートナーとラリーをする．グランドストロークはコントロールしながら，フォアハンドとバックハンドを混ぜて50〜60回行う
c. 5分間休息をとる
d. bを繰り返す

第3段階
a. ベースラインからグランドストロークのラリーを15分間行う
b. 5分間休息をとる
c. フォアハンドとバックハンドのボレーを10回行う．身体より前で打つことを意識する
d. ベースラインから15分間ラリーを行う
e. フォアハンドとバックハンドのボレーを10回行う

表14.3 テニスのインターバルプログラム（つづき）

サーブを開始する前のインターバル（第4段階の前に行う）

a. ラケットを持ってストレッチをした後，ボールなしでサーブの動作を10～15回行う

b. 軟らかいボールを使用し，ボールの方向は気にせず10～15回サーブを行う（ラケットと腕の動き，コンタクトポイントに注意する）

第4段階

a. グランドストローク70％，ボレー30％の割合でランダムに20分間行う

b. サーブを10回行う

c. 5分間休息をとる

d. サーブをさらに10～15回行う

e. 5～10分間のグランドストロークで終了する

第5段階

a. 第4段階のaとbを繰り返す。サーブの回数を20～25回に増やす

b. パートナーに軽くショートロブを上げてもらい，コントロールされたオーバーヘッドスマッシュを5～10回打つ

c. 5～10分間のグランドストロークで終了する

第6段階

- マッチプレーを行うためには，上肢に過度の疲労や痛みがない状態で第1～5段階を終了することが条件となる。痛みがある場合，次の段階へは進まない

表14.4 肩関節の障害や手術の後におけるエクササイズのバリエーション

エクササイズ	バリエーション
ベンチプレス	ナローグリップを使う。バーを半分までしか下げない
チェストフライ	仰臥位でなく立位で行い，肩にかかる負担を軽減するために手を後方に戻すとき通常の2/3のところまでで止める
ミリタリープレス	インクラインベンチを使用する。ナローグリップで行う。腕を上げる際，肘が顎の高さまでできたら止める
トライセプスプルオーバー	肘を体側につけて，立位のトライセプス・プルダウンに変える
ディップ	肘を体側につけて，立位のトライセプス・プルダウンに変える
ラットプルダウン	フロントのみで行い，バックは行わない

エクササイズプログラムの進め方（下肢）

陸上競技やバスケットボールなどで行う下肢のポストリハビリテーションプログラムには，この章の初めに紹介した要素すべてが含まれるが，上肢とは異なったエクササイズの進め方がある。臨床的な上肢の筋力測定方法はアイソキネティックマシンを利用するもの以外にはほとんどないが，下肢ではアクアティックエクササイズや荷重負荷を減らす器具を用いる方法などがある。これらのテストでは力を発揮・吸収する能力や横方向の動き，方向転換能力などを明らかにできる。また，接地の衝撃を最小限にとどめて関節を保護できると同時に，有酸素性と無酸素性のトレーニングの量と強度を調整することもできる。

機能的な動きのトレーニングを進める際は，接地による患側への負荷を増すことで徐々に難易度をあげる。そして，適切なシューズ，足底板，ランニングフォームは，パフォーマンスの改善のためだけではなく，下肢のキネティックチェーンで他の関節による代償動作の影響を最小限にとどめるためにも不可欠である。たとえば右膝をかばっていると，不適切な接地による衝撃吸収で右股関節や左側の下肢に問題が起こる。このような面からも，専門家やコーチは荷重運動中に動きをチェックする必要がある。

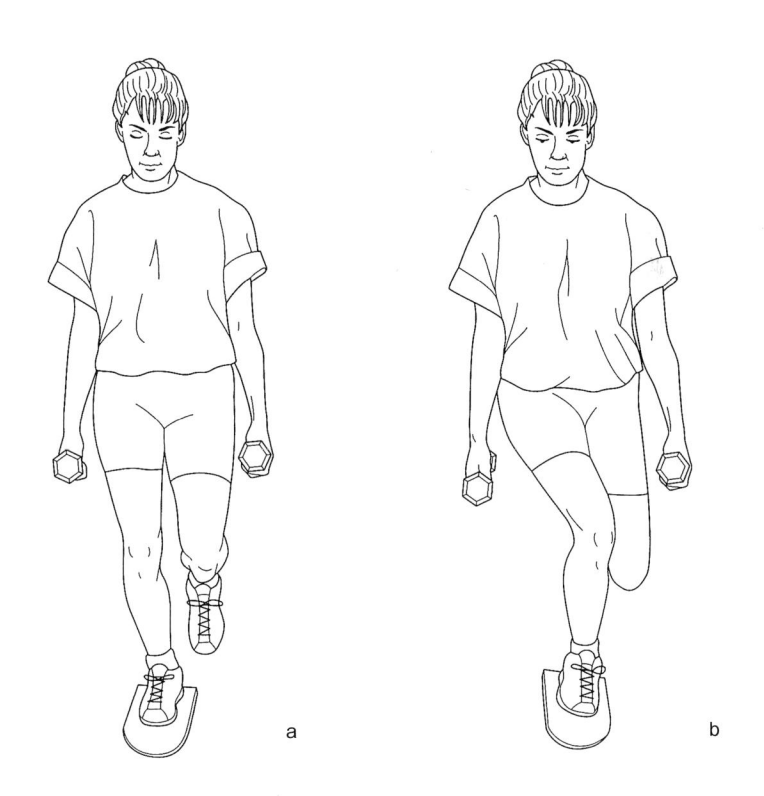

図14.7 フォームローラーを用いた片足スクワットの動き

図14.7は片足スクワットの例を示している。図14.7aでは，ハーフフォームローラー上で理想的な下肢の並びアライメントを維持できている。ハーフフォームローラーは床面で行うよりもバランスや固有受容器を刺激するので，機能性を高めるのに用いられる。一方，図14.7bでは適切な並びを維持できていないが，これは筋疲労と不十分な大腿四頭筋力，あるいは股関節の不安定性が原因であろう。もちろんこれらのエクササイズを痛みなく正しく行うことがもっとも重要である。

下肢の強化を進めるために，ファンクショナルテストを用いて下肢の筋力を評価するが，これは臨床の場ではなくフィールド上で行われてきた。通常，テスト結果は健側と比較して分析する。健側は評価にあたっての良い基準となり，エクササイズを漸増していくための客観的資料となる。たとえば，片足垂直跳びテストは，フィットネステストやリハビリテーションで爆発的な下肢の筋力を測定する方法として用いられてきた。このテスト結果は両側で同じ値であることが重要であり，したがって，両側とも同様の方法で行うようにする。とくにジャンプ前に助走ステップを許すかどうかなどの条件づけがあるが，フィットネスやリハビリテーションでは助走ステップなしで行うのが通常である。

リハビリテーションでよく用いられる片足ホップテストは，片足でジャンプし，同じ足で着地する。このテストは大まかなパワーと跳躍距離だけでなく，着地時に体重をコントロールしてショックを吸収する能力を評価するために有効である。また，患側をテストしているときにアスリートがためらうような動作をする場合，そのことも跳躍距離とともに能力を評価する際の指標となる。結果を解釈するためには，跳躍距離を左右比較する以外に，Davies and Zilmer（Ellenbecker 2000）による標準値を利用する。それによると通常，健康な男子では身長の80〜90％，女子では70〜80％の距離を跳べる計算になる。

他のテスト方法として，ヘキサゴンテストがある（詳細はp.120参照）。このドリルの利点は，多くのスポーツで要求される方向転換やカッティングの動きを含んでいることである。表14.5では，ヘキサゴンテストの標準値を性別に表示している。このテストは両足で行うように設定されているが，難易度を高めるために片足で行うこともでき，これによってパフォーマンスの左右差が比較できる。

表14.5　ヘキサゴンテストの標準値（単位：秒）

女性	優	良	平均	要改善
一般	<12.00	12.00－12.10	12.10－12.40	>12.40
ジュニア	<10.48	10.48－11.70	11.70－12.30	>12.30
男性	優	良	平均	要改善
一般	<11.80	11.80－13.00	13.00－13.50	>13.50
ジュニア	<11.10	11.10－11.80	11.80－12.70	>12.70

ここで挙げたテストを用いて，ポストリハビリテーションプログラム中の回復状況を管理できる。上肢のエクササイズと同様に，下肢のエクササイズでもけがの種類によってバリエーションを加えるが，さらにアグレッシブな運動へと移行するとき，修復した靭帯組織や膝蓋大腿関節に過剰なストレスをかけて悪化させないよう十分に注意しなければならない。表14.6のようなバリエーションを加えたエクササイズを利用することで，多くの下肢のエクササイズが安全かつ漸増的に行えるようになる。表14.6にある通常タイプのエクササイズよりハイレベルのものへ移行する場合は，痛みや代償動作なしで行えることが条件である。動きを真似たエクササイズやチューブを使って負荷をかけることで，スポーツ特性のある刺激を与えることができる。また，肩関節脱臼や足関節捻挫，あるいは膝関節の靭帯再建術の後には，バランスや固有受容器の機能が著しく低下するという研究報告があり，通常のエクササイズにフォームローラーやトランポリン，バランスプラットフォームなどを用いてバランスと固有受容器の活動を高めることで，受傷した関節が刺激され，最適なパフォーマンスを獲得することができる。

　けがによって低下した筋力を改善させるリハビリテーションエクササイズを基礎としつつ，スポーツの特異性を考慮したエクササイズを取り入れていく。図14.8には，パフォーマンス回復のための重要な項目を図解している。ここではこのピラミッドを構成している全てを説明してはいないが，バランスやコアトレーニング，有酸素性・無酸素性トレーニングなどは他章にて紹介しているためそちらを参照していただきたい。

表14.6　傷害やの手術後における下肢のエクササイズのバリエーション

エクササイズ	傷害の種類とバリエーション
ニーエクステンション	0〜30度あるいは90〜60度の範囲でショートアークエクステンションを行う（膝蓋大腿関節障害を持つアスリートの膝蓋骨保護のため）
ニーエクステンション	90〜60度の範囲でショートアークエクステンションを行う（損傷したACL保護のため）
スクワットとランジ	膝関節障害を負ったアスリートでは，膝関節の屈曲を60〜90度以下に制限する
ステップアップ	膝関節の屈曲角を浅くし，膝蓋大腿関節にかかる負荷を減らすために7.5〜15cmのステップを使う

受傷から競技復帰までの時間的ガイドライン

アスリートと接して最初にわかることは，アスリートには多様性があるということである．加えて，彼らのけがは急性かそれとも慢性かということや，年齢やフィットネスレベルなどたくさんの要素が絡むため，回復期間を正確に予想するのは困難である．専門家を悩ませる要素はあるにせよ，特定のけがや手術からの平均的な回復期間に関する一般的なガイドラインがある．

一般的に膝関節の関節内視鏡下手術後，安全に競技復帰するには3～4週間を要するが，これは軟骨組織（半月板）に軽度の損傷を負った場合であり，膝蓋大腿関節面に大きな損傷を負った場合に対してではない．とくに前十字・後十字靭帯など靭帯組織の損傷を負った後は，カッティングの動作や接触プレーを行うようなスポーツに復帰するには6～12か月を要する．プロフットボールのJerry Riceは前十字靭帯を断裂してそのシーズンのほとんどを棒に振り，競技復帰したときにはエンドゾーンでのボールキャッチで膝蓋骨を骨折してしまった．術後十分な可動域と筋力が回復した上で復帰したJerry Riceのことを考えると，接触プレーや予期できない動きが当たり前

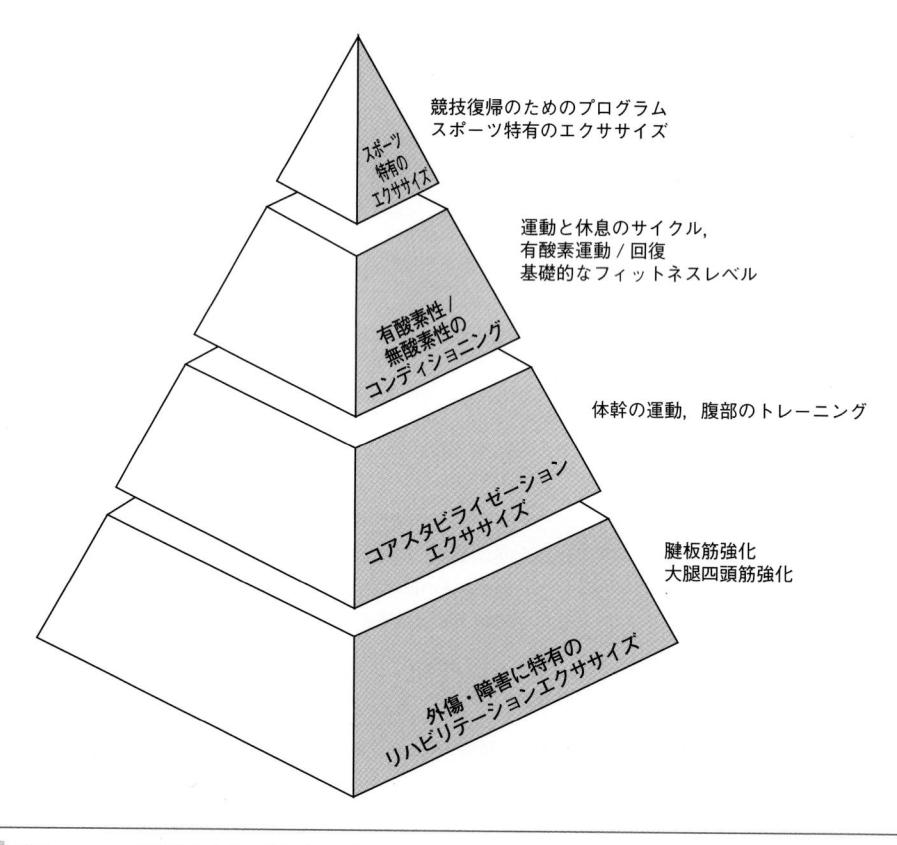

図14.8 パフォーマンス回復のためのピラミッド

（ピラミッド上から）
- スポーツ特有のエクササイズ：競技復帰のためのプログラム、スポーツ特有のエクササイズ
- 有酸素性／無酸素性のコンディショニング：運動と休息のサイクル、有酸素運動／回復、基礎的なフィットネスレベル
- コアスタビライゼーションエクササイズ：体幹の運動、腹部のトレーニング
- 外傷・障害に特有のリハビリテーションエクササイズ：腱板筋強化、大腿四頭筋強化

のように起こるスポーツでは，適切な復帰期間を予想するのは非常に難しい。もちろんすべてのルールには例外はあるが，一般的に再建した靱帯組織が治癒し，膝に十分な安定性を与えられるようになるには6〜12か月かかるとされている。

肩関節の内視鏡下手術後，競技復帰するには少なくとも4〜6週間を要する。しかし，肩関節の腱板筋断裂では程度により6〜12か月を要する。肩関節や肘関節の腱炎のケースでは早くて2週間，遅くて6〜8週間かかる。上肢の外傷・障害で少なくとも1年かかるものは肘関節の尺側側副靱帯断裂である。例としてシカゴ・カブスのKerry Wood投手は，靱帯の再建術で1シーズンを棒に振ったが，再びメジャーリーグのレベルで投げている。

まとめ

受傷後や手術後のトレーニングプログラムをデザインし実行するには，アスリートの行う運動やスポーツの動作，エクササイズの導入，コンディショニングでのアプローチなどの知識が必要である。エクササイズを痛みや他の症状が出ない強度で行うことは非常に重要であり，代償動作や再発防止のためにパフォーマンスの力学的な評価は不可欠である。ここでのトレーニングに関するすべての概念はスポーツのレベルにかかわらず，アスリートをうまく競技復帰させるためのプログラムを作成する上で重要である。インターバルプログラムを用いて，一般的なエクササイズにバリエーションを加えることで，形式的なリハビリテーションと機能性の高いパフォーマンストレーニングの溝を埋めることができるようになる。最後に，専門家すべてがオープンにコミュニケーションを図るチームアプローチによって，このプログラムの概念を最も効率的かつ適切に応用することが可能となる。

文 献

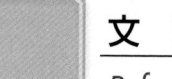

References and Resources

Abernethy P.J., J. Jurimae, P.A. Logan, A.W. Taylor, and R.E. Thayer. 1994. Acute and chronic response of skeletal muscle to resistance exercise. *Sports Medicine* 17(1):22–38.

Aján T., and L. Baroga. 1988. *Weightlifting: Fitness for all sports.* Budapest: International Weightlifting Federation, Medicina Publishing House.

Alexander, R.Mc. 1968. *Animal Mechanics.* Seattle: University of Washington Press.

Allard, F., and N. Burnett. 1993. Skill in sport. *Canadian Journal of Psychology* 39(2):294–312.

Andrews, J.R., G.L. Harrelson, and K.E. Wilk. 1998. *Physical rehabilitation of the injured athlete.* 2nd ed. Philadelphia: Saunders.

Apostolopoulos, N. 1997. Pubo-adductor syndrome. *Journal of Hockey Conditioning and Player Development* 2(3).

—. 1999. Stretch therapy: A recovery regeneration technique. In *Theory and methodology of training: The key to athletic performance,* ed. T. Bompa. Champaign, IL: Human Kinetics.

Arnold, R.K. 1981. *Developing sport skills: A dynamic interplay of task, learner, and teacher.* Montclair, NJ: Montclair State College.

Baddeley, A.D., and D.J.A. Longman. 1978. The influence of length and frequency of training session on the rate of learning to type. *Ergonomics* 21(8):627–635.

Baechle, T., ed. 2000. *Essentials of strength training and conditioning.* 2nd ed. Champaign, IL: Human Kinetics.

Baker D. 1995. Selecting the appropriate exercises and loads for speed-strength development. *Strength and Conditioning Coach* 3(2):8–16.

Baker G., ed. 1998. *The United States Weightlifting Federation coaching manual.* Vol. 1, *Technique.* Colorado Springs: USWF.

Behm, D.G. 1995. Neuromuscular implications and applications of resistance training. *Journal of Strength and Conditioning Research* 9(4):264–274.

Bloomfoeld, J., T.R. Ackland, and B.C. Elliott. 1994. *Applied anatomy and biomechanics in sport.* Melbourne, Australia: Blackwell Scientific.

Bompa, T.O. 1983. *Theory and methodology of training.* Dubuque, IA: Kendall/Hunt.

—. 1993. *Power training for sport: Plyometrics for maximum power development.* San Bernadino, CA: Borgo Press.

—. 1996. *Periodization of strength—The new wave in strength training.* Toronto: Veritas.

—. 1999a. *Periodization of training for sports.* Champaign, IL: Human Kinetics.

—. 1999b. *Periodization: Theory and methodology of training*. Champaign, IL: Human Kinetics.

Brisson, T.A., and C. Alain. 1996. Optimal movement pattern characteristics are not required as a reference for knowledge of performance. *Research Quarterly for Exercise and Sport* 67(4):458–464.

Chu, D.A. 1983. The link between strength and speed. 1983. *NSCA Journal* 5(2):20–21.

—. 1996. *Explosive strength and power.* Champaign, IL: Human Kinetics.

—. 1998. *Jumping into plyometrics.* 2nd ed. Champaign, IL: Human Kinetics.

Clarke, D., and F. Henry. 1961. Neuromotor specificity and increased speed from strength development. *Research Quarterly* 32:315–325.

Cook, Gray, and Athletic Testing Services. 1998. *The functional movement screen manual.* Danville, VA: Author.

Cyriax, J. 1971. *Textbook of orthopaedic medicine.* 5th ed. Vol. 1, *Diagnosis of soft tissue lesions.* London: Bailliere Tindall & Cassell.

Daniels, J. 1998. Daniels' running formula. Champaign, IL: Human Kinetics.

Daniels, J. N. Oldenridge, F. Nagle, and B. White. 1978. Differences and changes in VO_2 among young runners 10 to 18 years of age. *Medicine and Science in Sports* 13(5) 200-203.

Daniels, J., N. Scardina, J. Hayes, and P. Foley. 1984. Elite and subelite female long distance runners. In *Sport and Elite Performance*, ed. D.M. Landers. Champaign, IL: Human Kinetics.

Davies, D.V., and R.E. Coupland. 1967. *Gray's anatomy: Descriptive and applied.* 34th ed. London: Longmans.

Davis, G.G. 1910. *Applied anatomy: The construction of the human body.* Philadelphia: Lippincott.

Dintiman, G.B. 1964. The effects of various training programs on running speed. *Research Quarterly* 35:456–63.

—. 1966. The relationship between the ratio, leg strength/body weight and running speed. *Bulletin of the Connecticut Association for Health, Physical Education and Recreation* 11:5.

—. 1968 and 1985. A survey of the prevalence, type, and characteristics of supplementary training programs used in major sports to improve running speed. Unpublished work. Virginia Commonwealth University.

—. 1970. *Sprinting speed—Its improvement for major sports competition.* Springfield, IL: Charles C Thomas.

—. 1974. *What research tells the coach about sprinting.* Reston, VA: AAHPERD

—. 1980. The effects of high-speed treadmill training upon stride length, stride rate, and sprinting speed. Unpublished work. Virginia Commonwealth University.

—. 1984. *How to run faster: Step-by-step instructions on how to increase foot speed.* Champaign, IL: Leisure Press.

—. 1985. Sports speed. *Sports Fitness Magazine*, August, 70–73, 92

—. 1987a. A faster athlete is a better athlete. *Sportspeed Magazine* 1, April.

—. 1987b. Speed improvement for football. *Sportspeed Magazine* 2, October.

Dintiman, G. B., G. Coleman, and B. Ward. 1985. Speed improvement for baseball. *Sports Fitness Magazine*, May.

Dintiman, G. B., and L. Isaacs. 1996. *Speed improvement for soccer.* Kill Devil Hills, NC: National Association of Speed and Explosion. Video.

Dintiman, G. B., and J. Unitas. 1982. *The athlete's handbook: How to be a champion in any sport.* Englewood Cliffs, NJ: Prentice-Hall.

Dintiman, G. B., and B. Ward. 1988. *Train America: Achieving championship performance and fitness.* Dubuque, IA: Kendall/Hunt.

Dintiman, G., B. Ward, and T. Tellez. 1997. *Sports speed.* 2nd ed. Champaign, IL: Human Kinetics.

Dirix, A., H.G. Knuttgen, and K.Tittel, eds. 1991. *The Olympic book of sports medicine.* Oxford: Blackwell Scientific.

Drechsler, A.J. 1998. *The weightlifting encyclopedia.* Flushing, NY: A is A Communications.

Drowatzky, J.N., and F.C. Zuccato. 1967. Interrelationships between selected measures of static and dynamic balance. *Research Quarterly for Exercise and Sport* 38(3):509–510.

Ellenbecker, T.S., ed. 2000. *Knee ligament rehabilitation.* 2nd ed. Philadelphia: Churchill Livingstone.

Evans, S., K. Ng, and S. McDowell. 1992. The effect of fatigue on lower limb kinematics in female distance runners. *Research Quarterly for Exercise and Sport* 63(2):A–17.

FitzGerald, M.J.T. 1996. *Neuroanatomy: Basic and clinical.* 3rd ed. London: Saunders.

Fleck, S.J., and W.J. Kraemer. 1997. *Designing resistance training programs.* 2nd ed. Champaign, IL: Human Kinetics.

Fluharty, S., and R. Bahamonde. 1992. Comparison of two arm swings during fitness walking: kinematic parameters. *Research Quarterly for Exercise and Sport* 63(2):A–17.

Fox, E., R. Bowers, and M. Foss. 1993. *The physiological basis for exercise and sport.* 5th ed. Dubuque, IA: Brown.

Fry, A.C., and W.J. Kraemer. 1991. Physical performance characteristics of American collegiate football players. *Journal of Applied Sport Science Research* 5(3):126–138.

—. 1997. Resistance exercise overtraining and overreaching. *Sports Medicine* 23(2):106–129.

Gambetta, V. 1996. A step in the right direction. *Training and Conditioning* 6:52–55.

Gambetta, V., and M. Clark. 1999. Hard core training. *Training and Conditioning* 9:34–40.

Garhammer, J. 1978a. Muscle fiber types and weight training. *Track Technique* 72 (June):2297–2299.

—. 1978b. Muscle fibre types and the specificity concept related to athletic weight training. *Athletica* 5 (December):14–15.

—. 1981–82. Free weight equipment for the development of athletic strength and power. *National Strength and Conditioning Association Journal* 3(6):24–26, 33.

—. 1989. Weight lifting and training. In *Biomechanics of sport*, ed. C.L. Vaughan. Boca Raton, FL: CRC Press.

—. 1993. A review of power output studies of Olympic and powerlifting: Methodology, performance prediction, and evaluation tests. *Journal of Strength and Conditioning Research* 7(2):76–89.

Greisheimer, E.M. 1945. *Physiology and anatomy.* 5th ed. Philadelphia: Lippincott.

Guyton, A.C. 1980: *Textbook of medical physiology.* 6th ed. Philadelphia: Saunders.

Häkkinen, K. 1985. Factors influencing trainability of muscular strength during short term and prolonged training. *National Strength and Conditioning Association Journal* 7(2):32–37.

—. 1988. Effects of the competitive season on physical fitness profiles in elite basketball players. *Journal of Human Movements Studies*, 15(3):119–128.

—. 1989. Neuromuscular and hormonal adaptations during strength and power training: A review. *Journal of Sports Medicine and Physical Fitness* 29(1):9–26.

Häkkinen, K., ed. 1998. *International Conference on Weightlifting and Strength Training conference book.* Lahti: Gummerus Printing.

Harre, D. 1982. *Principles of sports training: Introduction to the theory and methods of training.* Berlin: Sportverlag.

Hartmann, J., and H. Tünnemann. 1989. *Fitness and strength training.* Berlin: Sportverlag.

Hatfield, F.C. 1982. Getting the most from your training reps. *National Strength and Conditioning Association Journal* 4(5):28–29.

—. 1989. *Power: A scientific approach.* Chicago: Contemporary Books.

Hay, J.G., and J.G. Reid. 1988. *Anatomy, mechanics, and human motion.* 2nd ed. Englewood Cliffs, NJ: Prentice Hall.

Haywood, K.M., and N. Getchell. 2001. *Life span motor development.* 3rd ed. Champaign, IL: Human Kinetics.

Henry, F. 1960. Increased response latency for complicated movements and a memory drum theory of neuromotor reaction. *Research Quarterly* 31:448–458.

Herman, D. 1976. The effects of depth jumping on vertical jumping and sprinting speed. Master's thesis, Ithaca College.

Hochmuth, G. 1984. *Biomechanics of athletic movement.* 4th ed. Berlin: Sportverlag.

Hoffman, J.R., G. Tenenbaum, C.M. Maresh, and W.J. Kraemer. 1996. Relationship between athletic performance tests and playing time in elite college basketball players. *Journal of Strength and Conditioning Research* 10(2):67–71.

Hoffman, M.D., L.M. Sheldahl, and W.J. Kraemer. 1988. Therapeutic exercise. In *Rehabilitation medicine: Principles and practice.* 3rd ed. Ed. JA. DeLisa and B.M. Gans. Philadelphia: Lippincott-Raven.

Hollinshead, W.H., and D.B. Jenkins. 1981. *Functional anatomy of the limbs and back.* 5th ed. Philadelphia: Saunders.

Ippolito, E., Perugia, L., and Postacchini, F. 1986. *The tendons; biology-pathology-clinical aspects.* Milano: Editrice Kurtis.

Jones, L. 1991a. *USWF coaching accreditation course: Club coach manual.* Colorado Springs: USWF.

—. 1991b. *USWF coaching accreditation course: Senior coach manual.* Colorado Springs: USWF.

Jones, M. 1990. *Strength training.* Birmingham: British Amateur Athletic Board.

Jones, N.L., N. McCartney, and A.J. McComas, eds. 1986. *Human muscle power.* Champaign, IL: Human Kinetics.

Kemp, M. 1995. Weight training for speed-strength. *Modern Athlete and Coach* 33(2):3–8.

Komi, P.V. 1979. Neuromuscular performance: Factors influencing force and speed production. *Scandinavian Journal of Sports Science* 1(1):2–15.

—. 1986. Training of muscle strength and power: Interaction of neuromotoric, hypertrophic, and mechanical factors. *International Journal of Sports Medicine* 7 (Supplement):10–15.

Komi, P.V., ed. 1992. *Strength and power in sport.* Oxford: Blackwell Scientific.

Kraemer, W.J. 1997. A series of studies: The physiological basis for strength training in American football: Fact over philosophy. *Journal of Strength and Conditioning Research* 11(3):131–142.

Kraemer, W.J., and J.A. Bush. 1998. Factors affecting the acute neuromuscular responses to resistance exercise. In *American College of Sports Medicine resource manual for guidelines for exercise, testing and prescription.* 3rd ed. Baltimore: Williams and Wilkins.

Kraemer, W.J., N.D. Duncan, and F.S. Harman. 1998. Physiologic basis for strength training in the prevention of and rehabilitation from injury. In *Rehabilitation in sports medicine.* Ed. P.K. Canavan. Stamford, CT: Appleton and Lange.

Kraemer W.J., N.D. Duncan, and J.S. Volek. 1998. Resistance training and elite athletes: Adaptations and program considerations. *Journal of Orthopaedic and Sports Physical Therapy* 28(2):110–119.

Kraemer, W.J., S.J. Fleck, and W.J. Evans. 1996. Strength and power training: Physiological mechanisms of adaptation. In *Exercise and sport sciences reviews.* Vol. 24. Ed. J.O. Holloszy. Baltimore: Williams and Wilkins.

Kraemer, W.J. and A.C. Fry. 1995. Strength testing: Development and evaluation of methodology. In *Physiological assessment of human fitness.* Ed. P. Maud and C. Foster. Champaign, IL: Human Kinetics.

Kraemer, W.J., and F.S. Harman. 1998. Conditioning: Building strength. In *Manual of sports medicine.* Ed. M.R. Safran, D.B. McKeag, and S.P. Van Camp. Philadelphia: Lippincott-Raven.

Kraemer, W.J., and L.P. Koziris. 1994. Olympic weightlifting and power lifting. In *Physiology and nutrition for competitive sport.* Ed. D.R. Lamb, H.G. Knuttgen, and R. Murray. Carmel, IN: Cooper.

Kraemer, W.J. and B.A. Nindl. 1998. Factors involved with overtraining for strength and power. Chap. 4 in *Overtraining in athletic conditioning.* Champaign, IL: Human Kinetics.

Kraemer, W.J., J. Patton, S.E. Gordon, E.A Harman, M.R. Deschenes, K. Reynolds, R.U. Newton, N.T. Triplett, and J.E. Dziados. 1995. Compatibility of high intensity strength and endurance training on hormonal and skeletal muscle adaptations. *Journal of Applied Physiology* 78(3):976–989.

Lathan, H.H. 1989. Physiological aspects of the training for muscle power. *World Weightlifting* 89(2):45–48.

Lawson, Gerald. 1997. *World record breakers in track & field athletics.* Champaign, IL: Human Kinetics.

Liebenson, Craig, ed. 1996. *Rehabilitation of the spine: a practitioner's manual.* Baltimore: Williams & Wilkins.

Lotter, W.S. 1959. Interrelationships among reaction times and speeds of movement in different limbs. *Research Quarterly for Exercise and Sport* 31(2):147–155.

Luhtanen, P., and P.V. Komi. 1978. Mechanical factors influencing running speed. In *Biomechanics.* VI-B, 23–29. Ed. E. Asmussen and E. Joargensen. Baltimore: Baltimore University Press.

Lyttle, A. 1994. Maximizing power development: A summary of training methods. *Strength and Conditioning Coach* 2(3):16–19.

Mateyev, L. 1972. *Periodisierang des sprotichen training.* German translation. Berlin: Berles and Wernitz.

Matuszewski, W. 1985a. Rehabilitative regeneration in sports. *Sports,* January.

Matuszewski, W. 1985b. Rehabilitative regeneration in sports, part two. *Sports,* June.

McCall, G.E., W.C. Byrnes, S.J. Fleck, A. Dickinson, and W.J. Kraemer. 1999. Acute and chronic hormonal responses to resistance training designed to promote muscle hypertrophy. *Canadian Journal of Applied Physiology* 24(1):96–107.

McGraw, M.B. 1989. *The neuromuscular maturation of the human infant.* London: MacKeith Press.

McKeon, R. 1941. *The basic works of Aristotle.* New York: Random House.

Medvedyev, A. 1988. Several basics on the methods of training. *Soviet Sports Reviews* 22(4):203–206.

Mendryk, S. 1959. Reaction time, movement time, and task specificity relationships at ages 12, 22, and 48 years. *Research Quarterly for Exercise and Sport* 31(2):156–162.

Miller, B.F., and C.B. Keane. 1987. *Encyclopedia and dictionary of medicine, nursing, and allied health.* 4th ed. Philadelphia: Saunders.

Morrissey, M.C., E.A. Harman, and M.J. Johnson. 1995. Resistance training modes: Specificity and effectiveness. *Medicine and Science in Sports and Exercise* 27(5):648–660.

National Strength and Conditioning Association. 1993a. Position statement: Explosive exercises and training. *National Strength and Conditioning Association Journal* 15(3):6.

—. 1993b. Position statement: Explosive/plyometric exercises. *National Strength and Conditioning Association Journal* 15(3):16.

National Strength and Conditioning Association, T.J. Chandler, and M.H. Stone. 1991. The squat exercise in athletic conditioning: A position statement and review of the literature. *National Strength and Conditioning Association Journal* 13(5):51–60.

Newton, R.U. 1997. Expression and development of maximal muscle power (PhD thesis, Southern Cross University). Lismore, NSW: Optimal Kinetics Pty. Ltd.

Newton, R.U., and W.J. Kraemer. 1994. Developing explosive muscular power: Implications for a mixed methods training strategy. *Strength and Conditioning* 16(5): 20–31.

Newton, R.U., W.J. Kraemer, and K. Häkkinen. 1999. Effects of ballistic training on preseason preparation of elite volleyball players. *Medicine and Science in Sports and Exercise* 31(2):323–330.

Polquin C., and I. King. 1992. Theory and methodology of strength training. *Sports Coach* 16–18.

Radcliffe, J. 1999. Getting into position. *Training and Conditioning* 9:38–47.

Ritzdorf, W. 1999. Strength and power training in sport. In *Training in sport*, ed. B. Elliott Chichester: Wiley.

Roetert, E.P., and T.S. Ellenbecker. 1998. *Complete conditioning for tennis.* Champaign, IL: Human Kinetics.

Roman, R.A., and M.S. Shakirzyanov. 1978. *The snatch, the clean and jerk.* Moscow: Fizkultura i Sport.

Schmidt, R.A, and T.D. Lee. 1998. *Motor control and learning.* 3rd ed. Champaign, IL: Human Kinetics.

Schmidt, R.A., and C.A. Wrisberg. 1999. *Motor learning and performance.* 2nd ed. Champaign, IL: Human Kinetics.

Schmidtbleicher, D. 1985a. Strength training (part 1): Classification of methods. *Science Periodical on Research and Technology in Sport: Physical Training/Strength* W-4 (August):1–12.

—. 1985b. Strength training (part 2): Structural analysis of motor strength qualities and its application to training. *Science Periodical on Research and Technology in Sport: Physical Training/Strength* W-4 (September):1–10.

—. 1987. Applying the theory of strength development. *Track and Field Quarterly Review* 87(3): 4–44.

—. 1992. Training for power events. In *Strength and power in sports*, ed. P.V. Komi. Oxford: Blackwell Scientific Publications.

Schneider, W. 1985. Training high-performance skills: Fallacies and guidelines. *Human Factors* 27(3):285–300.

Schot, P.K., and K.M. Knutzen. 1992. A biomechanical analysis of four sprint start positions. *Research Quarterly for Exercise and Sport* 63(2):137–147.

Schwartz, S.I., R.C. Lillehei, G.T. Shires, F.C. Spencer, and E.H. Storer, eds. 1974. *Principles of surgery*. 2nd ed. New York: McGraw-Hill.

Sherwood, L. 1993. *Human physiology: From cells to systems*. 2nd ed. St. Paul: West.

Siff, M.C., and Y.V. Verkhoshansky. 1999. *Supertraining: Strength training for sporting excellence*. 4th ed. Littleton, CO: Supertraining International.

Singer, R.N. 1980. *Motor learning and human performance*. 3rd ed. New York: Macmillan.

Starzynski, T., and H. Sozanski. 1999. *Explosive power and jumping ability for all sports*. Island Pond, VT: Stadion.

Stone, M.H. 1982. Considerations in gaining a strength-power training effect (machines vs. free weights). *National Strength and Conditioning Association Journal* 4(1):22–24, 54.

—. 1993. Literature review: Explosive exercises and training. *National Strength and Conditioning Association Journal* 15(3):7–15.

Stone, M.H., and R.A. Borden. 1997. Modes and methods of resistance training. *Strength and Conditioning* 19(4):18–24.

Stone, M.H., T.J. Chandler, M.S. Conley, J.B. Kramer, and M.E. Stone. 1996. Training to muscular failure: Is it necessary? *Strength and Conditioning* 18(3):44–48.

Stone, M.H., D. Collins, S.S. Plisk, G. Haff, and M.E. Stone. 2000. Training principles: Evaluation of modes and methods of resistance training. *Strength and Conditioning Journal* in press.

Stone, M.H., S.J. Fleck, W.J. Kraemer, and N.T. Triplett. 1991. Health and performance related adaptations to resistive training. *Sports Medicine* 11(4):210–231.

Stone M., and J. Garhammer. 1981. Some thoughts on strength and power. *National Strength and Conditioning Association Journal* 3(5):24–25, 47.

Stone, M.H., and H. O'Bryant. 1987. *Weight training: A scientific approach*. Minneapolis: Bellwether Press/Burgess International Group.

Stone M.H., H. O'Bryant, and J. Garhammer. 1981. A hypothetical model for strength training. *Journal of Sports Medicine* 21:342–351.

Stone, M.H., H.S. O'Bryant, K.C. Pierce, G.G. Haff, A.J. Kock, B.K. Schilling, and R.L. Johnson. 1999a. Periodization: Effects of manipulating volume and intensity: Part 1. *Strength and Conditioning Journal* 21(2):56–62.

—. 1999b. Periodization: Effects of manipulating volume and intensity: Part 2. *Strength and Conditioning Journal* 21(3):54–60.

Stone, M.H., S.S. Plisk, M.E. Stone, B.K. Schilling, H.S. O'Bryant, and K.C. Pierce. 1998. Athletic performance development: Volume load—One set vs. multiple sets, training velocity, and training variation. *Strength and Conditioning* 20(6):22–31.

Stowers, T., 1983. The short term effects of three different strength-power training methods. *National Strength and Conditioning Association Journal* 5(3):24–27.

Thomas, C.L., ed. 1993. *Taber's Cyclopedic Medical Dictionary.* 17th ed. Philadelphia: Davis.

Tidow, G. Aspects of strength training in athletics. 1990. *New Studies in Athletics* 5(1):93–110.

Tippett, S.R., and M.L. Voight. 1995. Functional progressions for sport rehabilitation. Champaign, IL: Human Kinetics.

Verhoshansky, Y. 1986a. Speed-strength preparation and development of strength endurance of athletes in various specializations (part 1). *Soviet Sports Review* 21(2):82–85.

—. 1986b. Speed-strength preparation and development of strength endurance of athletes in various specializations (part 2). *Soviet Sports Review* 21(3):120–124.

—. 1988. Development of local muscular endurance. *Soviet Sports Review* 23(4):206–208.

—. 1986. *Fundamentals of special strength training on sports.* Livonia, MI: Sportivny Press.

Vermeil, A. 1998. Personal communication.

Viru, A. 1995. *Adaptation in sports training.* Boca Raton, FL: CRC Press.

Viru, A., and M. Viru. 1993. The specific nature of training on muscle: A review. *Sports Medicine, Training and Rehabilitation* 4(2):79–98.

Vorobyev, A.N. 1978. *A textbook on weightlifting.* Budapest: International Weightlifting Federation.

Wainwright, S.A., W.D. Bigg, J.D. Currey, and J.M. Gosline. 1976. *Mechanical design in organisms.* Princeton: Princeton University Press.

Ward, B., and G.B. Dintiman. 1993. *Speed and explosion.* Kill Devil Hills, NC: National Association of Speed and Explosion. Video.

Wathen, D. 1993. Literature review: Explosive/plyometric exercises. *National Strength and Conditioning Association Journal* 15(3):17–19.

Waxman, S.G. 1996. *Correlative Neuroanatomy.* 2nd ed. Stanford, CT: Appleton & Lange.

Weiss, L.W. 1991. The obtuse nature of muscular strength: The contribution of rest to its development and expression. *Journal of Applied Sport Science Research* 5(4):219–227.

Willoughby, D. 1993. The effects of mesocycle-length weight training programs involving periodization and partially equated volumes on upper and lower body strength. *Journal of Strength and Conditioning Research* 7:2–8.

Wilson, G. 1992. *State of the art review no. 29: Strength training for sport.* Canberra: Australian Sports Commission/National Sports Research Center.

Winter, D.A. 1979. *Biomechanics of human movement.* New York: Wiley.

Woo, S.L.Y., and J.A. Buckwalter. 1991. *Injury and repair of the musculoskeletal soft tissue.* Rosemont, IL: American Academy of Orthopaedic Surgeons.

Young, W.B. 1992. Neural activation and performance in power events. *Modern Athlete and Coach* 30(1):29–31.

—. 1993. Training for speed/strength: Heavy vs. light loads. *National Strength and Conditioning Association Journal* 15(5):34–42.

—. 1995. Strength qualities: What they are and what they mean to the coach. *Strength and Conditioning Coach* 3(4):13–16.

Zatsiorsky, V.M. 1992. Intensity of strength training facts and theory: Russian and Eastern European approach. *National Strength and Conditioning Association Journal* 14(5):46–57.

—. 1995. *Science and practice of strength training.* Champaign, IL: Human Kinetics.

索引
Index

ア行

アイスホッケー ……………… 228-233, 291-296
アイソメトリック収縮 …………………… 47
アウターゾーンバランス …………………… 138
アウトサイドバウンディング …………… 172
アクティブウォームアップ ………………… 9
アクティブストレートレッグレイズ ……… 34
アサイクリック ……………………………… 91
アシスタントコーチ ………………………… 20
アシステッドトレーニング ………… 147, 148
アジリティ …………… 4, 7, 132-157, 133, 219
アジリティ　バレーボール ………… 244, 245
アジリティドリル ……………………… 204, 208
アジリティバッグ・ボールピックアップ ……… 203
アジリティバッグ・ラテラルインアウト・
　　シャッフルステップ ………………… 203
アジリティプログラム …………………… 142
アジリティ・ボディコントロールテスト ……… 43
アスリートの評価 ………………………… 198
アスレティックトレーナー ……………… 20, 25
アタッカー ………………………………… 156
アデノシン3リン酸 ……………………… 162
アフリカダンス …………………………… 174
アメリカオリンピック委員会 ……………… 6
アメリカスポーツ医学会 …………………… 1
American College of Sports Medicine ……… 1
アメリカンフットボール
　　…………………… 152, 219-222, 282-286
アラウンド・スルー・オーバーレース ……… 105
アラウンドレーン ………………………… 208
荒削りのコーディネーション …………… 137
RFD ………………………………………… 58, 59
アルタネートバウンド …………………… 88
α運動ニューロン ………………………… 10
アンクル・チュービング・シャドウゲーム ……… 104

安定性 ……………………………………… 115
移行期 ……………………………………… 255
移行期　アメリカンフットボール ……… 282
移行期　バレーボール …………………… 310
イージーラン ……………………………… 211
痛み ………………………………………… 312
1RM ………………………………………… 6
遺伝的潜在能力 …………………………… 133
イリノイアジリティテスト　サッカー ……… 299
インクラインプレス ……………………… 165
インサイドバウンディング ……………… 172
インシーズン　アイスホッケー ………… 295
インシーズン　アメリカンフットボール ……… 286
インシーズン　ゴルフ …………………… 288
インシーズン　バスケットボール ……… 275
インシーズン　バレーボール …………… 309
インシーズン　野球 ……………………… 269
インターバル ……………………………… 204
インターバルトレーニング ……………… 214
インナーゾーンバランス ………………… 138
インプレイス・ランジジャンプ ………… 109
インラインランジ ………………………… 30
ウエイトトレーニング …………………… 8
ウエイトリフティング ……………… 65, 146
ウェーブ・スクワットジャンプ ………… 86
ウォーキングホッケー・ストライドランジコンタクト
　　………………………………………… 233
ウォームアップ …………………………… 143
ウォールスライド ………………………… 173
動きの力学 ………………………………… 58
ウッドチョップ …………………………… 129
腕振り ……………………………………… 171
運動学習能力 ……………………………… 223
運動効率 ………………………………… 184, 186, 214
運動効率の改善 …………………………… 191
運動単位 ………………………………… 7, 10, 11

336

運動能力	133
運動能力のピリオダイゼーション	256
運動連鎖	41
エキセントリック収縮	144
エクササイズ	62
エクササイズの順番	77
エクササイズのバランス	70
エクササイズの分類	63
エクササイズプログラム　下肢	323-325
エクササイズプログラム　上肢	317-322
ACSM	1
SAIDの原則	12, 82
SSC	58, 60, 73
ATP	162
NSCA	1, 4, 5
エネルギー源	183, 192
エネルギーの産生	162, 183
FMS	24, 25
エングラム	135
エンドゾーン・メディシンボールプット	112
エンドラインタッチ・アンド・トップオブキージャンプショット	205
エンプティカン	318
鬼ごっこ	147, 148
オーバーアンダー・アンド・アンダーオーバー	209
オーバー・アンダーハードル	144
オーバースピード・ストッピング	103
オーバートレーニング	188
オーバートレーニング症候群	14
オーバーヘッドの動作	31
オーバーヘッド・メディシンボールスロー	85
オーバーラインジャンプ	144
オーバーロード	13
オフェンスプレーヤー　バスケットボール	155
オフェンスラインマン	152
オフシーズン　アイスホッケー	292
オフシーズン　アメリカンフットボール	284
オフシーズン　ゴルフ	288
オフシーズン　バスケットボール	272
オフシーズン　バレーボール	307
オフシーズン　野球	267
オープンスキル	146, 147, 148
オリンピックリフト	165
オンコート・コンディショニングドリル	204

カ行

外旋エクササイズ	318
改善の限界	188
改善率	187
外的環境	190
解糖	162
回避	133
回復	77, 314
外野手	154
カウンタームーブメントジャンプ　サッカー	300
カオス・エンドゾーン・テニスボール・チャレンジ	108
下肢のエクササイズプログラム	323-325
荷重ソリ	167
加速	141, 158-181, 219
加速変化率	158
片足垂直跳び	42
片足スクワット	324
片足バウンディング	88
下腿三頭筋	140
肩関節の障害	317
カッティング	141
活動筋	182
カーフレイズ	165
感覚受容器	134, 135
感覚フィードバック系	157
関節可動域	8, 164
関節可動性	80, 144
記憶痕跡	135
記憶パターン	135
クイックフィート	173
危険性の増大	188
基礎	18
クイックネス	4
キネティックリンク	41
機能	18
機能的筋力	165
機能的柔軟性	35
機能的な動き	22
基本的な動き	133

キャリオカシャッフル	235, 236
キャリパー法	164
休息	314
急反応ドリル	144
競技会のある週　長距離走	280
競技会のない週　長距離走	279
協調性	7
強度	12, 77
局所的筋持久力	9
距離	79
期分け	13, 62, 249-264
期分けの原則	165
筋	7, 10, 47
筋間のコーディネーション	137
筋腱接合部	48
筋細胞	211
筋持久力	58-78, 72, 81
筋収縮	10, 134
筋線維	10, 80, 160
筋線維タイプ	159
筋線維のタイプ	79
筋損傷	47
筋内のコーディネーション	137
筋バランス	115, 164
筋肥大	7
筋量	191, 192
筋力	6, 58-78, 164
筋力発揮の立ち上がり	81
クイックネス	8, 93-114, 141
クイックネストレーニング	98
クイックネスドリル	101
クイックネスの向上	97
クイックフィートプライオ	207
クイックフィートプライオメトリクス	204
クイックフットドリル	98, 99
クォーターバック	152
クランチ	124
グリコーゲン	162
クリーン	165
グルコース	162
クルーズインターバル	212, 213
クレアチンリン酸	162
クロスオーバー・クランチ	128
クロスオーバー	141, 148
クロスカントリー	157
クローズドスキル	146, 148
クローズプロキシミティ	153
けがの解剖	47
けがの予防	46
血液循環能力	182
結合組織	7
血中乳酸値	212
血中乳酸データ	196
ゲートワークアウト	235, 237
腱	10, 47
牽引	176
減速	141
ケンダルテスト	29
コアスタビリティ	115-131, 139
コアストレングス	80
攻撃　バレーボール	156
効率性	191
効率の測定	195
50mアヤックスシャトル　サッカー	299
骨格筋	183
コーディネーション	7, 132-157
コーディネーションパターン	144
コーナータッチ・アンド・ペリーメータージャンプショット	206
コラーゲン	47
ゴールキーパー　サッカー	155, 234
ゴルフ	156, 223-227, 287-290
ゴルファー	156
ゴルフドリル	225
コーンジャンプ	121
コンセントリック収縮	144
コンディショニング	1, 4, 11, 12, 23
コンディショニングスタッフ	20
コンディショニングトレーニング　バレーボール	245
コンディショニングプログラム　バレーボール	245
コントラスト法	76
コンビネーションバウンド	89
コンプレックストレーニング	84, 146, 148
コンボ	152

コーンホイール ………………………… 148

サ行

サイクリック ……………………………… 91
サイクリング ……………………………… 173
最高スピード ……………………………… 158
サイズの原則 ……………………………… 10
最大下での加速的筋力発揮 ……………… 73
最大下努力―高反復回数法 ……………… 72
最大筋力 ………………………………… 72, 81
最大酸素摂取量 ……………………… 184, 213
最大心拍数 ………………………………… 212
最大努力―低反復回数法 ………………… 72
サイドトス・クイックステップ ………… 209
サイドラインタッチ・アンド・
　エルボージャンプショット …………… 205
サイドランジ ……………………………… 144
サイドレイズ ……………………………… 128
細胞の適応 ………………………………… 211
サーキットトレーニング ………………… 98
作業能力 …………………………………… 80
作業能力を高めるトレーニング ………… 80
サッカー ………………… 155, 234-238, 297-301
サポート期 …………………………… 169, 170
三次元バランス ……………………… 115-131
30度レッグレイズ ………………………… 125
酸素消費量 ………………………………… 182
試合期 ……………………………………… 254
CSCS ………………………………………… 5
時間 ………………………………………… 79
持久系スポーツ …………………………… 61
持久力 ………………………… 9, 182-196, 212
持久力　バレーボール …………………… 244
持久力の測定 ……………………………… 195
持久力のピリオダイゼーション ………… 258
ジグザグ …………………………………… 248
ジグザグカッティング …………………… 107
刺激認識 …………………………………… 135
仕事 ………………………………………… 79
仕事率 ……………………………………… 60
自己防衛機能 ……………………………… 10
支持面 ……………………………………… 137

姿勢 ………………………………………… 139
持続時間 …………………………………… 12
質 …………………………………………… 18
シットアップ・ウィズ・レッグレイズ … 125
質量中心 …………………………………… 137
シーテッドトランクサークル …………… 128
シーテッドロウ …………………………… 126
自転車競技 ………………………………… 155
指導者 ……………………………………… 190
CP ………………………………………… 162
脂肪 ……………………………… 183, 191, 192
地面と足の相互作用 ……………………… 140
地面反力 …………………………………… 140
ジャーク …………………………………… 66, 165
シャーク・イン・ザ・タンクタグ …… 147, 150
シャッフルトランジション ……………… 247
ジャンピングプライオメトリクス ……… 204
ジャンプ …………………………………… 133
週間トレーニング　長距離走 …………… 279
重心 ………………………………………… 138
柔軟性 ……………………… 8, 22, 46, 47, 50, 67, 164
10mスタート　サッカー ………………… 298
重量負荷運動法 …………………………… 137
手術 ………………………………………… 311
受傷から競技復帰 ………………………… 326
受傷後のパフォーマンス回復 ……… 311-327
ジュニアアスリート ……………………… 252
守備　バレーボール ……………………… 156
循環式 ……………………………………… 91
春季トレーニング　野球 ………………… 268
準備運動 …………………………………… 143
準備期 ……………………………………… 253
償却局面 …………………………………… 95
上級者 ……………………………………… 151
上肢のエクササイズプログラム ……… 317-322
初心者 ……………………………………… 151
ショルダーモビリティ …………………… 32
シリーズ …………………………………… 77
シングルフープアジリティ ……………… 201
シングルレッグ・タオル・タグ ………… 107
シングルレッグバウンド ………………… 88
シングルレッグホップ …………………… 207
神経筋活動 ………………………………… 138

神経筋協調能	7, 10, 144	ストレッチ	9, 47, 49, 99
神経系	144	ストレッチ　首	57
靭帯	7, 47	ストレッチ　肩前面	56
身体運動	10	ストレッチ　胸	56
身体組成	81, 164, 191	ストレッチ　上背部	56
身体的成熟	191	ストレッチ　腰背部	55
身体的特性	190	ストレッチ　腰部	55
身体能力	134	ストレッチ　殿部	52
伸張性収縮	81	ストレッチ　股関節（鼠径部）	53
伸張反射	96	ストレッチ　大腿前面	54
伸展エクササイズ	318	ストレッチ　大腿後面	53
心拍数データ	196	ストレッチ　大腿外側	54
推測可能な改善率	187	ストレッチ　下腿前面	52
水中体重法	164	ストレッチ　下腿後面	51
垂直跳び	42	ストレッチ受容器	96
垂直方向への転換	133	ストレッチーショートニングサイクル（SSC）	58, 60, 144
水平外転エクササイズ	318	ストレッチング	50
スキル	11, 21, 44, 244	ストレートバウンディング	171
スキルポジション	152, 153	ストレングス	7, 22
スキンフォルド法	164	ストレングス＆コンディショニングコーチ	4
スクワット	67, 117	ストレングスコーチ	20, 25
スクワットジャンプ	146	ストレングストレーニング	4, 81, 100
スクワットジャンプ　サッカー	300	ストレングスのピリオダイゼーション	257
スケーティング	228	スナッチ	66, 165
スコーピオン	144	スパイラル・ステアケース・トレーニングプログラム	130
スーサイドシャトル	205	スーパーマン	126
スタジアムステア	167	スピード	7, 58, 77, 158-181, 214, 219
スタッフ	20	スピード向上のためのトレーニングプログラム	165
スタティックバランス	138	スピード持続力	159, 162, 163, 220
スターティングストレングス	219	スピード持続力トレーニング	175
スタート＆スプリント	173	スピードストレングス	6, 58, 72
スタート動作	100	スピードストレングス・トレーニング	81
スタビリティ	22-24, 25, 44, 115, 139	スピードドリル	171
スタンディング・トリプルジャンプ	87	スピードトレーニング	82
スタンディング・ロングジャンプ	86	スピードのピリオダイゼーション	259
スティックスプリント	174	スプリットジャンプ	146
ステップアップ	119	スプリンター	159, 160, 164
ステップ・オフ，スプリット＆リアクト	242	スプリント	164, 176
ストークスタンド	121	スプリントスピード	163
ストップ＆スタート	95	スプリント走	159
ストップ動作	95, 100	スプリント動作	165
ストレスに対する身体の反応	186		
ストレスレベル	188, 189		

スプリントドリル	171	体重	192
スプリントフォーム	169	体重移動	94
スプリントローディング	167	体重増加	191
スポーツ栄養学	5	体重負荷漸増法	137
スポーツ特性　サッカー	234	体操競技	156
スポーツ特性に合わせたドリルの選択	199	大腿四頭筋	164
スポーツトレーニング	1	ダイナミックバランス	138
スポーツにおけるパワー	91	タイプⅠ線維	10, 11, 80, 160
スポーツに特有のスキル	44	タイプⅡ線維	10, 11, 79
スポーツに特有のスキルとコンディショニングの連結	198-249	タイプⅡa線維	160
スポーツフィットネス	5, 12	タイプⅡb線維	160
スライド幅	159, 163, 170, 171, 175	ダウン&オフ	173
スライド率	159, 171, 175	ダウンヒルスプリント	176
スリーコーンムーブメント	202	多関節運動	10, 61
成熟	191	多関節エクササイズ	117
成長	191	正しい姿勢	138, 139
静的ストレッチ	48	立ち三段跳び	87
静的な筋力	81	タックジャンプ	84, 144
静的バランス	138	ダブルジャンプ	207
性別	161	ダブルピリオダイゼーション	250
セッター	156	ダブルレッグローテーションストレッチ	227
セット	77	ダブルT・ストップ&スタート・ハードルレース	104
Zボール21	111	単関節運動	10, 61
繊細なコーディネーション	137	単関節エクササイズ	116
漸進	83	短縮性収縮	81, 96
全身型エクササイズ	63	炭水化物	183
全米ストレングス&コンディショニング協会	1, 4	弾性	144
全米ストレングスコーチ協会	4	弾性エネルギー	95
戦略	244	短反応ドリル	144
総酸素摂取量	191	ダンベル	165
相対筋力	81	ダンベル・アームカール	165
速度	60, 79	チェストプレス	124
速筋	159	チェンジオブディレクション・ハードルジャンプ	87
速筋線維	10, 11, 79, 160	力	60
速筋線維化	161	力の立ち上がり速度（RFD：力の発揮度）	58, 59
ソフトボール	154	遅筋線維	10, 11, 80, 160, 161
		チップイン	232
タ行		中間筋	159
第1歩のクイックネス	141	中級者	151
体幹	139	中枢神経系	135
体脂肪	161	中枢要素	182

チューブアブダクター＆アダクター	226	トレーニング処方	5
長距離走	211-218, 276-281	トレーニングの基本原則	11
超長反応ドリル	146	トレーニングの期分け　長距離走	276
長反応ドリル	146	トレーニングの原則	186
直立姿勢	138	トレーニングの漸進性	80
ツーオンツー，ネットバックツーバック	229	トレーニングの特異性	189
ディフェンスエンド	152	トレーニングプログラム　加速とスピード	178, 181
ディフェンスプレーヤー　バスケットボール	155	トレーニングプログラム　スピード向上	165
ディフェンスラインマン	152	トレーニングプログラム　野球	266
ディフェンダー　サッカー	234	トレーニングプログラム　リハビリテーション後	312
ディープスクワット	26	トレーニング方法	71
ディープスクワット・オーバーヘッドパス	210	トレーニング量	191, 260
適切なスタンス	139	ドロップジャンプ	246
テストと評価	163	ドロップステップ	141
テストモデルの構築	18	ドロップランジ	144
デッドリフト	67, 165		
テニス	153, 239-243, 302-305		

ナ行

デプスジャンプ	90, 246
テンポラン	212, 213
糖	162, 183
動機づけ	190
動作学習	136
等尺性筋力	59
投手	154
動的柔軟性	144
動的バランス	115, 120, 138
特異性の原則	82
トータルコンディショニングプログラム	5
トップスピード	219
トーマステスト	29, 35
トライアングル・ドリル	241
トライサイクル	251, 252
ドライブ期	169, 170
ドラムメジャー	174
トランクスタビリティ・プッシュアップ	36
トリプルピリオダイゼーション	251
トレッドミル	194
トレーニング	80, 82
トレーニング　強度	12, 260
トレーニング　持続時間	12
トレーニング　頻度	12
トレーニング期	253

内野手	154
National Strength and Conditioning Association	1, 4
National Strength Coaches Association	4
二酸化炭素	183
20mフライ　サッカー	299
乳酸	162, 183, 184
乳酸閾値	212
年間計画	253
年間ピリオダイゼーションプラン	250
年間プラン	265
年齢	161, 191
ノンリニア・ピリオダイゼーション法	15

ハ行

バイオメカニクス運動	144
バイサイクル	250, 252
バイサイクルプログラム	265
ハイスピード固定式自転車	176
ハイスピード・トレッドミルスプリントトレーニング	178
ハイパーエクステンション	127

バウンディング	88
バウンディングドリル	171
爆発的な筋力発揮	81
爆発的パワー	79-92
爆発的パワーのためのトレーニング	83
爆発力	164
爆発力 バレーボール	245
バスケットボール	155, 204-210, 272-275
バックペダル	142
バックワード・トゥ・フォワード・トランジション	106
バックワード・メディシンボールスロー	84
バトキッカー	172
パートナーメディシンボール・フルビディラテラルシャッフル	231
ハードルジャンプ	86
ハードルステップ	28
パフォーマンス	6, 44
パフォーマンスストラテジー	16
パフォーマンステスト	24, 41
パフォーマンスの生理学	10
パフォーマンスピラミッド	21, 44
パフォーマンス・フレキシビリティ	46-57, 50, 57
パフォーマンス・フレキシビリティ 強度	49
パフォーマンス・フレキシビリティ 時間	50
パフォーマンス・フレキシビリティ 頻度	49
パフォーマンス・フレキシビリティ・ストレッチ	49
パフォーマンス・フレキシビリティ・トレーニング	49
パフォーマンス・フレキシビリティの原則	48
ハーフフォームローラー	324
ハムストリングカール	116
ハムストリングス	164, 165
バランス	115, 130, 137, 139
バレーボール	156, 244-248, 306-310
パワー	6, 42, 60, 61, 79, 91, 165
パワー バレーボール	245
パワークリーン	65
パワー系スポーツ	61
パワー持続力	220
パワースタート	167
パワースプリント	167
パワートレーニング	82
パワーリフティング	67
バーンアウト	188
Bangsboビープテスト サッカー	299
瘢痕組織	47, 48
ハンドウォーク	144
反動動作	95
バンド・レッグアブダクション・アダクション	117
反応	141
反応筋力	60
反応時間	60
反応選択	135
反応－弾性筋力	81
反応的ーバリスティック筋力発揮	73
反応プログラミング	135
反復	77
PNFストレッチ	47
ピークコンディション	265
ピークパフォーマンスのためのピリオダイゼーション	249-264
非効率的な癖（動き）	136
非循環式	91
ピックアップスプリント	175
ヒップクロスオーバー	144
ヒップートランクセパレーション	225
ヒップートランクセパレーション＆コネクション	225
ヒップレイズ	125
ヒップローテーション	129
120ヤードスプリント	43
ピリオダイゼーション	13, 62, 249-264
ピリオダイゼーションの原則	165
ピリオダイゼーションの選択	252
ピリオダイゼーションプログラムの作成	265-310
ピリオド	249
ヒルスプリント	167
ビルドアップ加速	220
ピルビン酸	262, 183, 184
頻度	12, 77
ファイブ・アンド・ワンハーフ	204
ファンクショナルスクリーニング ゴルフ	224
ファンクショナルトレーニング	1
ファンクショナルトレーニングの有効性	1-2
ファンクショナルパフォーマンス	41

ファンクショナルパフォーマンステスト………… 41
ファンクショナルプログレッション…………… 317
ファンクショナルムーブメントスクリーン（FMS）
……………………………………………… 24
ファンクショナルムーブメントスクリーン記録紙
……………………………………………… 40
ファンクション ………………………… 21, 44
ファンデーション ……………………… 21, 44
V̇O2max …… 184, 185, 186, 191, 192, 194, 196, 213
フィードバック ………………………………… 135
フィードバックシステム ……………………… 138
フェイント ……………………………………… 133
フォアハンド−バックハンド ………………… 242
フォーコーナーアジリティ …………………… 221
フィットネス …………………………………… 4
フォームトレーニング ………………………… 169
フォロー・ザ・リーダー ……………………… 108
フォワード　サッカー ………………… 155, 234
負荷抵抗（レジステッド）…………………… 147
負荷抵抗ジャンプ ……………………………… 146
腹式呼吸 ………………………………………… 139
プッシュ動作 …………………………………… 170
プッシュプレス ………………………………… 120
フライ …………………………………………… 165
プライオメトリック系ドリル ………………… 145
プライオメトリックドリル …………………… 206
プライオメトリックトレーニング…………… 167
フリーズタグ …………………………………… 147
プルスルー ……………………………………… 174
フルバック ……………………………………… 155
フレキシビリティ ………………………… 46, 50, 57
プレシーズン　アイスホッケー ……………… 292
プレシーズン　ゴルフ ………………………… 288
プレシーズン　バスケットボール …………… 275
プログラムデザイン …………………………… 76
ブロッカー ……………………………………… 156
プロ野球 ………………………………………… 266
フロントスクワット …………………………… 165
分離型エクササイズ …………………………… 64
ヘキサゴン ……………………………………… 122
ヘキサゴンテスト ……………………………… 324
ベース …………………………………………… 18
ベースライン …………………………………… 18

ベースライン・スポーツフィットネステスト
……………………………………………… 18-45
ベースラインテスト ………… 18, 20, 21, 23, 25, 45
ヘッドコーチ …………………………………… 20
ベンチプレス …………………………………… 165
方向転換 …………………………………… 133, 141
ポジション特性　サッカー …………………… 234
捕手 ……………………………………………… 154
補助運動法 ……………………………………… 137
補助型エクササイズ …………………………… 63
補助スプリントトレーニング ………… 175-178, 181
ポストシーズン　アイスホッケー …………… 296
ポストシーズン　バスケットボール ………… 275
ポストシーズン　野球 ………………………… 271
ボックスジャンプ ……………………………… 206
ボックスドリル ………………………………… 239
ホップ …………………………………………… 144
ボディコントロール …………………………… 22
骨 ………………………………………………… 10, 47
ボールドロップ ………………………………… 148
ボレーベースライン …………………………… 153

マ行

マイクロストレッチ ……………… 48, 49, 57, 99
末梢要素 ………………………………………… 182
マルチピーク …………………………………… 252
水 ………………………………………………… 183
密度 ……………………………………………… 77
ミッドフィールダー　サッカー ……………… 234
ミラータグ ……………………………………… 147
無酸素性エネルギー …………………………… 162
無酸素性コンディショニング ………………… 102
無酸素性持久力 ………………………………… 159
無酸素性代謝 …………………………………… 4, 162
無酸素性代謝物 ………………………………… 183
無酸素性能力 …………………………………… 81
無酸素性パワーテスト ………………………… 43
無酸素的な運動 ………………………………… 184
無酸素的な代謝 ………………………………… 183
ムービング ……………………………………… 144
ムーブメントドリル …………………………… 146
メディカルスタッフ …………………………… 25

メディカルチェック	20
メディシンボール	100
メディシンボール・チェストパス	42
メディシンボールドリル	204
メディシンボール投げ	146
モチベーション	190
モノサイクル	250, 252
モノサイクルプログラム	265
モビリティ	22, 23, 24, 25, 44

ヤ行

野球	154, 200-204, 266-271
有効性の低下	188
有酸素性代謝	213
有酸素性トレーニング	98
有酸素性能力	9
有酸素性パワーテスト	43
有酸素的な運動	184
有酸素的な代謝	183
有酸素能力	81, 182-196, 213
有酸素能力の測定	194
床反力	140
40ヤードスプリント	41, 43

ラ行

ライイング・スタートスプリント	220
ライン	152
ライン・ホップ	122
ラインマン	152
ラージアンプリチュード・スクワットジャンプ	85
ラダードリル	144
ラダー・バックペダルスプリント	222
ラット・プルダウン	165
ラットレイズ	165
ラテラル　スシャッフル	109
ラテラルウェーブ	148
ラテラル・クロスオーバー・ストップ&スタート	100, 103
ラテラルスピード	219
ラテラルレジスタンス・クイックステップ	209
ランジ	118
ランダムアジリティ	146, 147
ランニングスピード	212
リアクティブ・ステップアップ	144
リアクト&スプリント・テニスボール・ドロップ	113
リカバリー期	169, 170
リカバリーラン	211
力積	59, 79
陸上競技	157
リニア・ピリオダイゼーション法	14
リバースシットアップ	124
リバース・ハイパーエクステンション	127
リハビリテーション	20, 311
リハビリテーションプログラム	314-316
リピート・リムジャンプ	89
量	77
リン酸化合物	162
臨床的リハビリテーション	311
レジスタンストレーニング	12, 13, 146, 147, 148
レジステッドトレーニング	147
レスリング	157
レッグエクステンション	116, 164, 165
レッグオーバー	144
レッグカール	164, 165
レッグサーキット	235
レッグプレス	119
レット・ゴー	111
レペティショントレーニング	215
レベル維持の容易性	189
レーンシャッフル	208
連続ジャンプ サッカー	300
ロシアンツイスト	127
ロータリースタビリティ	38
ローデプスジャンプ	144
ローデプス・ドロップ&カット	110
ロングバーチカル・ハードルジャンプ	87
ロングラン	211

ワ行

ワイドボールリカバリー	153
ワイドレシーバー	153
ワークアウトプラン	142

編者 About the editor

Bill Foran

NBAのチームであるマイアミ・ヒートのストレングス＆コンディショニングコーチとして13年間活躍。マイアミ・ヒートの前には，マイアミ大学やワシントン州立大学でヘッド・ストレングス＆コンディショニングコーチを務めた。ミシガン州立大学にて運動生理学で修士号を取得し，同時に公認ストレングス＆コンディショニングスペシャリスト（CSCS）となった。

著者 About the Contributors

Nikos Apostolopoulos

ストレッチセラピーとマイクロストレッチの創始者。世界で唯一の治療的ストレッチングを行うクリニックであるセラピス・ストレッチセラピークリニックをカナダのバンクーバーに開設している。このクリニックでは臨床解剖学に基づいたテクニックであるストレッチセラピーとマイクロストレッチを用いて，さまざまな筋骨格系の問題を抱えたプロやアマチュアの選手，一般の患者に治療を行っている。トロント大学健康体育学部にてスポーツ医学を専攻。全米解剖学者協会，臨床解剖学者協会，アメリカスポーツ医学会，痛み学国際協会の会員である。

Tuder Bompa

トロントにあるヨーク大学教授。博士。これまでにSerious Strength Training, Periodization : Theory and Methodology of Training, Periodization Training for Sports, Total Training for Young Championsを出版（いずれもHuman Kinetics）。この他にもトレーニングに関する多数の本を出版している。博士の著書は15の言語に訳され出版されている。また，実際に世界30か国以上でトレーニングに関する講演や指導を行ってきた。

Barrett Bugg

米国テニスプレーヤー育成プログラムのストレングス＆コンディショニングコーチ。主な仕事は，WTAやATPツアーに参加するプロテニスプレーヤーの体力測定とトレーニングを行うことである。また，ジュニアプレーヤーのためにもテニスに特化したトレーニングプログラムを作成している。アリゾナ州立大学にてエクササイズサイエンスで学士号を取得。公認ストレングス＆コンディショニングスペシャリスト（CSCS）でもある。1996年以来USTAに勤務し，さまざまな雑誌にテニスに関する記事を掲載している。

Courtney Carter

ネブラスカ大学オマハ校における初めての女性ストレングス＆コンディショニングコーチ。これまでに5つの異なるスポーツ種目で15チームを全米選手権に導いた。体育学で修士号を取得。公認ストレングス＆コンディショニングスペシャリスト（CSCS）。

Donald Chu

理学療法士。博士。NATA公認アスレティックトレーナー。同時にNSCA公認ストレングス＆コンディショニングスペシャリストである。スタンフォード大学にて理学療法とキネシオロジーで博士号を取得後，カリフォルニア州フリーモントにあるアーロン大学において理学療法学のプログラムディレクターをしている。また，カリフォルニア州立大学ヘイワード校におけるキネシオロジーと体育学の教授でもある。NSCAの会長を歴任。

Gray Cook

Dunn, Cook and Associatesにおける整形外科とスポーツ理学療法部門のディレクター。初代のリーボックマスターコーチであり，コンディショニングを基盤とした運動学習を開発したことに加え，コンディショニングの立場からファンクショナルテストやエクササイズに関して多くの著書を書いている。マイアミ大学医学部にて理学療法学で修士号を取得し，ノースアメリカンスポーツメディスンにて，ファンクショナルエクササイズトレーニングのコースで教鞭を執っている。また，CSCSとしてリハビリテーションやストレングス＆コンディショニングに関する著作や講演活動をするかたわら，この分野の研究に対して助言をし，プロやアマチュア選手に対してもコンサルティングを行っている。

Jack Daniels

1960年代初頭からランニングコーチとして活躍。博士。ニューヨーク州立大学カートランド校で体育学の教授と長距離ランニングのコーチをしている。ウイスコンシン大学にて運動生理学で博士号を取得。世界最高のコーチとしてRunner's Worldに選ばれた。カートランド校を7度にわたって全米チャンピオンに導き，24名の選手にタイトルを取らせ，110名以上の選手を全米大学代表選手へと育てた。

George Blough Dintiman

博士。30年以上にわたって初心者からプロにいたる幅広い選手に対してスピード向上のためのトレーニングを指導。スピードトレーニングに関して30冊の本とビデオを発表し，NFLや他のチームスポーツにおけるスピードトレーニングを指導してきた。国際スポーツ科学協会の理事であり，全米スピード＆エクスプロージョン協会の会長でもある。

Pete Draovitch

1993年以降，PGAツアーのスターであるグレッグノーマンのパーソナル理学療法士として活躍。マーチン・メモリアルメディカルセンターにて理学療法士として働くかたわら，The Bodyguard's Inc.の最高経営責任者。また，セントルイスカージナルスのスプリングトレーニングにおける理学療法部門の責任者として活躍している。理学療法とスポーツ医学／体育学で修士号を取得。全米理学療法士協会，全米アスレティックトレーナーズ協会，全米ストレングス＆コンディショニング協会の会員。

Todd Ellenbecker

理学療法士。アリゾナ州スコッツデールにあるPhysiotherapy Associates Scottsdale Sports Clinic のディレクター。公認のスポーツ医療スペシャリストであり，整形外科療法スペシャリストであり，さらに公認ストレングス＆コンディショニングスペシャリストである。Journal of Orthopaedic and Sports Physical Therapyの査読者であり，またJournal of Strength and Conditioning Researchの編集委員でもある。Human KineticsからはComplete Conditioning for Tennis（1998）をはじめ多くの著書を出版している。

Vern Gambetta

Gambetta Sports Training Systemの代表者。プロサッカーチームであるTampa Bay Mutinyのスピード＆コンディショニングコーチ (1996, 1997, 1999)。1998年サッカーワールドカップアメリカ代表チームのコンディショニングコンサルタントとして活躍。また，New England Revolution, The Chicago Fire, ノースカロライナ大学女子サッカーチームのコンディショニングコンサルタントも歴任。1987～1996年にかけてはシカゴホワイトソックスのコンディショニングディレクターを務めた。トレーニングとコンディショニングの専門家として，カナダ，日本，オーストラリア，ヨーロッパで公演やクリニックを開催している。スタンフォード大学にて体育学で修士号を取得。

Kent Johnston

シアトルシーホークスのストレングス＆コンディショニングコーチ。1992～1998年はグリーンベイパッカーズのヘッド・ストレングス＆コンディショニングコーチであるMike Holmgranに師事した。この間，1997年にはプロフットボール・ストレングス＆コンディショニングコーチ協会から年間最優秀コーチに選出されている。パッカーズ以前には，1987～1991年にはタンパベイバッカニアーズのウエイトコーチをし，1983～1986年にはアラバマ大学のウエイトコーチとしてNFLラインバッカーのCornelius BennettとDerrick Thomasを育てた。1984年にアラバマ大学にて体育学で修士号を取得。

William Kraemer

博士．ニーグ教育大学教授であり，コネティカット大学ヒューマンパフォーマンス研究所のスポーツ医学研究部長でもある。NSCAの前会長，副会長であり，同協会から1992年には年間優秀研究者として，また1994年には業績優秀者として表彰を受けている。また，アメリカスポーツ医学会の会員でもある。

Eric Lawson

アメリカオリンピック委員会のストレングス＆コンディショニングディレクターとして，コロラドスプリングス，レイクプラッシッド，チュラビスタのトレーニング施設にてトレーニングプログラムを管理している。NSCAの会員で，Skating Magazine, Olympic Coach, Conditioning Press, USA Volleyball Magazineなどに記事を書いている。2000年のシドニーオリンピックにストレングス＆コンディショニング生理学者として参加している。

Brandon Marcello

マーシャル大学にて運動生理学で修士号を取得。同大学にて解剖・生理学を教えるかたわら，大学のスポーツチームのストレングス＆コンディショニングプログラムを開発してきた。専門領域である女性アスリートに関する知識は徐々にその有用性が認められ，主要な大学やプロからの要請が舞い込んでいる。アメリカオリンピック委員会の公式報告書や他の機関誌に多くの記事を書いている。公認ストレングス＆コンディショニングスペシャリストであり，アメリカウエイトリフティング協会公認コーチであり，また，アリゾナ州テンピにあるAthletes' Performanceのコーチでもある。

Fernando Montes

1992年以降，長年にわたってクリーブランドインディアンズのストレングス＆コンディショニングコーチを務めてきた。それ以前は，スタンフォード大学でストレングス＆コンディショニングコーチをしつつ，1984年のロスアンゼルスオリンピックでは米国ホッケーチームのアスレティックトレーナーを務めた。プロ野球ストレングス＆コンディショニングコーチ連盟を設立した。

Steven Scott Plisk

1997年以降，エール大学にてスポーツコンディショニングのディレクターとして活躍。NSCA公認ストレングス＆コンディショニングスペシャリストであり，アメリカウエイトリフティング協会公認レベル㊙のコーチでもある。また，NSCAの理事，Strength & Conditioning Journalの編集委員，NSCA Coach's Collegeの教官，NSCA認定委員会におけるプレゼンターでもある。

E. Paul Roetert

全米テニス協会（USTA）のスポーツ科学委員をしていたが，現在はHuman Kineticsの全米スポーツ教育プログラムのディレクターをしている。コネティカット大学にてバイオメカニクスで博士号を取得。アメリカスポーツ医学会の会員。Complete Conditioning for Tennis（1998）の共同著者であり，多くの学会誌にも論文を掲載している。

Peter Twist

Mark Messier, Pavel Bure, Hakeem Olajuwanをはじめ500名以上のプロアスリートをコーチした経験がある。数多くの記事を雑誌に掲載し，Complete Conditioning for Ice Hockey（1997 Human Kinetics）を含む2冊のコンディショニングとクイックネスに関する著書を出している。NHLで7年間コーチを経験した後，現在はホッケーコンディショニングコーチ協会の会長を務めるかたわら，Journal of Hockey Conditioning & Player Developmentの編集委員を務めている。

Mark Verstegen

パフォーマンストレーニングの第1人者。ワシントン州立大学にてコーチを経験し，ジョージア工科大学にて選手育成のアシスタントディレクターを経験した。ジョージア工科大学では大学史上もっとも革新的で効果的なパフォーマンスプログラムを開発した。フロリダ州ブラデントンにInternational Performance Instituteを設立し，現在ではアリゾナ州テンピにあるAthletes' Performanceを主宰している。国際会議やコーチクリニック，ワークショップなどでの講演は多数。彼の手法の有効性は，指導した選手を見れば一目瞭然である。NFLドラフト一巡目の選手，WTAグランドスラムチャンピオン，PGA/LPGAのトップゴルファー，メジャーリーグの最優秀新人，MLBバッティングチャンピオン，NBAオールスター，他の世界レベルのアスリートたちが彼の指導を受けている。

監訳者 Translation supervisor

中村 千秋　ATC

早稲田大学スポーツ科学学術院 准教授。
順天堂大学体育学部健康学科卒業。順天堂大学大学院体育学研究科修了。
Arizona State University, College of Liberal Arts and Sciences 卒業。
訳書として，「身体運動の機能解剖」（医道の日本社），「ストレングス・ボールトレーニング」（医道の日本社），「エビデンスに基づくインジャリーケア」（NAP），「写真でわかるファンクショナルトレーニング」（大修館書店）他。

有賀 雅史　JATI-AATI　JASA-AT

昭和学院短期大学ヘルスケア栄養学科 教授。
早稲田大学教育学部卒業。女子栄養大学大学院修了。
女子栄養大学兼任講師，東京リゾート＆スポーツ専門学校講師，ミズノゴルフアカデミー・フィジカルコーチ，プロビーチバレーチーム／ウインズ・コンディショニングアドバイザー，日本トレーニング指導者協会理事。JOC強化スタッフ（女子新体操，2000-2008年）。元NSCAジャパン理事。
著書として，「ストレングス＆コンディショニングⅠ＆Ⅱ」（大修館書店），日本トレーニング指導者協会テキスト 理論＆実践」（大修館書店）他。

山口 英裕　ATC　JASA-AT　AT　JATI-AATI　TPI-F2

㈱エンズ代表取締役社長。浅草橋パフォーマンス主宰。国士舘大学非常勤講師。
日本体育大学体育学部社会体育学科卒業。Old Dominion University, Darden College of Education, Athletic Training Curriculum 修士課程修了。
訳書として，「スポーツ・エルゴジェニック」（共訳），「イラストでわかるストレッチングマニュアル」，「イラストでみるSAQトレーニングドリル180」，「写真でわかる腹筋・背筋のトレーニング」（いずれも大修館書店）他。

訳　者 Translator

有賀 雅史　ATC　　　　　　　　　　　　　　　　　　　　6章，11章，12章，13章

川端 昭彦　ATC　　　　　　　　　　　　　　　　　　　　　　　2章，11章，13章

日本航空ラグビーフットボール部アスレティックトレーナー。
University of Pittsburgh, College of Education 卒業。

菊地 真也　CSCS　CPT　JATI-AATI　　　　　　　　　　　　　　　　　　7章

早稲田大学スポーツ科学学術院 客員講師。
東海大学大学院体育学研究科修了。
㈶全日本スキー連盟 情報・医・科学部フィジカルコーチ（全日本スキーアルペン男子ナショナルチーム）。
国立スポーツ科学センター・トレーニング体育館非常勤指導員。

木村 通宏 ATC PES 鍼灸・あんま・マッサージ指圧師 柔道整復師 ──────── 1章

㈱トライ・ワークス代表取締役。ラグビー日本代表アスレティックトレーナー。
Oregon state University, College of Education and Human Development 卒業。日本鍼灸理療専門学校卒業。日本柔道整復専門学校卒業。

甲谷 洋祐 AATC CSCS CES PES JATI-AATI 鍼灸・あんま・マッサージ指圧師 ── 11章, 13章

全日本女子バレーボールストレングス＆コンディショニングコーチ。
日本体育大学体育学部社会体育学科卒業。Middle Tennessee state University, Health Physical Education 卒業。日本鍼灸理療専門学校卒業。

佐藤 晃一 ATC CSCS PES ─────────────────────── 11章, 13章

NBA Washington Wizards リハビリテーションコーディネーター／アシスタントアスレティックトレーナー。
東京国際大学教養学部国際学科卒業。Eastern Illinois University, Physical Education Department, Athletic Training Curriculum 卒業。Arizona State University, Graduate School of Exercise Science/ Physical Education, Biomechanics Specialization 修士課程修了。

竹田 康成 JASA-AT 鍼灸・あんま・マッサージ指圧師 ──────────── 11章, 13章

竹田鍼灸治療院。浅草橋パフォーマンスアスレティックトレーナー。日本体育大学非常勤講師。国士舘大学非常勤講師。
日本体育大学体育学部社会健康学科卒業。日本鍼灸理療専門学校卒業。

中村 千秋 ATC ──────────────────────── 5章, 10章, 11章, 13章

平山 邦明 CSCS JASA-AT ───────────────────── 5章, 10章, 11章, 13章

早稲田大学大学院スポーツ科学研究科博士後期過程在学中。
早稲田大学漕艇部ストレングス＆コンディショニングコーチ。
早稲田大学人間科学部スポーツ科学科卒業。早稲田大学大学院スポーツ科学研究科修士課程修了。

山口 英裕 ─────────────────────── 3章, 4章, 8章, 9章, 11章, 13章

米澤 和洋 CSCS CPT JASA-AT ────────────────────────── 5章

㈱ATHER代表取締役。
大阪体育大学体育学部卒業。広島大学大学院修了。
日本卓球ナショナルチームトレーナー，広島ガスバドミントン部トレーナー。

```
ＡＴＣ    ：全米アスレティックトレーナーズ協会公認アスレティックトレーナー
JATI-AATI：日本トレーニング指導者協会公認トレーニング指導者
JASA-AT ：日本体育協会公認アスレティックトレーナー
TPI-F2   ：タイトリスト ゴルフフィットネスインストラクターレベル2
ＣＳＣＳ  ：全米ストレングス＆コンディショニング協会公認スペシャリスト
ＣＰＴ    ：全米ストレングス＆コンディショニング協会公認パーソナルトレーナー
ＰＥＳ    ：全米スポーツメディスンアカデミー公認パフォーマンスエンハーストメントスペシャリスト
ＣＥＳ    ：全米スポーツメディスンアカデミー公認コレクティブエクササイズスペシャリスト
```

スポーツコンディショニング　パフォーマンスを高めるために
©Chiaki Nakamura, Masashi Aruga, Eiyu Yamaguchi　2010
NDC781/v,353p/26cm

初版第1刷	2010年6月30日

編　者	ビル・フォーラン
監訳者	中村千秋・有賀雅史・山口英裕
発行者	鈴木一行
発行所	株式会社 大修館書店
	〒101-8466　東京都千代田区神田錦町3-24
	電話03-3295-6231(販売部) 03-3294-2358(編集部)
	振替00190-7-40504
	[出版情報]http://www.taishukan.co.jp
装　丁	小野寺冬起(サンビジネス)
本文デザイン・DTP	株式会社サンビジネス
印刷所	広研印刷
製本所	ブロケード

ISBN978-4-469-26703-7　　Printed in Japan
Ⓡ本書の全部または一部を無断で複写複製(コピー)することは,
著作権法上での例外を除き禁じられています。